KB082400

회사 개조

CEO의 서재 · 17

A COMPANY TRANSFORMING

쓰러져가는 회사라도 강력한 기업으로 성장시키는 8단계 매뉴얼

회 사 개 조

사에쿠사 타다시 지음 · 김정환 옮김

센시오

회사 개조, 멈춰 선 회사를 진화시키다

갑작스러운 제안

"사에구사 씨, 제 뒤를 이어서 미스미를 이끌어주시지 않겠습니까?"

너무나 갑작스러운 이야기였다. 당시 나는 도쿄증권거래소 1부 상장 기업인 미스미(현 미스미 그룹 본사)의 사외이사를 맡고 있었다. 매달 1회 열리는 이사회에 참석한 지 이제 3개월째였다. 겨우 네 번째로 참석한 이사회에서 창업자인 다구치 히로시(田口弘) 사장이 느닷없이 후임 사장 자리를 제안한 것이다.

당시 나는 내 회사인 사에구사다다시 사무소를 기반으로 일을 하고 있었다. 실적 부진에 빠진 기업의 회생을 돕는 일이었다. 버블 붕괴로 많은 일본 기업들이 어려움을 겪던 시기였고, 일본에서 '기업 재생'이라는 용어가 지금처럼 일반적으로 쓰이기 전이었다. 나는 시행착오를 거듭하며 이 일을 진척해나갔다. 미스미에서 사장 취임을 의뢰받던 시점에는 고마쓰 프로젝트를 진행하고 있었다. 안자키 사토루(安崎曉) 고마쓰 (당시) 사장의 의뢰로 적자 개선 사업을 약 2년에 걸쳐 추진했고, 개혁이 큰 고비를 넘어서고 있었다. 이제 프로젝트를 성공리에 마무리 지을 수 있겠다는 전망을 하던 참이었다. 시간적 여유가 있어서 미스미의 사외이사를 맡는 데는 무리가 없었다. 그러나 사장 취임은 이야기가 달랐다.

그때까지 16년 동안 '사업 회생' 일을 하면서 최고경영자 자리에 취임 제의를 받은 적은 세 번이었다. 모두 도쿄증권거래소 1부 혹은 2부에 상장된 규모 있는 기업들이었지만 나는 거절했다. 심장을 두근거리게 하는 무엇인가가 없었기 때문이다. 내 '피를 끓게 하는' 회사라는 생각이 들지 않았다.

그렇다면 미스미는 어떨까? 사외이사가 된 지 불과 3개월 만에 사장 의뢰가 들어왔기에 솔직히 약간은 경계심이 생겼다. 그러나 인생의 후반부로 접어든 당시, 새로운 전환기를 맞고 싶다는 욕구가 고개를 들었다. 어쩌면 이 의뢰가, 내 삶이 새로운 전기를 맞이할 마지막 기회일지도 모른다는 느낌이 들었다. 창업자가 자신의 입으로 은퇴를 언급한 만큼, 그쪽의 각오는 의심할 여지가 없었다. 하지만 나 역시 그 이상의 각오가 필요한 일이었다.

"다구치 사장님. 제게는 본업이 있습니다. 만약 미스미의 사장에 취임하게 되면 저는 16년 동안 계속해온 일을 그만두고 제 회사의 문을 닫아야 합니다."

다구치 사장은 "그건 알고 있습니다." 하고 이해한다는 듯한 표정으로 나를 바라봤다. 그 자리에서 내가 즉각 거절하지 않은 것만 해도 다행이라고 여겼는지 모른다. 나중에 사장 이취임을 발표하는 기자회견에서 다구치 사장은 이렇게 말했다.

"저는 이미 9월에 제 후임이 될 사람은 사에구사 씨밖에 없다고 확신했습니다."

다만 나로서는 사외이사로 일한 3개월 동안 그가 내 능력을 파악할 만한 어떤 계기가 있었는지 궁금했다. 곰곰이 생각해봐도 짚이는 데가 전혀 없었다. 사업 회생 전문가로서 외부의 평가를 들었거나, 내가 경영 전략에 관해 쓴 책을 읽고 그 철학에 공감했는지도 모르겠다.

서로 다른 인생의 길을 걸어온 두 사람이 교차로에서 갑작스럽게 마주친 순간이었다.

미스미는 겉으로 보기에 분명 자기만의 색깔이 있는 회사였다. 그러나 내 본업을 버리고 이곳에 뼈를 묻을 만큼 '재미있는 회사'인지는 아직 알 수 없었다. 내가 그때까지 축적해온 경영 기량과 전략, 리더십 등을 전부 쏟아붓겠다는 각오를 할 만한 곳인지 판단하기는 일렀다. 그 전까지는 다구치 사장의 제안에 답을 할 수 없을 것 같았다.

30대, 세 회사의 CEO가 되다

결론을 말하자면, 나는 미스미의 경영을 이어받게 된다. 그리고 취임 후 미스미에서 수많은 개혁을 실행했다. 그 한 단계 한 단계가 고난의 연속이었지만, 결과적으로 미스미는 내가 CEO로 재임한 12년 동안 '회사 개조'라고 할 만큼 대대적으로 변모하는 데 성공했다.

물론 개혁은 커다란 리스크를 동반한다. 잘못된 전략이나 방식으로 접근하면 회사는 오히려 더 큰 어려움에 빠지게 되며 자칫하다가 '죽음의 계곡'으로 굴러떨어지기도 한다. 개혁이나 사업 회생을 위해서는 사전에 진단과 전략 수립의 과정을 수없이 반복해야 한다. 그 과정의 정확도를 어느 정도로 끌어올리느냐에 성패가 갈린다. 무엇이 문제인지, 그 '진짜 원인'을 정확히 판단해야 한다.

에르퀼 푸아로나 콜롬보도 처음부터 명탐정, 베테랑 형사는 아니었을 것이다. 그들이 중요한 증거를 간과하는 바람에 애꿎은 사람을 범인으로 지목하는 실수를 저질렀다는 과거는 확인할 수 없지만, 그런 실패의 경험 없이 명탐정은 탄생하지 않는다. 사업가도 마찬가지다. 눈앞에 펼쳐진 질척질척한 '혼돈' 속에서 현실을 직시하고 날카롭게 '수수께끼 풀이'를 해서 문제의 본질에 접근해야 하는데, 그 능력은 하루아침에 키울 수 없다. 실패를 포함한 풍부한 경험을 수년에 걸쳐 다져야만 한다.

도쿄증권거래소 1부 상장 기업의 사장이라는 직책은 아무나 맡을 수 있는 것이 아니다. 그런데 왜 하필 내게 그런 의뢰를 했을까? 독자들 중에는 내가 과연 그 자리에 걸맞은 인물인지 의심하는 이도 많을 것이다.

나는 20대부터 리스크를 감내하는 시도를 꾸준히 해왔다. 시대를 10년, 혹은 20년 앞선 직업에 늘 도전했다. 물론 그중에는 실패작도 있다. 세상의 시각에서 인정할 만한 내 초창기 커리어는, 대학을 나와 미쓰이 석유화학공업(현 미쓰이화학)에 취직했을 때까지일 것이다. 그런데 나는 그곳을 2년 반 만에 뛰쳐나왔다. 당시는 '이직' 같은 건 사회에 적응하지 못하는 아웃사이더들이나 하는 일이라 여기던 시대였다.

일본의 대기업 조직에서 일찌감치 이탈한 나는 보스턴컨설팅그룹(BCG)이 일본에서 채용한 첫 번째 컨설턴트가 되어 도쿄와 보스턴에서 일했다. 보스턴컨설팅그룹은 1970년대 전 세계에 '경영 전략'이라는 조류를 몰고 온 회사이지만, 당시만 해도 미국에서조차 무명에 가까웠다. 하지만 내가 직접 들어가 본 그곳은 그야말로 일류 프로 집단이었다. 나는 이 회사를 통해 경영자로서 갖추어야 할 논리와 전략에 처음 눈을 떴으며, 프로페셔널의 자세와 사고방식 또한 깨달을 수 있었다.

보스턴컨설팅그룹에서 일하면서 나는 장래에 '경영자'가 되고 싶다는 생각을 점차 굳혔고 스탠퍼드 비즈니스스쿨에서 MBA를 취득했다. 그 후 운 좋게도 30대의 나이에 세 곳의 기업에서 경영자로서 경험을 쌓을 기회를 얻었다. 먼저 32세에 스미토모 화학과 미국 기업 간의 합작투자회사에 상무로 취임하여 1년 후 최고

경영자가 되었고, 30대 후반에는 오츠카 제약이 인수한 벤처 기업의 회생을 담당했다.

그리고 30대의 마지막 시기에는 약 60억 엔(약 600억 원)의 펀드를 보유한 벤처캐피털회사를 설립해 사장이 되었다. 세 번 모두, 당시 일본의 보수적인 비즈니스 환경에서는 쉽사리 만들기 힘든 기회였다. 아웃사이더에게도 밖에서는 보이지 않는 수많은 '샛길'이 존재하는 법이다. 내가 경험했던 그 샛길은 사회 곳곳으로 이어져 있었다.

'경영자'가 되고 싶다던 20대의 꿈은 30대가 되자마자 이룰 수 있었지만, 최고경영자로서 수많은 벽에 부딪혀야 했다. 대부분의 문제는 '사람'에 관련된 것이었다. 이때의 경험은 힘들었던 만큼 큰 공부가 되었다. 일이 주어지기를 기다리지 않고 직접 찾아 나서는 사람, 적극적으로 삶을 사는 이들만이 누릴 수 있는 압도적인 수업의 현장이었다.

40대, '위기의 회사'를 구하는 슈퍼맨이 되다

40세에 접어들었을 때 나는 이미 전략 컨설턴트로서 경험을 다졌고, 벤처캐피털 한 곳을 포함한 세 회사의 사장이라는 경력을 쌓았다. 당시는 물론이고 지금도 보기 드문 조합의 커리어일 것이다. 그리고 41세가 되었을 때, 회사를 옮겨 다니는 건 이제 그만하고 독립을 해서 내 나름의 방식으로 승부를 해야겠다고 결심했다. 그렇게 주식회사 사에구사다다시 사무소를 설립했다. 내가 독립했다는 소식은 〈니혼게이자이신문〉에 기사로 실리기도 했다.

나는 경영 기량을 한층 높여서 언젠가 '프로 경영자'로 불릴 만한 수준에 오르고 싶었다. 주위에서는 '그러다 밥줄 끊기는 거 아니냐'고 걱정했지만 기우였다. 바로 직전까지 벤처캐피털 회사에서 일했던 경력을 살려 처음에는 벤처 경영자들에게 경영 조언을 해주는 일을 시작했다. 그러다 1990년대 버블 붕괴 시기에 들어서자 대기업에서 적자 사업을 회생해달라는 의뢰가 점차 들어오기 시작했다.

인생의 새로운 전기가 펼쳐지는 순간이었다.

그렇게 40대 후반부터 '경영 전략'을 통해 규모 있는 상장 기업들의 회생을 돕는 일에 본격적으로 나섰다. 훗날 일본에서는 '기업 재생'이라는 말이 일반화되면서 재생 펀드라든가 재생 기구 등도 생겨났지만, 내 도전은 그보다 10년 이상 빨랐다. 내가 하는 일이 과연 하나의 직업으로 성립할 수 있을지조차 가늠하기 힘든 시절이었다. 사업 회생 전문가, 소위 '턴어라운드 스페셜리스트'를 자처한 사람은 일본에서 내가 최초였을 것이다. 나 개인이 새로운 직업에 도전하는 것을 넘어, 일본이라는 나라에 새로운 직업을 창출하는 시도였다. 그랬기에 뭔가를 배우고 따를 만한 선배가 전혀 없었다. 고독했고, 하나부터 열까지 시행착오의 연속이었다.

한번은 어떤 상장 기업의 최고경영자가 우연한 기회에 내 이야기를 전해 듣고서 상담을 하러 온 적이 있었다. 부탁에 따라 실적 부진으로 신음하는 그 회사를 찾았다. 고도 성장기에는 활력이 넘쳤던 대기업이 완전히 생기를 잃은 참혹한 모습을 드러내고 있었다. 사원들의 눈에서 광채가 사라졌고 업무에 대한 열정도, 삶의 즐거움도 느껴지지 않았다. 리더십이 실종되고 전형적인 '샐러리맨화'가 진행된 조직이었다.

이 책에는 '샐러리맨'이라는 표현이 자주 나온다. 일본에서는 제2차 세계대전 이후 반세기에 걸쳐 이른바 연공서열 제도가 확산되었다. 회사는 직원들이 급여만큼 성과를 내는지 엄격하게 평가하지 않고 그저 나이를 먹으면 직위를 높여주고 일정한 승급을 보장해주었다. 이에 따라 중산계층이 크게 증가했다. 업무 성과와 상관없이 대우가 계속 높아지니, 큰 부자를 꿈꾸지는 않더라도 가족들과 자리를 잡고 안정적인 생활을 유지하는 데는 부족함이 없었다.

언제부터인가 일본에서는 그런 사람들을 '샐러리맨'이라고 부르기 시작했다. '굳이 위험한 도전을 하지 않아도 직위에 따라오는 일반적인 업무만 매일 처리해내면 먹고살 걱정은 안 해도 된다'는 의식이 번져나갔다. 실제로 최근 반세기 동안 일본에서는 샐러리맨화가 급속히 진행되면서 리스크와 맞서는 리더가 점차 사라졌고 그 결과 활력을 잃는 기업들이 늘어났다. 그런 기업에 가보면, 자신의 역할을 다하지 못해 고민에 빠진 경영자가 늘 존재했다.

그곳에서 나는 인생의 새로운 사명을 발견했다. 내부의 경영자가 궁지에 몰려 포기하려는 사업을 어떻게 되살릴 수 있을까? 그 고비에서 회사를 구출해내는 일을 직업으로 선택한 것이다.

내가 일하는 방식은 의뢰를 맡은 회사에 부사장이나 사업부장으로 취임해 회사의 내부에서부터 개혁을 추진하는 것이었다. 요컨대 야당이 아니라 회사의 여당이 되어서, 그 한가운데로 뛰어들어 부정적인 흐름을 끊는 것이다. 이렇게 성장을 위해 회사 전체가 다시 움직이려면 경영의 '단절력(斷切力)'을 발휘해야 한다.

🔒 **경영자의 수수께끼 풀이 1**

경영의 '단절력'

여기서 단절한다는 건 직원의 목을 자른다는 얘기가 아니다. 타성에 젖었던 '경영의 흐름'을 끊어내고, 조직이 나아갈 새로운 방향을 도출하여 실행한다는 의미다. 사업에 킹크(kink), 즉 굴곡을 만들어내는 것이다. 먼저 문제의 밑바닥에 숨어 있는 본질에 접근해 문제의 구도를 단순화해야 한다. 이것을 바탕으로 새로운 전략을 수립하고 '지금 그곳에 있는 사람들'의 마인드를 재결집해 새로운 외부와의 싸움으로 향하도록 하는 것이다.

그러나 대상은 역대 경영자들이 개혁에 실패한 사업이다. 다시 말해, 내가 그들보다 경영 기량이 높지 않다면 이 일을 직업으로 삼아서 먹고살 수 없다는 뜻이다. 나 역시 장화를 신고 소매를 걷어붙인 채 그 회사가 빠진 '죽음의 골짜기' 속 수렁으로 내려가야 한다. 그리고 위기를 타개할 전략을 찾아낸 다음 모두를 이끌고 죽음의 골짜기를 다시 기어 올라가야 한다.

어느 회사를 가든 사업 회생 과정에서 반드시 한 번은 '아수라장'이라고밖에 표현할 수 없는 상황이 벌어진다. 이번이 회사를 구할 마지막 기회일지도 모르는데 저항하거나 태업을 하는 사원이 반드시 나온다. 때로는 이런 순간이 큰 압박을 주기도 했다.

밤 10시경이 되면 그날의 업무를 마치고 내 사무실로 돌아왔다. 사무실은 차분한 분위기로, 고급스러운 인테리어에 음향이 뛰어난 오디오 설비를 갖추고 있었다. 비서는 저녁에 퇴근하므로 그 시간쯤 사무실에는 나 혼자뿐이다. 나는 좋아하는 클래식 음악을 틀고 소파에 몸을 파묻은 채 깊은 잠에 빠진다. 그리고 얼마 후, 몽롱한 의식을 희미하게 파고드는 음악 소리와 함께 다시 현실로 돌아온다. 나른함 속에서도 뭐라 설명할 수 없는 행복한 기운이 밀려온다. 시계를 보면 이미 밤 11시를 넘긴 시각이다. 나는 슬슬 집으로 돌아갈 채비를 한다.

그 짧은 시간은 다음날 새롭게 일할 에너지를 충전하기 위한 나만의 의식 같은 것이었다.

한 회사의 회생을 맡아 프로젝트를 진행할 때마다, 말 그대로 '죽음의 골짜기'를 넘나드는 순간이 반드시 찾아왔다. 때로는 그 수렁에서 영원히 빠져나오지 못할지도 모른다는 두려움에 휩싸이기도 했다. '내 회사도 아닌데 왜 이렇게까지 고생하며 애를 쓰는 걸까?' 싶은 때도 있었다. 진취적인 자세로 일에 뛰어드는 사람들은 누구나 일생에 한두 번, 그런 아수라장 같은 곤란한 상황을 겪게 된다. 그러나 횟수나 밀도로 따졌을 때, 나는 평범한 비즈니스맨의 열 배 이상으로 그 순간을 경험했다.

경영의 아수라장

일반적으로 아수라장이란 자신의 힘으로 제어할 수 없는 지경을 말한다. 궁지에 몰려서 타인의 생각이나 이해관계, 감정 등에 휘둘리게 되는 것이다. 아수라장 속에서는 '옳은가, 옳지 않은가.' 하는 논리는 힘을 잃는다. 대신에 '좋은가, 싫은가.' 하는 감정의 힘이 증폭된다. 다시 말해 아수라장의 원인은 대부분 전략과 관계가 있지만, 그 상황을 악화시키는 것은 바로 사람과 정치다.

그 결과 나는 보통의 비즈니스맨에 비해 압도적인 양의 경영 경험을 쌓았으며, 한층 예리한 경영 리터러시(지식과 정보를 획득하고 다루는 능력)를 연마할 수 있었다. 어떤 일이 일어나도 평상심을 잃지 않는 자세를 익힌 것 또한 큰 소득이었다. 명탐정 푸아로나 형사 콜롬보도 분명히 이런 과정을 거치며 실력을 키웠을 것이다.

50대 후반, 마지막 항로를 변경하다

16년간 이 일을 하면서 만난 마지막 고객은, 당시 연결매출 1조 엔(약 10조 원)을 기록하던 고마쓰였다. 고마쓰의 산업기계 사업 부문이 10년간 적자를 기록하며 부진을 면치 못하자 당시 사장이었던 안자키 사토루는 "만약 2년 안에 회생하지 못하면 폐쇄하겠다"라고 회사 안팎에 선언하고 내게 의뢰를 했다. 나는 이 프로젝트를 끝으로, 이후부터는 새로운 길에 들어서게 되었다.

내가 사업 회생 전문가로서 갈고닦은 경영의 기량은 크게 세 가지로 나눌 수 있다.

1. 조직 말단까지 전략을 침투시키고 모두를 열정적으로 만드는 '전략의 기술'

전략을 기업 최고경영자만의 도구로 만들어서는 안 된다. 최고경영자부터 조직 말단의 젊은 직원에 이르기까지 모두의 시선을 외부(경쟁업체)로 향하게 만드는 동시에, 회사 전체가 공유할 수 있는 단순하고도 강력한 '전략 스토리'를 찾아내야 한다. 개혁자는 그것을 열정적으로 전달해 경영 현장에 스며들도록 한다.

2. 잘 움직이지 않는 조직에 활기를 불어넣는 '조직의 기술'

조직이 활기차게 움직이도록 만드는 방법을 정립한 것이 바로 '조직론'이다. 구성원들이 비생산적인 물밑 작업에만 매달리게 되는 구조를 해체하고, 직접 일어서서 싸우는 조직으로 변신을 꾀해야 한다. 이를 위해 맞춤 리모델링을 하듯 새 조직을 디자인하는 것이다. 여기서 '조직'을 '비즈니스 프로세스'라는 말로 바꿔도 무방하다.

3. 사람을 분별하는 기술

회사는 벼랑 끝에 몰렸는데 강 건너 불구경하듯 무사태평한 사원들이 많다. 개혁팀이 인선을 그르치면 사업 회생은 예외 없이 좌초한다. 사업을 다시 일으키는 아수라장에서는 누가 진짜이고 누가 가짜인지 짧은 기간에 분명히 드러난다. 그리고 그 압축된 경험을 통해 '사람을 보는 눈'이 급속히 발달한다.

나의 경우 다행히도 이 경험이 인생 후반기의 결실로 이어졌다. 50대 초반의 어느 날, 나도 모르는 사이에 경영 기량이 상당히 높

아졌음을 문득 깨달았다. 이렇게 한 단계 성장한 것을 실감하는
순간이 몇 차례 찾아왔다.

성공한 모든 경영자가 프로는 아니다

나는 30대부터 '프로 경영자'를 목표로 삼았다. 이 목표를 이루기
위해 스스로 리스크를 짊어지고 경험을 쌓아나갔다. 프로의 영역
에 도달했다는 확신이 들기까지는 생각보다도 더 오랜 시간을 기
다려야 했다. 수많은 경영자들 중에서도 특히 '프로 경영자'로 구
분되려면 어떤 자격을 갖추어야 할까?

나는 프로 경영자를 이렇게 정의한다.

1. 어떤 상황에 놓인 회사에 가더라도 단기간에 '문제의 본질'
   을 발견할 수 있는 사람.
2. 그것을 간부나 사원들에게 '간단하게' 설명할 수 있는 사람.
3. 이를 통해 간부나 사원의 마음과 행동을 '하나로 묶어' 조직
   의 전진을 꾀할 수 있는 사람.
4. 그리고 당연히 최후에 '성과'를 낼 수 있는 사람.

카리스마로 유명한 경영자라 해서 모두 '프로 경영자'인 것은
아니다. 한 회사만을 경험했다면 '그 회사의 경영자'에 불과하며,
그곳에서만 통용되는 경영을 하고 있는지도 모른다. 프로 경영자
는 거기서 더 나아가야 한다.

5. 업종, 규모, 조직 문화 등의 차이를 초월해 어느 기업에서나 통용되는 범용적인 경영 기법, 전략 수립 능력, 기업가 마인드를 축적해야 한다.
6. 그러기 위해서는 아수라장을 포함한 '풍부한 경영의 경험'을 거쳐야 한다. 프로 경영자는 어떤 어려운 상황에 직면해도 이것은 '언젠가 걸었던 길', '언젠가 본 풍경'이라며 태연하게 대응한다.

그렇기에 프로 경영자들은 평범한 경영자보다 높은 급여를 받는다. 프로 야구선수나 축구선수와 마찬가지다. 이들은 어느 날 갑자기 다른 조직으로 이적해도 첫날부터 높은 기량을 보여준다.

7. 프로에게는 자연히 '능력에 걸맞은 높은 급여'가 따라온다.

물론 영업이나 개발 같은 특정 분야에서 전문가가 되는 것 또한 훌륭한 삶의 방식이다. 다만 '기능별 업무를 오랫동안 지속하면 경영자의 자질도 동시에 높아져서 언젠가는 경영진이 될 수 있다'라는 발상은 문제가 있다. 이는 뿌리 깊은 연공서열 제도와 문화가 사람들의 의식 속에 심어놓은 중대한 오류다. 만약 경영자를 목표로 삼는다면, 이를 하나의 독립된 직업이라 생각하고 늦어도 30대 중반부터는 오로지 경영자로서 기량을 높이는 방향으로 삶의 항로를 조정해야 한다.

12년간의 진화 끝에 완전히 다른 회사로 변신하다

이 책은 한 회사에서 제각각 시행한 개혁 주제를 모아놓은 단순한 '사례 모음집'이 결코 아니다. 이 책의 밑바탕은 바로, 큰 강처럼 도도히 흐르는 세계적인 사업 혁신의 물결이다(사에구사 다다시의 경영 노트 5 참조). 그 변화의 원류는 1980년대 미국으로 거슬러 올라간다. 그곳에서 '시간의 전략'과 '리엔지니어링', '서플라이 체인', 나아가 'ERP'라고 부르는 통합 업무 소프트웨어가 탄생했고, 독일의 '인더스트리 4.0'으로 이어지는 업무 혁신의 흐름이 생겨났다. 그 흐름 속에서 미국의 아마존으로 대표되는 'EC(전자 상거래) 사업' 또한 대두했다. 나는 이런 조류를 미국과 유럽에서 발생한 역사적인 '사업 혁신의 메가트렌드'라고 부른다.

그런데 그 흐름의 원줄기는 사실 일본에서 발생했다. 바로 도요타 생산 방식이다. 다시 말해 일본의 기업들은 일본에서 태동한 기법을 혁신 개념으로 발전시키지도, 경영 현장에 도입하지도 못한 결과 미국과 유럽에 뒤처지고 만 것이다. 도요타 생산 방식을 확대 적용한 '시간의 전략'에 힘입어 미국과 유럽의 기업들은 1990년대 이후 강력한 힘을 다시 발휘하게 되었다. 과거 세계 시장에서 압도적인 승리를 거뒀던 일본 기업이 그 후 참담한 후퇴의 역사를 걸은 이유는 미국과 유럽에서 시작된 '사업 혁신의 메가트렌드'에서 낙오했기 때문이다. '경영 리터러시'의 패배라고 해도 무방하다.

미스미 기업은 많은 일본인이 아직도 충분히 인식하지 못하는 그 변화의 물결에 일찍이 대응해, 새로운 사장과 함께 다양한 개혁을 단행했다. 오랜 기간에 걸쳐 실패의 벽을 몇 번이고 부수며 사업 전략과 물류 시스템 기반, 수·발주 시스템 기반 등의 플랫폼을 거듭 개혁해나갔다. 그러자 시간이 지나면서 그 개혁 하나하나가 서로 연결되었고, 몇 년 뒤부터는 개별 부서를 넘어 회사 전체의 사업 모델을 강화하는 강점으로 통합되기 시작했다. 명확하게 설정한 방향을 따라 현장의 꾸준한 노력이 쌓이면서 '회사 개조'라 부르기에 충분한 현상이 일어났다. 미스미가 '전과는 완전히 다른 회사'로 변신한 것이다.

그 진화의 과정은 결코 간단하지 않았다. 이 책의 각 장을 보면 전반부에는 개혁 프로젝트가 생각대로 진행되지 않는 실패의 장면들이 등장한다. 그리고 후반부에 그 벽을 부수고 성공으로 향하는 '돌파구'가 묘사된다. 그 내용들은 전부 실화다. 또한 각 장에서 소개하는 프레임워크는 많은 회사에 두루 적용할 수 있는 범용성과 보편성을 갖추고 있다.

이 책의 형식은 지금까지 내가 쓴 3부작 《전략 프로페셔널》(서돌, 2007년), 《CEO 켄지》(지식공간, 2010년), 《V자 회복》(황금부엉이, 2015년)과 같다. 딱딱한 이론서가 아니라 독자들이 경영의 생생한 현장을 마치 실황중계로 감상하듯 가상 체험할 수 있도록 풀어낸 책이다. 이를 통해 경영의 '논리'와 '전략'을 배울 수 있을 것이다.

다만 이 책에는 기존의 3부작과 크게 다른 부분이 한 가지 있다.

지난 책들은 모두 위기에 몰린 회사, 또는 사업을 2~3년 안에 다시 일으켜 세우는 '단기 결전'을 다루었다. 그에 비해 이 책은 내가 한 기업의 CEO로 취임해 12년이라는 긴 시간 동안 실행한 '회사 개조', 즉 '개혁의 연쇄'를 추적한 것이다.

일본 내에서만 사업을 하던 직원 340명 규모의 작은 상사(商社)가 전 세계에 1만 명 가까운 사원을 보유하게 되고, 세계 무대에서 경쟁하게 되기까지는 무엇이 필요했을까?

즉, 앞선 3부작이 회사를 구하기 위해 산속에서 위험한 등반을 하는 이야기였다면 이 책은 평야로 나가서 강의 거대한 흐름을 바꾸는 험난한 공사를 12년에 걸쳐 진행하는 이야기다. 이 책의 각 장은 그 어려운 프로젝트의 부분 공사 하나하나에 해당하며, 각각의 공사가 모두 끝나 하나로 포괄될 때 비로소 '회사 개조'라는 장대한 전체 공사가 완성된다.

잘나가던 회사에 개혁의 칼날을 휘두른 이유

각 장에서 이야기하는 개혁들은 자연스럽게 일어난 변화가 아니다. 책에 등장하는 미스미의 리더들이 의도를 갖고 '인위적'으로 일으킨 것이다. 그 과정에서 능력이 부족하거나 판단을 잘못해 흐름을 막아버린 실패자도 존재했고, 반대로 흐름을 막고 있던 둑을 단번에 무너뜨린 진정한 개혁자도 있었다. 나는 높은 하늘에서 솔개처럼 그 상황을 내려다볼 때도, 지상으로 내려와 지휘할 때도 있었다.

이 책을 마지막까지 읽으면 각 장이 단절된 '사건'이 아님을 알 수 있을 것이다. 더불어 미스미라는 회사가 12년 동안 전혀 다른 기업으로 변신하는 흐름을 조망하게 될 것이다.

또 기존의 3부작에서는 회사의 실명 대신 가명을 사용했지만, 이 책에서는 이야기의 무대가 미스미임을 처음부터 밝히고 실명을 사용했다. 주인공은 이 회사의 CEO로서 12년 동안 사장과 회장을 맡은, 그리고 현재는 이사회 의장으로 있는 나 자신이다.

창업자인 다구치 히로시(현 미스미 그룹 본사 특별 고문)의 이름도 실명으로 표시했다. 또한 내가 미스미에 사장으로 취임하던 당시의 경영 상황도 솔직하게 밝혔다. 지금껏 전임자의 경영 방침에 대해서는 부정적인 발언이 회사 외부로 새어 나가지 않도록 늘 주의했지만 이 책에서만큼은 예외다. 외부에서 우량 기업으로 평가하던 회사였건만, 나는 미스미의 사장으로 취임한 직후부터 쉴 새 없이 회사 안팎을 바꿔나갔다. 왜 그렇게까지 강도 높은 개혁을 추진해야 했는지, 무엇을 두려워하고 어떤 사태만큼은 피하려 했는지, 그 흐름을 솔직하게 말하지 않고서는 이 책을 쓰는 의미가 없을 것이다. 이것이 내가 이 책에서 특별히 솔직해지기로 한 이유이다.

이 원고를 출판사에 넘기기 전에 다구치 씨에게 보여주었더니 웃으며 이렇게 말했다.

"전부 사실 아닙니까? 이대로 출판사에 보내셔도 됩니다."

그는 단 한 글자도 수정하라고 요구하지 않았다. 이 책에서 다구치 사장 시절의 미스미를 부정적으로 표현한 부분도 있지만, 창업자의 업적 자체를 부정하는 것이 아니다. 다구치 사장은 창의성이 넘치는 훌륭한 기업가였다. 그가 세운 40년의 역사가 없었다면 나는 그 위에 다음 시대를 쌓아올릴 수 없었을 것이다.

아주 특별하지만 일반적인 이야기

그 밖의 등장인물은 전부 가명이다. 실재하는 특정 인물을 모델로 삼은 경우도 있지만, 때로는 복수의 인물을 조합하여 '평균적인 모습'을 만들어내기도 했다.

이 책을 집필하기 위해 미스미에 몸담고 있는 현역 간부 약 30명에게 당시의 상황이나 그들의 경험을 글로 작성해달라고 부탁했다. 또 중견급 이상의 사원들에게 기억에 남는 나의 '언행록'을 카드에 적어서 보내달라고 요청한 결과 500장가량이 모였다. 이 책의 사실 관계를 실증하는 자료는 풍부하게 남아 있지만, 등장인물 간의 구체적 대화나 심리 등은 상황의 추이에 따라 주관적으로 해석할 수밖에 없었다. 직원들이 제출한 카드에서 문장을 인용할 때도 당시를 떠올리면서 살을 붙이거나 수정했다. 따라서 그 책임은 모두 내게 있다.

마지막으로, 이 책을 읽는 방법에 관해 한 가지 조언을 하려고 한다. 독자 여러분이 이 책을 '미스미만의 특수한 이야기'라고 생각하면서 읽는다면 이 책에서 배울 내용이 크게 줄어들 것이다. 미스미의 이야기인 것은 맞지만, 이 책에서 묘사한 경영 현상, 인간의 행동과 감정, 전략과 논리 등은 어느 회사에서나 통용되는 보편성과 범용성을 담고 있다. 독자들이 그 사실을 이해하고 글을 읽는다면 몇 곱절 많은 소득을 얻을 것이다.

만약 내가 미스미의 사장 자리를 거절하고 다른 회사의 CEO가 되었더라도 그곳에서 대규모 개혁을 단행하고 퇴임 후 그 경험을 책으로 출판했을 가능성이 높다. 그 경우 그 책과 이 책 중 어느 쪽을 읽더라도 독자들이 배울 수 있는 논리는 상당히 흡사할 것이다. '어느 회사든 같다'는 것은 곧 경영이나 전략의 '보편성'을 의미한다. 공통적으로 적용할 수 있는 보편적인 프레임워크를 많이 익힐수록 경영자의 역량을 높이는 무기가 날카로워진다. 이 책을 이해하기 위해 미스미라는 회사를 알 필요는 있지만, 이 책의 무대가 미스미라는 사실에 그리 큰 의미를 둘 필요는 없다는 이야기다.

특히 장래에 '경영자가 되고 싶다', '프로 경영자를 지향한다'라고 마음먹고 노력하는 사람들이 이 책을 꼭 읽어줬으면 한다. 이 책이 경영자를 한 명이라도 더 키워내는 데 작게나마 공헌한다면 책을 쓴 목적을 달성했다 할 것이다.

이 책의 저자인 '나'의 이야기는 여기까지다. 지금부터 이 이야기의 주인공인 사에구사 다다시가 '회사 개조'에 도전하는 이야기를 시작할까 한다.

A COMPANY TRANSFORMING

CONTENT

004   프롤로그 회사 개조, 멈춰 선 회사를 진화시키다

회사 개조 1단계

조직의 강점과 약점을 진단한다

030   사업 모델을 그리다
045   사에구사 다다시의 경영 노트 1 – 경영 프레임워크란?
049   의문부호가 붙은 사업들
066   개혁 시나리오의 '1페이지'를 제시하다
097   사에구사 다다시의 경영 노트 2 – '수수께끼 풀이'가 경영자의 성패를 결정한다

회사 개조 2단계

사업 조직에 '전략'을 불어넣는다

104   전략의 입구에서 길을 잃다
126   사에구사 다다시의 경영 노트 3 – 전략론의 고전, PPM을 현장에서 되살리다
131   '이기는 싸움'을 위한 무기를 개발하라
163   사에구사 다다시의 경영 노트 4 – 전략에서 원가 계산이 중요한 이유

회사 개조 3단계 ───────────────

전략의 오판을 낳는 시스템을 바로잡는다

172 미스미의 원가 전략 도구 'ABC 내비게이터'

192 사에구사 다다시의 경영 노트 5 – 세계적인 사업 혁신의 메가트랜드

회사 개조 4단계 ───────────────

'글로벌 전략'으로 승부를 건다

202 글로벌화의 발목을 잡는 족쇄를 부수다

226 맨 땅에 쌓아올린 중국 진출 기지

259 사에구사 다다시의 경영 노트 6 – 미스미의 비즈니스 플랜 시스템

회사 개조 5단계 ───────────────

생산의 주도권을 확보한다

266 애증의 파트너와 손을 잡다

289 사에구사 다다시의 경영 노트 7 – 조직의 위기의식이란

A
COMPANY
TRANSFORMING

회사 개조 6단계

저항의 벽을 부숴 새로운 돌파구를 연다

294 끈질긴 저항의 벽을 차례로 부수다

317 10년의 노력으로 고객의 하루를 절약하다

346 사에구사 다다시의 경영 노트 8 – 열정적인 사업 집단의 구조

회사 개조 7단계

'시간과의 싸움'으로 영업 접점을 개혁한다

354 두 번의 개혁 실패, 망가진 조직

383 '즐거운 전문가'들의 힘

420 사에구사 다다시의 경영 노트 9 – 조직 활성의 순환 동태론

회사 개조 8단계

살아 움직이는 조직을 설계한다

428 아마추어를 프로로 키우는 조직

458 사에구사 다다시의 경영 노트 10 – 개인의 성장과 조직 왜소화의 역학

466 에필로그 인재는 '전략'과 '열정'으로 자란다

1

조직의 강점과 약점을 진단한다

창립 40년에 매출액 500억 엔이었던 회사가 불과 4년 만에 매출액 1,000억 엔 규모로 성장했다. 그리고 여기서 더 나아가 세계적인 대불황을 극복하고 매출액 2,000억 엔을 달성했다. 경영자는 어떻게 '성패의 수수께끼'를 풀어내고 회사의 변신을 이끌었을까?

사업 모델을 그리다

창문 너머의 풍경에 힌트가 있다 "사에구사 씨, 제 뒤를 이어서 미스미를 이끌어주시지 않겠습니까?"

미스미의 사외이사인 사에구사 다다시가 이런 요청을 받은 것은 9월이었다. 최종적으로 예스, 혹은 노라고 답을 줘야 하는 시기는 이듬해 1월 전후일 것이라고 그는 어림했다. 대략 4개월 정도 시간이 있는 셈이다. 그 사이에 미스미의 강점과 약점을 파악해야 했다.

'과연 내 피가 끓을 만큼 재미있는 사업일까?'

사에구사는 최대한 빠르게 움직여야겠다고 생각했다.

지난날, 부진에 빠진 회사의 회생 프로젝트를 맡아 처음 그 조직에 발을 들일 때도 늘 비슷한 상황에 부닥치곤 했다. 어떤 관점에서 판단해야 할지 짐작조차 할 수 없는, 거대한 미로 속을 헤매는 느낌이 한동안 계속될 것이다. 과거의 경험에 비추어볼 때 회사가 제공하는 사내 자료는 거의 도움이 되지 않는다. 사고방식이라든가 기준 자체가 다르기 때문이다. 그러므로 자료를 기다리기만 해서는 아무것도 보이지 않는다.

🔒 **경영자의 수수께끼 풀이 3**

죽음의 골짜기

어느 회사에서나 새로운 흐름을 선도하고자 하는 개혁자에게는 어떤 형태로든 '죽음의 골짜기'가 기다린다. 이것은 피할 수 없는 숙명이다. 그러나 사전에 그것이 기다리고 있음을 인식하고 충분히 준비한다면 골짜기를 무사히 건널 확률이 높아진다. 그 열쇠는 '수준 높은 경영 리터러시'와 '열정적인 리더십'의 조합이다.

사에구사는 16년 동안 사업 회생 전문가로 일해왔다. 의뢰를 받은 기업에 가서 일을 시작할 때, 직원들은 대부분 그를 경계한다. 직원들에게 그는 그저 외부인일 뿐이기 때문이다. 그러나 개의치 않고 사내로 빠르게 침투한다. 사내를 돌아다니다 보면 간부나 직원들이 무심코 하는 말이나 농담, 작은 표정 변화 속에서 문제의 징후가 슬쩍 엿보이는 순간이 있다. 창문이 열려서 창문 너머의 풍경이 보이는가 싶지만, 다음 순간 다시 닫혀버린다. 그 '한순간'의 시야 속에 본래라면 그곳에 있어야 할 것이 없거나, 있어선 안 될 것이 있는 듯한 위화감을 느낄 때가 있다.

하지만 당장은 그 위화감이 실제 문제를 근거로 하는 것인지, 아니면 그저 기분 탓인지 알 수 없다. 그럴 때는 닫힌 창을 다시 한 번 열고 그 안을 자세히 들여다본다. 그래서 무엇인가를 감지했다면 현장에 발을 들여놓는다. 실제로 현물을 만져본다. 문제의 본질이 무엇인지 확인한다. 다른 부서 사람들에게도 의견을 묻는다. 만약 문제가 없다는 판단이 들면 즉각 철수한다. '터치 앤드 고(touch and go)'의 항법을 통해 원점으로 돌아가는 것이다. 우수한 경영자는 매일 이 과정을 반복한다.

두꺼운 카탈로그 속 성장의 비밀

사에구사가 창업자 다구치 사장을 만났을 때, 미스미는 도쿄증권거래소 1부로 승격된 지 4년째 되던 회사였다. 2부 시장에 처음 상장된 지 4년 만에 이룬 성과였다. 공업기계 부품을 판매하는 평범한 B2B(기업 간 거래) 상사로, 공장의 자동 기계나 로봇, 금형 등 생산 라인에서 사용하는 기계에 필요한 부품을 판매했다. 다시 말해, 자동차나 컴퓨터처럼 소비자가 직접 만질 수 있는 상품에 들어가는 부품은 취급하지 않는다. 기계 부품 업계는 B2C(기업과 소비자 간 거래) 상품에 비해 너무 단순해서 마케팅 요소가 거의 없고, 마케팅 전략도 제한적일 수밖에 없다고 생각하는 사람들도 있다. 하지만 이는 선입견에서 비롯된 오해다. 사에구사는 지난 경험을 통해, 이 업계에도 비즈니스의 온갖 역동적인 요소가 내재돼 있음을 알고 있었다.

사에구사가 살펴본 미스미의 사업 실적은 훌륭했다. 약 500억 엔(약 5,000억 원)이라는 매출액은 도쿄증권거래소 1부 기업 치고는 작은 규모이지만, 매출총이익률(매출에서 얼마의 이익을 거두었는지 나타내는 재무비율-옮긴이) 35~40퍼센트에, 10퍼센트 전후의 영업이익률(매출액에 대한 영업이익의 비율-옮긴이)을 기록하며 일본 업계가 전반적인 경기 부진에 빠진 상황에서도 고수익, 고성장을 지속해왔다. '상사'의 일반적인 업태가 박리다매 방식이라는 점을 감안하면 이례적이라고 할 만큼 이익률이 높았다. 미쓰비시 상사나 미쓰이 물산 같은 대규모 상사는 절대 이 정도 이익률을 올릴 수 없다.

"미스미사의 사업 특징은 뭐라고 생각하십니까?"

회사 외부의 일반인에게 이렇게 물어보니(애초에 미스미라는 회사를 아는 사람이 그리 많지는 않았지만) 돌아온 대답은 '카탈로그로 기계 부품을 판매하는 회사'라는 것이었다. 그 말에 미스미의 카탈로그를 살펴본 사에구사는 깜짝 놀랐다. 무려 1,500페이지 전후의 두께를 자랑하는, 한 손으로는 들고 다니기도 버거울 만큼 무거운 책자였다. 게다가 페이지를 넘겨보니 예쁜 모델이나 화려한 컬러 일러스트 같은 것은 하나도 없고 오로지 숫자와 기호로 가득한 투박하기 짝이 없는 모양새였다.

사에구사는 사내를 걷기 시작했다. 그리고 만나는 직원들에게 미스미의 사업 특색을 물어봤다. 직원들의 대답은 한결같았다.

"미스미는 카탈로그를 통해 고객에게 부품의 '표준화'를 제공합니다. 많은 기술자들이 우리의 카탈로그를 마치 사전처럼 편리하게 이용하고 있습니다."

처음에는 무슨 말인지 이해가 되지 않았다. '표준화'를 제공한다니, 그게 대체 무슨 뜻일까? 그 말의 이면에는 미스미의 놀라운 사업 혁신의 역사가 숨어 있었다.

미스미가 약 반세기 전에 창업했을 때 처음으로 손을 댄 사업은 금형 부품 판매였다. 우리는 금형으로 생산된 상품에 둘러싸여 살아간다. 자동차, 전기 제품, 컴퓨터, 휴대전화부터 플라스틱 바구니나 장난감에 이르기까지 각종 다양한 상품을 생산하는 데는 금형으로 제작된 부품이 사용된다. 그래서 금형은 산업의 뼈대라 할 만큼 중요한 요소다.

가령 어떤 자동차 부품 제조회사가 공장에 프레스 기계를 설치하고 자동차 부품을 생산한다고 가정하자. 디자인대로 부품을 만들려면 그 프레스 기계에 '금형'을 부착해야 한다. 만약 제품의 디자인이나 사양이 조금이라도 변경되면 그에 맞는 새로운 금형을 부착한다. 그렇게 하지 않으면 원하는 부품을 생산할 수 없다. 이때 금형을 조립하는 데 필요한 것이 바로 '금형 부품'이다. 미스미가 시작한 것은 그 부품을 취급하는 사업이었다.

● 아라가키 마사즈미(荒垣正純)의 이야기 — 미스미 이사, 당시 53세
당시 우리는 고객인 '금형 제조회사'를 한 곳 한 곳 찾아가서 그 회사가 필요

로 하는 금형 부품의 주문을 따내는 식으로 영업을 했습니다. 미스미는 그 주문을 '금형 부품 제조회사'에 가져갑니다. 그리고 부품이 완성되면 '금형 제조회사'에 납품하는 거죠.

새로운 금형을 만들 때면 금형 제조회사의 설계자는 부품 하나하나에 대해 상세한 도면을 그려서 줬습니다. 그러면 미스미는 그 도면을 부품 제조회사에 전달하고 도면대로 부품을 만들게 합니다. 그런 프로세스로 일을 진행하다 보니 금형 부품의 주문을 받아서 납품하기까지 기본적으로 2주에서 3주 정도가 걸렸습니다. 게다가 때로는 생산 오류로 치수가 다른 금형 부품이 오기도 했지요. 그렇게 되면 처음부터 다시 만들어야 해서 시간이 더 걸렸습니다.

지금에 비하면 부품 조달에 훨씬 많은 시간과 수고가 들어갔죠. 도면의 상세한 내용을 협의해야 했고, 부품이 도착하면 도면대로 만들었는지 하나하나 확인(납품 검사)도 해야 했으니까요. 그래서 당시는 금형 부품의 가격이 상당히 비쌌어요.

미스미가 일으킨 이노베이션

창업한 지 약 15년이 지났을 무렵, 미스미의 창업자는 이런 방식이 당연시되던 업계에 이노베이션을 일으켰다. 금형 부품의 카탈로그를 발행한 것이다. 치수를 마이크로미터 단위로 세분화한 방대한 수의 부품표가 실려 있는 카탈로그였다.

그림이라고는 하나도 없이 숫자와 기호들만 빼곡했지만, 이것이야말로 금형 설계자들에게는 더할 나위 없이 획기적인 방식이었다. 부품의 도면을 일일이 그려야 했던 번거로운 작업을 단번에 해소해주었기 때문이다.

- 설계자는 부품의 도면을 그리는 대신 미스미의 카탈로그에 실린 치수표를 보면서 원하는 부품의 치수를 숫자나 기호로 지정한다.
- 그 숫자와 기호의 조합이 미스미의 상품 번호(형번(型番)이라고 부른다)가 된다. 설계자는 전화나 팩스로 미스미의 고객센터에 그 형번을 보낸다.
- 미스미는 그 형번을 협력회사(금형 부품 제조회사)에 송신한다. 협력회사의 직원 역시 형번만 봐도 어떤 가공을 해야 할지 판단할 수 있다.
- 협력회사는 마이크로미터 단위의 고정밀도 부품도 하루 만에 생산해 그날 밤까지 미스미의 배송센터에 보낸다. 미스미는 셋째 날에 출하한다(그 후 기간을 더 단축해, 현재는 둘째 날에 출하하고 있다). 고객이 더 급하게 원할 경우는 추가 요금을 받고 하루 만에 출하한다.
- 카탈로그에는 상품 가격이 적혀 있다. 따라서 견적이나 가격 교섭은 필요 없다.

미스미가 이 사업을 시작하기 전만 해도 고객사 입장에서 금형 부품이란 일일이 도면을 그려주고 주문해야 하는 '특별 주문품'이었다. 그런데 이것을 카탈로그에서 고를 수 있게 되면서 표준 부품이나 다름없게 되었다. 이것이 미스미에서 말하는 '표준화'인 것이다.

"금형 제조회사 설계자의 수고를 크게 줄여주는, 그러니까 '편리성'을 제공하는 방식이었습니다. 게다가 미스미는 품질에도 심혈을 기울였기에 그 측면에서도 고객의 신뢰를 얻어냈지요."

전국에서 주문이 밀려들기 시작했고, 이때부터 미스미의 성장 역사가 시작되었다.

미스미의 혁신은 아마존이나 아스쿨(ASKUL: 사무 용품을 주로 취급하는 일본의 통신판매 회사-옮긴이)이 각자의 분야에서 실현한 유통 혁신과 유사했다. 이렇게 납기 기한을 대폭 단축한 단(短)납기 시스템은 세계적으로도 독보적인 성과였다. 아스쿨을 선구자라고 생각하는 경우도 많은데, 실상 아스쿨은 미스미가 단납기 모델을 도입한 지 약 15년 후에 창업한 업체다. 미스미는 업계를 선도한 이노베이터였던 셈이다.

| 그림 한 장에 담긴 미스미의 사업 모델

사내를 돌아다니며 사원들의 이야기를 듣던 사에구사는 한 가지 의문이 들었다. 그들은 모두 미스미의 사업 특색을 '표준화'라고 말한다. 사업의 특징을 이야기하기 시작하면 좀 더 복잡할 터인데, 그것을 전부 아울러 설명하는 사람은 없었다.

미스미의 '힘의 원천'은 정말 표준화뿐일까?

사업 모델의 구조 정립하기

사업 모델이 훌륭하더라도 그 '구조'가 정리되지 않은 회사는 '사업 모델'의 관점 자체를 유지할 수 없다. 따라서 사업 모델을 강화할 종합적인 전략에 다가서지 못하고 그저 방치할 가능성이 크다. 그런 상황에서 경쟁 업체가 그 모델의 가치를 간파하고 흉내 낸다면 이쪽의 우위는 어느새 사라져버린다.

🗝 수수께끼의 실마리

· 직원들이 사업 모델을 그리 중요하게 여기지 않는 현상은 다른 회사에도 흔히 나타난다. 이는 남을 흉내 내거나 그저 보조를 맞추려고만 하는 약자의 특징이다.
· 그러나 고성장, 고수익을 지속해온 미스미는 약자가 아니다. 사원들이 단편적으로 이야기하는 강점을 종합화, 체계화, 구도화한 '미스미 사업 모델'의 밑그림이 필요하다.
· 사업 모델에 대한 이해가 부족한 채 사장으로 취임하면 악수를 둘 위험성이 높아진다. 사에구사는 '사업 모델'을 스스로 그려보기로 했다.

사업 모델을 설명하기란 간단한 일이 아니다. 사내의 시스템, 사외의 경쟁 요소가 복잡하게 얽혀 있는 가운데 중요한 요소를 뽑아내 최대한 '단순한 구도'로 정리해야 한다.

사에구사는 며칠에 걸쳐 수많은 차트를 그린 끝에 마침내 하나의 '그림'에 이르렀다. 그때까지 미스미의 사람들은 본 적이 없는 내용일 것이다. 사에구사가 직접 만든 '자신의 프레임워크'인 셈이다.

그는 이 차트를 〈미스미 QCT 모델〉이라고 명명했다.

1. 어떤 기업이든 상품의 강점은 '품질(Q)', '비용(C)', '시간(T)'의 세 가지 요소로 결정된다. 높은 품질(Q)의 상품을 다른 어느 업체보다도 낮은 비용(C)으로 가장 짧은 시간(T)에 전달한다면 특별한 요소가 없는 한 당연히 많은 고객이 그 상품을 선택한다.

2. 사에구사는 미스미의 고객을 '프런트엔드(front end)'라고 명명했다. 미스미는 공업기계 부품 시장에 최초로 '카탈로그 판매' 시스템을 도입했다. 유통 과정을 근본적으로 개혁하여 이노베이션을 일으킨 것이다. 이것이 '기폭제'가 되었고, 그 결과 QCT의 무기가 작동했다.

Q: 카탈로그에 기재된 정보는 그 지역의 어떤 금형 부품 제조 회사가 제공하는 것보다도 훨씬 충실했다. 중간에 영업사원을 거칠 필요도 없고, 무엇보다 고객에게 도달하는 정보의 질이 압도적으로 뛰어났다.

C: 카탈로그를 도입하고 팩스(훗날은 인터넷)로 직접 주문을 받게 되면서 영업사원이 필요 없어졌다. 직접 판매를 통해 중간 마진을 줄임으로써 미스미는 유통 비용을 대폭 절감할 수 있었다.

T: 2~3주가 걸렸던 납품 기간을 표준 3일째 출하로 단축했다.

3. 사에구사는 미스미의 협력회사들을 '백엔드(back end)'라고 이름 붙였다. 미스미가 근본적 개혁을 통해 일으킨 '상품의 표준화'가 기폭제가 되어 백엔드 쪽에도 QCT의 혁신이 진행되었다.

Q: 협력회사의 생산량은 비약적으로 증가했고, 표준화 덕분에 생산 기술이 개선되어 품질이 향상되었다.

C: 생산량 증가로 '규모의 경제'가 발동했을 뿐만 아니라 '숙련'의 결과로 수율(투입 수에 대한 완성된 양품(良品)의 비율. 불량률의 반대어이다-옮긴이)이 향상되었다. 비용 또한 이전의 3분의 1 수준까지 극적으로 감소했다. 미스미는 판매 가격을 대폭 낮추고서도 충분한 이익을 올릴 수 있게 되었다.

T: 협력회사는 '한 개씩 처리'하는 생산 방식을 통해 생산 리드 타임을 대폭 단축했다. 이로써 주문에서 배송까지의 시간을 포함하는 '토털 리드 타임'이 크게 줄어들었다.

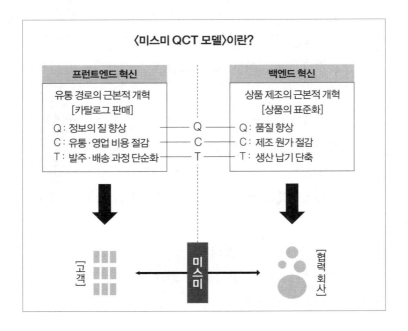

사업 모델을 혁신하는 기폭제

현재의 사업을 조금씩 수정해나가는 '점진적 개선'을 아무리 반복해도 '근본적 개혁'이 성공했을 때의 극적 변화를 쫓아갈 수는 없다. 시장을 크게 뒤흔드는 혁신적 사업 모델에는 반드시 일기가성(一氣呵成, 일을 단숨에 몰아쳐 해냄-옮긴이)의 변화를 불러올 만한 기술 혁신이나 아이디어가 내포되어 있다. 그것을 '기폭제'라고 부른다.

사실 '시간'은 사에구사의 비즈니스 인생에서 결정적이라 할 만큼 중요한 '전략 개념'이었다. 경영자를 지향하는 사람에게 '시간의 전략'은 필수 과목이다.

시간의 전략

1990년대 초반, 미국인들은 도요타 생산 방식이 단순한 생산 개선 수법이 아닌 '시간의 전략'으로 기능했음을 깨달았다. 이것은 개선의 시야를 공장만이 아니라 사업 전체로 확대한 '역사적 발견'이었다. 이 방식은 이후 리엔지니어링과 서플라이 체인, ERP, 최근에는 유럽의 인더스트리 4.0 같은 역사적으로 중요한 개념의 변천으로 이어졌다. 기업의 경쟁력을 높이려면 사내의 업무 프로세스를 재검토해 '시간 단축'이라는 무기를 도입해야 한다(사에구사 다다시의 경영 노트 5 참조).

미스미의 카탈로그는 당시의 공장 기계 부품 유통 분야에서 '기폭제'라고 부를 수 있을 정도로 혁신적이었다. 사에구사는 자신이 그린 이 〈미스미 QCT 모델〉이 상당히 흥미롭다며 잠시 만족감에 젖었다. 그러나 곧 차트에서 새로운 '수수께끼'를 감지했다.

이 비즈니스 모델은 이제 진부해진 것이 아닐까? 다시 말해 경쟁 상대들이 이 시스템을 이미 모방해서 이젠 미스미도 다른 업체들과 별다를 게 없는 상태가 아닐까?

또한 간부와 사원들이 자사 사업의 특색을 '사업 모델'이라는 형태로 명확히 인식하지 못한다는 것은 무엇을 의미할까? 어쩌면 이들이 과거에 쌓은 업적에 취해 다음 혁신을 낳으려는 노력을 게을리하고 있다는 신호가 아닐까?

프레임워크의 강점은 이렇게 그 자체에서 중요한 의문점을 발신한다는 것이다. 사에구사는 자신이 그린 〈미스미 QCT 모델〉을 직원들에게 보여주고 내용이 타당한지 확인해봐야겠다고 생각했다.

● 아라가키 마사즈미의 두 번째 이야기

사에구사 사장님이 사외이사로 오시고 반년 정도 지났을 때였습니다. 한잔하면서 이야기를 나눴으면 좋겠다고 해서 같이 초밥집에 갔습니다. 화기애애하게 술을 마시는데, 사장님이 나무젓가락이 들어 있던 종이봉투를 뜯어서 넓게 펼치더군요. 그러더니 안쪽의 깨끗한 부분에 뭔가를 쓰는 겁니다.

"이것이 미스미의 사업입니다."

그때 전 깜짝 놀랐습니다. 우리의 사업을 그렇게 그림 한 장으로 설명할 수 있으리라는 생각은 못 해봤거든요. 분명히 저희 업계에 대해서는 문외한일 텐데, 제가 보기에도 참신한 설명이었습니다.

물론 그때만 해도 그분이 훗날 미스미의 사장으로 취임할 줄은 상상도 못 했습니다. 미스미는 영원히 다구치 히로시 사장의 회사일 거라고 믿었죠.

미스미는 어떻게 고수익, 고성장 행진을 지속했을까?

사에구사는 사내 조사를 계속 했다. 지금까지 미스미는 금형 부품에서 시작된 사업을 강화하기 위해 인프라 부문을 강화하는 데도 많은 공을 들였다. 주문을 받는 고객센터와 배송센터, 그리고 각 부문의 운영을 뒷받침할 정보시스템을 확충했다. 특히 미스미의 인프라 부문은 '납기 준수'를 사시로 내세웠다. 간부들은 그 정신이 미스미의 DNA에 스며들어 있다고 자랑스럽게 말하곤 했다.

이쯤 되자 사에구사의 눈에 재미있는 사실이 보이기 시작했다. 원래 인프라 부문은 최초의 사업인 금형 부품 사업을 위해 구축된 것이었다. 하지만 그 기능이 점차 충실해져 미스미의 주요한 강점이라는 인식이 굳어지자, 사내에서는 자연스럽게 다음과 같은 발상이 번져나갔다.

'이 인프라를 이용해서 다른 상품을 팔면 충분히 승산이 있다. 회사의 성장으로 이어질 것이다.'

그렇게 상품의 다각화가 시작되었다. 마침 프레스 금형 부품 시장이 성장세가 꺾여 미스미의 사업 전망에도 어두운 그림자가 드리우기 시작하던 무렵이었다. 먼저 플라스틱 성형에 쓰이는 몰드 부품 사업에 진출했고, 이어서 생산 현장의 자동 기계를 위한 부품(공장자동화 부품), 그리고 일렉트로닉스 부품과 배선 부품, 현장에서 사용하는 공구 등 새로운 분야로 속속 진출했다. 모두 미스미의 기존 인프라를 '플랫폼'으로 삼은 시도였다. 만약 미스미가 최초의 금형 부품 사업에만 머물렀다면 고수익, 고성장 행진은 먼 옛날에 끝났을 것이다.

사에구사는 여기까지 순조롭게 조사를 마쳤다. '미스미의 고수익 및 고성장 메커니즘'이 보이기 시작했다. 자기만의 색깔이 있는 회사라는 사실을 확인하고 나니 내심 흐뭇했다. 다만 사장이라는 자리를 받아들여도 될지 판단하려면 중요한 문제를 한 가지 더 알아보아야 했다. 바로 미스미가 해외로 진출할 잠재성이 얼마나 있느냐 하는 것이었다.

인생의 마지막 단계에 접어든 지금, 사에구사는 새로운 글로벌 기업을 키워내고 그곳에서 세계 무대에 통용되는 경영 리더를 육성하고 싶다는 바람을 품고 있었다. 조사 결과, 현 시점에는 해외 시장에 미스미와 같은 사업 모델로 활약하는 경쟁 기업이 전무하다고 했다. 많은 일본 기업들이 세계와 경쟁할 우위를 잃은 현재, 미스미만의 색깔을 통해 재미있는 이야기를 전개해볼 수 있지 않을까? 이런 기대가 마음을 채우기 시작했다.

여기까지 걸린 시간이 약 4주였다. 10월의 마지막 날이 슬슬 다가오고 있었다.

'프레임워크'의 양과 질이 리더의 능력을 결정한다

이 책에는 '프레임워크'라는 말이 자주 나온다. 나는 '프레임워크가 있는가, 혹은 없는가'에 따라 경영자의 역량이 갈린다고 생각한다. 프레임워크란 한마디로, 사물의 본질이나 구조를 이해하고 알기 쉽게 설명하기 위한 '틀'이다.

유능한 리더는 무언가 의심스러운 것을 봤을 때 '아무래도 이건 본래의 모습이 아닌 것 같아.' 하는 경종이 머릿속에서 울린다. 하지만 그런 생각의 틀이 없는 경우에는 별 이상을 느끼지 못하고 그냥 지나치게 된다. 다시 말해, '뭔가 이상하다'라고 깨닫는 사람은 머릿속의 서랍 안에 '본래는 이렇다', '정상적이라면 이래야 한다'라는 이미지나 생각이 이미 자리를 잡고 있다는 이야기다. 그런 이미지나 생각을 바탕으로 눈앞의 상태가 정상적인지 비정상적인지 판단한다.

이것은 기업의 경영에만 해당하는 이야기가 아니다. 사람들은 누구나 일상을 살면서 자신의 머릿속에 있는 나름의 이미지를 기준으로 순간순간 판단하고 행동한다. 동물도 마찬가지다. 예컨대 머릿속의 서랍 안에 '인간은 무섭다'라는 감각이 축적되어 있는 동물은 사람을 본 순간 도망칠 것이다. 반대로 서랍 안에 그런 생각이 들어 있지 않다면 아무렇지도 않게 사람에게 다가갈 것이다.

기술자는 기술에 관한 서랍을, 전략이 탁월한 비즈니스맨이라면 전략에 관한 서랍을 많이 가지고 있다. 마찬가지로 뛰어난 최고경영자라면 경영에 관한 서랍을 많이 보유하고 있을 것이다. 나는 그런 서랍 속에 들어 있는 생각이나 관점을 '프레임워크'라고 부른다.

컨설턴트나 학자들이 만들어내는 복잡한 차트와 콘셉트만이 프레임 워크인 것은 아니다. 좀 더 단순한 '생각'이나 '관점'도 충분히 프레임 워크가 될 수 있다.

가령 누군가가 '현재 상황에서 모두를 열정적으로 만들려면 최종 목표를 제시하는 것이 중요하다'라고 생각했다고 해보자. 이 사람은 '사람들을 열정적으로 만든다', '목표를 제시한다'라는 행위에 대해 머릿속에 특정한 경험이나 생각이 존재할 것이다. 그것을 프레임워 크로 보관하고 있다는 이야기다.

유능한 리더일수록 프레임워크를 더 많이 가지고 있으며, 각 상황에 맞춰 다양한 생각들 중 더 효과적인 쪽을 선택해 사용한다. 이것이 바로 뛰어난 리더가 행동하는 방식이다.

머릿속의 프레임워크 냉동고

우리는 경험하고 공부하면서 여러 가지를 배운다. 그런데 그 배운 내용을 효과적으로 기억하기 위해서는 복잡한 이야기 그대로 저장해서는 안 된다. 본질만을 단순한 '말'로 추출해 자신의 서랍 속에 보관하는 것이 중요하다. 나는 이를 '냉동 보관'이라고 표현한다. 언제 다시 사용하게 될지는 알 수 없지만 중요한 내용이라는 판단이 서면 머릿속의 '냉동고'에 보관해놓는 것이다.

우리의 머릿속 냉동고에는 수많은 프레임워크가 잠들어 있다. 개중에는 유통기한이 지나서 성에가 낀 것도 있다. 그러나 어떤 낯선 상황에 직면해 당황하고 고민하다 보면 어느 순간 '그래, 어쩌면 그것하고 관계가 있을지도 몰라!' 하며 냉동 보관해놓았던 '말'을 떠올릴 때가 있다. 그래서 냉동고를 열고 그 말을 꺼내 성에를 털어내 '해동'시킨다. 그러면 당시의 기억이 서서히 되살아나고, 그것을 지금의 상황에 대입해볼 수 있다.

어쩌면 냉동 보관해놓은 것은 예전에 어떤 책에서 배운 이론일 수도 있고, 누군가가 들려준 이야기 가운데 인상적이었던 한 대목일 수도 있다. 그런 것들을 나는 '타인의 프레임워크'라고 부른다. '임시 프레임워크'라 해도 무방하다. 처음에는 타인의 프레임워크일지라도 적극적으로 훔쳐두는 것이 중요하다.

그러나 타인의 프레임워크가 현재 자신의 눈앞에 놓인 상황에 그대로 적용되는 경우는 거의 없다. 그래서 당장 부닥친 문제에 적용할 수 있게끔 자신만의 궁리를 덧붙이고 사용법을 조금씩 수정해본다. 그 결과 자신에게 유용한 것이 된다면 설령 아주 살짝 수정했을 뿐이라 해도 더 이상 훔친 게 아니다. 새로운 자신의 이론, 즉 '자기만의 프레임워크'가 되는 것이다. 물론 이것 또한 내가 만든 말이다. 이 말조차도 내게는 중요한 '자기만의 프레임워크'다.

이렇게 타인의 프레임워크나 자기만의 프레임워크를 계속 축적하게 되면 남들보다 빨리 "이 문제의 핵심은 바로 이것이 아닐까?"라고 말할 수 있게 된다. 이처럼 상황에 대처하는 능력을 키우고 싶다면 경험하고 배운 내용을 단순한 말로 추출해 냉동고에 보관하는 연습을 해야 한다. 얽히고설킨 문제에 휘말려 답답하고 화가 나는 경험을 했더라도 일단은 그 경험을 자기 것으로 만드는 게 중요하다. 공은 공, 사는 사라는 생각으로 내가 겪은 일 속에서 감정적인 부분을 잘라내고 '고유명사가 들어가지 않은 추상화된 말'로 다듬는다. 그러지 않으면 그 경험을 훗날의 상황에 적용할 수 없다.

이렇게 말이나 생각의 '범용성'을 높인 다음, 단어나 짧은 문장의 형태로 냉동고에 보관하면 작업이 완료된다. 단, 사소한 에피소드까지 덕지덕지 붙은 경험담을 감정이 섞인 상태로 냉동고에 집어넣어서는 안 된다. 우리 머릿속의 냉동고는 용량이 그렇게 크지 않으므로 그랬다가는 금방 가득 차버린다.

자기만의 프레임워크를 만들어내고 그것을 냉동고에 축적해놓았다가 미래의 사건에 적용하는 프로세스는 리더의 능력으로 직결된다. 이 프로세스 없이는 결코 역량 있는 리더가 될 수 없다.

의문부호가 붙은
사업들

| 하루 만에
발견한 이상
사에구사가 〈미스미 QCT 모델〉의 강점을 도출한 것까지는 순조로웠다. 그러나 그 뒤로 경영의 또 다른 측면이 눈에 들어오기 시작했다. 미스미가 언론에 빈번히 등장하며 주목받는 상황에 뭔지 모를 의구심이 들었는데 그 원인을 깨달은 것이다. 최근 수년 동안 미스미는 '본업'에 집중하지 않고 다른 사업에 힘을 쏟고 있었다.

사에구사가 사외이사로 선임된 바로 그해의 주주총회에서 창업 사장은 신규 사업 계획을 다음과 같이 발표했다(여기에서 팀은 다른 회사의 '과' 또는 '부'에 해당한다).

· 전년도에 미스미의 사업팀은 기존의 공업기계 부품 관련 팀을 포함해 모두 12팀이었는데, 이번 연도에 들어와 17팀이 되었다.
· 신규 사업의 개발을 더욱 가속화해 5년 후에는 신규 사업의 수를 20개 이상으로 늘린다.

회사를 돌아다니며 사내 벤처가 어떤 사업을 하는지 알아본 사에구사는 충격적인 내용 하나하나에 경악을 금치 못했다.

'일본에서 외국산 자동차를 수리하려면 큰돈이 든다. 그러므로 해외에서 비순정 부품을 저렴한 가격에 조달해 일본의 외국산 자동차 수리 공장에 판매한다.'

'상점 간판의 경우, 주문 후 제품을 받기까지 시일이 너무 오래 걸리고 가격도 만만치 않다. 그러므로 간판을 단납기로 제작해 저렴한 가격에 제공한다.'

'개인 주택에 붙박이 가구를 설치하려면 상당한 돈이 든다. 그러므로 디자인과 제작, 설치까지 서비스 일체를 저렴한 가격에 단납기로 제공한다.'

'동네 술집은 대개 점포가 작고 메뉴가 한정되어 있다. 그러므로 전자레인지에 데워서 바로 손님에게 제공할 수 있는 가공식품을 단납기에 배송한다.'

신규 사업의 세부 내용 탐문을 마친 그날, 사에구사는 명확한 결론에 도달했다.

"이런 식이라면 미스미의 다각화는 성공할 수 없어."

불과 하루 동안 조사했을 뿐인데, 그는 무슨 근거로 규모 있는 상장 기업이 10년 가까이 지속해온 신규 사업을 부정한 것일까? 사에구사는 30대 후반, 60억 엔(약 600억 원) 규모의 펀드를 보유한 벤처캐피털 회사를 설립해 투자 활동을 해본 경력이 있었다. 이 분야의 프로 세계를 경험한 것이다. 덕분에 유망한 벤처의 냄새를 맡을 줄 알았고, 제아무리 전망 있어 보이는 벤처라 한들 '매니지먼트'가 허술하면 결국 도산만이 기다린다는 사실도 잘 알고 있었다. 자신이 조달한 자금이 허공으로 사라지는 뼈아픈 경험 속에서 혹독한 수업을 한 것이다.

신규 사업의 내용을 들은 사에구사의 머릿속에서는 빨간 경고등이 요란한 소리를 내며 빙글빙글 돌기 시작했다. 그는 무엇이 문제라고 판단한 것일까?

| 전략 없는 만물상　　　사에구사의 눈에는 미스미의 사원들이 '본업'을 떠나 허공에 떠 있는 것 같았다. 이를테면 달이나 화성과 다를 바 없는, 완전히 다른 세계로 건너가서 여기저기에 이질적인 사업을 벌이고 있는 듯이 보였다. 아무리 봐도 시너지 효과가 전혀 없었다.

그가 이 문제점을 인식하는 데는 또 다른 프레임워크가 작동했다. 미스미의 다각화 사업의 내용을 들었을 때 그의 머릿속에는

1980년대 중반, 신일본제철(현 신일본제철스미토모)을 비롯한 일본의 중후장대 기업들이 일으켰던 다각화 벤처 소동이 떠올랐다. 〈니혼게이자이신문〉에 매일같이 보도되었던 이 다각화 사업은 예를 들면 유원지, 스포츠클럽, 리조트, 교육 연수, 출판, 인재 파견, 복사 서비스, 레스토랑, 버섯 재배, 미로 체험 시설, 골프 연습장, 전복 양식, 통나무집 대여 사업 같은 것들이었다. 물론 이런 사업으로 규모 있는 기업의 경영 부진을 메우기는 불가능하다.

사에구사는 이것을 '전략 없는 만물상'이라고 불렀다. 당시 다각화를 추진하던 사람들도 만나봤지만 진정한 '기업가 정신'은 보이지 않았다. 어디까지나 샐러리맨 마인드의 연장선에서 움직일 뿐이었다.

결국 이 다각화 소동은 3년 정도 만에 막을 내렸다. 그만큼의 시간과 자금을 허비하고서야 그런 사업들이 아무 의미가 없음을 깨달은 것이다. 사에구사는 이 사태를 지켜보면서 일본 기업의 '경영 능력 고갈'이라는 위기를 확인했다.

그런데 그로부터 약 20년이 지난 지금, 미스미가 예전의 그 '전략 없는 만물상들'과 같은 행동을 하고 있는 것이 아닌가? 사에구사는 그 점이 걱정스러웠다. 이야기를 들어보니 본업을 떠나 신규 사업에 열을 올리는 이런 행보는 최근 3~4년 사이 가속화되고 있었다.

사업의 시너지

사업의 시너지를 얻을 수 있는 조건은 다음과 같다. ①사업 및 상품 간에 연관성이 있다. ②공통된 기술을 사용한다. ③시장 혹은 고객이 겹친다. ④판매 채널이 겹친다. ⑤기존의 브랜드 이미지를 이용할 수 있다. ⑥경쟁 상대가 같아서 전략상 연동 효과가 있다. ⑦승리에 이르는 중요한 경쟁 요인이 같으며, 새로 시도하는 사업은 그 경쟁에 유리하다. ⑧필요한 사내 조직의 강점이 같으며 그것을 이용할 수 있다.

그런데 미스미의 다각화 사업은 ①~⑧의 시너지 요건 중 어느 하나도 갖추지 못했다. 본업과의 시너지는 말할 것도 없고, 신규 사업끼리도 시너지가 없었다. 한마디로 모든 사업이 따로따로 놀고 있었다.

이 정도로 심각한 따로따로 병에 걸린 것은 회사가 아무런 관여나 조정도 하지 않았기 때문이라고 사에구사는 생각했다. 회사의 전체적인 전략이 결여되었을 가능성이 높았다. 그는 바로 여기에 미스미의 경영상 큰 문제점이 숨어 있음을 감지했다.

노력만으로는 사업의 한계를 뛰어넘을 수 없다

벤처 사업의 경우, 자금을 충분히 확보하고 나면 그때부터 자신만만해져서 장밋빛 전망에 부푸는 경우가 흔하다. 그러나 벤처 경영의 핵심은 돈이 아니라 전략이다. 경영 리터러시가 빈약한 사람은 위기가 코앞에 다가올 때까지 눈치채지 못한다. 이런 사람들은 자금만 손에 넣으면 금세 사기가 충천해서 무서운 기세로 일에 뛰어든다. 월급을 받는 평범한 회사원들과는 비교도 할 수 없을 만큼 열의에 차 있다. 그야말로 찬란한 빛을 내뿜는다. 그러나 '돈'과 '노력' 이외에 다른 의지할 무기가 없다면 언젠가는 결국 한계가 찾아온다. 피로를 느끼기 시작한다. 그리고 돈과 노력이 바닥을 드러내는 순간, 그 사업과 인연도 끊어진다.

물론 노력은 매우 중요하다. 창업 초기의 벽을 뛰어넘기 위해서는 특히 노력이 필요하다. 그러나 노력만으로는 장기 레이스를 거쳐 진정한 승리를 손에 넣을 수 없다. 그래서 필요한 것이 바로 사업 전략이다. 사업 전략만 있다면 '시스템을 기반으로 하는 강점'을 구축할 수 있다. 이것이 없으면 벤처의 성장은 필연적으로 한계에 부딪히게 된다. 요컨대 일정 규모까지는 클 수 있지만 그 시점에서 성장이 멈추고 만다. 모두가 열심히 노력하면 당장은 규모를 유지할 수 있겠지만, 사업에는 성공의 타이밍이라는 것이 있다. 그 타이밍이 지나가면 이윽고 쇠퇴하기 시작한다. 그것이 운명이다. 경쟁 상대가 앞서 나가서 우리의 전투 능력을 무력화시키기 때문이다.

이 개념을 확실히 이해하는 경영자는 해당 분야의 약자로 출발했다 하더라도 처음부터 '약자 나름의 전략'을 구사한다. 이것이 '전략 능력'이다.

미스미의 사업팀 사람들을 보면 하나같이 열정적이었다. 아무리 격무에 시달려도 피곤한 기색을 보이지 않을 만큼 젊음의 기운이 넘쳤고, 눈빛이 살아 있었다. 오래된 기업들의 회생을 맡아온 사에구사로서는 그런 분위기를 빚어낸 창업자의 능력에 절로 고개가 끄덕여졌다. 그러나 안타깝게도 직원들의 전략 능력이나 경영 리터러시는 그리 높아 보이지 않았다. 솔직히 초보자, 다시 말해 그냥 일반인들을 모아놓은 것과 별반 다를 게 없어 보였다.

● 니시보리 오헤이(西堀陽平)의 이야기 —— 최연소 집행임원, 당시 37세
저는 대학을 졸업하고 미스미에 신입 사원으로 들어간 경우였습니다. 당시 본사는 2층짜리 가건물이었는데, 건물만 봤을 때는 솔직히 조금 실망스러웠습니다. 독자적인 경영 노선을 지향하는 회사라는 걸 알고 있었기에, 불안과 설렘이 교차하는 마음으로 발을 디뎠죠.

창업자인 다구치 사장님은 제가 입사했을 당시부터 '표준 부품의 선구자', '생산재의 유통 혁명' 같은 혁신을 외치며 금형 부품 사업 분야에서 압도적인 위치를 구축해나갔습니다. 하지만 금형 부품 사업은 이윽고 성숙 단계에 접어들었고, 성장률이 떨어지기 시작했지요. 이에 신규 사업으로 공장 자동화(FA, Factory Automation) 부품 사업을 시작했습니다. 나중에 사에구사 사장님이 취임한 뒤 이 사업을 폭발적인 성장으로 이끌었고, 미스미가 세계로 진출하는 데도 기둥 역할을 하게 되죠. 그렇게 FA 사업은 결국 금형 부품 사업을 대신할 미스미의 핵심 사업으로 부상합니다. 하지만 당시는 아직 규모도 작았고 전망도 불투명했습니다. 다구치 사장님은 회사의 앞날에 불안감을 느끼고 미스미의 역사를 바꿀 결정을 내렸습니다. 기존 사업과 독립된 분야에서 차례차례 신규 사업을 시작한다는 방침을 내놓은 것이죠.

"그럼, 나머지 돈은 누가 가져갑니까?" 12월의 첫 번째 주, 1년에 한 번 열리는 차년도 사업 계획 점검회의가 열렸다. '비전 프레젠테이션'이라고 부르는 이 회의에서는 집행임원들이 사업 계획을 발표하며, 1년 단위로 연장되는 집행임원의 임기도 그 사업 계획을 바탕으로 갱신된다. 집행임원들로서는 본인의 사업 계획을 어떻게든 인정받아야 하는 절박한 자리인 셈이다.

잔뜩 긴장된 분위기에서 차례로 이어지는 프레젠테이션을 지켜보던 사에구사는 특이한 점을 발견했다. 자신들이 노리는 '잠재 시장'의 규모가 얼마나 큰지를 숫자로 과시하는 발표자들이 상당히 많다는 사실이었다. 아마도 잠재 시장의 규모가 클수록 회사가 사업을 승인해줄 가능성이 높다는 잘못된 생각이 상식으로 통용되는 듯했다.

계속 그런 패턴이 이어지자 사에구사는 결국 참지 못하고 손을 들었다. 그때까지 침묵을 지키던 사외이사가 갑자기 발언권을 요구하자 직원들은 일제히 '왜 그러지?', '저 사람 누구야?' 하는 시선으로 그를 돌아봤다.

"발표자 분께서는 방금 타깃으로 삼은 시장의 규모가 3,000억 엔(약 3조 원)에 이른다고 말씀하셨습니다. 그런데 이 사업팀의 5년 후 매출 목표가 얼마였지요?"

5년 후의 매출 목표는 고작 10억 엔(약 100억 원)이었다. 규모 있는 상장 기업의 전략 사업으로는 터무니없을 만큼 빈약한 액수였다. 애초에 이런 계획안을 제시한다는 것 자체가 회의의 격을 떨어뜨리는 행동이다. 그러나 사에구사가 물어보고 싶은 것은 따로 있었다.

"시장 규모가 3,000억 엔인데 현재 목표로 삼은 매출액은 10억 엔……. 신규 사업안으로서는 뭔가 이상하다고 생각하지 않으십니까?"

발표자가 질문의 의미를 파악하지 못해 우물쭈물하자 사에구사는 다시 한 번 물었다.

"5년 후에 나머지 2,990억 엔은 누가 가져가는 겁니까?"

발표자는 드디어 질문의 의미를 이해했지만 아무런 대답도 못하고 멍하니 서 있을 뿐이었다. 결정적으로 '경쟁자의 존재'를 인식하지 못한 결과였다. 이는 전략의 기본이었다.

"이 계획은 마치 경쟁에서 패해 군소 사업자가 되는 것을 기본 전제로 삼은 듯이 들립니다. 규모가 작더라도 그 시장에서 압도적인 1인자를 노리는 것이 더 중요하지 않을까요?"

이것이야말로 이기는 싸움을 위한 핵심이라고 할 수 있을 것이다. 발표자는 순순히 고개를 끄덕였다. 다른 사람들도 사에구사의 지적에 수긍하는 분위기였다.

회사를 좀먹는 '개인 상점'들

당시 집행임원들은 휘하에 업종이 다른 여러 사업팀을 두고 있었다. 사에구사의 눈에는 그것이 마치 '개인 상점들'처럼 보였다.

또 다른 집행임원이 나와서 공업기계 부품 사업의 미국 진출에 관한 프레젠테이션을 했다. 마찬가지로 결코 적극적이라 할 수 없는, 목표치가 낮은 사업안이었다.

이 임원은 잠시 후 다시 단상에 올라왔다. 이번에는 무슨 말을 하려나 싶었더니 자신이 통솔하고 있는 식품 판매 사업 이야기였다. 그는 신상품으로 술안주용 '다코야키'를 계획 중이라고 설명했다.

'뭐?'

사에구사는 눈에 띄고 싶지 않았지만 어쩔 수 없이 다시 손을 들었다.

"'미국 전략' 다음은 '다코야키'군요. 발표자 분께는 어느 쪽이 최우선 사업입니까?"

회의장 곳곳에서 웃음이 터져 나왔다. 그 임원도 대답할 말이 없었는지 덩달아 웃음을 지었다. 사에구사도 웃었지만 속으로는 증상이 심각하다고 생각했다. 자신이라면 조금도 망설이지 않고 당연히 다코야키보다 미국이 더 중요하다고 대답했으리라.

사에구사는 이 '사소한 장면'을 통해 회사 전체의 문제를 분명히 느꼈다. 회사 차원에서 각 사업의 '전략 우선순위'가 명확히 정해져 있지 않았다. 아주 짧은 시간 동안 열린 창문 너머로 '본래라면 그곳에 있어야 할 것이 없거나, 있어선 안 될 것이 있음'을 깨달은 전형적인 사건이었다.

사내 벤처의 약점

사업의 기본 단계는 탐색→실험→선별→단판 승부의 순서로 이어진다. 그런데 소위 사내 벤처의 약점은 외부 전문가가 투입될 때에 비해, 각 단계의 연결 부분을 엄격하게 심사하지 못한다는 것이다. 사업을 맡은 담당자들은 자금을 융통할 때의 절박함이나 고통을 알지 못한다. 그래서 말로만 전문가를 자처할 뿐 결국 샐러리맨의 영역을 벗어나지 못하는 경우가 많다. 벤처라는 울타리가 안이한 전략, 어중간한 인력 양성을 부추길 위험이 있는 것이다.

'이건 승산이 있겠어'라는 기대감이 드는 사업은 단 하나도 없었다. 이런 사업에 회사가 자금을 투입해도 되는 것일까? 시중의 벤처 기업이 이런 내용의 프레젠테이션을 했다면 투자하겠다고 나서는 투자자는 한 명도 없을 것이다. 이것이 전직 프로 벤처캐피털리스트로서 든 생각이었다.

사내에서 상대적으로 크게 성장했다는 사업들도 매출액은 20억~30억 엔(약 200억~300억 원) 수준에 머물렀고, 그나마도 손익을 따지면 적자를 벗어나지 못한 상태였다. 일반적으로 벤처 기업이 성장할 때 그 정도 규모의 매출에서 첫 번째 벽에 부딪히는 경우가 흔하며, 그 벽을 넘지 못하고 정체되는 회사가 많았다. 사에구사는 미스미에서도 같은 현상이 일어나고 있음을 느꼈다.

여담이지만 이후 사장에 취임한 사에구사는 10년 동안 다각화 사업팀이 기록한 적자가 얼마나 되는지 조사를 지시했는데, 누적 적자액이 모두 합쳐 50억 엔(약 500억 원)에 이르렀다. 여기에 컨설팅 비용 등 본사가 부담한 경비와 임원들의 인건비 등 현 시점에서 집계하기 어려운 비용까지 더하면 그 액수는 70억 엔(약 700억 원)을 넘어섰다. 미스미의 연간 이익이 20억 엔에서 30억 엔 정도였던 시기부터 시작된 일이니 결코 무시할 수 있는 금액이 아니다. 만약 본업의 이익률이 더 낮은 회사였다면 경영 위기에 빠졌을 것이다.

물론 사에구사는 그것을 전부 매몰비용으로 간주하고 미련을 두지 않았다.

🔒 **경영자의 수수께끼 풀이 9**

매몰비용(sunk cost)

매몰비용은 이미 손실이 발생해 되돌릴 수 없는 비용을 뜻한다. 과거의 비용이므로 향후 최선의 전략을 구상하기 위해서는 고려하지 않는 편이 현명하다.

그가 보기에 매몰비용보다 더 중요한 문제는 따로 있었다. 지금도 심각한 '일실이익(逸失利益, 손해가 발생하지 않았다면 얻게 되었을 이익-옮긴이)'이 발생하고 있다는 사실이었다.

다각화 사업 열풍이 불면서 미스미 사내에는 본업인 공업기계 부품 사업을 소홀히 하는 분위기가 조성되었다. 심지어 신규 사업에 투입되는 사원은 세련됐고 본업에 종사하는 사원은 촌스럽다는 인식까지 돌았다.

혈기왕성한 사원들이 신규 사업으로 넘어가고, 기존의 사업은 최소한의 인원으로 운영되었다. 그 결과 공업 부품 카탈로그의 발행 횟수가 줄어들었고, 부품에 따라서는 신흥 경쟁 기업의 가격 인하 공세에 직면하기도 했다. 그런데도 신속한 대응책을 마련하지 못해 시장점유율을 빼앗기는 사태가 발생하고 있었다.

이것은 매몰비용으로 간주할 수 없었다. 시장점유율이나 수익성이 약화된 상태라면 '지금'도 출혈이 계속되는 셈이다.

의문부호가 붙은 사업들

비전 프레젠테이션이 열린 지 일주일 뒤인 12월 19일, 이사회가 개최되었다. 비전 프레젠테이션의 내용에 입각해 각 집행임원의 사업 계획을 승인하고, 1년간 임기를 갱신할 것인지 여부를 결정하는 자리다.

예상대로 처음에는 상당히 관대한 심사가 계속되었다. 시작한 지 8년째에 접어들고서도 여전히 적자인 사업이 별다른 논의도 없이 승인될 것 같은 분위기였다. 놀라운 일이었다. 이 자리에서 살아남는다면 앞으로 1년 동안은 중간 점검도 받지 않는다. 요컨대 지금 승인하는 것은 1년이 아닌, 8년 동안의 방임인 셈이다.

미스미는 늘 '자유와 자기 책임', '결과에 대한 책임'을 강조한다. 그러나 이래서는 '결과'도 '책임'도 묻지 않는 것이 아닌가? 사에구사는 지금이야말로 사외이사로서 발언해야 할 때라고 생각했다. 다행히 사내에는 사에구사의 의견을 지지하는 분위기가 형성되고 있었다. 지난달에 다구치 사장의 부탁을 받고 전체 임원을 대상으로 만 하루 동안 전략 연수를 실시했는데, 그 효과가 나타나기 시작한 것이다. 임원들 사이에 전략의 '공통 언어'가 늘어난 것을 체감할 수 있었다.

사에구사는 자신의 의견을 밝혔다.

"'전략론'에 입각해 논리적으로 사업의 양부(良否)를 가려야 한다고 생각합니다."

그 발언에 이사들 사이에 새로운 움직임이 일었다. '판단 기준'의 허들이 갑자기 높아진 것이다. 또 한 가지 놀라운 사실은, 그 자리에 함께했던 다구치 사장이 아무런 부정적 제스처를 하지 않았다는 점이다. 그러자 이사들은 그 전까지 차마 하지 못했던 말들을 꺼내놓기 시작했다.

"이 사업은 설명한 것만큼 강점이나 성장성이 있어 보이지 않습니다."

"이 사업이 적자를 벗어날 때까지 기다리기는 힘들 것 같습니다."

이런 의견이 속출했고, 많은 다각화 사업에 의문부호가 붙었다. 이윽고 놀라운 결과가 나타났다. 회의실의 화이트보드에 기재된 사업 중 대다수에 '철수', '창업 중지'를 뜻하는 마크가 붙은 것이다.

7개 사업에서 철수하다

당시 미스미에서 새로운 사업에 뛰어든 다는 것은 '생사가 걸려 있다'고는 하지만 실제로 죽는 일은 없는, 다시 말해 일종의 시뮬레이션 게임과도 같은 일이었다. 그런 분위기가 모두에게 의욕을 불어넣었고, 사내에 수많은 드라마를 탄생시켰다.

그러나 마침내 그 시대에 종말이 찾아왔다. 많은 사원들은 청천 벽력 같은 사건에 부닥쳤다. 이사회는 다각화 사업 가운데 일곱 개의 사업에 철수 또는 창업 중지 결정을 내렸다. 그 전까지 타성에 맡겨온 경영의 흐름에 '단절력'이 발휘된 것이다.

- 전망이 희박한 기존 사업 3개 팀은 사업을 청산하고 철수한다.
- 사업 개시를 위해 준비하고 있던 4개 팀도 창업 준비 작업을 중지하고 해산한다.
- 팀 해산은 3개월 이내에 실시하며, 멤버들은 사내의 다른 사업팀으로 소속을 전환한다.

사내는 충격에 휩싸였다. 긴 세월 동안 벤처의 열기에 휩싸여 있던 간부와 사원들로서는 자신들의 터전이 하루아침에 사라진, 그야말로 여우에 홀린 기분일 터였다.

한편 3개 사업팀은 사업 지속을 허가받았다. 모두 매출액이 20~30억 엔(약 200억~300억 원) 규모였으며, 적자 상태이긴 하지만 그 액수가 줄어들고 있어서 출혈이 적은 사업이었다. 이 팀들은 장래에 주식공개나 사업 매각, 청산 중 하나를 택하기로 하고, 이에 대비해 각 사업을 미스미로부터 분리해 별도의 회사로 만들기로 했다. 이 역시 사에구사의 아이디어였다.

이들이 어떻게 되었는지 미리 밝히면, 주식공개에 성공한 사업은 하나도 없었고 결국 몇 년 후에는 전부 다른 기업에 매각되는 것으로 끝을 맺었다. 누적된 손실을 전부 회수할 정도는 아니었지만, 매각할 수 있었던 것만으로도 다행이었다.

사에구사는 다각화 사업 7개의 철수를 결정한 것에 만족했다. 그의 결론은 명확했다. 이 회사의 올바른 전략은 공업기계 부품이라는 본업 하나에 집중해 '세계 시장'을 노리는 것이다. 그는 이렇게 확신했다.

| 최고경영자의 딜레마

이 시점까지도 사에구사는 미스미의 사장이 되어달라는 제안을 받아들일지 말지 결정을 내리지 못한 상태였다.

10년에 걸쳐 다각화 전략을 추진해온 다구치 사장에게 기존의 방침을 버리는 것은 결코 쉬운 결정이 아니었을 것이다. 그런데도 이사회의 결정에 이론을 제기하지 않았다는 사실은 그가 기존의 경영 방침과 결별할 각오를 굳힌 것이라고 해석할 수 있었다.

최고경영자가 경영 방침을 극적으로 바꾸기란 쉽지 않은 일이다. 회사의 번듯한 겉모습이 오히려 심리적인 제약으로 작용할 수 있기 때문이다. 당시 미스미는 상장 기업으로서 규모는 작지만 유명한 기업이었다. 언론이나 주식시장은 미스미를 치켜세웠고, 다구치 사장은 책도 여러 권 쓰면서 화려한 이미지의 경영을 하고 있었다. 일류 대학의 많은 교수들이 미스미를 논할 정도였다. 게이오기주쿠 대학 비즈니스스쿨에서는 MBA 수업 시간에 미스미를 표본 삼아 '유니크한 일본 기업'의 사례를 연구하기도 했다. 신문이나 잡지에도 미스미는 자주 등장했다. 대부분의 기사는 미스미만의 독자적 경영을 칭찬하는 논조였다.

그렇게 세상 사람들에게는 화려한 이미지로 부각되었지만 내부에서는 사업의 정체가 점차 깊어지는 상황이 벌어지고 있었다. 대외적으로 형성된 회사의 이미지 때문에 경영의 방향을 과감히 전환하기 힘든 것이 바로 많은 경영자들의 딜레마다. 그 고통스러운 심경은 오직 경영자만이 알 수 있다. 사에구사 역시 30대에 그 딜레마를 경험했다. 그때의 교훈은 하나의 선명한 프레임워크로 그의 머릿속에 각인되어 있었다.

개혁 시나리오의
'1페이지'를 제시하다

| 후임자가 던진
| 돌직구

다구치 사장은 사에구사가 결정을 내리기에 앞서 파격적인 대우 조건을 제시했다. 구체적인 연봉과 스톡옵션을 제안했는데, 업계의 관행을 상당히 웃도는 수준이었다.

처우에 관한 이야기를 마무리한 뒤, 사에구사는 이제 예전부터 꼭 묻고 싶었던 것을 질문할 때라고 판단했다. 대우 조건보다 훨씬 중요한 이야기였다.

"다구치 사장님. 은퇴하시겠다는 의향은 잘 알았습니다. 하지만 꼭 확인해두고 싶은 것이 있습니다. '정말로' 은퇴할 생각이십니까?"

민감한 문제일수록 솔직하고 직설적으로 다루는 것이 사에구사의 방식이었다.

　세상에는 은퇴를 선언한 창업자가 막후 실세로 군림하며 회사 내부에서 양두정치를 펼치는 경우가 흔하다. 사에구사도 과거에 그런 사례를 가까이서 지켜본 적이 몇 번이나 있었다. 그런 노령의 경영자는 나이를 먹을수록 시기와 의심이 강해져서 항상 사내의 누군가를 악당으로 만들어야만 직성이 풀리는 공통된 성향을 보인다.

　이번 미스미의 경우에도, 사내에서 신과 같은 절대적 존재였던 창업 사장이 은퇴하는 형식만 취한 뒤 외부에서 온 신임 사장과 양두정치를 시작할 수도 있었다. 그렇게 되면 회사 내부는 두말할 것도 없이 '정치판'으로 전락하고 말 것이다.

　질문을 던진 사에구사의 표정은 이런 속뜻을 내비치고 있었다.

　"내가 상장 기업의 사장 직함을 달고 아무리 많은 돈을 번다 한들, 신념대로 경영 전략을 수행할 수 있는 체제가 아니라면 제안을 받아들일 생각이 없습니다."

　사에구사의 얼굴을 응시하던 다구치 사장이 천천히 입을 열었다. 자신도 오랫동안 마음에 두었던 문제였다.

　"사에구사 씨, 저는 사장의 자리에서 물러난 뒤 회사의 대표권은 물론이고 업무 집행권이 있는 어떤 자리도 원하지 않습니다. 비상근 이사 상담역(경영진에 조언 등을 하면서 지원하는 일본 기업 특유의 직책-옮긴이)이 되면 어떻겠습니까? 제 바람은 사에구사

씨가 앞으로 이 회사를 훌륭하게 성장시켜주는 것뿐입니다. 미스미가 어떻게 변하든 상관없습니다."

이것이 본심이라면 보통 창업자라 불리는 사람들이 좀처럼 내리지 않는 결단이었다. 다구치 사장은 오랜 세월 동안 회사를 경영하면서 많이 지친 모습이었다. 진심으로 은퇴를 바란다는 느낌이 들었다. 창업 사장의 그런 모습은, 사에구사가 마음을 결정하는 데 중요한 역할을 했다. 수락을 망설이게 만들었던 가장 큰 현안이 해소된 기분이었다.

리스크가 도사리는 길을 선택하다

그 뒤로도 사에구사는 한 달 정도 더 사내 점검을 계속했다. 이번에 중점을 둔 부분은 인프라였다. 앞에서도 이야기했지만, 미스미의 역사를 되짚어봤을 때 인프라가 확충되면서 공업기계 부품의 상품 다각화가 가능해졌으며, 이는 고성장이라는 결과로 이어졌다. 인프라는 지금도 충실하게 유지되고 있을까? 사에구사는 수주 업무를 담당하는 고객센터와 물류 및 정보시스템, 영업 조직 등을 둘러봤다.

안타깝게도 약체화의 증상이 엿보였다. 사내 어디를 가든 '아웃소싱' 방침이 남용되고 있었다. 사에구사는 또다시 위험 신호를 감지했다. 창업 사장은 지금껏 '소유하지 않는 경영'을 표방하며 언론에 홍보를 해왔다. 하지만 그것이 과연 옳은 전략인지 의문이 들었다.

이 회사는 상사이므로 처음부터 생산은 협력업체에 맡겼다. 즉,

애초에 아웃소싱 업태다. 그런데 여기에 더해 수주 업무를 담당하는 고객센터와 배송센터도, 그리고 정보시스템 업무까지도 전부 아웃소싱을 하고 있음을 알게 되었다. 어떤 부서를 가든 미스미 직원들은 고작 몇 명뿐이었다. 경리 부문마저 아웃소싱 방식으로 운영하는 바람에 미스미의 직원은 두세 명이 전부였다. 심지어 인사부는 예전에 폐지되어서 본사의 인사 업무라는 것 자체가 존재하지 않았다.

놀라운 일이었다. 과연 이래도 괜찮은 것일까? 사에구사는 그 의문을 다음과 같이 표현했다.

"이렇게 되면 이 회사에 남아 있는 것 중에서 무엇을 미스미만의 '코어컴피던스'라고 부를 수 있을까?"

코어컴피던스는 회사의 힘을 뒷받침하는 독창적인 '핵심 역량'을 뜻한다. 이것을 명확히 정의하지 못하는 회사는 성장 가능성도 수익성도 떨어지며, 결국 쇠퇴할 가능성이 높다. 미스미는 상품 기획과 카탈로그 제작을 주업으로 한다. 그러나 고객 만족을 끌어내는 요소는 그 이상이어야 한다. 사에구사의 눈에는 미스미가 과도한 아웃소싱을 하고 있으며, 각각의 기능 분야에서 회사에 책임감을 갖고 혁신을 추진하는 사원들의 수는 너무 부족한 것으로 보였다.

과거에 갖은 고생을 해서 구축한 강력한 사업 모델에 도취한 나머지, 장기적인 전략을 마련하려는 노력을 점차 소홀히 하게 된 것은 아닐까? 이대로는 시대의 흐름에 뒤처져 고비용 구조의 구닥다리 회사로 전락할 수도 있다.

불안감이 밀려왔다. 그래도 지난 4개월간 분석 과정을 거치면서 중요한 정보를 많이 알게 되었다. 이것만큼은 소득이라 할 수 있었다. 현재의 미스미사를 근본적으로 '개조'해 다음의 성공 단계로 이끌어나갈 수 있는 사람은 그리 많지 않을 것이다. 지나친 자신감으로 보일지 모르지만, 사에구사는 남들이 하지 못하는 일을 해내는 데서 성취감을 느끼며 살아왔다. 그것은 곧, 독보적인 프로페셔널이 되고자 노력하는 그만의 방식이었다.

사에구사는 미스미의 강점과 약점을 확인한 뒤, 상당한 잠재력을 지닌 회사라는 결론을 내렸다. 인생의 마지막 승부를 걸어볼 만큼 재미있는 회사라는 생각이 들었다. 그래서 결국 미스미의 차기 사장이 되어달라는 제안을 수락하기로 마음먹었다. 올해로 57세였다. 그는 인생의 전반기를 일단락 짓고 리스크가 도사리는 새로운 길을 선택하기로 결정했다. 16년 동안 해온 '턴어라운드 스페셜리스트'의 일을 지속하기보다, 마지막으로 한 회사의 회생을 맡는 쪽을 택한 것이다. 자신의 손으로 '회사 개조'를 실시하여 국제적 기업으로 이끌고 경영 리더를 키워내고 싶다는 야심이 다른 생각들을 잠재웠다.

처음 미스미의 사외이사가 되었을 때만 해도 이 회사의 강점과 약점은 고사하고 어떻게 성장해왔는가 하는 역사조차 몰랐다. 먼저 진행하던 고마쓰사의 산업기계 부문 회생 프로젝트도 아직 마무리하기 전이었다. 사에구사는 틈틈이 짬을 내서 4개월 동안 미스미를 살펴봤다. 미스미와 접촉한 시간만 순수하게 따지면 1개월도 채 되지 않을 만큼 짧았지만, 이 회사의 경영을 맡겠다는 의사를 굳히기에는 충분했다. 그는 20대 때부터 '미지의 일이라도 과감히 뛰어든다'는 자세를 늘 유지해왔다. 그 정신은 50대 중반이 된 지금까지도 내면에 살아 있었다.

1월 중순, 사에구사는 다구치 사장에게 제안을 받아들이겠다고 뜻을 전했다. 사장은 빠른 결정에 기뻐했다.

"그러면 2월 20일 정례 이사회에서 사장 이취임을 결의하고, 바로 대외에 발표합시다."

미스미의 사장 교체는 6월에 열리는 주주총회에서 공식적으로 이뤄질 예정이었다. 그 전인 3월 1일에 사에구사가 대표이사 부사장으로 취임해 사장 권한을 빠르게 위양한다는 계획이었다.

| **사장다운 프레젠테이션** | 결정을 공식화하기에 앞서 다구치 사장은 사에구사에게 한 가지 부탁을 했다. |

"승인을 결의하는 이사회가 열리기 전에 간부 사원들 앞에서 '취임 프레젠테이션'을 해주시지 않겠습니까?"

다구치 사장은 예전부터 후임 사장을 선출하는 과정에 특별한 로망이 있었다고 한다. 사내에서 여러 명의 후보자가 나서서 '프레젠테이션 경쟁'을 벌이고, 그 결과에 따라 차기 사장을 결정하는 것이다. 일본은 물론이고 전 세계를 뒤져도 유례가 없는 방식이다. 어떻게 보면 일종의 게임이라 할 수도 있었다. 선택하는 쪽은 재미있을지 몰라도 임원들 입장에서는 구경꾼들이 지켜보는 가운데 콜로세움 한복판에서 약육강식의 싸움을 강요당하는 꼴이다.

사에구사 역시 그런 꼴을 당하고 싶은 마음은 추호도 없었지만, 이번 경우는 어디까지나 형식적인 절차라고 다구치 사장은 강조했다. 사에구사가 후보자로서 간부들 앞에서 먼저 취임 프레젠테이션을 실시하면, 이틀 후 열리는 이사회에서 간부들이 정식으로 신임 사장 취임을 결의하는 순서로 진행하고 싶다는 것이었다.

물론 형식적인 절차라고는 해도 프레젠테이션은 사내의 깊숙한 문제까지 건드리는, 상당히 높은 수준이어야 했다. 프레젠테이션 시점이 이사회의 결의나 대외 발표보다 이틀 앞서기 때문에 자신이 사장으로 취임한다는 사실은 밝힐 수가 없다. 그러면서도 사장답게 이야기하고, 이후 사장 취임이 발표되었을 때 사원들이 그 프레젠테이션을 떠올리면서 고개를 끄덕일 만한 내용을 전달해야 했다.

실제로 사에구사는 기업의 회생을 추진할 때마다 3~4개월째가 되면 프로젝트의 분수령이라 부를 만한 프레젠테이션을 해왔다. 이번에는 그것을 조금 당겨서 한다고 생각하면 된다.

'뭐, 그 정도 부탁 못 들어줄 건 없지.'

그는 이렇게 생각하며 요청을 받아들였다.

개혁의 첫 번째 페이지

기본적으로 개혁의 성패는 '첫 번째 페이지'에서 결정된다. 이 첫 번째 페이지는 현실 직시, 문제의 본질, 강렬한 반성론을 모두 포함한다. 다시 말해, 분수령은 개혁을 시작하자마자 찾아오는 것이다. 간부나 사원들은 최고경영자가 제시하는 첫 번째 페이지가 본질에 접근했는지 아닌지를 본능적으로 파악한다. 만약 첫 번째 페이지가 허술하면 여기에서 도출되는 두 번째 페이지, 즉 '개혁 시나리오' 역시 엉성할 수밖에 없다. 따라서 개혁을 실행하더라도 효과는 거의 기대할 수 없다(자세한 내용은 사에구사 다다시의 경영 노트 2에서 다룬다).

| 미스미의 8가지 약점 | 2월 18일 오후 3시, 미스미 본사의 5층 대회의실에 임원 전원과 팀 리더를 중심 |

으로 한 간부 사원 120명 정도가 모였다. 건물 밖의 날씨는 당장이라도 눈이 내릴 것처럼 음산했지만 회장의 분위기는 뜨거웠다.

"저는 다구치 사장님의 의뢰로 사외이사로 부임해 4개월 동안 미스미의 경영 과제를 조사했습니다. 오늘은 그 결과를 솔직하게 말씀드리려 합니다."

사에구사는 〈미스미 QCT 모델〉이라고 이름 붙인 차트를 설명하기 시작했다. 이 프레임워크에 따르면 '기획하고, 제조하여, 판매한다'라는 비즈니스 사이클을 빠르게 돌리는 것이 사업의 성패를 결정한다. 그 자리에 모인 사원들로서는 처음 보는 차트였다. 처음에 초밥집에서 젓가락 봉투에 적당히 그렸던 그림이 파워포인트를 사용한 깔끔한 차트로 변신해 있었다.

기획하고, 제조하여, 판매한다

회사가 대기업병에 걸리면 '개발→생산→영업' 사이클의 연계 속도가 느려진다. 고객의 요구가 사내로 돌아오고, 고객에게 다시 답을 전달하는 데도 시간이 정체된다. 이 사이클을 경쟁사보다 빠르게 돌리는 기업은 시장을 점점 확보해나가지만, 사이클의 속도가 떨어지는 기업은 경쟁에서 밀려난다. 30년 전에 나는 이것을 '비즈니스의 기본 사이클'이라고 명명했다. 이 속도는 곧 기업 경쟁력의 원점이다.

"일본에 강력한 '사업 모델'을 그릴 수 있는 회사는 드뭅니다. 그런데 미스미의 여러분은 놀라운 사업 모델을 만들어냈습니다."

훗날 사에구사는 미스미의 사업을 '세계 제조업의 숨은 조력자'라는 캐치프레이즈로 표현했다. 그러나 그날 그 자리에서 직원들에게 보낸 치하의 말은 이것이 마지막이었다. 이후 그는 미스미를 돌아보며 품은 8가지 의문을 하나하나 던졌다. 다구치 사장도 물론 바로 옆자리에서 듣고 있었다.

의문1. 영업 조직과 사업 조직 사이에 단절이 발생하고 있다

· 〈미스미 QCT 모델〉의 축인 '기획하고, 제조하여, 판매한다'라는 사이클의 속도가 떨어지는 증상이 눈에 띈다. 병에 걸린 회사에서 자주 나타나는 현상이다.

· 특히 고객과의 접점인 각지 고객센터나 영업망과 본사 사이에 조직적인 연계가 전혀 이루어지지 않는다.

의문2. 고객센터의 운영이 비효율적이다

· 고객센터가 전국 13개 지역에 흩어져 있다는 것은 충격적이다. 장거리전화 요금이 비쌌던 시대에나 사용하던 낡은 비즈니스 모델이 아닌가? 업무 방식이 제각각이어서 효율성도 떨어진다.

· 불필요한 아웃소싱을 하고 있다. 기업에게 가장 중요한 일은 '고객의 목소리'에 직접 귀를 기울이는 것이다. 고객과 접촉하는 일을 파견 사원들에게 맡겨서는 안 된다.

의문3. 물류 시스템이 시대에 뒤처졌다

· 배송센터를 살펴봤는데, 그곳 현장 역시 본사 직원은 단 한 명도 없었고 전적으로 외주에 의존하는 형태였다. 시대에 발맞추어 진화하는 서비스 체제라고는 전혀 볼 수 없다.

의문4. 정보시스템이 허술하다

· 미스미의 정보시스템은 세계의 조류에 뒤처지고 있지 않은가? 여기에서도 아웃소싱의 문제가 엿보인다.

· 인터넷 보급에 대한 본사 조직의 대응이 허술하다. 본사 각 조직에서 인터넷을 적극 활용하지 못하고 있다. 각 부문이 따로따로 움직이며, 이곳저곳에서 비슷한 사업에 손대고 있다. 그 결과 이중, 삼중 투자가 발생하는 듯 보인다.

회장은 찬물을 끼얹은 듯 조용해졌다. 이어서 사에구사는 인프라 부문을 관찰한 결과를 다음과 같은 말로 요약했다.

"미스미의 사업 플랫폼이 진부해지고 있는 것은 아닐까요? 회사가 서서히 경쟁 우위를 상실하지는 않을지 우려됩니다."

그들이 처음 듣는 경고였다. 여기에 창업자의 방침을 완전히 뒤엎는 아웃소싱 부정론과 지금까지의 경영에 대한 비판까지. 사장도 아닌 사람이 이렇게까지 단정 지어 말할 수 있는 것일까?

그러나 사에구사를 바라보는 그들의 눈에서 적의는 느껴지지 않았다. 그는 발표 도중 연단과 가까운 곳에 앉아 있는 창업 사장 쪽도 때때로 바라봤다. 사장이 어떤 반응을 보일지 신경 쓰였기 때문이다. 부모의 안색을 살피는 아이 같은 심정이었다. 다행히 다구치 사장은 시종일관 차분한 표정을 유지했다.

| 모두를 침묵에 | 빠뜨린 40분

7개 사업의 철수 및 설립 중지라는 이사회의 결정은 이미 사내에 발표된 상태였다. 사에구사는 이에 관해서도 언급하기 시작했다.

의문5. 다각화 사업의 시너지가 약하다

· 신규 다각화 사업은 하나같이 본업과의 시너지가 희박했다. 이래서는 일반인들이 제로베이스에서 사업을 시작하는 것과 별반 차이가 없다. 즉, 미스미가 진출함으로써 얻을 수 있는 우위가 전혀 보이지 않는다.

- 이번에 이사회에서 철수가 결정된 사업은 전부 전략 스토리가 약하다는 판정을 받은 것들이다.
- 신규 사업에는 과감한 투자가 필요하다. 그런데 지금까지는 대규모 투자가 허용되지 않아 투자의 규모가 너무 빈약했다.

사원들에게 청천벽력 같았던 '사업 철수'에 대해 공적인 자리에서 설명하는 것은 이번이 처음이었다. 회장에 긴장감이 감돌았다. 이틀 후에 신임 사장의 취임 발표가 있으리라고 생각한 사람은 아무도 없었지만, 지금 연단에 선 사람이 하는 말은 '단순한 사외이사의 이야기'로 흘려들을 만한 범위를 넘어선 것이었다.

의문6. 글로벌 전개가 늦어지고 있다
- 본격적인 해외 진출이 늦어지고 있다. 이 때문에 미스미가 치명상을 입을 시기가 이미 가까이 왔을지도 모른다.
- 지금까지 해외사업에 투자를 했던 방식은 효력이 다했을 가능성이 있다.

사에구사는 30년 이상 이런 프레젠테이션을 수없이 해왔다. 자신의 이야기가 그 자리에 있는 사람들의 마음에 와닿았는지는 눈빛이나 표정을 보면 알 수 있다. 사람들이 동의하지 않을 때의 냉담한 분위기도 감지할 수 있다. 하지만 오늘은 괜찮다. 모두가 공감하고 있다. 성공이다. 사에구사는 그렇게 생각했다.

사에구사는 마지막 이야기로 넘어갔다. 이틀 후의 사장 취임 발표와 연결고리를 만들기 위해 오늘 꼭 해둬야 할 이야기이자, 발표를 성공적으로 마무리 짓기 위해 발사하는 마지막 한 발이었다.

의문7. 사원들의 위기의식이 느껴지지 않는다

· 미스미의 '자유와 자기 책임' 원칙은 프로페셔널의 훌륭한 자세이다. 그런데 미스미의 직원들은 그 의미를 정말로 이해하고 있는가? 다시 말해 평상시에 '위기의식'을 높은 수준으로 유지하고 있는가?

의문8. 인재를 양성하지 못한다

· 이 회사에서는 '경영 리더'가 성장하고 있는가?
· 미스미에서 일한다는 것은 직원들에게 '영광스러운 커리어'인가? 혹시 이 회사는 '잠시 머물다 가는 곳'에 불과하며 조만간 떠날 생각을 하고 있는 건 아닌가?

미스미의 높은 이직률을 꼬집는 발언이었다. '경영 리더'라는 대목에서 간부와 사원들은 무심한 눈빛으로 반응했다. '경영 리더? 그거 설마 우리한테 하는 말인가?'라고 생각하는 듯했다. 사내 벤처 경영에 매진해온 사람들이었건만, 본인들이 미래의 경영자로 성장할 위치에 있다는 사실을 자각하지 못하는 것 같았다.

이렇게 프레젠테이션은 '미스미의 8가지 약점'을 요약하는 것으로 마무리되었다. 얼마 후 사에구사가 미스미의 신임 사장으로 취임해, 이날의 발표 내용을 기반으로 12년간 개혁을 추진하게 되리라고는 회장에 있는 그 누구도 예상하지 못했다.

40분간의 프레젠테이션이 끝난 후, 그 자리에 있던 모두가 침묵에 빠졌다. 사에구사는 그 속에서 잔잔한 열기를 느꼈다. 물론 갈채는 아니었다. 하지만 항의하거나 거부하는 분위기 또한 아니었다. 좀 더 정확히 표현하자면 '맞는 말인 것 같기는 한데, 그렇다고 곧바로 받아들이기는 힘들어. 대체 어쩌다 이렇게 된 것일까?' 하는 당혹감에 모두가 골똘히 생각에 잠긴 느낌이었다.

'미스미의 8가지 약점'은 이후의 개혁에 결정적인 역할을 했다. 사장으로 취임하기 전에 미스미의 개혁 스토리를 이미 구상해놓은 격이었다. 그 속도감은 취임 직후 재빠른 움직임으로 이어졌다. 물론 이날의 발표 내용은 '잠정적'이라는 전제를 달고 있었다. 그래서 사에구사는 취임 후 이것이 올바른 지적이었는지 시간을 들여 점검했고, 사전의 진단에 오류는 없었음을 확인했다. 그리고 그때부터 수많은 개혁 프로젝트를 추진해나갔다.

독자 여러분은 서문에서 설명했던 '프로 경영자의 7가지 조건' 중 처음 두 가지를 기억하는가?

1. 어떤 상황에 놓인 회사에 가더라도 단기간에 '문제의 본질'을 발견할 수 있는 사람.
2. 그것을 간부나 사원들에게 '간단하게' 설명할 수 있는 사람.

이날 사에구사는 자신이 이 조건을 충족했다고 생각했다. 사원들에게 그의 자신감이 전달되었다고 느꼈다.

미스미의 8가지 약점

❶ 영업 조직과 사업 조직의 단절
❷ 비효율적인 고객센터 운영, 사기 저하
❸ 물류를 외주에 의존하여 진화가 더딤
❹ 정보시스템도 외주로 약체화, IT 조류에 뒤짐

❺ 시너지 없는 다각화 사업
❻ 해외 진출 정체
❼ 사내의 위기의식 실종
❽ 경영 리더가 성장하지 못함

경영자를 키우는 경영자

프레젠테이션 발표 이틀 후인 2월 20일, 예정대로 이사회가 열렸다. 이사회에서는 사에구사가 3월 1일 대표권이 있는 부사장에 임명되고, 이후 6월의 주주총회에서 사장으로 취임할 것을 정식으로 결의했다(본 책에서는 부사장으로 취임한 시점부터 호칭을 '사장'으로 통일한다). 그날 저녁 도쿄증권거래소는 각 언론사에 발표문을 배포했고, 이튿날 조간신문에 사에구사의 사진과 함께 기사가 실렸다. 이제 루비콘 강을 건넌 것이다.

창업자인 다구치 사장이 유명인이었던 까닭에 데이코쿠 호텔에서 기자회견이 열렸다. 다구치는 이렇게 소감을 밝혔다.

"그동안 저의 방식이 일본의 전통적인 경영 방식에 비해 선견지명이 있다는 평을 들었습니다. 그런 평가에 우쭐해서 너무 한쪽으로 치우쳤던 것 같습니다."

다구치 사장은 3년 후 〈니혼게이자이신문〉의 〈프로페셔널 비록(祕錄)〉이라는 연재 칼럼에서 더 구체적으로 당시의 심정을 토로했다.

"단적으로 말하면 나 자신의 한계를 느낀 것이 사장에서 물러난 이유였다. 내 경영 수법은 다른 사람이 하지 않는 것을 시도한다는 '약자의 전략'이다. 경쟁 상대가 없는 시장을 찾아서 성장하는 방식이었다. (……) 그런데 매출액 규모가 500억 엔(약 5,000억 원)을 넘어서자 경쟁 상대와 충돌하는 상황이 잦아졌다. 정면 대결을 해서 이길 수 있는 힘이 필요했다. 글로벌 전략도 중요해졌다. 그러나 내게는 그런 힘이 없었다. (……) (사에구사가) 외부 인사인 것도 마음에 들었다. 미스미밖에 모르는 사람은 오히려 위험할 수 있었다. 이제는 사에구사에게 미스미의 모든 것을 맡기면 된다. 나는 남은 인생 동안 내 능력과 경험을 살릴 수 있는 또 다른 길을 모색할 생각이다."

사에구사도 기자의 질문을 받았다.
"신임 사장께 묻습니다. 사외이사가 상장 기업의 사장으로 취임한 것은 지금까지 일본에서 유례가 없던 일입니다. 취임 후 어떤 점을 중시하여 경영할 생각이십니까?"
기자의 질문은 평범했지만 대답은 평범하지 않았다.
"제가 미스미 사장에 취임하는 첫 번째 목적은 경영 리더의 육성입니다.”

기자는 ‘무슨 소리야?’ 하는 표정을 지었지만 사에구사는 개의치 않고 말을 이었다.

“두 번째 목적은 사업 성장을 지향하는 것입니다. 미스미를 일본에서 출발한 새로운 글로벌 기업으로 키워나가고 싶습니다.”

사장으로 취임하는 사람이 경영자 육성을 첫 번째 목표로 드는 경우는 거의 없다. 보통은 먼저 실적을 향상시키겠다는 의지를 보이고, 이를 위해서는 인재 육성이 중요하다고 역설할 것이다.

그러나 사에구사의 진지한 목소리는 흔들림이 없었다.

“저는 16년 동안 위기에 몰린 일본 기업의 ‘사업 회생’을 돕는 일을 하면서 한 가지를 절감했습니다. 바로 현재 일본 경제가 부진을 겪게 된 것은 경영자로 성장할 만한 인재가 고갈된 탓이라는 사실이었습니다.”

사에구사는 사업 회생이라는 일을 계속하기보다 마지막으로 한 회사를 크게 꽃피우는 것이 자신의 인생을 집대성하는 길이라 생각하고 이 길을 선택했다. 여기에는 그 나름의 야심이 있었다.

하나의 기업을 개조하는 작업을 통해서 그곳을 경영의 새로운 ‘실험장’으로 삼고 싶다는 것이었다. 자신이 경영자로서 성공하고 싶다는 욕심도 물론 있었다. 하지만 안전한 교실이 아니라 사방에서 실탄이 날아드는 전쟁터에서 예비 경영자를 키워내 보고 싶다는 열망이 더 컸다.

“저는 세계 무대에 통용되는 유망한 경영 리더를 내 손으로 길러내는 데 남은 인생을 사용하고 싶습니다. 그리고 다행히도 미스미라는 재미있는 회사를 만났습니다."

"아슬아슬하게 도착하셨습니다" 3월 1일, 신임 사장은 미스미 사내에 마련된 사장실로 들어갔다. 사에구사 다다시의 기나긴 도전이 시작된 순간이었다.

제일 먼저 알게 된 것은 아침부터 밤까지 사장실에 있어도 '아무도 오지 않는다'는 사실이었다. 창업자 다구치 사장의 경우 철저한 방임주의여서 '각 임원이 개인 상점에서 본인이 하고 싶은 대로 한다'는 식이었다. 말도 안 되는 것 같지만, 임원이 사장에게 직접 보고를 하거나 어떤 문제를 의논하기 위해 사장실을 찾는 것이 익숙하지 않은 분위기였다.

게다가 창립 후 40년 만에 처음으로 사장이 바뀌었다. 임원과 전 직원은 긴장과 의구심이 섞인 시선을 유지하며 한 발짝 물러서 있었다. 멀찍이서 신임 사장을 둘러싼 채 '앞으로 어떤 일이 벌어질지' 지켜보는 형국이었다. 마치 사에구사의 일거수일투족을 흘끔흘끔 곁눈질하다가 눈이 마주칠 것 같으면 슬쩍 시선을 돌리는 듯한 느낌이었다.

그러나 사에구사는 태연했다. 첫날부터 콧노래를 흥얼거리며 미스미에 10년은 몸담고 있었던 것처럼 편안한 표정을 짓고 있었다. 그는 30대부터 여러 기업에서 사장이라는 자리를 경험했고, 또 수많은 회사에 뛰어들어 사업 회생을 추진했다. 홀로 낙하산을 메고 강하할 때마다 늘 지금과 같은 풍경을 경험했다. 이것도 '언젠가 본 풍경'인 셈이다.

이 사태에 대응하는 방법은 간단하다. 기다리지 않는다. 사장실에서 나와 빠르게 사내로 들어간다. 이쪽에서 먼저 말을 걸고, 또 간부들을 계속해서 사장실로 불러들인다. 반려동물과 처음 사귈 때도 그렇듯 접촉하다 보면 어느 순간 양쪽 모두 서로에게 익숙해진다.

사외 감사역 중 한 명이 이런 말을 했다.

"사에구사 씨, 아슬아슬하게 도착하셨습니다."

회사는 이미 벼랑 끝에 몰려 있으며, 조금만 더 늦었다면 손을 쓸 수 없는 상태에 이르렀을지도 모른다는 이야기였다.

● 니시보리 요헤이의 두 번째 이야기

신임 사장님이 취임하기 직전이었어요. 모든 임원을 대상으로 보고서를 제출하라는 지시가 내려왔습니다. 주제는 '미스미를 성장 궤도에 올려놓기 위해 경영자로서 제안할 개혁 시나리오'였습니다. 그래서 보고서를 제출했는데, 얼마 후 사에구사 사장님이 저를 불렀습니다. 그리고 저로서는 참 난감한 대화가 이어졌습니다.

"자네는 이 회사를 어떻게 만들고 싶나?"

의표를 찔렸습니다. 지금까지 윗사람에게 들어본 적이 없는 질문이었거든요.

"제가 담당한 사업에 관해서는 생각하는 바가 있습니다만, 회사 전체에 관해서는……."

"그래서는 안 돼. 자네는 미스미의 임원이 아닌가?"

대화 도중 이런 질문도 하셨습니다.

"자네, 지금 나이가 어떻게 되나?"

"서른일곱입니다."

"아직 젊다고 생각하겠군. 하지만 인생은 짧다네. 멍하니 있으면 자기도 모르는 사이에 삶은 끝나지."

이것이 사장님과의 첫 대화였습니다.

그 뒤로 저는 사에구사 사장님 밑에서 10년 이상을 함께했고 미스미의 성장을 위해 도전했습니다. 덕분에 지금은 스스로 경영 역량이 상당히 높아졌음을 실감합니다. 사에구사 사장님이 등장하고서 12년 동안 미스미는 무서운 기세로 변화했습니다. 그리고 저도 미스미의 성장은 곧 나의 성장이라는 마음가짐으로 지금껏 일해왔습니다.

사에구사는 취임 직후부터 사내 개혁 프로젝트를 차례차례 추진해나갔다. 다음 장부터는 그 도전의 이야기를 다룰 것이다.

점진적인 개혁이란 없다

서문에서 "이 책은 제각각 시행한 개혁 주제를 모아놓은 단순한 '사례 모음집'이 결코 아니다"라고 밝혔다. 이 책은 사업 혁신의 거대한 흐름에 대응해 미스미를 완전히 다른 회사로 변신시켜나간 이야기다.

만약 각 장에서 소개하는 개혁 중 하나라도 실패로 끝났더라면 현재의 미스미는 중요한 무엇인가가 결여되는 결과를 맞았을 것이고, 글로벌 전략에서 그만큼 치명적인 핸디캡을 안게 되었을 것이다. 12년 동안 실행한 다각적인 개혁 중 주요한 것만을 꼽자면 다음 페이지의 도표와 같다.

도표의 중앙에는 '최고경영자의 전략지향 본질 이해'라고 적혀 있다. 전략을 추구한다는 것이 무엇인지를 최고경영자가 본질적으로 이해해야 한다는 것이 개혁의 대전제다. 이것을 중심으로 오른쪽 방향은 백엔드의 강화(상품 조달이나 생산, 제조에 관한 개혁), 왼쪽은 프런트엔드의 강화(고객 대응에 관한 개혁)를 나타낸다. 그리고 아래쪽은 미스미 사내에서 '업무의 질과 효율'을 개선하기 위한 대책, 위쪽은 '성장의 가속'을 목표로 한 방안이다. 미스미를 성공으로 이끌려면 이 네 방향 전부를 균형 있게 강화할 필요가 있었다. 개혁 주제 하나하나마다 책 한 권은 쓸 수 있을 정도로 드라마가 펼쳐졌다. 그런 의미에서 이 차트는 사에구사에게 그 자체로 하나의 '전략 맵'이기도 했다.

중요한 것은, 한꺼번에 이 주제를 전부 손대서 '회사 전체를 조금씩 성장시킨다'는 발상을 해서는 안 된다는 점이다. 동시에 모든 작업을 병행할 수는 없다. 개혁이라고 한다면, 점진적인 접근법으로는 결코 성공하지 못한다. 전략적 경영자는 언제나 개혁의 '입구'를 좁힌다. 또한 개혁 하나하나를 진행할 때 결코 질질 끌지 않으며, 단번에 성과를 이끌어낸다. 그렇게 한 가지 개혁의 윤곽이 잡히면 다음으로 넘어간다.

이 차트에서는 표현하지 못했지만, 미스미에서는 한 가지 개혁이 다음 개혁을 가능케 하고 또 그것이 앞선 개혁의 가치를 한층 끌어올리는 '개혁의 연쇄반응'이 일어났다. 메아리가 산과 산에 부딪혀 반사되면서 증폭되는 것 같은 현상이었다. 회사 전체의 전략에 스토리가 있고, 각각의 개혁이 서로 연결되어 추진될 때 각 프로젝트 사이에 시너지 효과가 발생한다. 그것이 회사의 '모델 개혁'이라는 결과로 이어져 종합적인 경쟁력이 강화되는 것이다.

개혁의 연쇄가 '사업 모델의 개혁'으로 이어진다

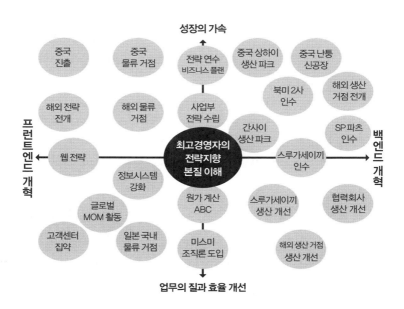

지금 그곳에 있는
사람들의 가슴을 뛰게 하라

미스미의 경영 혁신은 사원 전체가 악전고투한 노고의 산물이었다. 한 사람 한 사람이 자신만의 땀이 밴 드라마를 연출했다.

처음에는 간부도 사원들도 이런 개혁에 익숙하지 않았다. 그러나 사에구사가 그때까지 봐왔던 어떤 오래된 일본 기업과 비교해도 미스미는 '성실한 사람들'의 집합체였다. 때때로 지쳐서 기진맥진할 때도 고민을 멈추지 않았고, 시행착오와 노력을 수없이 거듭하며 개혁을 진행해나갔다.

물론 개혁의 과정에는 실패나 좌절도 발생한다. '쓴소리가 필요할 때는 확실히 꾸짖어야 한다'는 것이 사에구사의 신념이었다. 문제가 발생했다면 더 이상 재발하지 않도록 단번에 시정해야 한다. 그래서 때로는 큰소리를 내기도 했다. 직접 치도곤을 당한 직원들, 혹은 소문을 전해 들은 사람들에게 무서운 상사로 찍히는 것은 어쩔 수 없었다.

사실 사에구사 나름으로는 참고 또 참은 적도 많았다. 개혁이 중단되거나 좌초하더라도 최대한 인내심을 발휘하며 기다렸다. 어떤 개혁 주제는 완료되기까지 6년 가까운 시간이 걸리기도 했다. 사실 미국식 경영이라면 사장이 먼저 해고될 일이다. 일본이라 할지라도 한 가지 개혁에 6년이나 시간이 걸렸다가는, 개혁이 끝난 순간 퇴임이 코앞인 경우도 많을 것이다. 그걸 알면서도 사에구사는 '개혁의 완수'에 끊임없이 희망을 걸었다.

역설적인 이야기이지만, 미스미의 사원들은 움직임이 빠르다.

일본의 보통 기업을 확실히 능가하는 속도다. 외부에서 입사한 사람들은 한결같이 입을 모아 그 속도감에 놀라움을 표한다. 그러나 조직의 성격이나 구성원의 자질이 어떻든, 뭔가를 실행해보지 않고서는 무슨 일이 일어날지 알 수 없다. 개혁도, 전략도 실행 전에는 어디까지나 가설에 불과하다. 직접 뛰어들어 봐야 비로소 무엇을 수정해야 할지 알 수 있으며 실패나 좌절도 함께 겪어가며 절차탁마할 수 있다.

직원들이 허우적거릴 때 한번은 따끔하게 혼을 내지만, 그와 동시에 사에구사가 늘 하는 말이 있었다.

"Do it right!"

그에게 이 말은 '서두르지 말고, 올바른 방식으로 진행하라'는 의미이다.

🔒 **경영자의 수수께끼 풀이 12**

Do it right!

시간이 걸려도 좋으니 올바르게 하라. 어중간하게 타협하지 말라. 다시 말해, 이상적인 결과에 집착하라는 뜻이다. 이런 격려와 더불어 '필요하다면 멈추는 용기가 필요하다'는 만일의 대책도 분명히 일러두어야 한다.

사에구사는 미스미의 CEO로 재임한 12년 동안 일본, 중국, 아시아를 비롯한 세계 곳곳의 미스미에서 이 말을 수없이 사용했다. 덕분에 'Do it right!'은 미스미의 공통 언어 중 하나가 되었다.

실패하면 생각을 재정립하고 다시 일어선다. 그리고 누구에게 도 지지 않을 속도로 다시 달린다. 보통은 두 번째에 성공하지만, 또다시 좌절하는 경우도 있다. 그럴 때는 사에구사도 화가 나지만 어쩔 수 없다. 다시 'Do it right!'이다.

이제 이해했을 것이다. 앞에서 언급한 6년은, 결코 6년 동안 개혁을 미루적거렸다는 의미가 아니다. 실패할 때마다 직원들의 경영 역량은 한 단계 위로 상승했다. 그것이 바로, 포기하지 않고 전진하는 사람들이 손에 넣는 최고의 훈장이다.

기업이 도저히 손을 쓸 수 없는 상황에 몰려 구조조정을 피할 수 없을 때도 있다. 물론 꼭 필요한 경우라면 그것도 하나의 방법이 될 수 있다. 그러나 기업이 구조조정을 단행하거나 사업의 일부를 매각했다고 해서, 살아남은 사원들이 활력을 되찾고 회사의 전투력이 눈에 띄게 상승했다는 이야기는 들어본 적이 없다. 대부분은 구조조정을 통해 일시적으로 적자를 줄였을 뿐 조직 내의 업무 방식도 예전 그대로이고, 실적을 끌어올리기 위한 전략도 여전히 부재하기 때문이다.

그래서 사에구사는 늘 강조했다. 기업에 활력을 불어넣으려면 인원 감축 같은 발상이 아니라 '지금 그곳에 있는 사람들'의 눈을 반짝반짝 빛나게 만들 방법을 찾아야 한다고. 경영 리더가 전략을 명확히 제시하고 그 전략에 공감한 사원들이 하나로 뭉쳐서 달리기 시작하면 변화가 일어난다. 예전의 그 회사가 맞나 싶을 정도로 몇 배는 더 열정적으로 일하기 시작한다. 사에구사는 지난 회사에서 그런 경험을 수없이 했다. 새로운 전략을 축으로 지금 여기 있는 사람들의 활력을 최대한 이끌어내는 것. 그것이 기업 개혁의 가장 큰 원칙이다.

| 14년간의
성장 스토리

사장으로 취임한 사에구사는 이미 단단히 각오했던 '죽음의 계곡'을 극복하고 미스미를 성장 궤도에 올려놓았다. 그가 CEO로 재임한 12년, 그리고 이후부터 이 책을 쓰기까지 이사회 의장으로 일했던 2년을 합친 14년 동안 미스미가 얼마나 성장했는지를 미리 소개하고 넘어갈까 한다.

사에구사는 창업 사장이 40년간 노력해 도달한 매출액 500억 엔(약 5,000억 원)을 4년 만에 두 배로 불렸다. 신체제 4년차에 미스미의 연결매출액이 1,000억 엔대에 진입한 것이다. 그 사이의 연평균 성장률은 19.5퍼센트에 달했다. 일본 경제가 전반적인 침체에 빠졌던 당시, 도쿄증권거래소 1부 상장 기업으로서는 보기 드문 높은 성장률이었다. 회사는 그 뒤로도 세계 대불황이 찾아오기 전까지 2년 동안 꾸준히 성장해, 신체제 6년차의 연결매출액은 사에구사 사장 취임 전의 2.5배인 1,266억 엔(약 1조 2,660억 원)까지 증가했다.

세계 불황의 여파는 심각해서 도요타 자동차의 영업이익이 전년 대비 2조 엔(약 20조 원) 이상 감소하며 적자로 돌아설 정도였다. 미스미도 직격탄을 맞았다. 매출액은 거의 4년 전 수준으로 돌아갈 만큼 격감했고 5개월 연속 영업 적자를 기록했다. 다만 많은 기업들이 연말 결산 결과 대규모 적자를 쏟아내는 가운데 미스미는 아슬아슬하게나마 흑자를 유지했다.

사에구사는 이렇게 말했다.

"이 불황은 우리에게 은총일지도 모른다. 우리는 지난 6년 동안 고성장을 지속하면서 사내 곳곳에 쌓이는 적폐를 의식하지 못했다. 일단 몸을 웅크리고 그 적폐들을 깨끗이 청소하면서 다음 성장을 준비하자."

7년차는 세계 대불황으로부터 탈출을 꾀하는 동시에 다음 성장을 모색하는 시기였다. 결국 약 2년 만에 불황 전의 매출액과 이익 수준으로 돌아갈 수 있었다. 증권가에서는 미스미를 "업계에서 회복이 가장 빠른 회사 중 하나"라고 평가했다. 이때가 9년차였다.

그러나 지독한 겨울이 끝나고 봄이 찾아왔나 싶어 집 안의 창문을 열어보니 바깥의 풍경은 크게 달라져 있었다. 중국과 아시아가 대두한 것이다. 그 전까지 아류였던 아시아의 경쟁 회사들이 세계 대불황 속에서도 왕성하게 활동하며 독자적인 성장의 길을 걷고 있었다. 일본이나 미국, 유럽의 기업들이 불황을 극복하기 위해 일단 몸을 웅크리는 것이 당연하다고 여겼을 때, 중국과 아시아의 기업들은 다르게 생각했다. 오히려 몸을 뻗어 단숨에 추격해왔고 그 결과 미스미는 지금 각국에서 격렬한 가격 경쟁과 점유율 쟁탈전을 벌이고 있다. 이것이 9년차 이후 현재까지의 모습이다.

12년차에 미스미는 미국의 금형 부품 회사를 인수했다. 그 전까지는 주로 '내부 성장'을 통해 성장을 꾀했는데 기업 인수라는 '외부 성장'을 시도함으로써 연결매출액이 1,700억 엔(약 1조 7,000억 원)을 넘어섰다.

　13년차를 맞이한 6월, 사에구사는 CEO의 자리에서 물러났다. 그해가 끝나는 시기의 매출액은 2,085억 엔(약 2조 1,000억 원)으로 마침내 2,000억 엔대에 진입했다. 그해는 사에구사가 CEO로서 승인한 사업 계획을 실행에 옮긴 기간이므로 여기까지를 그의 업적으로 봐도 무방할 것이다. 즉, 13년 동안 매출액은 처음 500억 엔에서 약 4배로 증가했다.

　또한 취임 전년도에 49억 엔(약 490억 원)이었던 영업이익은 13년 후 237억 엔(약 2,370억 원)이 되었다. 만약 13년간 취임 이전 수준의 이익이 지속되었다면 그 사이 영업이익 총액은 641억 엔(약 6,410억 원)이 되었을 것이고, 법인세로 약 245억 엔(약 2,450억 원)을 납부했을 것이다. 그러나 실제로는 그보다 1,181억 엔(약 1조 2,000억 원)의 이익을 더 올렸고, 이에 따라 법인세 증가분도 500억 엔(약 5,000억 원)에 이르렀다. 물론 세계의 덩치 큰 기업들에 비하면 절대적인 수치는 아직 적겠지만, 하나의 기업이 성장을 통해 국가 재정에 기여한 금액의 증가율로 따지자면 미스미가 톱클래스일 것이다.

　1주당 배당액도 취임 전년도에 2.33엔이었던 것이 13년차에는 13.05엔(주식 분할을 반영)으로 크게 증가했다. 이 기간 동안 주식을 계속 보유한 주주라면 1주당 5.6배로 치솟은 배당액을 받게 된 셈이다.

　미스미가 13년 동안 성장하는 과정에서 가장 크게 변화한 것은 사원의 수다. 사에구사가 사장에 취임했을 당시 단순한 상사였던 미스미는 파견 사원 등을 제외한 정사원의 수가 340명에 불과했다. 그러나 만 2년이 지날 무렵, 그 수는 두 배 가까이 늘어났다. 그리고 더 큰 변화가 시작되었다. 2년 10개월이 경과했을 때, 도쿄 증권거래소 2부에 상장된 제조회사 스루가(駿河)정밀기계(이후, 스루가세이끼)를 인수한 것이다. 이에 따라 미스미 그룹의 사원 수는 4년차에 급증했다(그래프를 보면 분명히 알 수 있다).
　이후 해외에 공장을 건설하고 12년차에 미국의 제조회사를 인수하면서 사원 수는 더욱 증가했다. 만 13년차 연말에는 전 세계에 8,876명의 사원을 보유해 취임 전의 26배가 되었으며, 만 14년차에는 9,628명으로 1년 동안 약 750명이 더 증가했다. 그리고 이 책을 발간한 시점에는 1만 명을 목전에 두고 있다.
　불과 340명이 일하는 상사였던 미스미는 이제 규모가 완전히 다른 국제적 기업 집단이 되었다. 13년이라는 세월은 눈 깜짝할 사이에 지나가 버렸지만, 사에구사는 사원 수 추이를 나타낸 그래프를 볼 때마다 감회에 젖는다. '언젠가 걸었던 길'을 되돌아보면서 '참 멀리까지 왔구나…….' 하고 새삼 중얼거린다.

세계 불황을 극복하고 매출액이 4배로 증가

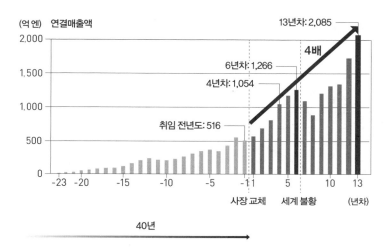

13년 동안 영업이익이 4.8배 증가

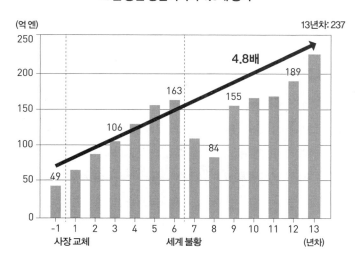

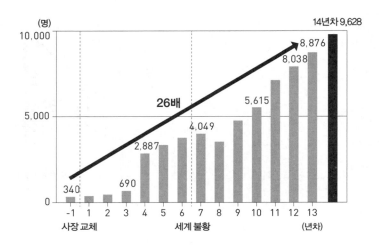

사원 340명의 상사에서 1만 명의 글로벌 기업으로 성장

(명)

14년차 9,628

10,000

8,876

8,038

26배

5,615

5,000

4,049

2,887

690

340

0

-1 1 2 3 4 5 6 7 8 9 10 11 12 13

사장 교체   세계 불황   (년차)

📝 독자에게 내는 숙제

단독으로 추진해도 상당한 리스크를 감수해야 하는 개혁의 과정을 꿋꿋하게 연쇄적으로 진행하는 것이 바로 '회사 개조'다. 대체 어디부터 손을 대야 할지 막막하다면 여러분 회사의 '사업 모델'은 과연 무엇인지를 고민하는 데서부터 출발해보자. 이때 필요한 것이 '그림 한 장'이다. 이 그림 한 장은 반드시 어떤 프레임워크에 입각해야 만들 수 있으며, 이를 통해 사내에서 명확히 인식하지 못하던 기업의 강점까지 도출할 수 있다. 내가 '미스미의 8가지 약점'을 정리했듯이, 여러분도 그 그림을 바탕으로 회사의 과제 목록을 만들어볼 것을 권한다.

사에구사에게 이것은 그저 연습이 아니라, 경영 현장에서 답을 찾아내기 위한 절박한 과제였다.

리더의 업무는 '수수께끼 풀이'에서 시작된다

서문에서 경영 전선의 인재들이 리더십을 키워나가는 과정은, 흡사 명탐정 푸아로나 형사 콜롬보가 실력을 갈고닦는 것과도 같다고 이야기했다. 그 공통점을 한마디의 키워드로 말하자면 '수수께끼 풀이 능력'이다.

우수한 경영자, 예를 들어 닛산 자동차의 CEO 카를로스 곤(Carlos Ghosn)이나 제너럴 일렉트릭(GE)의 제왕이었던 잭 웰치(Jack Welch)의 날 선 행동력은 어떻게 탄생했을까?

지금 눈앞에 어떻게 해야 좋을지 대책이 안 서는 혼란한 문제가 있다고 가정하자. 다양한 요소가 복잡하게 얽힌, 이를테면 엉망으로 엉켜버린 실뭉치 같은 상태다. 곤이 왔을 당시 닛산 자동차가 처했던 상황이 바로 그랬다. 간부나 사원들은 회사의 어디를 손봐야 경영 위기를 타개할 수 있을지 감도 잡지 못했다. 실을 잘못 잡아당겼다가는 더 심하게 엉키고 만다. 여기에 곤 같은 '뛰어난 경영자'가 등장했다. 그는 어떻게 불과 2년 만에 닛산을 재건할 수 있었을까?

그 능력을 나는 '개혁의 세 페이지'라는 프레임워크로 설명한다. 미스미에서는 이 프레임워크를 일상적인 언어로 사용한다. 신입 사원들도 입사하고 얼마 후부터는 상사에게서 "첫 번째 페이지가 부족해"라는 말만 듣고도 그 안에 담긴 의미를 이해한다.

개혁의 세 페이지

리더의 능력이 얼마나 예리한가는 '개혁의 세 페이지 시나리오'를 얼마나 적확하고 신속하게 작성할 수 있느냐에 좌우된다. 첫 번째 페이지는 복잡한 상황의 핵심에 접근하는 '현실 직시, 문제의 본질, 강렬한 반성론'을 의미한다. 다음 두 번째 페이지는 첫 번째 페이지에서 선명하게 드러난 문제의 근원을 해결할 '개혁 시나리오, 전략, 계획, 대책'이 담긴다. 그리고 마지막 세 번째 페이지는 두 번째 페이지를 기반으로 세운 '행동 계획'으로 채운다.

뒤엉킨 실뭉치에서 어떻게 실마리를 골라낼 것인가?

뛰어난 리더는 엉킨 실을 풀고, 직면한 현실이 어떤 '구조'인지 이해하는 속도가 빠르다. 본질에 접근하는 '수수께끼 풀이'가 정확한 것이다. 이때 리더의 머릿속에서는 어떤 작업이 진행될까?

먼저, 잔뜩 엉킨 실뭉치를 '분해'한다. 이때 분해한 실 한 가닥 한 가닥을 나는 '인과율'이라고 부른다. 원인과 결과의 관계, 즉 '인과관계'와 기본적으로 같은 의미다. 그러나 인과율이라는 말에는 음악의 선율처럼 시시각각 변화하는 '동태'라는 이미지가 포함되어 있다.

실뭉치를 분해하고 눈앞의 질퍽한 혼돈 속에 흩어져 있던 인과율을 발견했다면 그것만으로도 상당한 진전이다. 그러나 리더가 능력을 발휘하려면 아직 부족하다. 찾아낸 실의 가닥을 분류해야 한다. 나쁜 영향을 만들어내는 인과율과 좋은 영향을 만들어내는 인과율, 혹은 어느 쪽도 아닌 중립적인 인과율로 가르는 작업이 필요하다. 그리고 마지막으로 나쁜 인과율 중에서도 '근본'이 되는 문제를 골라낸다. 이 '뿌리 인과율'이 중요한 것은, 이것부터 개선 또는 개혁을 시도해 나가면 전체 상황이 연쇄적으로 회복되기 때문이다. 뿌리 인과율을 발견했다면 문자 그대로 해결의 '실마리'를 찾아낸 셈이다.

유능한 리더는 여기까지의 작업을 요령 있게 수행한다. 그 결과, 누구보다 먼저 이렇게 상황을 정리한다.

"이 문제의 핵심은 바로 이것이 아닐까?"

이 말을 꺼내는 사람이 곧 '리더'다. '리드(lead)'라는 단어는 '다른 사람보다 앞서 간다'는 뜻을 담고 있다. 리더가 중요한 '인과율'을 끄집어냈기에 혼돈은 한결 단순화된다. 이것이 핵심을 찔렀다면, 자욱했던 안개는 곧 걷힌다. 그리고 모두들 "그래, 바로 이거였어." 하고 리더의 설명에 수긍하게 된다.

다시 말하지만, 뛰어난 경영 리더란 명탐정 푸아로처럼 이 '수수께끼 풀이'를 빠르고 정확하게 해내는 사람이다. 이것을 매분, 매시, 매일, 매월, 매년 확실하게 완수하는 사람이 강력한 리더다. 그러지 못하고 혼돈 상태로 시간을 지체하다가 벼랑 끝에 몰린 뒤에야 모두가 '진작 그렇게 했어야 하는데…….' 하고 깨닫는다면 이미 때는 늦은 것이다. 이제 와서 "그러면 그렇게 하자"라고 이야기한들 '뒷북'에 불과하다. 설령 경영자가 아닌 관리직이라 해도, 이래서는 리더의 업무를 수행한다고 볼 수 없다. 진정한 리더는 다른 누구보다 먼저 해결 방향을 제시한다. 아직 보이지 않는 것이 많은 단계에서 '결정'이라기보다 '결단'을 내리는 것이다.

여기까지의 작업이 바로 개혁의 '첫 번째 페이지'이다.

책상 위에 A4 용지가 세 장 겹쳐져 놓인 상태를 떠올리기 바란다. 제일 밑에 있는 첫 번째 페이지에는 현재의 혼란한 상황에 작용하는 다양한 인과율이 그려져 있다. 그중에서도 가장 큰 영향을 일으키는 '뿌리 인과율'은 빨간색 사인펜이나 굵은 마커로 강조되어 있다.

🔒 경영자의 수수께끼 풀이 14

인과율 분해하기

사람은 엉킨 실과 같은 혼돈을 '자신이 감당할 수 있는 크기'까지 분해해야 비로소 그 내용을 이해할 수 있다. 그리고 이를 위해서는 현장에 직접 파고들어 작은 부분까지 만져보거나 냄새를 맡아 확인을 해야 한다. 혼돈을 지배하는 중요한 인과율을 찾아내는 것은 '논리적'인 작업이다. 그 조직에서 지금까지 수동적으로 쌓은 경험은 오히려 방해가 되는 경우가 많다.

심플한 스토리를 열정적으로 전달하라

첫 번째 페이지가 완성되었다면 다음에는 두 번째 페이지를 그 위에 올려놓는다. 밑에 있는 첫 번째 페이지가 비쳐 보이므로 혼돈을 통째로 맞닥뜨렸을 때보다 '해야 할 일'을 명확히 알 수 있다. 뛰어난 리더는 첫 번째 페이지에 대입한 두 번째 페이지에서 전략과 시나리오, 대상 등을 명쾌하게 도출한다.

리더가 두 번째 페이지를 이야기할 때는 열정을 품고 '뜨겁게' 전달해야 한다. 부하 직원들이 문제가 정리되어 속이 시원하다고 느낄 뿐 아니라, 리더의 열정에 '그래, 이 사람을 따르자'라고 마음이 움직일 정도가 되어야 한다. '심플한 스토리'와 '열정적인 전달'의 조합은 사람들을 하나로 묶고 실제적인 행동을 이끌어낸다. 둘 중 어느 한쪽으로만 치우쳐서는 집단의 열정을 지속할 수 없다.

이어서 세 번째 페이지에서는 두 번째 페이지의 '방침과 전략'을 바탕으로 구체적인 '행동 계획'을 작성한다. 무엇을 어떤 순서로 실행할지 날짜까지 포함한 구체적인 그림을 그린다. 두 번째 페이지와 세 번째 페이지는 오차 없이 완전히 들어맞아야 한다.

이처럼 리더는 사람들의 의식과 에너지를 하나로 묶고 그 '실행'을 확실히 지속시킨다. 만약 첫 번째 페이지에서 혼돈을 단순화하지 못한다면, 혼돈의 상태가 두 번째 페이지와 세 번째 페이지까지 이어지도록 용납하는 꼴이다. 리더십은 계속 결여될 수밖에 없다.

능력 있는 경영자는 이 세 페이지의 개혁 시나리오를 '달리면서' 생각하지 않는다. 달리기를 시작하기 전에 완벽하다는 생각이 들 때까지 궁리하고 또 궁리한다. 그런 다음 시나리오를 직원들에게 제시하며, 필요하다면 그 작업을 위한 태스크포스를 조직한다.

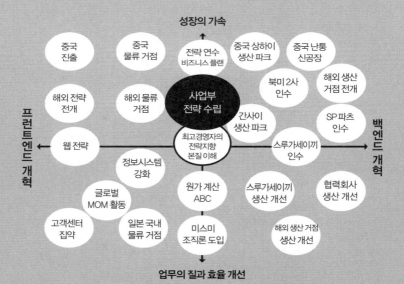

성장의 가속

중국
진출

중국
물류 거점

전략 연수
비즈니스 플랜

중국 상하이
생산 파크

중국 난통
신공장

북미 2사
인수

해외 생산
거점 전개

해외 전략
전개

해외 물류
거점

사업부
전략 수립

프런트엔드 개혁

웹 전략

최고경영자의
전략지향
본질 이해

간사이
생산 파크

SP 파츠
인수

백엔드 개혁

스루가세이끼
인수

정보시스템
강화

글로벌
MOM 활동

원가 계산
ABC

스루가세이끼
생산 개선

협력회사
생산 개선

고객센터
집약

일본 국내
물류 거점

미스미
조직론 도입

해외 생산 거점
생산 개선

업무의 질과 효율 개선

2

사업 조직에
'전략'을 불어넣는다

전략이란 무엇인가? 이것을 몰랐던 사업부 사람들은 시행착오
를 거듭하며 '전략 시나리오'를 만들어냈다. 그리고 그 결과, 매
출액 150억 엔에 머물렀던 사업을 1,000억 엔이 넘는 글로벌 규
모로 성장시켰다.

전략의 입구에서 길을 잃다

**| 어디에서부터
개혁을 시도할 것인가?** 　　신임 사장이 제시한 사업 전환 방침은
명확했다. '본업 회귀'와 '해외 진출'.
이것을 실현하기 위해서는 사내에 상당한 강도의 개혁이 필요했
다. 그는 마음의 준비를 단단히 하고 있었다.

'본업 회귀'의 주체인 공업기계 부품 사업은 최근 10년간 다각
화 사업의 적자를 보전하고도 남을 만큼 높은 수익성을 유지하며
회사의 실적을 견인해왔다. 그러나 사내에서 그런 공적을 높이 평
가하거나 치하하는 일은 없었다. 오히려 각광받는 다각화 사업의
그늘에 가려져 촌스러운 부문으로 취급받고 있었다.

게다가 공업기계 부품 사업 역시, '전략'의 향기는 느껴지지 않

왔다. 조직원들이 명쾌한 전략을 제시하고 그 전략을 실현하기 위해 바쁘게 움직이는 모습은 찾아볼 수 없었다. 그런 측면에서는 철수를 결정한 다각화 사업과 다를 바 없는 수준이었다.

그러나 이런 상황은 신임 사장에게 기회를 의미했다. 지금까지 전략 없이도 이만큼 훌륭한 성장세와 수익을 유지했다는 말이 아닌가? 여기에 올바른 '전략'의 개념을 심는다면 어떤 놀라운 일이 일어날지 알 수 없었다. 엊그제까지만 해도 사에구사는 죽느냐 사느냐의 기로에 놓인 회사들의 의뢰를 받고 절망적인 사업을 구해내느라 악전고투했다. 그러니 그로서는 미스미만큼 흥미로운 회사는 또 없었다.

미스미는 그때까지 고수익, 고성장을 계속해왔지만, 곧 끝나는 이번 연도(신임 사장 취임 전년도)의 실적은 크게 하락할 것으로 예상되었다. 가장 큰 원인은 아무래도 금년도 들어 시작된 일본 경기의 전체적인 둔화 현상이었다. 매출액은 전년 대비 8퍼센트 감소한 516억 엔(약 5,160억 원), 영업이익은 24퍼센트나 감소한 49억 엔(약 490억 원)이 될 것으로 전망됐다. 성장세에 있던 미스미로서는 뜻밖의 상황이었다. 사에구사가 조사해보니 경기 악화의 영향으로 미스미의 실적이 하락한 경우는 과거 10년 동안 두 차례 있었으며, 이후에는 모두 성장 노선으로 복귀했다. 세 번째인 이번도 일과성 현상으로 끝날 수 있다고 그는 판단했다.

한편으로 이렇게 실적이 악화되는 시기는 회사가 비관적인 분위기에 휩싸이는 만큼 개혁을 시작하기 좋은 타이밍이다. 다만 공업기계 부품 사업을 개혁한다고 해도, 주축이 되는 세 가지 부문의 개혁을 동시에 병행하는 것은 어리석은 발상이다. 먼저 어느 한 가지 사업을 개혁해 모델케이스를 만들고, 그것이 성공하면 다른 사업으로 확대하는 편이 현명하다.

🔒 **경영자의 수수께끼 풀이 15**

전면전 피하기

사업 개혁을 시도할 때는 대상을 좁힐 필요가 있다. 자칫 사원들의 동요를 유발할 수 있기 때문이다. '전면전'을 벌이고 나서서 불안정한 심리를 사내에 확산시켜서는 안 된다. 이는 개혁자에게 치명상이 될 수 있다. 먼저 한 가지 개혁을 성공적으로 완수한 다음, 그 수법을 수평 전개하는 것이 원칙이다.

그렇다면 아래의 세 가지 부문 가운데 어떤 사업을 최초의 개혁 대상으로 선택해야 할까?

· **금형 부품 사업부:** 미스미가 창업과 함께 시작한 사업이며 사업부 가운데 매출 규모가 가장 크다. 미스미 경영의 중심에서 다각화 사업의 적자를 보전하고도 남을 만큼 캐시플로(cash flow)를 만들어왔다. 그러나 시장에서는 중국 시프트가 진행되고 있으며, 일본 내 성장은 멈춰 있다. 명백히 개혁이 필요한 사업이다. 문제는 사원들이 '상황이 심각하다'는 위기감을 전혀 느끼지 못하고 무사태평하다는 점이다. 사에구사가 과거 부진에 빠진 기업들에서 목격한 것과도 같은 증상이다.

- **공장자동화(FA) 사업부:** 현재 미스미의 성장을 이끌고 있는 사업부다. 매출액으로 보았을 때 규모가 금형 사업에 이어 두 번째로 크다. 공장의 생산 라인에서 사용하는 '생산 기계'에 들어가는 부품을 판매한다. FA 사업부는 14년 전에 창설되었는데, 3년 전 집행임원이던 나가오 겐타(長尾謙太, 42세)가 사업부장으로 취임한 뒤부터 급성장을 이루었다. 겐타는 단련을 잘 거치면 우수한 경영자로 성장할 듯하지만, 현 시점에서는 기업 경영에 그리 흥미를 보이지 않는다. 대화를 나눠보면 낚시와 골프, 자동차 이야기를 주로 한다.

- **일렉트로닉스 사업부:** 11년 전에 설립된 사업부다. 매출액은 아직 50억 엔(약 500억 원) 전후이지만 성장률은 FA 사업부 다음으로 높다. 생산 기계에 들어가는 전선이나 커넥터 등의 전기전자 부품을 판매한다. 미스미에서는 이른바 '변방'에 위치한 사업이며, 규모가 개혁 대상으로 삼기에 용이하다.

'어디부터 손을 댈 것인가?'는 회사를 개혁할 때 상당히 중요한 전략에 해당한다. 역사는 오래되었는데 현재 활력을 잃은 부문을 살펴보면 방어적인 사람들이 주류를 차지하고서 '정치성'을 발휘하는 경우가 대부분이다. 그럴 때는 일단 그곳을 피해 다루기 쉬운 '변방'부터 접근해서 성공 사례를 만들어내는 편이 효과적이다. 그 부문을 사내에 본보기로 삼는 것이다.

이때 절대 간과해서는 안 되는 조건이 있는데, 개혁을 맡아서 추진할 강한 리더가 없는 조직은 결코 개혁의 대상으로 선택해서는 안 된다는 것이다.

🔒 경영자의 수수께끼 풀이 16

역사의 아웃사이더

외부에서 온 개혁자는 과거의 경영 방침이나 전략에 연대책임을 질 필요가 없다. 따라서 과거에 발목이 잡히는 일 없이 변혁을 추진할 수 있다. 사내에서 개혁자가 나서는 경우도 마찬가지다. 회사의 변경에 머물렀다는 등의 이유로 '역사의 아웃사이더'로 간주되는 이들은 개혁을 추진할 때 과거의 속박을 받지 않아 거침없이 속도를 낼 수 있다.

🗝 수수께끼의 실마리

· 개혁을 추진할 때 불안정한 조직 심리가 번지는 것은 불가피한 현상이다. 그 범위를 자신이 완전히 제어할 수 있는 한도로 설정해놓지 않으면 위험하다.
· 위기에 몰린 사업을 회생할 때는 '단기전'으로 구제해야 하지만, 현재 고수익을 올리는 미스미에서는 그럴 필요가 없다. 시간 축을 길게 잡는다. 이에 따라 경영자의 행동에 결정적인 차이가 생겨난다.
· 첫 개혁의 대상은 '중심'과 '변방'의 중간에 있는 FA 사업부로 결정한다. 가장 큰 이유는 '사람'이다. 리더인 나가오 겐타를 유망한 경영 리더라고 판단했기 때문이다. 또한 FA 사업은 지금 한창 성장 중이다. 다른 사업보다 개혁의 성과가 빠르게 나타날 것이다.
· 이 개혁 작업은 사내에서 조용히 진행한다. 기한도 엄격히 설정하지 않는다. 나가오나 부원들이 개혁을 진행하다가 벽에 부딪히더라도 조급해지지 않도록, 최소한의 심리적 여유를 보장해주기 위해서다.

신임 사장이 첫 개혁의 대상을 선택하는 과정에서 그렇게 고심을 거듭한 이유는 무엇일까? 사실 이 단계에서 사에구사가 취한 선택은, 그 후 12년에 이르는 미스미의 경영 노정에 결정적인 역할을 하게 된다. 그 이야기는 이 장의 마지막에서 다시 다루도록 하겠다.

'경쟁자'가 빠진 싸움

FA 사업부장인 나가오는 어느 날 갑자기 사업 설명을 하러 오라는 신임 사장의 연락을 받았다. 그에게 격동의 1년이 시작된다는 신호였지만, 당시에는 물론 알 길이 없었다.

며칠 후, 나가오는 자료를 손에 들고 사장실을 찾아갔다.

"저는 3년 전에 FA 사업부장으로 임명된 뒤 그때까지 회사에서 손대지 않았던 상품 개발에 주력했습니다. 그 결과 신상품을 대거 투입할 수 있었습니다."

그가 취임했을 때 85억 엔(약 850억 원)이었던 국내 매출액은 이듬해에 100억 엔(약 1,000억 원), 그 다음해에는 149억 엔(약 1,490억 원)으로 뛰어올라 2년 동안 80퍼센트 가까이 성장했다. 커다란 약진이었다. 그런데 취임 3년째가 되는 올해, 경기 악화의 직격탄을 맞아 매출액이 추락했다. 이 해의 전체 매출은 당초 예상했던 184억 엔(약 1,840억 원)을 50억 엔이나 밑돌 것으로 예측되는 상황이었다.

"그래도 타 업체에 비하면 성적이 좋은 편입니다."

나가오는 이렇게 단언했다. 같은 업계의 다른 대기업들이 하나같이 전년 대비 30~40퍼센트가량 실적이 감소한 데 비해, FA 사업부의 하락 폭은 10퍼센트에 그쳤기 때문이다. 시장점유율은 오히려 높아졌다는 이야기였다.

나가오는 향후의 사업 계획을 신임 사장에게 설명했다. 자신감이 넘치는 수치였다. 이번 달로 끝나는 금년도(신임 사장 취임 전년도) 매출액은 132억 엔(약 1,320억 원)이지만, 5년 후에는 410억 엔(약 4,100억 원)에 도달할 것이라고 호언했다. 버블 붕괴 후 일본 경제의 정체가 지속되던 당시로서는 보기 드문 고성장 사업 계획이라고 할 수 있었다. 게다가 나가오가 제시한 매출액 그래프는 해가 갈수록 기울기가 급격하게 치솟았다.

"이런 그래프를 하키 스틱이라고 하지."

사에구사는 미국 업계에서 자주 쓰는 용어를 언급했다.

"아이스하키 선수들이 사용하는 스틱인데, 끝부분이 이렇게 휙하고 꺾여 올라가. 그런데 이렇게 급격한 성장 가속을 정말로 실현할 수 있겠나?"

이 질문에 나가오는 5년 후의 매출액을 278억 엔 증가시키기 위한 계획을 설명했다. 그러나 사에구사의 눈에는 아무리 봐도 엉성하기 그지없었다.

"그런 조잡한 계획을 가지고 정말 매출액을 지금의 세 배로 키울 수 있다는 건가? '이기는 싸움'이 가능하냐는 얘길세. 애초에 '경쟁 상대'는 누구지? 여기에는 적혀 있지 않은데. 이런 건 '전략'

이라고 부를 수 없네."

신임 사장의 눈빛은 날카로웠다. 사에구사의 지적은 나가오에게 하나의 문화 충격이었다. 사에구사가 입에 올린 '경쟁 상대'나 '이기는 싸움' 같은 단어는 지금껏 미스미의 사전에는 없는 말이었다. 창업자 다구치 사장은 다음과 같은 이론을 입버릇처럼 강조했다.

"미스미는 사용자가 원하는 것을 사용자를 대신해서 조달하고 공급하는 회사여야 해. 그 책임을 다해서 '구매 대리점'의 역할을 철저히 하면 경쟁자는 존재하지 않게 되지."

그래서 '경쟁자'라는 말은 사내의 금기어와도 같았다. 그런데 사에구사는 취임한 지 고작 며칠 만에 창업자의 철학을 단칼에 부정했다.

"현실을 생각하게. 모든 상품에는 반드시 어떤 형태로든 경쟁자가 있게 마련이야. 현재 미스미의 고객 중에 '저희는 오직 미스미에게만 모든 구매를 맡깁니다'라고 말하는 회사가 단 한 곳이라도 있나? 있다면 어디인가?"

나가오는 대답하지 못했다. 단 한 번도 의심의 대상이 아니었던 미스미의 사상이 하루아침에 파괴되었다.

"내 말 잘 듣게. 경쟁 상대가 누구인지 생각하지 않는 사업 계획은 난센스야. 그런 계획으로는 경영을 할 수 없어."

나가오는 사에구사의 말에 수긍했다. 솔직히 그 자신도 5년 후에 매출을 410억 엔까지 끌어올린다는 목표는 현실적으로 가능

성이 희박하다고 생각했다. 본심을 말하면 그 절반에 그칠 가능성
도 있다고 생각했다.

"자네가 사업의 커다란 성공을 노린다면 그와 동시에 실패의
리스크도 높아지는 법이야. 그래서 사전에 '전략'을 세우는 거지.
그러면 설령 길을 잘못 들었다 하더라도 이른 시점에 깨달을 수
있거든."

나가오도 신임 사장의 등장으로 회사에 커다란 변화가 일어나
리라는 것은 예감하고 있었다. 그러나 좋은 실적을 올리고 있는
FA 사업부로 개혁의 파도가 제일 먼저 밀려들리라고는 꿈에도 생
각하지 않았다. 아마도 제일 마지막 순번일 것이라 생각하며 강
건너 불구경하는 기분으로 관망하던 참이었다.

사에구사는 그런 심리를 이미 예측하고 나가오를 기다리고 있
었다.

| 판정패를 당한
| 사업계획서

자신의 자리로 돌아온 나가오는 사업부
의 간부 네 명을 회의실로 소집했다.

"신임 사장이 우리 사업부의 '전략'을 만들라고 합니다. 그래서 말
인데, 여러분이 담당하고 있는 상품군에 관해 나름대로 전략을 좀
구상해주세요."

네 명은 일제히 곤혹스러운 표정을 지었다. 그도 그럴 것이, '전
략'을 짜라는 지시를 받은 것은 이번이 처음이었기 때문이다. 나
가오는 자신도 제대로 이해하지 못했으면서 다짜고짜 부하 직원

들에게 일을 떠넘겼다. 이 시점부터 이미 길을 잘못 든 것이지만, 아직 그 사실을 깨닫지 못했다. 그나마 다행히도, 나가오는 간부들에게 적절한 힌트를 하나 주었다.

"그러고 보니…… 작년 가을이었죠? 사에구사 사장님이 아직 사외이사였을 땐데 임원 전체를 대상으로 전략 연수를 실시한 적이 있지 않습니까? 그때 하셨던 말 중에 기억나는 게 있어요. 그게…… '선택과 집중'. 그리고 '선별'."

3월 13일에 프로젝트가 시작되었다. 간부 네 명은 여러 가지 차트를 만들어나갔다. 2주가 경과해 3월 말이 가까워진 어느 날, 나가오 사업부장은 네 명의 보고를 받은 후 그들이 만든 차트 하나를 들고 용감하게 사장을 찾아갔다. '상품의 영업이익률'과 '상품의 매출액 성장률'을 각각 가로축과 세로축으로 삼고 여기에 여러 가지 상품을 기재한 차트였다.

그러나 나가오는 경기 시작을 알리는 공이 울리기도 전에 판정패를 당했다.

사에구사는 그 차트를 10초 정도 들여다보더니 이렇게 말했다.

"이 차트의 어디를 봐야 '경쟁자'와 싸운 '승패'의 결과를 알 수 있는 건가?"

사에구사가 볼 때는 지극히 초보적인 '언젠가 본 풍경'이었다. 전략을 생각하지 않는 사람은 흔히 이런 차트를 만든다. 전형적인 아마추어의 패턴이다.

나가오는 '어라?' 하는 얼떨떨한 마음이었다. 분명히 자료에 경쟁자는 포함되어 있지 않았다. 그렇게 부원들이 2주간 고생한 결과물이 사장의 단 한마디에 물거품이 되어버렸다. 맥없이 사업부로 돌아온 나가오는 추가 작업을 지시했지만, 구체적인 분석 기법이나 개념을 제시하지는 못했다.

🔒 경영자의 수수께끼 풀이 17

경영 리터러시

경영 리터러시는 책상에서 얻은 이론을 경영 현장에서 시험해, 실패와 성공을 거듭할 때 비로소 향상된다. 이제는 최고경영자의 '전략 창조성'이 승부를 결정하는 시대다. 만성적인 부진에 허덕이는 기업은 평소에 논리적으로 토론하고 숫자를 중시하는 문화가 약하다. 그래서 낡아빠진 사내 역학에 쉽게 휩쓸린다. 회사를 강하게 만들기 위한 근본적인 열쇠는 바로 경영 리터러시다.

나가오와 프로젝트 멤버들은 확신이 서지 않은 상태로 작업을 서둘렀다.

"전략 상품이라고 하면 당연히 성장률이나 매출액, 이익률이 높아야겠지? 그중에서 미스미의 '독자성'이 높은 상품을 고르면 될 거야. 그렇다면 상품군1의 A상품하고 B상품, C상품이겠군."

또다시 단번에 결론까지 도달했다. 사실 예전부터 직관적으로 중요하다고 얘기하던 상품군을 꼽았을 뿐 그 이상의 논거는 없었다. '고민을 거듭한다'라는 단계를 건너뛰어 버린 것이다.

이번에는 전과 다른 결과물을 만들어내겠다는 생각으로 종류가 다른 차트 수십 장을 작성했다. 데이터를 모으는 과정 자체가 고생의 연속이었기에 그것만으로도 대작을 완성한 기분이었다.

나가오는 그것을 들고 사장에게 갔다. 그러나 이번에도 똑같은 대답이 돌아왔다.

"이래서는 경쟁자와 대전한 승패의 결과를 어떻게 확인하지? 전략적으로 무엇이 문제인지 알 수가 없지 않나."

사에구사가 그들을 방치한 것은 아니다. 태스크포스 팀이 회의실에서 밤늦게까지 작업을 하고 있으면 불쑥 들어와 토론에 참여하기도 했다. 사장이 이렇게 늦은 시간에, 그것도 직원들의 공간에 출몰하는 것은 충격적인 사건이었다. 예전에는 있을 수 없는 일이었다. 아니, 다른 어느 회사에서도 보기 드문 광경일 것이다. 다만, 사에구사는 조언은 해줘도 답은 결코 말해주지 않았다.

"자네들은 동물원의 곰 같군" 프로젝트가 시작되고 거의 1개월이 경과한 4월 17일, 그들은 '회심의 일격'이라 자부하는 맵을 완성했다. 이번에야말로 '합격'이라고 확신했지만, 사실상 그들의 새로운 차트는 불과 10초 만에 판정패를 당했던 최초의 차트와 똑같은 축으로 회귀해 있었다. 경쟁자의 요소는 어디에도 없었다.

"자네들은 동물원의 곰 같군. 같은 곳을 빙글빙글 맴돌고 있어."

지금까지 잠자코 지켜봤던 사에구사도 슬슬 인내의 한계를 느꼈다. 나가오 팀이 그때까지 사용한 시간은 결코 적지 않았다. '본래의 업무를 내팽개치다시피 하면서 이 작업에 매달리고 있는데도 용케 사업부가 별다른 문제없이 돌아가는군.' 하는 웃지 못할 감탄마저 나올 정도였다.

그러나 이 이상 내버려두기에는 시간 낭비가 너무 심했다. 초원에 풀어놓았지만 전혀 먹이를 찾아 먹지 못한 탓에 프로젝트 팀은 슬슬 아사 상태로 접어들고 있었다.

그런데 사에구사는 왜 답을 알면서도 나가오 팀에게 좀 더 구체적인 지도를 해주지 않았을까? 몇 년 뒤 그는 당시를 이렇게 회고했다.

"제가 오기 전까지 미스미는 외부 컨설팅을 수없이 받았습니다. 매번 수억 단위의 예산을 들였고, 하나같이 유명한 컨설팅회사에 의뢰를 했더군요. 당시의 보고서를 전부 읽어봤습니다만 그중에서 실현된 것은 거의 없었습니다.

컨설턴트는 시간 장사를 하는 사람들입니다. 프로젝트에 사원을 참가시킬 때도 사원이 레벨업할 때까지 기다려줄 수가 없습니다. 그렇다 보니 컨설턴트가 철수한 뒤 사원들의 '자기 머리로 생각하는 능력'이 눈에 띄게 향상되는 일은 드뭅니다. 미스미는 큰돈을 썼지만 직원들의 경영 리터러시는 세상의 흔한 샐러리맨들과 별반 차이가 없는 것이죠.

그래서 도구나 해답을 쉽게 주지 않은 것입니다. 어느 정도는 자기들끼리 좌충우돌하면서 고생해보라고 말이지요. 경영이나 전략 같은 것을 깊게 생각해본 적 없는 친구들이 스스로 생각하는 습관을 들이도록 하려면 그 수밖에 없습니다."

이것은 사에구사에게도 고통스러운 과정이었다. 예전처럼 자신이 직접 사업 회생을 추진했다면 사흘 정도면 결론을 낼 것을 한 달이나 기다려야 했다. 그런데도 가지고 오는 것은 전부 오답이었고, 또다시 한 달을 기다릴 수밖에 없었다.

"하지만 저는 미스미에서 경영 리더를 육성하겠다고 선언한 바 있습니다. 그 말을 지키기 위해서는 '급할수록 돌아가야' 했습니다."

기본으로 돌아가다

그때까지 나가오는 아이디어를 내거나 실제로 작업하는 과정을 전부 부하 직원들에게 맡겼다. 전략을 구상하는 방법, 개혁을 진행하는 과정 등 근본적인 사고법을 제시하고 팀을 이끈 적이 없었다. 지금 나가오는 궁지에 몰린 상태였다.

"이제 겨우 깨달았습니다. 리더인 제가 '사고법'과 '도구'를 익히고 그것으로 팀원들을 선도하지 않으면 다들 우왕좌왕할 수밖에 없다는 것을요."

'그걸 이제 알았느냐'라는 말이 나올 법한 상황이지만, 그래도 이것은 중요한 진전이었다. 나가오는 드디어 전략을 수립하는 단계에서 자신이 어떤 역할을 해야 하는지 깨달았다. 프레임워크를 축적하지 않은 리더는 제 역할을 해낼 수가 없다. 전략과는 거리가 멀었던 기업이 전략 지향으로 탈바꿈하는 과정에서는 이런

'개인 층위'의 변화가 일어나 조직 내부로 점차 전파된다.

그 후 FA 전략팀의 행동에 조금씩 변화가 나타났다. 그도 그럴 것이, 사장이 오밤중에 불쑥 회의실로 찾아오니 도망칠 수도 없는 노릇이었다.

🔒 **경영자의 수수께끼 풀이 18**

직접적인 실천

경영 리더는 현장에서 이루어지는 실제 업무와 접촉하면서 부하 직원보다 한 단계 높은 시점에서 문제를 파악해야 한다. 동시에 직원들이 지나치게 먼 길을 돌아가며 시간과 노력을 소모하지 않도록 적절한 타이밍에 '사고법'과 '출구'의 방향을 제시한다. 이는 쓸데없는 작업을 걸러내는 일종의 '요령'을 가르치는 일이다. 이러한 '직접적 실천'은 리더십의 핵심 요소 중 하나다.

나가오는 곤혹스러웠다. 팀원들도 연일 이어지는 야근에 녹초 상태였다. 어떻게든 해내야 한다는 압박감이 몰려왔다.

대체 어떤 프레임워크를 몸에 익혀야 할까? 나가오는 힌트를 찾아내고자 사에구사 사장의 저서인 《V자 회복》을 한 번 더 읽어보기로 했다. 사에구사가 미스미의 사장으로 취임하기 이전, 여러 기업의 적자 사업을 재건한 경험을 풀어낸 실화다. 작년 가을 임원 연수 때 과제 삼아 읽긴 했지만 그때의 솔직한 감상은 '나와는 상관없는 책'이라는 것이었다.

그러나 책을 다시 읽기 시작하자 충격에 눈을 뗄 수가 없었다. 책에 등장하는 개혁 태스크포스가 처한 상황과 지금 자신의 상황이 거짓말처럼 똑같았던 것이다. 작년과는 완전히 다른 책 같은 느낌이었다. 흠뻑 빠져들어 중반까지 단숨에 읽었을 때, 갑자기 나가오의 마음속에 무엇인가가 쿵 하고 떨어졌다. 지금 자신이 어디에 있는지 깨달은 것이다.

그 책에서 개혁 태스크포스의 멤버가 제일 먼저 한 일은 철저한 '현실 직시'였다. 그들은 합숙을 하면서 자신들이 '지는 싸움'을 했던 원인을 철저히 규명했고, 그것을 바탕으로 '강렬한 반성론'에 도달했다. 그리고 이것이 개혁의 출발점이 되었다. 그에 비하면 나가오의 팀은 실적 악화를 오로지 경기 탓으로만 돌릴 뿐, 사업부가 안고 있는 본질적 문제에 접근하려 들지 않았다.

'이들과 우리의 차이는 여기에서 시작됐어. 우리는 원인 규명도 없이 다짜고짜 숫자랑 그래프만 만지작거리고 있었던 거야.'

나가오는 그동안 무의미하다고 생각했던 경영의 기초부터 다시 공부하기로 했다. 그의 지난 경험과 새로 깨달은 지식이 결합해 큰 공명을 이루기 시작했다. 이것이 바로 '경영 리터러시'와 '프레임워크'가 힘을 얻는 방식이다. 나가오는 문제를 규명하는 데서부터 다시 시작하기로 하고 팀원을 소집했다.

숲이 아닌 나무를 보아야 할 때

프로젝트를 시작한 지 약 6주가 지난 4월 27일. 황금연휴가 시작되는 토요일에 나가오 태스크포스 팀은 회사로 모였다. 나가오는 이렇게 입을 열었다.

"원점으로 돌아갑시다. 우리가 뭘 모르고 있는지 적어보죠. 일단 주제는 이렇습니다."

그는 '사용자', '미스미', '비용', '경쟁자', '상품개발', '협력회사'라는 여섯 가지 주제를 제시했다. 그러자 모두들 활발히 의견을 내놓기 시작했다. 나가오는 팀원들의 의견을 화이트보드에 차례로 적었다. 의문점과 문제점이 하나둘 드러났다. 저녁까지는 끝나리라고 생각했던 작업은 막차 시간이 거의 다 되어서야 마무리되었다.

이튿날 아침, 나가오 팀은 다시 같은 회의실에 모였다. 그러나 문제를 나열하기만 해서는 문제의 핵심이 보이지 않는다. 나가오와 팀원들은 토론 끝에 문제를 '상품개발', '협력회사', '고객 개척', '상품별 수익성', '시장과 성장성', '서플라이 체인'의 여섯 항목으로 묶어서 정리했다.

나가오는 집으로 향하는 차 안에서도 스스로 계속 질문을 던졌다. 그러나 앞으로 프로젝트를 어떻게 진행해야 할지 도무지 감이 잡히지 않았다. 휴일이었던 다음날도 집에서 계속 생각에 잠겼다. 무언가 개운하지가 않았다. 《V자 회복》의 주인공이 한밤중에 검은 실루엣이 되어서 벽에 붙은 500장의 카드를 하염없이 바라봤을 때와 같은 심정이었다. 아직 파악하지 못한 본질적인 문제가 어딘가에 숨어 있는 것 같은 기분이었다.

그리고 문득 깨달음의 순간이 찾아왔다.

"그래, 맞아! 이런 현상이 일어난 건 전부 '목적' 없이 행동한 결과였어!"

논리의 비약이라 생각하는 독자들도 있을 것이다. 그러나 혼돈을 단순화하거나, 문제의 밑바탕에 접근하는 등 '리더의 사고'는 반드시 그런 비약적인 깨달음을 거쳐야만 도출될 수 있다(사에구사 다다시의 경영 노트 2 참조).

나가오는 생각했다. 그때까지 미스미에는 사업부 전체의 총합 매출액과 총합 이익액이라는 두 가지 수치 목표가 있을 뿐이었다. 일례로 FA 사업부의 비전이라 하면, FA 사업부 전체가 총합 매출액 410억 엔을 달성한다는 것이 전부였다. 상품의 가짓수가 너무 많아서 하나하나 목표를 설정하기란 불가능하다고 생각했던 탓이다.

이렇게 개별적인 상품 전략이 불명확하다 보니 상품을 담당하는 직원 한 사람 한 사람의 행동 사이에 유기적인 체계가 전혀 없었다. 실제로는 상품마다 경쟁 상대와 고객이 다르고, 전략에도 저마다 다른 선택지가 있을 터인데 누구도 거기까지 파고든 적이 없었다.

"우리는 사업 전체의 거시적인 이야기만 하면서, 그것만으로 사업을 할 수 있다고 착각했던 겁니다."

나가오는 차트를 만들었다. 그리고 '이 문제가 오랫동안 방치된 것은 사업부장인 자신의 책임'이라고 모두에게 밝혔다.

그는 한 가지 새로운 것을 배웠다. 사에구사 사장은 틈만 나면 이렇게 말했다. "하나하나 자세히 파고들게." 사장이 무얼 얘기하려

했던 건지 이제야 알 것 같았다. 사장은 나가오에게 수없이 물었다. "미스미에 이익이 되는 상품은 무엇이고, 손해가 되는 상품은 무엇인가?", "어떤 고객이 이익이 되고 어떤 고객은 손해가 되는가?"

하지만 상품별 손익을 모르는 상태에서 그 질문에 답할 방법은 없었다. 물론 매출액과 매출 총이익률의 상품별 수치는 알 수 있다. 이는 어느 회사나 마찬가지일 것이다. 그러나 매출 총이익이 크다고 해서 꼭 좋은 상품이라고는 말할 수 없다. 이런저런 경비가 소요되거나 클레임이 들어와 처리 비용이 발생할 경우, 해당 상품의 최종 손익은 적자로 내려앉는 상황도 종종 발생한다. 그런 세부적인 사항을 정확히 파악하지 않으면 '이익이 되는 것과 손해가 되는 것'을 구별할 수 없고, 무엇을 해야 하는가는 더더욱 판단할 수 없다.

나가오는 드디어 자신이 '무얼 해야 하는가'가 보이기 시작한 기분이었다.

🔒 **경영자의 수수께끼 풀이 19**

하나하나 파고들기

'첫 번째 페이지'에서 원인을 정리할 때는 '하나하나 자세히 파고들어' 문제를 자신이 감당할 수 있는 크기까지 쪼갤 때 비로소 실효성 있는 반성을 하게 된다. 대분류, 소분류 단위로 합산된 수치를 재료로 삼아서는 안 된다. 각각의 상품이나 고객, 행동 양상에 주목하면서 '왜'를 반복한다. 수수께끼를 풀 때는 집요하게 파고드는 것이 최선이다.

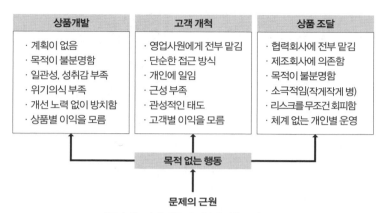

기존 FA 사업부의 문제점

상품개발	고객 개척	상품 조달
· 계획이 없음 · 목적이 불분명함 · 일관성, 성취감 부족 · 위기의식 부족 · 개선 노력 없이 방치함 · 상품별 이익을 모름	· 영업사원에게 전부 맡김 · 단순한 접근 방식 · 개인에 일임 · 근성 부족 · 관성적인 태도 · 고객별 이익을 모름	· 협력회사에 전부 맡김 · 제조회사에 의존함 · 목적이 불분명함 · 소극적임(작게작게 병) · 리스크를 무조건 회피함 · 체계 없는 개인별 운영

목적 없는 행동

문제의 근원

· 지금까지는 전체 매출 및 이익에 관한 수치뿐,
  개별 상품의 목표와 전략이 없었다.
· 이런 결과의 책임은 사업부장(나)에게 있다.

ABC 지옥에 들어서다

"그래, 각 상품의 정확한 이익을 모르는데
전략이 보일 리가 없는 거야."

나가오는 깨달았다. 이미 상당한 시간을 들였지만, 다짜고짜 전략 상품을 선정하려던 시도를 중단하고 원점으로 돌아가 개별 상품의 이익을 파악하는 작업부터 다시 시작해야겠다고 생각했다.

나가오는 사장에게 혼이 날 각오를 하고 이렇게 보고했다.

"원점으로 돌아가서 상품별로 정확한 최종 이익을 파악하는 작업부터 다시 시작하려 합니다."

그런데 사장의 반응은 예상과 정반대였다.

"그거 좋군. 방향은 틀리지 않았어. 그런데 그 상품별 손익을 어떻게 계산할 생각인가?"

사장의 질문은 언제나 지극히 단순하면서 날카로웠다.

"상품별 최종 이익이라는 건 그렇게 쉽게 계산할 수 있는 게 아니라네."

사장은 매출액이나 원가에서 차지하는 비율에 맞춰 경비를 '분배'하는 평범한 방식은 전략 판단을 그르치는 근원이라고 말했다. 나가오가 미처 생각하지 못한 부분이었다. 자신의 제안이 어떤 '사상'과 '기법'을 바탕으로 하는지, 그 공부를 또다시 건너뛴 것이다. 이때 사에구사가 도움의 손길을 내밀었다.

"ABC라도 해보면 어떻겠나?"

이 말을 들은 순간 나가오는 업계에서 흔히 사용하는 '파레토 법칙'과 ABC 분석을 떠올렸다(ABC 분석은 선택과 집중을 통해 재고 관리의 효율성을 높이는 분석 기법으로, '극히 소수의 요인에 의해 대세는 결정된다'라는 파레토 법칙에서 도출되었다-옮긴이).

"아니, 그게 아니야. 내가 말하는 ABC는 '활동기준원가계산(Activity Based Costing)'이라는 것일세. 원가 계산 기법 중 하나지."

사장이 간단한 해설을 덧붙였다. 다양한 부서에 소속된 미스미의 사원들은 고객의 주문을 받은 시점부터 상품이 고객에게 전달되기까지 여러 활동을 수행한다.

즉, 수주 처리, 제조회사에 발주, 배송센터로 집하, 포장과 출하, 물류, 클레임 처리까지 프로세스는 다양한 단계로 이루어진다. 이

때 상품이나 고객 특성에 따라 어떤 프로세스에 얼마나 많은 비용이 들어가는지가 달라진다. ABC는 그런 간접비용 발생 현황을 조사해서 각 상품의 원가나 수익성을 기존보다 훨씬 정확히 산출한다.

"알겠습니다. ABC를 해보겠습니다."

쉽게 내뱉은 이 한마디가 다음 수렁으로 향하는 입구라는 걸 나가오는 알 턱이 없었다. 'ABC 지옥'을 이미 훤히 알고 있는 사에구사를 제외한 나머지는, 오늘 회의는 일사천리로 진행될 것이라 안도했다. 긴장이 풀린 얼굴에는 웃음기마저 떠올랐다.

'기술 개발'이든 '경영 혁신'이든, 남을 흉내 내지 않고 무엇인가를 새로 만들고자 한다면 미지의 길을 향해 한걸음 한걸음 조심스럽게 내딛어야 한다. 여러 차례의 시행착오와 거기에 따라오는 불안함, 그리고 상당한 지적 노동을 버텨낸 뒤에야 경영 역량이 서서히 향상된다.

이렇게 해서 나가오 태스크포스 팀은 ABC 분석에 돌입했다. 이 책에서는 ABC를 독립된 전략 주제로 다루며, 자세한 내용은 '사에구사 다다시의 경영 노트 4'와 이어지는 3장에 나와 있다. 나가오 팀이 어떤 작업을 통해 ABC를 도입했는지 궁금한 독자는 그 부분을 먼저 읽고 돌아와도 무방하다.

유행에 뒤처진 이론

ABC 분석을 마친 나가오 태스크포스 팀은 FA 사업부가 안고 있는 문제점을 이전과 비교할 수 없을 정도로 명쾌하게 그려내는 데 성공한다. 이는 특정한 전략 콘셉트를 택했기에 가능한 일이었다. 그 전략 콘셉트란 무엇이었을까?

보스턴컨설팅그룹의 창업자 브루스 헨더슨(Bruce Henderson)이 정립한 '프로젝트 포트폴리오 매니지먼트(PPM) 이론'은 1970년대를 '전략의 시대'로 만들 만큼 한 시대를 풍미했다. 전략론의 역사에서는 이 이론이 '고전'으로 통할 정도다. 그러나 그 후 PPM은 실제 경영 현장에서 거의 사라졌다. 여러 비판이 있지만, 내 해석은 이렇다. 기업의 '승패'나 '경쟁 우위'는 상당히 복잡한 개념일 텐데, PPM은 그 메커니즘을 '성장률'과 '시장점유율'이라는 두 축만으로 설명한다. 따라서 '현실을 지나치게 단순화한 이론'이라는 견해가 어느 순간 확산된 듯하다. 요컨대 전략 콘셉트로서 너무 협소하다는 말이다.

그래서 1980년대에 들어서자 수많은 컨설턴트와 학자들이 PPM의 단순함을 넘어서고자 시도했다. '애초에 경쟁 우위란 무엇인가?', '우위를 구축하기 위해 기업은 무엇을 해야 하는가?' 같은 시점에서 새로운 전략론을 차례차례 만들어냈다. 그중에서 가장 유명한 것은 마이클 포터(Michael Porter)의 '5가지 경쟁 요인'이다. 이것은 그야말로 '경쟁 우위'의 메커니즘을 다원적으로 설명하는 모델이다.

사람들은 새로운 이론에 몰려들어 사용해보다가는 버리고 또 다른 새로운 이론으로 몰려갔다. 말하자면 전략론의 '유행'이 일었던 것이다. 이런 흐름 속에서 PPM에 대한 관심은 급속히 식었다.

그런데 PPM의 유용성을 굳게 믿고 경영 현장에서 꾸준히 사용한 사람이 있다. 바로 나다. 세계의 경영자, 혹은 1만 명이 넘는다고 알려진 보스턴컨설팅그룹 출신 가운데 나만큼 PPM을 경영 현장에서 고집 있게, 무려 40년 동안 사용한 사람은 없을 것이라고 자부한다.

전략을 책정하는 과정은 다음과 같이 시작된다. PPM은 아래의 단계에서 결정적 역할을 한다.

1. 전사(全社) 전략으로서 '전략 사업' 선정.
2. 선택한 전략 사업 속에서 '전략 상품군' 선정.
3. 선택한 전략 상품군 속에서 '전략 상품' 선정.

이후에는 아래와 같은 흐름에 따라 전략이 책정된다.

4. 대상 시장에서 전략 상품을 '전략적 세분화(세그먼테이션)'함.
5. 목표로 삼은 단위에 접근할 영업 수단을 복합적으로 설정.
6. 선택한 영업 수단 내에서 영업사원들의 활동을 효율적으로 관리.
7. 그 결과로 나타나는 '고객별 매출' 진척 상황 관리.
8. 성과를 바탕으로 최초의 '전략 사업' 층위까지 피드백하는 회귀 사이클 가동.

살아 있는 전략 공룡, '미스미사우르스'

PPM이 너무 단순하다거나 협소하다는 비판이 있다고 앞에서 밝혔는데, 내 생각은 정반대다. 그 비판은 옳지만, PPM의 단순함 때문에 오히려 실용적인 가치가 높아진다는 것이 내 의견이다.

여러분이 경영자로서 사업 전략을 구상할 때, 그 사업이 '앞으로 얼마나 성장할 것인가?'라는 성장성의 요소를 배제하고 전략을 수립할수 있겠는가? '지금 이기고 있는가? 지고 있는가? 그 승부는 장래에어떻게 될 것인가?'라는 승부의 요소를 빼놓을 수 있겠는가? 또한 그사업이 '이익을 내고 있는가? 손해를 보고 있는가? 장래에는 어떻게될 것인가?'라는 수익성의 요소를 무시할 수 있겠는가?

결론적으로 이 세 가지를 배제하고 '전략'을 생각한다는 것은 난센스에 가까운 이야기다. 다시 말해, 이 단순함이야말로 PPM을 지금도여전히 유용하게 만드는 강점이다. PPM은 수많은 전략 요소 가운데일부만을 다루지만, 그 일부는 전략에서 너무도 중요한 부분이다.

수십 년이 지난 지금까지도 헨더슨이 경쟁의 최대 요소로 추출한 이세 가지 요소의 동태적 관계에 관해, PPM보다 명쾌하고 실용적으로전략을 암시하는 이론은 없다. 비판하는 사람들은 많지만 PPM을 초월하는 실용적인 전략 도구를 만들어낸 이는 없다. 전략을 구상할 때생각해야 할 요소는 많다. 하지만 그 요소들을 모두 포함한 전략 이론은 아직까지 존재하지 않는다. 인간의 기업 활동은 그만큼 복잡하다.

그렇다면 PPM을 어떻게 활용해야 할까? 나는 전략을 확립할 때PPM을 '출발점'으로 사용한다. 구상을 확대해나가기 위한 초석으로 삼기에 PPM만큼 예리한 이론은 없다. PPM을 통해 한 가지 해석이 나오면, 그것을 다른 콘셉트와 대조해보면서 모순이나 저해 요인이 없는지 검토하는 순서로 진행한다.

나는 현역 경영자다. 세상이 PPM을 구닥다리라고 하든 말든, 미스미 사내에서 PPM을 활용한 경영을 수행했으며 실제로 확고한 성과를 얻었다. 오늘날 세상은 PPM을 마치 공룡 화석처럼 취급한다. 비즈니스스쿨에서나 과거의 한 페이지로 소개하고 마는 실정이지만, 사실 PPM은 지금도 당당히 살아 있다. 미스미에서는 이 공룡이 사내를 어슬렁거린다. 이름을 붙이자면 '미스미사우르스'라고나 할까? 미스미사우르스를 미스미에 데려온 사람은 나지만, 이 녀석에게 물과 먹이를 주며 키운 것은 이 장에 등장한 나가오와 그 팀원들을 비롯한 미스미의 간부와 사원들이다.

여기서 핵심은 '현장'이다. PPM을 최고경영자만의 도구로 삼는 것이 아니라, 사업 라인의 중간 관리직들이 그것을 완전히 이해하고 본인의 실적을 높이기 위한 도구로 사용하는 것이 중요하다.

영광의 루트, 패배의 루트

나는 PPM에 기반하여, 사업이나 상품의 성공 경로에 이름을 붙였다. 도입 후 성장기를 거쳐 마지막으로 '명예의 전당'에 이르는 경로가 '루트1'이다. 한편 도입기부터 패배를 계속해 그대로 '실패작'으로 전락하는 경로가 '루트3'이며, 혼전 상태를 거치는 중간 경로가 '루트2'다. 앞에서 사업부장인 나가오가 프레임워크도 없이 부하 직원들에게 계속 지시만 내려 다들 우왕좌왕했던 이야기를 소개했다. 사장에게 '동물원의 곰 같다'라는 말을 들었던 부분까지, 전부 실제로 있었던 일이다. 나가오는 다시 공부했고, 비로소 눈을 떴다. 나가오가 깨달은 내용이자, 내가 사내의 전략 연수에서 강의할 때마다 항상 강조하는 것이 바로 아래의 '단계별 상품 전략의 기본'이다.

먼저 여러분이 담당하고 있는 상품을 PPM에 기재해보기 바란다. 그런 다음 그 상품 하나하나에 어떻게 대응해나갈지를 정리하면 된다.

단계별 상품 전략의 기본

결전·성장
· 우선 투자
· 적극적인
  마케팅 플랜
· 공격적 영업
· 원가 절감 노력
· 간접(지원) 기능의
  효율화

창조
· 창조적인 개발 조직
· 명확한 방향(전략)
· 끈질긴 시도와
  철저한 검증
· 판단이 설 때까지
  충분한 투자

단판 승부
(집중적 시도)

선별
(충분한 검증)

성장

도입

성장률

루트 1

루트 3

영광

패배

강함

경쟁 포지션

약함

유지
· 생산 비용 절감
· 간접비 절감
· 과잉 투자 회피
· 지속 가능한
  제품 리뉴얼

회생·철수
· 악성 적자 및
  현금 유출 최소화
· 루트1 회복 전략
  모색
· 불가능한 경우 철수
· 결단은 최대한 신속히

'이기는 싸움'을 위한
무기를 개발하라

**'전략 상품'은
무엇으로 선정하는가**
나가오 태스크포스 팀은 고군분투 끝에 ABC 프로젝트를 완수하고 디렉터 회의에서 작업의 결과를 발표했다. 그들은 큰일을 해냈다는 성취감에 젖어 있었다. 그러나 단순히 ABC를 끝냈다고 해서 전략적으로 무엇이 문제인지, 구체적으로 어떤 대책을 마련해야 하는지, 자동으로 답이 나오는 것은 아니다.

그래서 나가오 팀은 다음 작업에 돌입했다. 출발점이었던 '전략 상품을 결정한다'라는 주제로 돌아간 것이다. ABC 분석을 하기 전과 달리 지금은 상품별 이익률을 보여주는 데이터가 있다. 팀원들은 수없이 회의를 거듭했다.

먼저 '향후 3년 동안 이익이 가장 큰 폭으로 성장하리라 예상되는 순서'를 기준으로 전략 상품을 결정하면 되겠다고 생각했다.

"과거 3년간의 평균 성장률을 조사하자. 그러면 향후 3년간의 기대 성장률이나 매출, 이익 등도 유추할 수 있을 거야."

독자 여러분은 이 말 속에 포함된 오류를 바로 찾아냈는가? 사에구사라면 3초 만에 "지금 무슨 소리를 하는 건가?"라고 되물었을 것이다. 혹시 별 이상한 점을 느끼지 못했다면 다시 한 번 읽어보기 바란다. 그래도 오류가 보이지 않는다면 경영 리더로서 아직 수행이 부족한 것이다.

이 말에는 '과거 3년간 30퍼센트 성장한 상품은 향후 3년 동안도 30퍼센트 전후의 성장률을 보일 것이다'라는 논리가 담겨 있다. 허술한 생각이다. 모든 상품의 성장률이 일정하게 유지되어서 과거의 성장률이 미래에도 자동으로 적용된다면 시장을 '관성'이 지배한다는 이야기가 된다. 그렇다면 굳이 전략 같은 것을 궁리할 필요도 없다.

FA 사업부는 작년부터 올해에 걸쳐 큰 불황을 경험했다. 성장률이 플러스에서 마이너스로 곤두박질치는 변화를 겪었다. 그런데도 과거의 성장률을 미래에 그대로 적용할 수 있다는 논리를 펴다니, 자승자박하는 꼴이었다.

나가오는 또다시 ABC를 시작하기 이전 '동물원의 곰'과 다를 바 없는 행동을 하고 있었다. 근거도 없이 성급하게 특정한 결론을 내리고, 그 결론에 맞춰서 작업을 하는 패턴이었다.

부정확한 도구는
사업의 독이다

팀원들은 의기양양하게 사장실로 향했다. 이번에도 3주 동안 최선을 다했다. ABC 때처럼 사장에게서 수고했다는 칭찬을 받게 될 거라고 확신했다.

그러나 사에구사는 그들이 제출한 표를 슥 쳐다보더니 한마디로 단호한 평가를 내렸다.

"자네들, 변한 게 없군."

사장의 얼굴에 확연한 실망감이 번졌다. 이것으로 네 번째. 더는 냉정을 유지할 수 없었다. 지금껏 나가오 팀이 진화하기를 기다리며 끈기 있게 작업을 지시했던 사장은 이날 마침내 인내의 한계에 다다랐다.

"자, 이 표를 다시 한 번 오른쪽에서 왼쪽까지, 위에서 아래까지 자아아알~ 살펴보게. 이 표의 어디를 봐야 경쟁자와 겨룬 '승패의 결과'를 판단할 수 있는 건가?"

이런 허접한 논리를 믿고 개혁을 시작하면 헛발질만 할 것이 빤하다. 처음으로 직원들에게 '전략'을 실행하도록 했는데 그것이 실패나 헛수고로 끝난다면 그들은 전략이라는 것 자체에 불신을 품을 것이다. 사에구사로서는 개혁을 위해 내세운 전략의 제1탄을 반드시 성공시켜야만 했다.

"내 말 잘 듣게. 전략이라는 건 '승패'야."

나가오는 뜨끔했다. 또 이 말을 들었다. 아직도 사고 회로를 바꾸지 못한 것이다. '귀에 못이 박히도록 듣고도 아직 모르다니, 난

바보란 말인가?' 나가오는 고개를 숙였다. 사장의 얼굴을 보니 "그래. 정말 바보가 따로 없군." 하고 말하는 듯한 표정이었다. 그 전처럼 여유 있게 웃으며 기다려주는 분위기가 아니었다.

사에구사는 이 순간이야말로 사내의 상식에 '단절력'을 발휘해야 할 때라고 생각했다. 강권을 휘두르는 완력이 아니라 어디까지나 '논리를 토대로 한 단절력'이다.

"내가 전에 말하지 않았나? 성장률이 똑같이 낮더라도, 시장이 이미 성숙기에 접어들어 더는 성장의 여지가 없는 상품도 있고 지금이 탄생기이기 때문에 아직 성장률이 낮을 뿐인 상품도 있다고. 이 표의 어디를 봐야 지금은 부진해 보이지만 잠재적인 가능성이 있는 상품을 구분해낼 수 있는 거지?"

"……."

"아무리 특정 상품 덕분에 미스미가 현재 고성장을 한다고 해도, 경쟁 기업의 성장률이 더 높다면 미스미는 '지는 싸움'을 하고 있는 거야. 그럴 땐 승부를 걸라고 독려해야지. 그런데 이 표의 어디를 봐야 순조롭게 성장하는 듯 보이지만 사실은 경쟁에서 지고 있는 상품을 짚어낼 수 있지?"

나가오는 전혀 반론할 수 없었다.

"자네가 만든 논리는 전략 상품을 잘못 지정하는 '나쁜 도구'가 아닌가? 그런 건 '있어도 그만 없어도 그만'조차 못 돼. 사업에 해를 끼치는 독이지. 없는 편이 더 나아."

전략이란?

전략이란 무엇인가? 누군가가 그 정의를 물어보면 사에구사는 이렇게 대답한다. 전략이란 ①'전장·적'의 움직임을 ②큰 시각에서 '통찰'하고 ③자신의 '강점과 약점'으로부터 ④'승부의 열쇠' 및 ⑤'선택지'를 파악하는 과정이다. 더불어 ⑥'리스크의 균형'을 꾀하면서 ⑦'선택과 집중'을 통해 ⑧일정한 '시간 축' 안에서 이기는 싸움을 하기 위한 ⑨'논리'다. 그리고 ⑩그 전략의 '실행 순서'를 ⑪'장기 시나리오'로서 ⑫'조직 내에 제시하는 것'이다. 아직 실행하지 않은 전략은 어디까지나 '가설'이며 그 좋고 나쁨, 즉 이기는 싸움을 할 가능성이 높은가 낮은가를 판단하는 기준은 '논리의 강력함'이다.

"이건 학생들의 공부와는 차원이 다른 일이야. 인텔리 직원들의 지식 경연도 아니고. 최고경영자가 자네들의 제안을 바탕으로 행동하게 될 걸세. 실제로 인력을 동원하고 경비와 자금을 쏟아붓는 진짜 승부라고. 나중에 가서 생각이 얕았다, 전략이 잘못됐다고 말할 수는 없지 않겠나?"

나가오는 고개를 숙였다.

"이 사업의 미래는 자네가 만드는 논리에 달려 있음을 명심하게. 논리 말일세, 논리."

나가오는 어떻게 해야 할지 답도 얻지 못한 채 돌아갔다.

뛰어난 조직이란
뛰어난 사람들의 모임이 아니다

사에구사는 실망이 컸지만, 사실 사업 회생 과정에서 이와 유사한 벽에 늘 부딪히곤 했다. 우수하다는 평가를 받은 사원들을 모아놓아도 그들의 사고나 행동은 좀처럼 쉽게 바뀌지 않는다. 올바른 사고법이 뼛속에 스며들 때까지 끈기 있게 사람들의 가치관을 흔들지 않으면 회사는 결코 변하지 않는다.

현재 열쇠를 쥐고 있는 인물은 나가오였다. 사에구사는 4개월 동안 그의 강점과 약점을 간파했다. 그는 '위에서 내려온 과제'가 잘 아는 내용이면 스스로 기한을 정하고 놀라울 만큼 효율적이면서도 민첩하게 움직인다. 조직을 끌고 나가는 리더십도 발군이다. 카리스마를 겸비한 강인한 성격에 두뇌 회전 또한 날카로웠다. 여러 회사에서 숱한 사람을 겪은 사에구사조차 처음 만나보는 유형이었다.

그러나 자신이 잘 모른다고 생각하는 일, 자신 없는 일, 혹은 필요가 없다고 생각한 일은 자꾸 뒤로 미루거나 도망치려 한다. 그리고 호기심이 약한 탓에 새로운 것을 배우려 하는 기개가 없다. '과거 경험의 연장선상에 있는 현재'라는 범위 안에서만 사고하고 움직이는 것이다. 그래서 사장의 지적이 계속되었다. ABC 이후 작업을 재개했지만 나가오에게는 나침반이 없었다. 이번에도 부하 직원들에게 불필요한 작업만 잔뜩 시켰을 뿐이다.

사에구사는 과연 나가오와 팀원들을 미래의 경영자로 이끌 수 있을까? 한 사람 한 사람을 보면 모두 성실하고 개성 있으며 성장하고자 하는 욕구도 강했다. 하지만 진정한 성공으로 나아가려면 자신의 부족한 측면을 자각하고 거기에서 빠져나오고자 노력해야 한다.

'인재는 스스로 성장하는 것이지, 누가 키워줄 수 없다'는 말이 있다. 그러나 사에구사는 미스미에서 경영 리더를 '키우는' 길을 선택했다.

🔑 수수께끼의 실마리

· 나가오가 만드는 사업 전략의 수준이 낮으면, 전략에 대한 사내 전체의 기대치가 떨어진다. 다시 말해, 미스미에서 경영자를 육성한다 해도 전반적인 수준이 낮아진다는 의미다.

· 미스미의 사업 전략은 세계를 기준으로 했을 때도 우수한 수준이어야 한다. 전략이 삼류라면 삼류 기업밖에 되지 못한다.

· 그래서 사에구사는 오랜 세월 '전략을 세우고 현장을 개선'했던 자신의 경험을 전수할 시스템을 확립하기로 결심했다. 첫째, 사에구사가 과거에 경영 현장에서 사용했던 '비즈니스 플랜 시스템'을 도입한다. 이를 통해 간부들은 전략 이론을 실전에서 사용하며 승부하게 된다. 둘째, 사에구사가 사내의 '전략 전도사'로 나선다. 한 기업의 경영자로서는 부담스러운 일이지만, 전략 지향 조직으로 바꾸기에 그보다 효과적인 방법은 없다.

멈춰 선 프로젝트에 다시 시동을 걸다

3월에 시작된 프로젝트가 7월로 접어들었는데도 전혀 진척을 보이지 못했다. 이대로 나가오의 태스크포스를 방치할 수는 없었다. 사에구사는 나가오가 '보이지 않는 것을 스스로 찾아내려 하지 않는다'는 단점을 극복할 계기를 만들어주기로 했다.

"나가오 부장, 작년에 내가 임원 전략 연수에서 PPM에 관해 강의했던 것 기억하나? 낡은 이론이라는 평가도 있지만, 그때 내가 말한 것은 교과서에 나오는 흔한 이론과는 달라. 내가 실전에서 직접 사용한 살아 있는 도구지. 그 강의록을 다시 읽어보겠나."

당시 강의를 하면서 사장은 직원들에게 넘버원이 될 것을 강조했다. 스스로 규모가 크다고 정의한 시장에서 약소한 존재가 되는 것보다, 매출액은 적어도 좋으니 더 좁게 정의한 유니크한 시장 단위에서 '압도적 넘버원'을 노려야 한다고 말했다.

그때만 해도 딴 세상 이야기처럼 들렸는데, 지금은 눈앞에 직면한 문제가 되었다.

강의록을 훑어보던 나가오는 도표를 하나 발견했다. 사장이 직접 만든 그 도표에는 '단계별 상품 전략의 기본'이라는 제목이 붙어 있었다(사에구사 다다시의 경영 노트 3 참조). 나가오는 표를 자세히 들여다보다가 한순간 시선을 멈췄다. 사장이 요구했던 '전략'의 요소가 여기 전부 들어 있었다. 연수 때 분명히 설명을 들었는데 그날 중에 전부 잊어버렸던 모양이다.

"바로 이거야! 초심으로 돌아가서 PPM을 만들어보자."

이렇게 해서 나가오 팀은 7월의 마지막 주에 PPM 차트 만들기에 도전했다. 다행히 그 전까지의 작업으로 기본적인 데이터는 전부 확보한 상태였다.

'경영자의 대화'를 나누다

7월 30일, 마침내 FA 사업부의 첫 PPM이 완성되었다. 나가오와 팀원들은 그 차트를 들고 사장실을 찾았다.

이번에는 극적인 변화가 일어났다. 사장과 팀 사이에 대화가 오가기 시작한 것이다. 그때까지는 없던 일이었다.

"그렇군. FA 사업부는 성장 사업이지만 아직 '패배 영역'에 있는 상품이 많았어."

"네. 그래프의 중앙선을 기준으로 왼쪽은 시장의 넘버원 영역인데, 그곳에 위치한 상품은 아직 거의 없습니다."

능숙한 어투로 설명하기는 했지만, 사실 나가오도 이 작업을 해보고 비로소 알게 된 사실이었다.

"그렇군. '승패'의 판정 기준을 조금 느슨하게 해서 시장 넘버2까지는 괜찮다고 하더라도, 그보다 약한 상품군이 많아. 이래서는 FA 사업이 성공했다고 할 수 없겠어."

GE의 잭 웰치도 대개혁을 실시했을 때 시장에서 2위에 위치한 사업까지는 문제가 없다고 판단했다. 웰치는 GE의 사장으로 발탁되기 전, 플라스틱 사업부의 부문장을 지내면서 PPM의 효용성을 직접 체감했다. 1970년대였던 당시는 GE가 PPM을 한창 신봉하던 시절이었다.

"네. 게다가 오른쪽 하단의 패배 영역에 위치한 상품군도 있습니다. 이론적으로는 철수하는 편이 바람직한 영역입니다."

"아니, 이론대로 철수할지 말지는 신중하게 검토해야 하네.

PPM에는 사업 시너지가 표현되어 있지 않거든. 그것이 이 콘셉트의 결함이야. 다른 경쟁 요소도 있으니 PPM만으로 철수를 결정하는 것은 삼가야 하네. 애초에 이 영역에 위치했다고 해서 반드시 적자인 것도 아니라는 말이지. 그 실상은 이번에 작업한 ABC 데이터가 말해줄 걸세."

"FA 사업 전체가 성장하고 있는데 이렇게 저성장 상품군이 많을 줄은 몰랐습니다. 저희가 깨닫지 못한 이유는 무엇일까요? 그 수수께끼를 하나하나 풀어나가면 '이기는 방향'으로 움직일 수도 있겠다는 생각이 듭니다."

나가오의 말투가 전과는 180도 달라져 있었다. 사에구사는 나가오의 얼굴을 슬쩍 쳐다보며 싱긋 웃었다.

"하지만 PPM 차트를 전체적으로 보면 사업의 '전체상'은 나쁘지 않아. 우측 상단의 '창조 영역'에도 많은 상품군이 있지 않나? 이건 기대가 되네."

"그 상품군은 현재 점유율은 낮지만 고성장을 보이고 있습니다. 다시 말해서, 앞으로 점유율이 계속 상승할 거라 볼 수 있습니다. 전략 상품으로 삼아서 강화시키면 사업 전체의 성장 속도가 빨라질 것이라 생각합니다."

"음. 다만 '창조 영역'의 상품이 정말 유망한지 어떤지는 신중하게 검토해봐야 하네. 오히려 지금 시장에서 승부를 걸어야 할 전략 상품은 조금 더 왼쪽에 위치한 상품군이 아닐까?"

"아, 그렇게 해석해야 하는군요."

사장과 이런 대화를 나눈다는 것이 그들로서는 놀라운 일이었다. 지금까지 사장에게 제출한 보고서가 반려되었을 때는 어른에게 일방적으로 훈계를 듣는 아이가 된 기분이었는데, 지금은 어른과 어른의 대화를 하고 있다. 좀 더 거창하게 말하면 경영자끼리의 대화에 가까워진 느낌이었다.

'아하, 사장님이 요구한 게 바로 이런 것이었구나. '전략'이란 이런 걸 논의하는 거였어. 전략 리터러시가 정말로 이런 변화를 가져오는구나.'

저번의 ABC와 이번의 PPM. 그 두 가지 프레임워크를 습득하지 못했다면 눈앞의 안개를 끝내 걷어내지 못한 채 표류하다가 잘못된 곳에 도착했을 것이다. 따로따로 존재했던 두 프레임워크가 지금 나가오의 머릿속에서 막 연결되고 있었다.

🔒 **경영자의 수수께끼 풀이 21**

기축 이론

경영자는 학자가 아니므로 모든 경영 이론을 연구해 통달하기는 불가능하다. 게다가 이론에는 유행도 있기 때문에 여기에 휘둘려서는 안 된다. 중요한 것은 하나라도 좋으니 자신의 '기축 이론'이라 할 만한 것을 철저히 공부하고 현장에서 활용해, 온전한 내 것으로 만드는 일이다. 이것은 곧 그 사람의 고전(古典)이다. 일단 기축 이론을 확보하면 머릿속에서 그것을 중심으로 다른 프레임워크가 마치 수목이 자라듯이 증식하게 된다.

경영 리터러시를 익힌 사람과 그렇지 못한 사람. 시장에서 경쟁하면 어느 쪽이 유리할까? 그 답은 자명하다.

내 물건의 가치를 제대로 알기

'좋았어. 이제 PPM을 사용하면 FA 사업의 전략 상품을 결정할 수 있겠군.'

그 자리에 있던 태스크포스 멤버들은 모두 그렇게 생각했다. 그러나 지금까지 나가오와 팀원들이 '드디어 완성했어', '안개가 걷혔어'라고 생각할 때마다 그 안이한 기대를 산산이 깨뜨리는 또 다른 험준한 산이 눈앞에 홀연히 등장했다. 그리고 그 산의 정상은 순식간에 새로운 안개로 뒤덮였다. 더 높은 산을 향해 계속 도전하는 등반가의 숙명처럼, 더 높은 곳을 지향하는 모든 이들은 반드시 이 괴로운 과정을 거치게 된다. 그러나 승자는 굴하지 않고 정상을 향해 도전하며 경험을 쌓아나간다.

사장은 나가오에게 새로운 질문을 하나 던졌다.

"내 한 가지 묻겠네. 미스미의 상품이 시장에서 '이기는 싸움'을 한다면, 그 원동력이 되는 '미스미의 강력함'은 대체 무엇이라고 생각하나?"

기초적인 질문이었다. 사장은 다른 표현으로 같은 질문을 한 번 더 했다.

"고객이 왜 미스미의 상품을, 아니면 왜 경쟁사 제품을 산다고 생각하나?"

모든 사업과 장사에 공통적으로 적용되는 기본적인 질문이다. 그러나 나가오는 지금까지 이에 대해 진지하게 생각해본 적이 없었다. 그래도 사업은 크게 성장했다. 사실 나가오는 이 질문의 올바른 답을 자신도 모르는 사이 나름대로 축적했을 것이다. 그리고 고객에게 그 답을 지속적으로 실천했을 것이다. 그렇지 않았다면 고객의 주문이 이렇게 꾸준히 증가하지 못했으리라. 그러나 '그 내용을 의식적으로 이해하고 있느냐'는 또 다른 이야기였다.

나가오는 이렇게 생각했다.

'그동안 현재에 안주한 나머지 방향감각을 잃어버렸어. 사장님의 질문이 바로 내가 되돌아가야 할 원점일 거야. 그곳이 사업의 전략을 수립하는 출발점이 아닐까?'

특히 FA 사업에서 이 질문이 중요하리라는 생각이 들었다. 비용이나 납기의 문제가 있기는 하지만, 미스미의 정밀 부품은 일정 수준의 금속가공 기술을 보유한 외주 기업이라면 충분히 만들 수 있는 것들이 많다. 또한 미스미가 판매하는 이른바 시판품은 일반에도 유통되고 있어서 어디서나 쉽게 구할 수 있다. 그런데도 고객은 왜 굳이 미스미에서 그 부품을 구입하는 것일까? 당연히 미스미가 고객에게 어떤 '가치'를 제공하고 있기 때문이리라. 그것을 분석해서 지금까지 별 생각 없이 해왔던 일을 앞으로는 전략 과제로 인식하고 실행할 수 있어야 한다. 그것이 사장이 하고 싶은 말이 아닐까?

"고객이 인정하는 미스미의 강점을 강화하고 약점을 줄이기 위한 대책을 정리하자. 그것이 곧 그 상품이 성장할 방안일 거야."

나가오 팀은 전략을 수립하기 위해서도 그것이 꼭 필요한 작업임을 이해했다.

미스미 고유의
전략 개념이 탄생하다

나가오와 팀원들은 미스미가 제공하는 '가치'를 분석하기 시작했다. 미스미가 경쟁자에게 뒤지고 있는 요소까지 포함해 최대한 많은 가치를 열거해나갔다.

자신들은 '가치가 있다'고 생각할지라도 실제로 고객에게 가치를 제공하고 있다는 보장은 없다. 대조를 통해 그 괴리를 가시화하는 것이 이번 작업의 핵심이었다.

예를 들면 다음과 같다.

〈미스미 모델〉	〈고객의 가치〉
카탈로그에 가격, 납기가 명시되어 있다 →	○ 견적 작업에 들이는 시간을 단축할 수 있다
카탈로그의 상품 번호만으로 발주가 가능하다 →	○ 부품별로 도면을 그리지 않아도 된다
클레임은 고객센터에서 대응한다 →	× 고객센터에 전화를 거는 일이 번거롭다
〈기존 유통 모델〉	〈고객의 가치〉
대리점의 영업사원이 직접 주문을 받으러 간다 →	○ 대응이 기민해서 편리하다
대리점은 특정 회사의 상품만을 취급한다 →	× 주문처가 늘어나서 번거롭다

화이트보드에는 수많은 가치가 기재되었다. 나가오 팀은 그것을 바라보며 미스미 사업 모델의 강점과 약점을 두 눈으로 확인할 수 있었다.

물론 이 표만으로는 경쟁 상대와 비교하기가 어렵다. ○× 방식의 비교로는 '최종적으로' 미스미와 경쟁자 중 어느 쪽이 이기고 있는지 결과를 알 수 없다. 그래서 나가오는 '이 가치들을 수치화할 수는 없을까?' 하는 생각에 이르렀다. 그럴 수만 있다면, 이 요소들 가운데 무엇이 전략적으로 중요한지 조금은 윤곽이 드러날 듯했다.

나가오는 분석 결과를 가지고 사장에게 갔다. 사장은 해외 출장을 비롯한 다른 경영 과제에 몰두하느라 한 달 정도 이 프로젝트에 신경을 쓰지 못하던 상태였다.

그는 나가오의 설명을 듣고 내심 놀랐다. 자신이 신경을 쓰지 못한 한 달 새 태스크포스는 새로운 상품별 경쟁 분석 도구를 만들어낼 만큼 큰 진전을 이루었다. 그 전략 도구에 사용된 상세한 기법이나 수치를 이 책에서 밝힐 수는 없지만, 그들이 한 단계 성장했다는 사실만큼은 분명했다.

사에구사는 그 개념에 특별한 이름을 붙여보라고 권했다.

"뭔가 섹시한 이름 없을까?"

그가 웃으며 제안했지만 팀원들은 상의 끝에 결국 진지한 명칭으로 결정했다.

"그러면 이제부터 이 프레임워크를 '상대적 고객 메리트'라고 부르도록 하지."

미스미 특유의 전략 개념이 탄생한 순간이었다. 지금 이 책을 읽는 독자들에게는 그리 대단치 않은 것처럼 보일지도 모르지만, 나가오 팀이 만들어낸 이 콘셉트는 그 후 미스미의 경영 전선에서 커다란 가치를 발휘한다.

한 장의 키 차트

경영 혁신 과정에는 '한 장의 키 차트'가 결정적 영향을 끼친다. 나중에 보면 갈채를 받을 만큼 대단한 내용은 아닌 경우도 많다. 하지만 이 별것 아닌 듯한 아이디어를 누구나 떠올리는 건 결코 아니다. '지금 그곳에 있는 사람들'이 그 전까지 깨닫지 못했던 '보편적인 힘'을 새롭게 발견한 결과가 바로 키 차트이다. 그 평범함 속에 진짜 힘이 숨어 있다. 이를 통해 팀원들의 시야에 안개가 걷히고, 전략이 효과를 발휘하게 된다.

나가오는 기대 이상의 칭찬을 받고 한껏 고무되었다. 이번에는 같은 곳을 빙글빙글 맴도는 패턴에 빠지지 않고 명예 회복에 성공했다. 돌아오는 발걸음에 절로 힘이 실렸다.

벽 어딘가에 숨어 있는 돌파구

프로젝트가 시작된 뒤로 약 6개월의 시간이 흐른 9월, 나가오 태스크포스 팀은 마무리 작업을 하고 있었다.

"나가오 부장, 미스미의 모든 사원들에게 FA 사업 전략을 설명해주지 않겠나? 전략이란 무엇인지를 제시하는 자리가 될 거야. 사원들에게 미스미의 새로운 시대가 시작된다는 이미지를 심어줬으면 하네. 회사의 문화를 바꾸는 중요한 첫걸음일세."

발표 날짜와 장소는 10월 13일, 유라쿠초(有樂町)에서 열리는 도쿄국제포럼으로 정해졌다. 그때 미스미의 전체 사원이 모이는 '전사(全社) 경영포럼'이 있을 예정이었다. 이것으로 프로젝트의 최종 기한이 결정되었다. 무슨 일이 있어도 그때까지는 완료해야 한다.

그런데 최후의 벽에 부딪혔다. PPM과 〈상대적 고객 메리트〉를 통해 개별적으로 이야기할 거리는 많았지만, 하나의 전략으로서 명확한 결론이 도무지 나오지 않았다. 이 벽을 뛰어넘는다면 미스미의 커다란 도약이 시작되리라고 사에구사는 예감했다.

과거에도 어떤 예리한 기업 회생 시나리오를 만났을 때 '그래, 이렇게 하면 분명 성공할 수 있어.' 하는 확신이 드는 순간이 있었다. 최근 며칠 동안, 미스미에도 그 순간이 다가오고 있다는 직감이 계속되었다. 나가오 팀이 기어오르고 있는 눈앞의 벽 어딘가에는 틀림없이 새로운 전략의 돌파구가 있었다. 그 돌파구를 찾아내는 것은 경영자로서 이 회사를 이어받은 자신의 역할이었다. 이 짐을 나가오 팀에게 짊어지우는 것은 너무 가혹한 처사이리라. 언젠가 그들이 성장하면 스스로 새로운 논리를 찾아낼 힘이 생길 것이다. 그때가 되면 사장인 자신도 훨씬 편해질 것이다. 이것이 사에구사의 바람이었다.

사에구사는 태스크포스와는 별도로 혼자서 궁리를 거듭해 진짜 돌파구라 생각하는 한 장의 차트를 만들었다. 이것은 미스미의 땀과 눈물이 배어 있는 지적 자산이다. 이 책을 출판하는 시점에 경쟁자를 포함한 외부 기업에 그 전략 구도를 자세히 공개하는 것은 시기상조이지만, 개념의 큰 틀은 말할 수 있다.

나가오 팀과 만들어낸 전략 맵은 다음에 소개하는 요소 전부를 '하나의 차트'에 담은 것이다. 이 맵은 상품 전략을 종합적으로 판단하는 데 긴밀히 활용할 수 있다.

- PPM으로 측정한 '상대 점유율(승패)'과 '시장 성장성(잠재력과 리스크)'.
- ABC로 도출한 '상품별 손익(자사에서 측정한 수익 및 비용의 구조)'.
- 미스미가 고객에게 제공하는 상품 및 서비스 가치의 '상대적 고객 메리트'.

사에구사는 완성된 차트에 〈미스미 상품 전략 맵〉이라는 이름을 붙였다. 젊은 사원들도 쉽게 이해하고 현장에서 사용할 수 있는 행동 판단 도구였다. 미스미가 만들어나갈 '전략 경영'의 역사에 이정표라 부를 만한 도구가 탄생한 순간이었다.

🔒 **경영자의 수수께끼 풀이 23**
....

프레임워크의 모순 영역

전략을 세울 때 성격이 다른 두 가지 전략 프레임워크를 단순히 나열하기만 하면 판단이 복잡해진다. 한쪽에서는 효과적이라고 평가하는데 다른 쪽에서는 비효율적이라는 결과가 나오는 등 '모순 영역'이 발생하기 때문이다. 그러므로 논리를 정리하고 두 프레임워크를 합체해 하나의 통합된 도구로 만드는 것이 바람직하다. 사장과 나가오가 만든 〈미스미 상품 전략 맵〉은 그 합체 과정을 거쳐서 완성된 것이다.

나가오 팀은 그 맵을 사용해 상품 분석을 시작했다. 예상 수치도 상당 부분 포함했다. 추측에 의존한 부분이 많다는 사실에 불안감이나 의문도 들었지만, 그대로 앞으로 나아가기로 했다. 컨설턴트 같은 수준의 정확함을 추구할 필요는 없다고 생각했다. 자신들은 직접 사업을 하는 실무자다. 경쟁자들을 앞지를 수 있는 아이디어만 확실히 담겨 있다면 실천은 얼마든 가능하다.

나가오는 점점 흥분되었다.

"이 전략 도구, 굉장한데? 아주 쓸 만하겠어."

그 작업은 10월 1일에 끝났다. 이제 서둘러야 할 것은 2주 후로 다가온 경영포럼에서 전체 사원들에게 보여줄 프레젠테이션 자료를 만드는 일이었다.

발표자는 나가오지만, 그 프레젠테이션은 사에구사에게도 결전의 장이었다. 사원 모두가 이해할 만큼 쉬우면서도 참신한 내용으로 감탄을 자아내야 했다. 미스미라는 회사를 전략 지향으로 물들이기 위한 장대한 첫발이었다.

불황의 직격탄을 맞아 FA 사업부의 전년도 국내 매출액은 132억 엔(약 1,320억 원)으로 감소했다. 발표 자료에 따르면 5년 후 이 수치를 410억 엔(약 4,100억 원)으로 끌어올려야 한다. 버블 붕괴 이후의 일본 기업으로서는 상당히 공격적인 전략이다. 410억 엔이라는 매출액은 나가오가 사장을 처음 만났을 때 언급한 목표와 똑같은 수치이지만, 그 목표에 이르는 전략과 방책은 그때와는 비교도 할 수 없을 만큼 뛰어난 수준으로 바뀌어 있었다.

드라마를 만들기 위한 주말 특근

드디어 프레젠테이션 자료를 만드는 작업이 시작되었다. 그러나 이 작업도 순조롭지만은 않았다. 태스크포스 팀은 또다시 새로운 벽에 부딪혔다. 프레젠테이션에서는 스토리의 기승전결이 중요하다. 사장은 단순하면서도 스토리가 분명한 자료를 만들라고 주문하는데, 막막하기만 했다. 분석 자료는 수중에 잔뜩 있지만 사장이 말하는 게 정확히 어떤 것인지 알 수가 없었다. 나가오는 여느 때처럼 홀연히 회의실에 얼굴을 내민 사장에게 슬쩍 원고를 보여줬다. 사장은 아무 말도 하지 않고 빙그레 웃으며 작업실을 떠났다.

하지만 그때 사에구사는 속으로 위기를 감지했다. 일순간 열린 창문 너머의 풍경은 상당히 어두컴컴했다. 며칠 사이에 자신이 요구하는 수준에 다다르리라는 기대는 도저히 할 수가 없었다. 나가오가 형편없는 프레젠테이션을 한다면 사원들은 '대체 뭐가 전략이라는 거야?' 하고 의아해할 것이다. 그래서는 개혁의 의도를 알릴 수가 없다.

어려운 개혁을 진행하는 동안에는 벼랑 끝에 몰리는 고초와 시련을 피할 수 없다. 그런데 인재를 육성하는 관점에서 보면 이것은 오히려 천재일우의 기회이기도 하다. 사에구사는 늘 일정 시점까지는 부하 직원에게 맡겨서 스스로 고민하게 했다. 그리고 그 모습을 상공에서 지켜봤다. 때로는 현장에 출몰해 엿보고는 떠나고, 떠났다가 다시 다가왔다. 부하 직원이 한계에 다다랐다 싶으면 상공에서 내려와 무너지기 직전에 개입했다. 이것이 그의 인재 육성 방식이었다.

토요일 아침, 나가오는 회사로 향하며 이른 시간부터 초조함을 느꼈다. 이제는 정말 시간이 없었다. 그래프나 수치만 쌓여 있을 뿐 이야기의 '줄기'가 보이지 않았다. 그러나 발표 날짜에 맞추려면 어떻게든 마지막 정리에 들어가야 했다.

해가 높이 뜰 때까지 회의실에서 작업에 매달리고 있는데, 사장이 불쑥 나타났다. 토요일에 사장이 사무실을 찾은 것은 이번이 처음이었다.

사실 사에구사는 그날 아침 일어나 전날 봤던 창문 너머의 풍경을 떠올리고는 마음이 무거워졌다. 태스크포스 팀이 하나의 드라마를 제대로 연출해내지 못한다면 큰일이었다. 그래서 토요일 출근을 결심한 것이다.

🔒 **경영자의 수수께끼 풀이 24**

개혁에 담긴 드라마

성공하는 개혁안은 일단 논리적으로 옳아야 하지만 그 못지않게 중요한 것이 바로 사람들의 마음에 호소하는 스토리, 혹은 드라마가 담겨 있어야 한다는 점이다. 그런 스토리에는 반드시 선역과 악역이 등장하고, 고통스러운 장벽을 극복하도록 도와주는 인물이 등장하는가 하면 예상 밖의 장애물도 튀어나온다. 경영 기량을 높이려면 그런 드라마의 각본을 직접 쓰고 자신의 입으로 이야기하며, 스스로 실행해 성공과 실패의 경험을 쌓아나가야 한다. 사람들의 마음을 울리는 스토리가 아니면 조직의 문화나 직원 전체의 행동을 바꿀 수 없다.

드라마의 분위기를 만들어내는 것은 화술이 아니다. 화술에 의존한 얄팍한 프레젠테이션은 금방 밑천이 드러난다. 명확한 논리, 확실한 숫자나 사실에 입각한 근거, 명쾌한 경영적 해석. 어떤 장애물이 기다리고 있고, 그것을 뛰어넘으면 결국 무엇이 달성되며, 그 후에는 다시 무엇을 지향해야 하는가. 이런 요소들을 알기 쉬운 순서로 풀어놓으면 자연스럽게 힘 있는 스토리가 형성된다.

"어떤가? 프레젠테이션 자료는 아직인가?"

"네, 애는 쓰고 있습니다만……."

나가오는 궁지에 몰린 상태였다. 사장은 잠시 회의실 구석의 의자에 앉아 그 모습을 지켜봤다. 그러더니 갑자기 일어나서 다짜고짜 이상한 지시를 내리기 시작했다.

"다들 잠깐만. 나도 돕지. 먼저 B5 용지를 이리 가져오게. 그걸 반으로 잘라서 백지 카드를 많이 만들어. 그런 다음 연필하고 지우개, 셀로판테이프, 가위, 자를 준비하고. 자네들이 지금까지 만든 프레젠테이션 원고와 그래프, 도표를 전부 테이블 위에 쭉 늘어놓아 주게나."

다들 사장이 뭘 하려는 것인지 의아했지만, 일단 시키는 대로 했다.

사장은 진지한 표정이었다.

"나가오 부장, 내 옆에 앉게."

나가오가 지시에 따르자, 사장은 테이블 위에 빽빽하게 놓인 차트와 설명 페이지를 차례차례 읽어나갔다. 중간중간 "이 그래프는 쓸 만하군." 하고 골라내서는 "이거 축소 복사해주게"라며 다른 팀원에게 건넸다. 팀원들은 교대로 뛰어가 축소 복사를 해왔다. 이어서 사장은 그 종이를 가위질했다. 싹둑싹둑하는 소리가 회의실에 울려 퍼졌다. 사장은 필요한 부분만 남기고 나머지는 바닥에 버렸다. 그리고 오려낸 부분을 셀로판테이프로 백지 카드에 붙였다. 그 종이를 눈앞에 놓고 바라보면서 잠시 생각에 잠겼다. 그러다 샤프를 들어 좌우상하의 여백에 문장을 적어 넣기도 하고, 때로는 지우개로 지우고 고쳐 쓰기도 했다.

그렇게 해서 파워포인트 화면을 채울 한 페이지가 완성되었다.

"다른 사람이 만든 프레젠테이션의 스토리를 고쳐 쓸 때는 이렇게 하는 게 가장 빨라. 가위하고 자, 셀로판테이프를 이용하는 거지. 컴퓨터는 방해만 될 뿐이라네. 손을 놀리는 게 최고야."

사장은 또 이렇게 조언했다.

"좋은 프레젠테이션과 나쁜 프레젠테이션을 가르는 것은 글솜씨나 말솜씨 같은 테크닉이 아니야. 바로 논리지. 듣는 사람이 고개를 끄덕일 만한 스토리 말이네. 내용이 형편없는 프레젠테이션을 아무리 번지르르한 말로 포장한들 청중은 직감적으로 간파해내. 이야기가 끝났을 때 아무런 인상도 남지 않거든."

사장이 한 페이지를 만들기 위해 고치고 또 고치는 모습을 보면서 팀원들은 생각했다.

'한 장을 완성하는 데 이 정도로 몰입을 해야 하는구나. 우리는 한참 멀었던 거였어.'

사장은 마지막으로 가장 윗부분에 제목을 적어 넣었다. 짧지만 강렬한 제목이었다.

사장의 종이 연극

초안이 한 페이지 한 페이지 완성되었다. 사장과 나가오의 주변에는 잘라낸 그래프와 통째로 버린 원고가 쌓여갔다. 바닥이 보이지 않을 정도가 되자 누군가가 쓰레기통을 들고 와 담으려 했다.

"잠깐, 그냥 놔두게. 이대로가 좋아. 바닥이 쓰레기로 발 디딜 틈도 없다는 건 작업이 순조롭다는 의미니까."

이렇게 흡족해하면서 사장은 작업을 계속했다. 그렇게 한 가지 주제에 관해 몇 페이지 정도가 모이면 그것으로 리허설을 했다. 눈앞에 실제 청중이 있는 듯, 검지로 종이 위를 차례차례 가리키면서 조용히 말을 이어나갔다. 자신의 이야기와 적혀 있는 문장이 매끄럽게 맞아떨어지는지 흐름을 점검하는 작업이었다. 뭔가가 거슬리면 표제를 고쳐 쓰거나 말의 순서를 달리하기도 하고, 다시 가위를 들고 한 페이지를 두 장으로 나누기도 했으며, 때로는 페이지의 순서를 바꾸기도 했다.

태스크포스 팀은 할 말을 잃고 그 모습을 지켜봤다. 사장은 마치 노련한 기술자 같았다. 종이를 싹둑싹둑 자르고 테이프로 붙이는 작업의 속도감과, 흥미롭게 전개되는 이야기에 감탄하면서도 사장이 기어코 이런 일을 하게끔 만들었다는 사실이 민망했다.

사에구사는 그런 시선에 개의치 않고 마침내 20장이 넘는 카드를 완성했다. 자료를 붙일 때 셀로판테이프를 사용한 까닭에 모든 종이가 뻣뻣했다. 붙인 종이가 카드에서 튀어나와 있는 페이지도 있었다. 그는 마지막으로 소리 내어 다시 한 번 종이 리허설을 했다. 이제 이야기는 물 흐르듯 매끄럽게 이어졌다. 페이지를 넘길 때도 말이 끊어지거나 어색한 느낌이 전혀 없었다. 이것이 사장이 강조하던 '스토리의 힘'이라는 걸 팀원들은 실감했다.

리허설을 마친 사에구사는 카드를 정돈하고 오른쪽 하단에 페이지 번호를 적었다. 그 종이 다발을 테이블 위에 톡톡 두드려서 가지런히 한 다음 클립으로 고정시켜서는 나가오에게 건넸다.

"자, 이제 이 원고를 수정하든 내용을 줄이든 그건 전부 자네 자유야. 이것으로 30분 정도 프레젠테이션을 할 수 있을 걸세. 자네에게 주어진 시간은 1시간이니 나머지는 직접 궁리해봐. 자, 내 역할은 이것으로 끝!"

말을 마친 사장은 아연한 표정을 짓고 있는 부하 직원들을 남겨두고 회의실을 떠났다.

이 사건은 나가오에게 그 자체로 놀라운 교훈이었다. 눈앞에서 사장이 갑자기 '빨간 펜 선생님'으로 변신한 것이다. 게다가 모든 작업을 직접 한 것이 아니라 모범을 보여준 뒤 '나머지는 알아서 하라'는 말을 남기고 돌아갔다. 상사가 부하 직원의 업무에 이런 식으로 개입할 수도 있단 말인가? 그때까지 이런 지도를 받아본 적도, 해본 적도 없었다. 나가오에게 사장이라는 사람은 저 높은 곳에 있는 존재일 뿐이었다. 그런데 신임 사장은 필요하다 싶으면 직원들의 회의실까지 찾아와 밀착하고 함께 움직였다.

"사장님은 말 그대로 손을 움직여서 우리가 갈피를 잡지 못하던 작업을 해결해주셨습니다. 출구가 어디에 있는지 가르쳐준 거죠. 그날 오후부터 우리의 작업은 훨씬 수월해졌습니다."

나가오는 앞으로 회사에 큰 변화가 시작되리라는 것을 직감했다. 분명히 옛날과 똑같은 미스미에 다니고 있는데도 다른 회사로 이직을 한 기분이었다.

최초의 사업 전략을 발표하다

신임 사장이 정식 취임한 지 4개월이 흐른 10월 13일, 미스미의 모든 사원이 참석한 가운데 '전사 경영포럼'이 개최되었다. 각 지역 영업소의 직원들과 해외 주재원까지 모두 소집되어, 참석자 수는 300명이 넘었다. 미스미의 역사에 없던 대규모 회의였다. 하지만 미스미가 도쿄증권거래소 1부 상장 기업이라는 점을 감안하면 상당히 조촐한 규모라 할 수도 있었다. 이 회사가 13년 후, 전 세계에 1만 명의 직원을 거느린 기업이 되리라고는 그 자리에 있던 누구도 상상치 못했으리라.

그날 단상에 오른 나가오는 그 성장의 도화선이 된 첫 번째 사업 전략을 설명했다. 미스미의 사원들은 '전략'이라는 개념을 처음으로 진지하게 접했다. 그리고 대부분은 지금껏 생각하지 못했던 내용에 자극을 받았다. 회사가 변하고 있다는 강한 느낌이 좌중을 사로잡았다.

경영포럼이 끝난 저녁부터는 다구치 사장 부부를 초청한 가운데 대연회장에서 '창업 사장에게 감사하는 자리'를 마련했다. 이 만찬에도 모든 사원이 참석했는데, 호화로운 분위기에 모두들 입이 떡 벌어질 정도였다. 일류 장소, 일류 경영회의, 일류 파티를 통해서 시대가 변했음을 피부로 느끼게 하겠다는 사에구사의 노림수였다.

이제 '전략 수립 프로젝트'의 전체적인 흐름을 정리해보도록 하자. 아래는 나가오가 프레젠테이션에 실제로 사용한 도표다.

사업 전략의 수립 과정

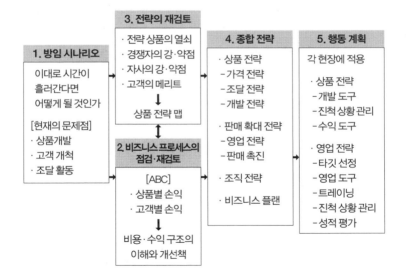

뒤에 나오는 '사에구사 다다시의 경영 노트 8'에는 '혁신의 세 가지 원동력'이라는 프레임워크가 소개되어 있다. 나가오의 작업 단계는 이 프레임워크를 그대로 따른 것이다. 그러니 이해를 돕기 위해 '경영 노트 8'을 먼저 읽고 와도 무방하다.

전략이 불러온 놀라운 효과

FA 사업 전략이 실행된 뒤 실제로 어떤 일이 벌어졌을까? 나가오는 자신이 수립한 전략을 수행하면서 특유의 강인함을 발휘해 놀라운 실적을 올리기 시작했다. 이듬해에는 사분기 매출 기준으로 창업 이래 미스미의 간판 사업이었던 금형 사업의 매출액을 추월했고 이후 차이를 더욱 벌려나갔다. 나가오가 수립한 신전략의 대상이었던 일본 국내 매출액을 살펴보면, 전년도에 132억 엔(약 1,320억 원)이었던 것이 5년 후에는 목표로 삼았던 410억 엔(약 4,100억 원)을 크게 웃돌아 447억 엔(약 4,470억 원)에 이르렀다.

신임 사장은 글로벌 전략도 동시에 전개했다. FA 사업부는 이전부터 소량의 제품 수출로 해외 매출이 발생했는데, 신임 사장의 경영 기조에 따라 나가오 사업부장이 새로운 글로벌 전개를 추진했다. 그 결과 FA 사업의 해외 매출액은 개혁 전년도의 14억 엔(약 140억 원) 규모에서 5년 후 117억 엔(약 1,170억 원)으로 급성장했다.

국내와 해외의 연결매출액은 매년 100억 엔 단위로 앞 자릿수를 바꿔나가, 개혁 전년도에 147억 엔(약 1,470억 원)에 머물렀던 수치가 5년 후에는 563억 엔(약 5,630억 원)으로 증가했다. 5년 사이 3.8배, 연평균 성장률은 31퍼센트였다. 수많은 일본 기업들이 버블 붕괴의 후유증으로 매출 하락에 신음하던 시절, 미스미는 FA 사업에서만 이 정도의 성장을 이뤄낸 것이다. FA 사업은 그 후에도 성장세를 꾸준히 유지해 신전략 수립 13년차에는 글로벌 연결매출액이 1,100억 엔(약 1조 1,000억 원)을 넘어섰다. 세계 대불황으로 미스미의 매출액이 4년 전으로 회귀했던 시기를 포함해, 13년 동안의 연평균 성장률은 17퍼센트였다.

사에구사가 사장으로 취임하기 전까지 외부에는 '미스미 하면 금형 부품'이라는 인식이 있었다. 사내에서도 금형을 다른 사업보다 높은 서열로 대우했다. 그러나 사에구사는 취임 2년차에 그런 인식에 칼을 휘둘렀다. "미스미의 새로운 간판 사업은 FA 부품이다"라고 선언한 것이다. 과거의 실적에 안주하며 새로운 경쟁자의 위협에도 둔감한 반응을 보이던 금형 부문 사원들에게는 '눈을 뜨라'는 경고이기도 했다.

사에구사가 개혁의 첫 번째 대상으로 FA 사업을 선택한 데는 중요한 '전략적 가치'가 작용했다. 그 후 미스미는 해외 투자와 경비 지출 규모를 점점 늘려나갔는데, 그 부담 속에서도 영업이익률은 사에구사가 사장으로 취임했을 당시 대비 10퍼센트 전후에서 13퍼센트 전후까지 꾸준히 상승했다.

'중심'도 '변방'도 아닌 FA 사업부를 첫 번째 개혁 대상으로 삼은 것은 그야말로 탁월한 선택이었다.

FA 사업의 신전략 수립 결과, 일본 국내 매출액이 5년 동안 3.4배 상승

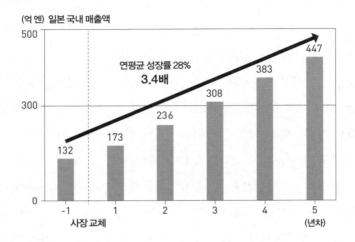

(억 엔) 일본 국내 매출액

연평균 성장률 28%
3.4배

132 173 236 308 383 447

-1 1 2 3 4 5
사장 교체 (년차)

FA 사업의 연결매출액은 13년 동안 7.6배 상승

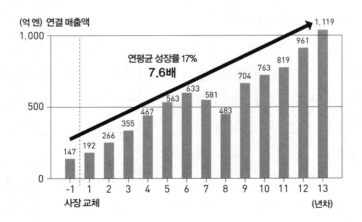

(억 엔) 연결 매출액

연평균 성장률 17%
7.6배

147 192 266 355 467 563 633 581 483 704 763 819 961 1,119

-1 1 2 3 4 5 6 7 8 9 10 11 12 13
사장 교체 (년차)

● 나가오 겐타의 이야기 — FA 사업부장, 당시 42세, 이후 부사장에 오름

그때 저는 새로운 사업에 임하는 방식을 배웠습니다. 이전에는 전혀 경험하지 못한 일이었죠. 제가 생각하기에 미스미가 이후 폭발적으로 성장할 수 있었던 첫 번째 요인은, 최고경영자가 전략 수립 프로젝트에 '직접 실천'하는 방식으로 관여했던 것입니다. 저희의 힘만으로는 절대 이 전략에 도달하지 못했을 것입니다.

미스미 전체에서 '전략'이라는 것에 대한 감성이 단숨에 발달했습니다. 고생은 했지만, 업계 리더들의 노하우가 담긴 다양한 프레임워크를 사용해서 올바른 절차로 새로운 전략을 만들어낼 수 있었죠. 이때 배운 것은 앞으로도 다양한 경영 현장에 응용할 수 있을 겁니다.

개인적으로는 사장님과 좀 더 끈끈한 추억도 있습니다. FA 사업이 큰 폭으로 성장한 지 2년 정도 지났을 때였습니다. 일요일 밤에 사장님의 전화가 왔습니다. 보아하니 자택에서 한잔하시는 모양이더군요.

"나가오 부장, 그랜드캐니언 보러 가지 않겠나? 부인도 함께, 어때?"

처음에는 무슨 뚱딴지같은 소리인가 싶었습니다.

"자네가 열심히 노력한 덕에 FA 사업이 큰 약진을 하지 않았나. 회사 차원의 보상이야. 나와 같이 가세."

이렇게 해서 저와 제 아내, 그리고 제 밑에서 고생했던 간부 사원까지 세 명이 사장님과 함께 그랜드캐니언에 가게 되었습니다. 수행원을 대동한 호화 여행은 아니었지만 당시 평범한 직장인은 꿈도 못 꾸던 국제선 비즈니스 클래스를 이용했고, 미국 국내선도 퍼스트 클래스에 탑승했죠. 피닉스 국제 공항에 도착하자 사장님이 렌터카를 빌려왔습니다. 커다란 링컨 차였어요.

다음날 그 차를 몰고 그랜드캐니언으로 가는데, 몇 시간 동안 사장님이 운전을 도맡아 하셨습니다. 아마도 세계에서 급여가 제일 높은 운전기사였을 겁니다.

게다가 사장님을 제외하면 영어를 할 줄 아는 사람이 없었기 때문에 모든 일을 사장님이 처리했습니다. 호텔에 도착해서 체크인도 사장님이 하셨고, 예약한 방에 문제가 있었을 때도 저희더러 기다리라 하고는 혼자 해결을 하고 오셨습니다. 식사 주문까지 대신해주셨으니, 완전히 여행 가이드가 따로 없었어요. 저희는 연신 "아이고, 면목이 없습니다"만 반복했죠(웃음).

그랜드캐니언의 웅장함은 정말 경탄스러웠습니다. 일본에서는 절대 볼 수 없는 풍경이었지요. 저와 아내에게 평생 잊지 못할 추억입니다.

📝 독자에게 내는 숙제

'회사 개조'란 장기간에 걸쳐 '개혁의 연쇄'를 만들어나가는 과정이다. 이때 사원들의 전략에 대한 의식이나 경영 기량이 낮은 경우가 많다. 시간을 들여서 이를 조금씩 끌어올리는 '점진적 개선'을 시도하는 경우 대부분 좋은 성과를 거두지 못한다. 이 장에는 사에구사가 지난 30년간의 경험을 살려 미스미 직원들의 전략 의식과 기량을 단번에 향상시킨 개혁 방안이 나타나 있다. 그 개혁의 핵심은 무엇인지 정리해보기 바란다.
사에구사에게 이것은 그저 연습이 아니라, 경영 현장에서 답을 찾아내기 위한 절박한 과제였다.

부정확한 원가 계산의 폐해

나가오 태스크포스 팀은 사업 전략 계획을 수립하기 전에 상품의 원가 계산으로 돌아갔다. 다음 장에서 그 이야기를 하기 전에 원가 계산의 기초를 살펴보려 한다.

'원가 계산'은 기업이 생산하거나 판매하는 상품의 원가를 계산하는 행위다. 그러므로 최대한 정확하게 작업을 해야 한다. 부정확한 원가 계산이 사내에 끼치는 폐해는 다음과 같다.

· 원가가 비싸서 사실은 이익이 나지 않는 상품의 판매 확대를 위해 애쓰거나, 반대로 이익이 나는 상품을 방치하는 등 전략상 오판을 낳을 수 있다.

· 그 오류를 상당 기간 동안 아무도 깨닫지 못할 수 있다.

한마디로, 잘못된 원가 계산은 사내에 해독을 가져온다. 많은 회사가 경리를 전문직의 업무로 인식한다. 다른 사원들은 '원가 계산이야 경리부의 전문가들이 알아서 잘하겠지.' 하고 생각한다. 그래서 보통은 경리부의 방식에 토를 달지 않으며, 특정한 원가 계산 방법이 사내 시스템에 일단 편입되면 아무도 의문을 제기하지 않는다. 그러나 각 사업부의 사람들은 자신이 담당한 상품의 손익이 확실한 논리로 계산한 '올바른 원가'에 입각한 것인지 의심하는 태도를 잃지 말아야 한다. 미스미에서도 원가 계산 시스템의 '혁신'은 경리 부문이 아닌 사업부 사람들의 손에서 시작되었다.

원가 계산의 정확성 vs. 편리성

제조회사의 공장을 상상해보자. 그날 만든 어떤 상품에, 어떤 공정에서, 어느 정도의 비용이 발생했는지 정확히 계측해 '진짜 원가'를 알려고 하면 각 공정에서 한 제품 한 제품의 정확한 데이터를 시시각각으로 파악해야 한다. 가령 같은 상품을 만들더라도 작업원이 교대하거나, 기계가 고장을 일으키거나, 가공 순서에 작은 실수가 생기는 등 약간의 변화만 일어나도 원가가 달라진다. 그러나 그런 세세한 수치를 아침부터 밤까지 정확히 측정하려고 하면 엄청난 수고(정보비용)가 든다. 따라서 좀 더 간편한 방법을 사용해야 한다. 즉, 정확성을 어느 정도 희생하는 대신 편하게 계산할 수 있는 수법이 필요하다. 그래서 시간별 기록은 최소한으로 하고, 대략적으로 계산한 평균적 비용을 상품에 할당하는 수법을 채용하게 된다.

이 '정확성 vs. 편리성'의 이율배반이 가장 현저하게 나타나는 예가 이른바 간접비용의 '배부'다. 이를테면 공장의 품질관리 부서를 생각해보자. 각 상품에 포함되는 품질관리 비용이 얼마인지 정확한 수치를 파악하려면 품질관리 담당 사원 한 사람 한 사람이 상품 하나하나에 어느 정도의 시간을 들이는지 아침부터 밤까지 분 단위로 기록하고, 개개인의 급여 차이도 계산에 넣어서 그 비용을 각 상품에 부과해야 한다. 그러나 이런 작업은 너무 번거롭고 힘들기 때문에, 이를

테면 하루라든가 일주일이 끝났을 때 사원들에게 자신의 활동을 되돌아보고 각 상품에 할당한 활동 시간을 대략적인 비율로 나타낸 표를 제출하게 한다. 또 개개인의 급여까지 반영하는 것은 포기하고 사원의 평균 급여를 사용한다. 배분 계산이 편하도록 상품의 분류 또한 대략적으로 한다. 계산을 '편하게' 하기 위해서는 이런 간략화가 효과적이다.

좀 더 편하게 계산하고 싶다면 품질관리 부문의 1개월간 '경비 합계액'을 그달의 '공장 출하 금액'의 비율에 맞춰서 각 상품에 할당한다. 이렇게 하면 경리부는 현장과 접촉하지 않고도 한 달에 한 번 계산하는 것만으로 원가 계산을 마칠 수 있다. 그러나 이렇게까지 간략화하면 상품별 원가의 차이는 거의 무시하게 된다.

사실 개별 상품의 원가 계산을 거의 하지 않는 기업도 있다. 전부 뭉뚱그리는 이른바 '주먹구구식 계산'이다.

가급적 편리하게, 그러면서도 가급적 정확하게 원가를 계산하고 싶다면 이 둘을 어떻게 절충해야 할까? 원가 계산은 옛날부터 대학의 학문 분야 중 하나였다. 회사에서 사용하는 원가 계산 수법의 수준을 보면, 그 회사의 경영 리터러시 수준을 알 수 있을 정도다.

무엇을 위해서 ABC를 하는가?

지금까지의 설명을 통해 원가 계산의 중요성은 이해했을 것이다. 그러면 이제 ABC 이야기로 넘어가볼까 한다. ABC(Activity Based Costing)는 우리말로 '활동기준원가계산'이라고 한다. 여기에서 핵심은 '활동 기준'이다. 그런데 나는 왜 미스미 같은 상사 기능의 조직에 ABC를 도입하려 했을까? 굳이 그런 작업이 필요했을까? 상사의 경우, 외부에서 가령 한 개 1,000엔에 상품을 구매했다면 그 상품의 '올바른 원가'는 그대로 1,000엔이다. 미스미가 그것을 1,500엔에 팔면 500엔의 매출 총이익을 얻게 된다. 언뜻 보면 상사로서 미스미에는 원가가 정확하고 부정확하고의 문제 자체가 존재하지 않는 듯이 보인다.

그런데 이는 상품의 매출 총이익에만 해당하는 이야기다. 미스미에서는 고객으로부터 주문을 받아서 출하할 때까지 다양한 간접 업무를 실시한다. 그 일련의 활동 중에는 제조회사의 공장에서 발생하는 것과 똑같은 원가 문제가 발생한다. 여기 원가 1,000엔의 상품이 있다고 하자. 영업사원이 사활을 걸고 판매를 확대하고자 하는 전략 상품이다. 조사 결과 각지의 영업사원이 평균적으로 근무 시간 중 3분의 1을 그 상품의 판매 확대에 할애하는 것으로 나타났다. 그 인건비와 영업비용을 계산해보니 상품 한 개당 300엔꼴로 경비가 발생했다. 이 상품의 매출 총이익인 500엔의 절반 이상을 쓰는 셈이다.

또한 기술적으로 복잡한 상품이다 보니 고객센터에 이 상품에 관한 고객 문의와 클레임이 많이 들어온다. 오퍼레이터들의 업무 시간을 측정해서 집계해보니 이 상품에 개당 평균 60엔의 비용이 들어가고 있었다.

배송센터에서도 이 상품의 포장에 많은 수고를 들인다. 여기에 배송비를 더하면 물류 부문에서 이 상품에 들어가는 비용은 개당 370엔으로 책정된다.

여기까지의 비용은 합계 730엔이다. 이 말은, 매출 총이익을 전부 날려버린 것도 모자라 230엔의 적자를 내고 있다는 뜻이다. 그 전까지 이 사실을 몰랐던 상품 담당자에게는 충격적인 일이다. 우수한 전략 상품이라고 생각했는데 이대로 판매 확대 활동을 계속하면 오히려 적자를 키우는 꼴이 되는 것이다.

이제 ABC에서 '활동 기준'이 무엇을 의미하는지 이해될 것이다. 먼저 각각의 직장에서 사원들이 어떤 '행동'을 하고 있는지 자세히 분석하고 시간을 계측한다. 그리고 그 활동의 연쇄 속에서 누적되는 사내의 온갖 비용을 최종적으로 각 상품의 원가에 추가한다. 이것이 ABC다.

로버트 캐플런(Robert Kaplan)이 ABC를 제창한 시기는 1980년대 말이었는데, 십 수년 후 그는 "많은 기업이 ABC 도입을 시도했지만 그 '시행 비용'과 '사원의 저항' 앞에 좌절하고 있다"라고 술회했다(Time-Driven Activity-Based Costing, Harvard Business Review, November 2004). 이 얼마나 무책임한 발언인가? 그래서 실행 가능성을 생각하지 않는 학자나 컨설턴트의 말을 무작정 받아들이면 위험하다.

이런 역사에 따르면 ABC는 쓸모없는 것이 된다. 그러나 내가 오랜 시간 사업 회생을 해온 경험을 돌아보면, 정확한 원가 정보가 절대적으로 필요했다. 그런 까닭에 ABC가 나오기 전부터 일종의 'ABC 간소화 버전' 같은 것들을 현장에서 시도하곤 했다. 그리고 미스미에서는 내가 ABC 도입 작업에 직접 관여했다. 과도한 '정확함'을 지향하기보다 '간편함'의 비중을 높여 편리하게 운용하면서도 전략적 가치를 만들어낼 수 있도록 균형을 노렸다.

그 결과 미스미는 'ABC는 복마전이 되기 쉽다'라는 통념을 깨고 죽음의 계곡을 훌륭히 통과했다. 10년 이상 회사 전체가 ABC를 상시 운용하고 있으며, 사원들이 전략 판단의 도구로도 사용한다. 이것은 전략지향주의와 실전형 경영 리터러시의 조합이 낳은 하나의 이노베이션이다. 일본은 물론이고 세계적으로도 보기 드문 시스템을 구축하는 데 성공했다고 자부한다.

미스미가 과거 12년 동안 고생하면서 쌓아온 지적 노하우를 전부 공개할 수는 없지만, 다음 장에서 그 도입 경위와 성과를 소개하려 한다. '함정'만 주의한다면 ABC는 큰 전략적 가치를 낳는 수단이 될 수 있다.

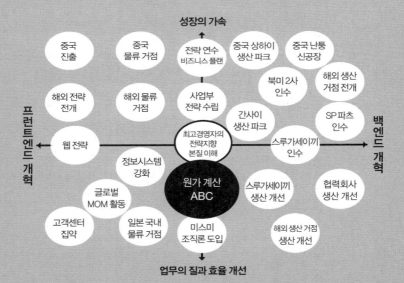

성장의 가속

프런트엔드 개혁 ← → 백엔드 개혁

업무의 질과 효율 개선

중국 진출
중국 물류 거점
전략 연수 비즈니스 플랜
중국 상하이 생산 파크
중국 난퉁 신공장

해외 전략 전개
해외 물류 거점
사업부 전략 수립
북미 2사 인수
해외 생산 거점 전개

웹 전략
최고경영자의 전략지향 본질 이해
간사이 생산 파크
SP파츠 인수
스루가세이끼 인수

정보시스템 강화
원가 계산 ABC
스루가세이끼 생산 개선
협력회사 생산 개선

글로벌 MOM 활동

고객센터 집약
일본 국내 물류 거점
미스미 조직론 도입
해외 생산 거점 생산 개선

3

전략의 오판을 낳는 시스템을 바로잡는다

정확하지 않은 원가 계산은 전략적 오류를 낳을 수 있다. 세계의 많은 기업들이 'ABC 원가 계산' 도입의 까다로운 장벽을 넘는 데 실패했으나, 미스미는 이것을 사원들이 일상적으로 사용하는 전략 시스템으로 확립했다.

미스미의 원가 전략 도구
'ABC 내비게이터'

| 매출 총이익률의
| 함정

미스미의 개혁 프로젝트가 막 시작되었을 무렵, FA 사업부장 나가오가 차트 한 장을 들고 사장을 찾아갔다가 10초 만에 판정패 당했던 장면을 기억할 것이다. 이번 장은, 나가오가 "ABC라도 해보면 어떻겠나?" 하는 사장의 조언을 받아들인 이후의 이야기다.

나가오가 처음 사장에게 무방비 상태로 당한 후 맥없이 사장실을 떠나기 전, 두 사람은 이런 대화를 나눴다.

"나가오 부장, 이 차트의 가로축에 적힌 영업이익률이라는 건 영업비용이라든가 물류비용 같은 간접비용을 전부 뺀 진짜 이익률인가?”

이 간단한 질문의 이면에는 사에구사가 과거 경험을 통해서 얻은 감이 작용했다. '언젠가 본 풍경'인지도 모르겠다는 생각이 들었던 것이다.

“물론입니다. 그렇지 않으면 사업부 전체의 영업이익률이나 경상이익률 수치와 맞을 수가 없습니다.”

보통은 여기에서 대화가 끝날 것이다. 그러나 사에구사의 질문은 멈추지 않았다.

“간접비용의 경비율 말인데, 모든 상품에 같은 비율을 사용하는 건가?”

“그와 비슷한 방식입니다.”

“내 말 잘 듣게. 영업비용이라든가 물류 배송비, 혹은 광고 등의 프로모션 경비, 상품의 클레임 대응 등에 들어가는 인건비 같은 건 상품에 따라 크게 차이가 나는 것이 보통이야. 그러니까 상품별로 실태를 반영한 경비율을 적용하지 않으면 각 상품의 진짜 이익률은 보이지 않아. 경쟁사에 비해 그 상품이 얼마나 강력한지도 알 수 없고 말일세.”

“하지만 사장님, 저희 사업부의 상품 수는 집계 방식에 따라 차이는 있지만 수십만 점이나 되기 때문에 상품별로 들어가는 간접비의 차이까지 계산하기는 불가능합니다. 그래서 일단은 사업 전체의 출하 건수를 합산합니다. 가령 고객센터의 경비라면 그것을 전체 출하 건수로 나눠서 출하 한 건당 경비를 산출합니다. 그리고 이것을 상품군별 출하 건수로 곱해서 그 상품군의 간접비용으로 삼고 있습니다."

이렇게 설명하면 복잡해 보이지만 사실은 단순한 방식이다. 사장은 즉시 반응했다.

"그 말은 같은 상품군의 모든 상품에 똑같은 비율로 간접비용을 적용하고 있다는 뜻이군. 그렇다면 상품 하나하나의 영업이익률은 각 상품의 '매출 총이익률'에 비례한다고 해석해도 되겠나?"

사에구사에게 이것은 원가 계산에 관한 '고전적인 대화'였다. 경영 부진에 빠진 많은 기업들이 보통 이와 유사한 원가 의식을 고수하곤 했다.

"매출 총이익이 높은 상품이 곧 '이익을 내는 상품'이라고 단언할 수 있냐는 말이야. 실제로는 정반대의 경우도 있는데 말일세."

매출 총이익률이 높으면 좋은 상품, 매출 총이익률이 낮으면 이익을 내지 못하는 쓸모없는 상품이라는 생각은 과연 타당할까? 사에구사는 이런 오류 때문에 가격을 잘못 설정하거나 비용 절감 노력을 게을리한 사례를 수없이 목격했다. 그래서 나가오 팀에게 ABC 원가 계산을 해보도록 지도한 것이다.

| '수상한 냄새'의 원인이 밝혀지다　　ABC 프로젝트는 5월 14일에 시작되었다. 태스크포스 멤버로 세 명이 지명되었다. 나가오를 포함하면 4인 팀이다.

재미있게도 그들이 제일 먼저 한 일은 서점에 가는 것이었다.

그들은 ABC에 관한 전문 서적을 네 권 정도 사 왔다. 그 책을 읽고 ABC의 기초를 이해할 생각이었지만, 전부 개념적인 내용만 적혀 있어서 실제로 무엇부터 손을 대야 좋을지 알 수가 없었다.

나가오 팀은 프로젝트를 시작하기 전부터 머리가 지끈거렸다.

"자, 어쨌든 행동을 개시합시다. 먼저 1단계로 고객의 주문이 들어와서 미스미가 납품하기까지 사내에서 무슨 업무가 실시되는지, 그 흐름이라고 해야 하나 업무 프로세스를 정리해봅시다."

아래의 도표는 ABC를 도입하는 작업 단계를 나타낸다. 나가오 팀은 다음과 같은 단계를 밟아 작업을 해나갔다.

ABC 원가 계산의 단계

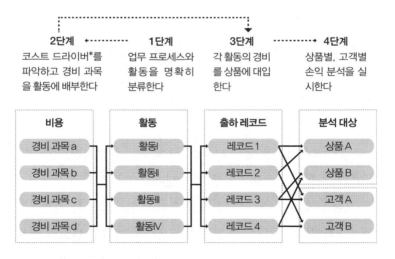

2단계	1단계	3단계	4단계
코스트 드라이버*를 파악하고 경비 과목을 활동에 배부한다	업무 프로세스와 활동을 명확히 분류한다	각 활동의 경비를 상품에 대입한다	상품별, 고객별 손익 분석을 실시한다

비용	활동	출하 레코드	분석 대상
경비 과목 a	활동I	레코드 1	상품 A
경비 과목 b	활동II	레코드 2	상품 B
경비 과목 c	활동III	레코드 3	고객 A
경비 과목 d	활동IV	레코드 4	고객 B

* 코스트 드라이버(cost driver) — 원가 발생 요인.

1단계. 회사 전체의 영업 프로세스를 정리하고, 각 부서 활동과 어떻게 관계되는지 명확히 한다

먼저 '고객과 상품의 움직임'에 주목한다. 고객은 상품을 결정한 뒤 팩스나 인터넷으로 주문하고, 도중에 의문점이 생기면 미스미의 고객센터에 전화를 걸어 문의한다. 그리고 기일에 상품을 받는데, 배송에 문제가 있으면 클레임을 건다. 이렇게 고객과의 사이에서 일어나는 활동을 전부 열거해 업무의 흐름을 파악한다.

나가오는 한때 정보시스템부 소속이었기 때문에 시스템 구축 경험도 있고, 회사 전체의 업무 흐름 또한 잘 알고 있었다. 업무 효율화를 위해 지금과 비슷한 분석을 해본 적도 있다. 그래서 '이 데이터를 얻으려면 이 자료가 유용하다'는 식의 정보원을 찾아내는 속도가 빨랐다.

나가오 태스크포스 팀은 고객센터, 물류, 정보시스템 등 각 부문의 협조를 얻어 수주에서 출하에 이르는 프로세스에 어떤 업무들이 포함되는지 목록을 작성했다. 이 작업은 불과 이틀 만에 끝났다.

나가오에게 보고를 받은 사장은 '이 친구들, 제법인데?' 싶었다. ABC가 자칫 미궁에 빠지지 않도록 단계별로 지도할 생각이었는데, 진행 속도가 생각보다 꽤 빨랐다. 나가오가 제출한 차트에는 '주문→출하'의 프로세스뿐만 아니라 상품개발과 카탈로그 배포 단계, 협력회사의 영역 등도 포함되어 있었다. 미스미의 비즈니스 프로세스를 전체적으로 폭넓게 파악할 수 있는 자료였다.

2단계. 계정별 경비와 행동의 관계를 분석해 코스트 드라이버를 정의한다

1단계에서 '고객과 상품의 움직임'에 주목했다면, 2단계에서는 사내 각 부서에서 사원들이 무엇을 하는지, 즉 '사원들의 행동'에 주목한다. 그리고 그들의 활동 하나하나가 1단계에서 정리한 '업무 프로세스'의 어느 지점과 연결되는지 그 관계를 정리한다.

이를테면 상품개발 담당자가 고객을 상대로 실시하는 활동은 고객이 상품 구입을 결정하기 '전 단계'에 해당하는 영역과, 상품 출하 후의 클레임 대응 등 '후 단계'에 속하는 영역으로 나뉜다. 이와 같이 사원 한 사람이 실시하는 활동을 업무 프로세스의 각기 다른 단계와 연결시킬 수 있다.

한편 클레임 대응이라는 특정 업무 프로세스에는 상품 담당자뿐 아니라 영업 인력과 고객센터, 물류 부문의 직원들도 동원된다. 즉, 사내 곳곳에서 클레임 대응에 소요되는 인건비와 경비를 집계하지 않는다면 클레임 대응이라는 업무 프로세스의 전사(全社) 비용은 알 수 없다.

회사 전체에서 실시되는 모든 활동에 대해 이런 분석을 하면 '조직도상의 부서'와 '업무 프로세스 단계' 사이에 이루어지는 비용의 흐름을 전부 연계할 수 있다.

물론 이 작업을 정확하고 치밀하게 하려면 정신이 아득해질 만큼 복잡해진다. 그러나 ABC 원가 계산에 필요한 데이터 중에는 평소에 어느 정도 파악이 된 것들도 있다. 그러므로 일단은 가지고 있는 데이터 중에 도움이 되는 것은 없는지 찾아본다. 없다면 그때부터는 '창의적인 궁리'의 싸움이다.

미스미의 각 부문 직원들은 매우 협조적이었다. 물론 사장이 지시한 프로젝트라는 이유도 있지만 애초에 미스미의 문화는, 타 부서에서 협조를 요청했을 때 무시하거나 소홀히 하는 것과는 거리가 멀었다. 회사 차원에서 몰두해야 할 과제가 떨어지면 자신에게 이익이 되든 아니든 모두들 발 벗고 나서는 분위기가 자리 잡고 있었다. 만약 그런 문화가 아니었다면 ABC는 이 단계에 이미 좌초했을지도 모른다.

3단계. 활동별 경비를 출하 상품 레코드와 연결한다

이 무렵 나가오는 '밥 먹는 시간도 아까워. 안 먹어도 좋으니 빨리 일하고 싶다'라고 생각할 만큼 ABC 작업에 몰두하고 있었다. 지금까지 이렇게 한 가지에 집중한 적은 한 번도 없었다. 물론 사업부장인 그에게는 다른 할 일도 많았다. 본 업무도 병행하면서 태스크포스에 시간을 짜내고 있었다.

태스크포스 팀은 수시로 사장을 만나러 갔다. 벽에 부딪힐 때마다 진행 상황과 프로젝트가 막힌 지점 등을 털어놓고 조언을 구했다. 사에구사는 늘 '직접 실천'하며 지도하는 자세를 보여줬다. 때로는 직원들의 사무실을 직접 찾아가 경과를 지켜보기도 했다.

그리고 6월 10일, 마침내 활동별 비용 배부 작업을 완료하자 전체 팀원은 다섯 번째 보고를 위해 사장실로 갔다.

"수고했네. 프로 컨설턴트라도 이렇게 빠르게는 못했을 걸세."

사장의 칭찬을 받자 계속된 철야 작업으로 쌓였던 피로가 단숨에 날아가는 기분이었다. 그동안 앞만 보고 정신없이 달렸는데, 그래도 꽤 잘해냈다니 자신감과 자긍심이 솟아났다.

ABC를 처음 시작할 때 사장이 설정했던 2개월의 기한은 어느덧 20일 앞으로 다가왔다. 팀원들은 이제 '상품 레코드(고객에게 받은 주문 하나에 포함되는 모든 상품 번호)에 대한 비용 배부'라는 최종 목표를 향해 발걸음을 옮겼다.

4단계. ABC를 사용해 '손익 분석'을 실시한다

자잘한 작업 내용은 건너뛰고 이야기를 진행하자면, 태스크포스는 마침내 분석과 데이터의 지옥에서 빠져나오는 데 성공했다. 드디어 종착역에 다다랐다는 만족감에 나가오 팀은 고양되었다. 그러나 분석 결과 얻은 데이터는 그야말로 충격적이었다. 'FA 사업부가 대량의 적자 출하를 하고 있다'는 사실이 드러난 것이다. 그 적자를 나머지 흑자 출하에서 벌어들인 돈으로 상쇄한 결과, 전체적으로는 흑자를 기록하는 상황이었다.

그들은 뿌리 깊은 적자의 실태에 경악했다.

· 심한 경우 매출 단가 40엔, 매출 총이익 22엔인 상품에 무려 621엔이나 되는 경비가 들어갔다. 영업이익률이 '마이너스 1,500퍼센트'인 꼴이다.

· 운임의 비중이 큰 것은 알고 있었지만, 그 밖에도 다양한 물류 경비가 발생했다. 또한 외상 매출금을 회수하는 비용이 상상 이상으로 큰 비중을 차지했다. 정보시스템 비용도 상품에 부과해보니 의외로 많은 부담이 되고 있었다.

· 그때까지는 단가가 낮은 상품이라도 묶음 포장을 하면 운임 부담이 줄어든다는 것이 사내의 상식이었다. 그러나 ABC는 이 이론이 환상에 불과하며 여기에 해당하지 않는 상품이 많음을 가르쳐주었다.

· 마찬가지로 고객이 대량 구매를 할 경우 이익 폭이 커진다고 생각했는데, 실제로는 큰 적자를 보는 경우가 많았다.

· 지금까지 나가오는 'FA 사업부의 성장을 좌우하는 열쇠는 신상품 개발'이라고 믿었다. 신상품 개발을 계속하면 고수익·고성장을 유지할 수 있다고 생각했는데, 이 시나리오도 산산이 부서졌다. 신상품의 매출 총이익은 언뜻 높아 보이지만, 구조적으로 높은 간접비를 안고 있는 상품은 주문이 들어올수록 적자가 늘어났다. '무엇을 위해 신생품 개발에 힘을 쏟았는가.' 하는 근복적인 회의가 드는 부분이었다.

· 안타깝게도 영업부 직원들 중에는 팔수록 적자를 보는 상품인 줄도 모르고 그 상품을 팔기 위해 신발이 닳도록 뛰어다니는 경우도 있었다. 그럴수록 영업 경비가 적자의 폭을 더 키우는 악순환이 일어났다.

나가오 팀은 드디어 자신들이 무엇을 위해 ABC를 해왔는지 이해했다. '그렇구나. 이것이 사장님의 목적이었어.'

6월 26일, ABC를 완료한 팀원들은 사장을 찾아가 보고했다. 상품별 손익을 나타낸 그래프를 보면서 사에구사는 말했다.

"수상한 냄새가 난다 싶었는데, 역시 내 예감이 맞았어."

태스크포스 팀이 결성된 초기에도 사장이 보고를 듣고는 "좀 수상한 냄새가 나는 걸"이라고 말한 적이 종종 있었다. 당시는 왜 그런 말을 하는지 몰랐지만 이제는 알 수 있었다. 사장은 미스미에 대량의 적자 상품이 산재해 있음을 처음부터 감지했던 것이다.

나가오는 문득 그해 초에 열렸던 신년회의 한 장면이 떠올랐다. 당시 아직 사외이사였던 사에구사에게 자신이 이렇게 큰소리를 쳤다.

"한 개당 판매 가격이 몇 엔에 불과한 상품이 있습니다. 그런 보잘것없는 상품이 사실은 엄청난 이익을 가져다주는 '황금알을 낳는 거위'입니다. 매출 총이익률이 60퍼센트나 되니까요."

그러나 ABC 원가 계산 결과 그 제품은 엄청난 적자 상품임이 밝혀졌다. '황금알을 낳는 거위' 운운하며 사장에게 자랑했던 자신이 부끄러워 견딜 수가 없었다.

'피부'나 '감'은 숫자를 이길 수 없다

7월 1일, ABC 프로젝트의 결과를 발표하는 날이었다. 나가오 사업부장과 태스크포스 팀은 본사 디렉터 회의에서 ABC 원가 계산 결과를 보고했다. 프레젠테이션이 본격적인 대목에 이르자 눈이 휘둥그레질 만한 분석 결과와 근거 수치가 스크린에 차례로 영사되었다.

"FA 사업에서 대량의 적자 출하가 이루어지는 것으로 드러남."

"매출 총이익률 40퍼센트의 고수익 상품으로 판단했던 제품이 실제 영업이익률은 '마이너스 72퍼센트'로 나타남."

"황금알을 낳는 거위가 아닌 연간 1억 엔의 적자 상품."

디렉터와 임원들의 얼굴에 놀라움과 당혹감이 번졌다. 그때까지 굳게 믿던 상식이 무너지기 시작했다. 미스미의 각 사업팀은 자신들 팀의 손익에 매우 민감했다. 그러나 물류 등의 운영비용이나 간접 부문의 비용이 자신들의 상품 손익에 어떤 영향을 미치는지는 전혀 알지 못했다. 개별 상품의 층위에서는 그런 비용을 생각하지 않아도 된다는 것이 사내의 상식이었다. 그러나 지금 보고 있는 프레젠테이션은 이제껏 의심치 않았던 손익 개념이 모두 허구였음을 지적하는 내용이었다.

나가오 팀의 설명은 모두 정확한 숫자를 근거로 했다. 땀과 정직한 분석이 만들어낸 숫자는 그야말로 '찍소리도 못하게 만드는' 위력이 있었다.

ABC는 미스미의 '이익'과 '전략'에 대한 개념을 뒤엎었다. 그리고 이것은 FA 사업부가 새로운 전략으로 갈아입는 출발점이 되었다. 나가오는 ABC 분석을 통해 오랫동안 머릿속을 뒤덮고 있던 안개가 말끔히 걷혔음을 느꼈다. 상품별, 고객별 이익 구조와 함께 FA 사업의 '이기는 전략'을 세우기 위한 실마리가 명확히 보이기 시작했다.

프로젝트에 참여했던 팀원들은 불과 3개월 사이에 능력을 크게 '스트레칭'할 기회를 얻었다. 따뜻한 욕탕에 나른하게 몸을 담그고 있다가 느닷없이 한겨울의 강물 속으로 던져진 기분이었다. 물론 곤혹스러웠지만 ABC를 완수했을 때쯤에는 주위에서 "저 친구들, 완전히 사람이 바뀐 것 같아"라고 할 만큼 큰 보폭으로 성장했다.

이는 나가오 팀만의 이야기가 아니었다. '상품 하나하나의 손익을 파악한다'라는, 어찌 보면 당연한 일이 회사 전체의 경영 기조와 모든 직원들의 행동에 직접적인 영향을 끼치게 되었다.

● 어느 영업 부장의 이야기

저는 ABC 프로젝트 팀의 요청으로 고객별 손익 분석을 도왔습니다. 사실 저희 영업소의 수익이라고 하면 매출 총이익의 합계 수치밖에 몰랐습니다. 회사가 그 이상 관리하는 건 무리라고 생각했으니까요.

그래도 오랜 경험을 통해서 얻은 감으로 어떤 고객에게서는 이익을 내고 어떤 고객에게서는 적자를 보는지 대충은 안다고 생각했습니다. 그런데 그 '감'이라는 놈이 저를 배신했더군요. 매출액으로는 톱클래스인 고객 G사를 상대로 큰 적자를 보고 있다는 사실이 드러난 겁니다. 이 회사는 주문량이 많은 건 좋은데 부품 하나하나를 따로따로 주문해요. 그 바람에 예전부터 배송센터에서 "이 이상은 도저히 처리가 불가능합니다." 하고 앓는 소리를 했더랬죠.

ABC 분석 결과를 본 사원들은 이렇게 적자가 불어나는 방식으로는 사업을 할 수가 없다는 데 의견이 일치했습니다. 그래서 큰마음 먹고 고객을 찾아가 부탁했지요. "저희가 이렇게 적자를 보고 있습니다. 어떻게든 한꺼번에 묶어서 주문해주실 수는 없을까요?"라고요. 실태를 정확한 숫자로 보여주고, 미스미스로서는 사활이 걸린 경영 문제라고 설명했습니다.

G사의 구매 담당자도 저희 이야기를 듣고는 깜짝 놀라면서 개선을 약속했습니다. 덕분에 거래는 금방 흑자로 전환되었어요. ABC로 얻은 구체적인 수치가 없었다면 절대 그런 설득력을 발휘하지 못했을 겁니다.

● 어느 물류 사원의 이야기

실제로 ABC를 해보고 많은 걸 알게 되었습니다. 단순하다고 여겼던 작업이 실제로는 많은 비용을 잡아먹는다거나, 그동안 간과했던 여러 부분에서 낭비가 있었다는 걸 확인했습니다. '피부'나 '감'으로 느꼈던 것과는 상당한 괴리가 있었어요. '감각적인 판단에 의지해서는 안 된다'는 사실을 깨달았지요.

지금은 상품을 보관하는 상자의 크기까지 신중하게 검토해서 보관 효율을 높이는 데 신경을 쏟고 있습니다. '제품은 넉넉한 상자에 담는다'는 인식은 이제 사라졌죠. 그 결과 창고 공간에 여유가 생겨서 증축을 미룰 수 있게 되었습니다. 또한 데이터를 확인하면서 개선 활동을 거듭하는 일이 꼭 필요하다는 것도 알게 되었어요.

수주에서 출하에 이르는 프로세스 전체를 재검토한다는 건 개별 부서가 감당할 수 있는 범위를 넘어서는 일이에요. 그렇기 때문에 최고경영자가 앞

장을 서야 합니다. 미스미에서는 사장의 지시가 있었기에 ABC를 시작할
수 있었어요.

● ABC 태스크포스 팀원의 이야기
ABC 작업을 완수하기까지 나가오 사업부장의 역할이 컸습니다. 매일 늦
게까지 남아서 놀랄 만한 집중력을 발휘했어요. 게다가 팀원들이 지치지 않
도록 중간중간 회식 자리를 마련해서 다독이기도 했고요.

　사장님은 '깊게 생각하라'고 요구했습니다. 사실 저는 어느 정도가 깊게
생각하는 건지, 그 기준이 없었어요. 그런데 이 프로젝트 팀에 들어와서는
밥 먹을 때도 화장실에 갈 때도 생각을 멈추지 않았죠. 사장님의 지적을 받
으면 다시 고민하고, 또 고민하고를 반복한 끝에 마침내 인정을 받았을 때
'이것이 일류의 기준이구나.' 싶었습니다.

　'깊이 생각한다'는 건 리더십의 중요한 요소입니다. 사장님의 말을 빌리
자면 "경영할 때 의지할 수 있는 건 그것뿐"이지요.

ABC 내비게이터를 가동하다

FA 사업부에서 ABC 프로젝트가
완료되었을 때, 사에구사는 이것
이 일회용 도구로 끝나지는 않을까 걱정했다. 세계적으로 봐도
ABC가 일과성 도구로 끝나버린 사례가 압도적으로 많았기 때문
이다. 하지만 그는 ABC를 미스미의 영구적인 경영 도구로 정착
시키고 싶었다.

ABC 도입을 가로막는 벽

'사에구사 다다시의 경영 노트 4'에서 언급했듯이, ABC를 사내에서 경상적
으로 사용하고자 시도한 기업은 대부분 실패의 쓴잔을 들이켰다. ABC의 도
입을 방해하는 벽은 크게 네 가지다.

①도입 작업이 복잡하다. ②정확성과 치밀함을 요구하며, 사원들의 상세한
시간 보고 등이 필요한 까닭에 숨은 인건비가 높아진다. ③업무의 흐름에 변
화가 생길 경우 이에 맞춰 ABC를 수정하지 않으면 잘못된 원가 정보를 얻게
된다(진부화 리스크). ④ABC로 얻은 정보를 사원들이 빈번히 이용할 수 있도록
사내 업무와 연계시키지 않으면 ABC의 효용이 떨어진다(유명무실화 리스크).

그래서 두 가지 수를 쓰기로 했다. 첫째는 ABC를 사내의 '전략
책정 도구'에 포함하는 것이다. 이로써 'ABC로 얻은 정보는 미스
미의 전략 책정에 꼭 필요한 것'이라는 인식을 확산할 수 있다. 둘
째는 FA 사업부에서 만든 ABC 시스템을 모든 사업부에 수평 전
개해 전 직원이 활용할 수 있는 체제를 만드는 것이다.

ABC를 미스미에 정착시키려면 많은 사원들이 ABC 데이터를
일상적인 업무 속에서 충분히 활용하도록 만들어야 한다. 사에구
사는 'ABC 내비게이터'라는 새로운 프로젝트에 돌입했다. 프로
젝트의 취지는 다음과 같았다.

"ABC 시스템에 전략적인 가치를 부여하고 이것을 미스미의
'무기'로 삼고자 한다. 사원들이 ABC를 사용해서 상품이나 고객
의 손익을 간단히 분석하고, 개선 방안이나 전략적 행동 방침을

고안하도록 지원하는 소프트웨어가 필요하다.

이를테면 길을 안내하는 내비게이션처럼 적자나 비용 문제를 찾아내주고, 위에서 지시하지 않아도 사원들 스스로 대책을 세우고 행동할 수 있도록 도와주는 소프트웨어다."

'ABC 내비게이터'라는 이름은 여기에서 탄생했다. 담당하는 상품이나 고객 중 어디에 적자의 씨앗이 숨어 있는지 탐지해낸다는 의미다. 이 내비게이터를 통해 ABC 데이터를 현장의 개선 활동과 밀접하게 연결시킬 수 있으며, 사원들이 자발적인 고민을 통해 이른바 '풀뿌리' 손익 개선 활동을 실시하도록 유도한다. 위에서 누군가가 시키지 않아도 스스로 사업의 건전성을 판단하고 방책을 마련하는 이러한 자세는, 경영 리더에게 꼭 필요한 '자율적 무기'이다.

이 소프트웨어를 개발하고 사내에 보급하는 일은 재무실이 아닌 사장 직속의 경영기획실이 담당했다. 기존의 ABC 도입 실패 사례들을 봤을 때, 재무실은 개별 상품의 원가에 무감각해지기 쉬운 경향이 있었다. 그보다는 실무진에게 추진을 맡기는 편이 합리적이라고 판단한 것이다. 많은 직원들이 내비게이터 제작에 참여했다. 소프트웨어가 완성되자 전체 사원을 대상으로 'ABC 내비게이터 연수'가 시작되었다.

사에구사는 ABC를 보급하는 활동을 직접 진두지휘했다. 그 열정은 잭 웰치가 '식스 시그마' 경영혁신 전략을 GE 사내에 도입했을 때와도 비견할 만했다. 당시 잭 웰치는 승승장구하던 일본을 본받자는 의미에서, 이 전략을 마스터한 GE 직원들에게 '블랙 벨트(검은 띠)'라는 칭호를 수여하기도 했다.

물론 미스미의 조직은 GE에 비해 훨씬 작으며 ABC와 식스 시그마는 성격이 전혀 다른 경영 전략이지만, 이 도구를 보급하겠다는 집념만큼은 GE에 뒤지지 않았다. ABC는 자유자재로 활용하기가 쉽지 않은 만큼 이것을 사내에 정착시키려면 최고경영자의 집착이 필요하다고 사에구사는 생각했다.

정확함과 간편함 사이의 균형

FA 사업 전략의 일환으로 시작된 미스미의 ABC 시스템 개발 프로젝트는 약 5년의 시간에 걸쳐 진행되었다. 그리고 마침내 세계적으로도 독창적인 '내비게이터'를 완성했다. 수많은 컨설턴트들은 ABC를 '정확하고 치밀한 거인'으로 만들어내려 했지만, 미스미에서는 처음부터 '정확함과 간편함의 균형'을 중시했다.

ABC 시스템이 효과를 발휘하는 분야는 비단 제조업만이 아니다. 보험회사나 광고대행사, 상사, 백화점, 항공사 등 온갖 업종에서 ABC 시스템의 효과를 기대할 수 있다. 그러나 ABC 시스템이 ①회사 전체에서 ②계속적으로 ③전략적인 도구로서 ④오퍼레이션 개선이라는 목적을 겸해 경상적으로 사용되는 사례는 아직까지 들어본 적이 없다. 사실상 ABC는 유행이 이미 끝난 도구이며, 관련 서적들은 대부분 절판된 상태이다.

그런데 사에구사는 그것을 미스미의 강력한 경영 도구로 키우려 했다.

PPM도 마찬가지다. 세계적으로 유행이 지난 이론이 미스미에서는 상품개발부터 영업 부문까지 모든 활동을 관통하는 '전략 연쇄'의 기본 콘셉트로서 살아 숨 쉬고 있다.

계속해서 바뀌는 유행을 좇아 새롭게 부상하는 개념들을 차례로 도입해나가는 것은 효과적이지 않다. 고전으로 불리든, 한물갔다고 평가받든, 경영 현장에 실질적 도움이 된다고 판단이 서면 우직하게 밀고 나가는 자세가 필요하다. 무엇보다 중요한 것은 최고경영자와 조직 말단이 연동할 수 있는 도구로 만들기 위해 사내에서 궁리를 거듭해야 한다는 점이다.

그런데 사장인 사에구사나 사업부장 나가오가 한 가지 프로젝트에 그렇게까지 많은 시간과 에너지를 쏟아붓는 일이 어떻게 가능했을까? 당시 규모가 아주 크지는 않았지만 미스미는 엄연히 도쿄증권거래소 1부 상장 기업이었다. 사장이나 사업부장이 한 가지 과제에 정신이 팔려서 다른 사안들이 방치되는 폐해는 없었을까?

이에 대한 사에구사의 생각은 명확했다. '이 일을 믿고 맡길 수 있는 사람이 있다면 그렇게 하고 싶다. 그러나 최고경영자가 실현하고자 하는 과제를 대신할 사람이 없다면, 마음이 놓일 때까지 직접 현장에 개입할 수밖에 없다.'

'그렇게 되면 부하 직원의 자율성을 빼앗는 결과가 되어서 인재육성이 늦어지지 않을까?' 하는 의문을 품는 사람도 있을 것이다.

그러나 이것은 샐러리맨의 사고방식이다. 프로페셔널의 기량을 지닌 사람과 현장에서 동행하며 '장인의 디테일'을 직접 대면하고 함께 상황을 헤쳐나가는 경험만으로 직원들은 빠르게 성장한다. 다만 이때 '터치 앤드 고'의 항법이 필요하다. 경영자는 위에서 지켜보고 있다가 필요할 때 현장에 발을 들인다. 그리고 실행할 일을 직원들이 '감당할 수 있는 크기'로 분해하고 재정의한다. 이 일을 수행할 만한 사람이 있다는 확신이 서면 즉시 현장을 떠난다.

혼자서 모든 일을 처리하기는 불가능하므로 최고경영자는 우선순위를 정하고 최대한의 효율을 노려야 한다. 그 결과 누락되거나 늦어지는 일이 생기더라도 감수한다. 미스미의 경우에도, 만약 나가오가 없었다면 FA 사업의 개혁은 아마도 도중에 좌초했을 것이다. 전사적인 전략 도구를 수립하거나, ABC 시스템을 도입하는 일도 불가능했으리라.

미스미에는 '효과가 있을지 없을지 몰라도, 도전하는 것이 옳다고 생각한다면 일단 해본다'라는 정신이 있다. 이는 사원들 안에 순직함과 외골수 기질이 살아 있기 때문이다. 임원과 사원 모두 상사의 리더십을 순순히 받아들이고 자신들이 알지 못하는 일에 주저 없이 도전한다. 또한 미스미의 문화는 직원들이 본인의 업무를 비판적인 시각에서 점검하고 '강렬한 반성론'을 공유하는 것을 장려했다.

물론 회사의 규모가 커짐에 따라 그런 사풍이 점차 약화되는 것은 불가피한 일이다. 거대한 조직 내에서는 구성원들이 자신도 모르는 사이에 안이한 '샐러리맨의 태도'를 증식하기 때문이다.

사에구사는 미스미 그룹이 그러한 '대기업의 숙명'을 최대한 뒤로 미뤄서 오래도록 활력이 넘치는 조직을 유지하길 원했다. 이를 위한 열쇠는 경영진의 '구호'나 막연한 '정신론'이 아니다. 조직이나 전략에 구체적인 '장치'를 담아야 한다. 사내의 시스템을 꾸준히 혁신해 그곳에서 일하는 사람들의 행동을 끊임없이 뒤흔드는 것 이외에는, 비대해진 조직에 따라붙는 관료화의 숙명에서 벗어날 방법이 없다.

ABC나 PPM 시스템도 그런 장치 중 하나다. ABC는 단순한 회계 도구가 아니다. 전략이 있는 조직, 기업가 정신으로 무장한 조직을 만드는 데 깊이 관여하는 수단이다.

📝 독자에게 내는 숙제

'회사 개조'를 위해 개혁을 차례로 실시하고 그것을 하나하나 안착시키려면 문제의 핵심이 무엇인지를 사전에 정확히 파악하는 것이 중요하다. 사에구사가 ABC에 집착한 이유는 전략적 판단을 내릴 때 원가 정보가 종종 결정적 역할을 하기 때문이다. 여러분의 회사가 원가 계산을 부정확하게 하거나 원가 계산 자체를 실시하지 않은 탓에 영업이나 생산 부문에서 잘못된 전략 판단을 할 가능성은 없는가? 그럴 우려가 있는 구체적인 사례를 정리해보기 바란다. 사에구사에게 이것은 그저 연습이 아니라, 경영 현장에서 답을 찾아내기 위한 절박한 과제였다.

미스미의 '회사 개조' 과정에는 역사적 기원이 다른 세 가지 개혁 사상이 흐르고 있다. 그것이 나의 사상과 행동에 큰 영향을 끼쳤으며, 미스미의 회사 개조를 이끄는 원동력이 되었다.

1. 비즈니스의 기본 사이클(제1조류)

미스미에 흘러든 첫 번째 개혁 사상(제1조류)은 무엇일까? 이 프레임워크는 내가 30대에 회사를 경영하면서 얻은 것이다.

이야기는 1970년대 후반으로 거슬러 올라간다. 당시 나는 미일 합작투자회사의 최고경영자로 취임해 추락한 실적을 반등시킬 방법을 고심하고 있었다. 그러던 어느 순간, 중요한 사실이 눈에 들어왔다. 사내의 의사 결정이 부문과 부문, 즉 조직 사이의 경계에서 단절되어 중요한 현안이 정체되고 있었다. 그래서 '기획하고, 제조하여, 판매한다'라는 프레임워크를 만들어내고 이것을 '비즈니스의 기본 사이클'이라고 이름 지었다.

가게에서 물건을 팔아 이익을 내는 상인은 이 사이클을 혼자서 빠르게 돌린다. 그러나 대기업이 기능별 조직으로 세분화되면 고객을 원점으로 하는 이 사이클의 회전이 약해져서 고객의 니즈에 둔감한 직원들이 늘어난다. '기획하고, 제조하여, 판매한다'라는 사이클을 빠르게 돌리는 기업은 경쟁에서 승리하지만, 어떤 이유에서든 이것의 회전 속도가 떨어지는 기업은 경쟁에서 밀려난다. 당연한 소리라고 생각하는 이들도 있겠지만, 부진에 빠진 기업은 거의 100퍼센트 이 병에 걸려 있으며 대부분의 조직원은 병의 증상을 느끼지 못한다.

'기획하고, 제조하여, 판매한다'라는 말은 아주 단순하게 들린다. 그래서 처음에는 무시하는 사람이 많았다. 그러나 이 프레임워크는 사실 상당히 의미심장하다. 이 사이클을 '빨리 돌린다'는 것은 곧 시간을 단축한다는 의미이며, 이는 뒤에서 이야기하는 '시간의 전략'을 함의한다. 실제로 10년 뒤에 미국의 학자가 만들어낸 '비즈니스 프로세스'나 '서플라이 체인' 같은 개념과도 상통한다.

당시 나는 도요타 생산 방식의 본질을 몰랐다. 그러나 중요한 경영 과제가 사내 '부문과 부문의 경계선에서 정체되는' 증상은, 효율이 떨어지는 공장 생산라인의 재공품이 '공정과 공정 사이에서 정체되는' 증상과 메커니즘이 일치한다. 그 사실을 나는 훗날 어떤 기업의 회생을 담당했을 때 도요타 생산 방식을 접하면서 알게 되었다.

이윽고 나는 이 프레임워크를 경영자의 '무기'로 사용하게 되었다. 사업 회생 전문가가 된 뒤로 이 무기는 한층 더 강한 위력을 발휘했다. 내게 의뢰를 해온 일본 기업 전부가 같은 병에 걸려 있었기 때문이다. 미스미가 사장 교체를 발표하기 직전에 실시한 '미스미의 8가지 약점'에 관한 프레젠테이션에서도 '기획하고, 제조하여, 판매한다'라는 프레임워크를 사용했다(1장 참조). 만약 이 프레임워크가 아니었다면 그렇게 단기간에 미스미가 걸린 병을 꿰뚫어보지 못했을 것이다. 또한 그 후의 개혁 스토리도 틀림없이 본질을 벗어났을 것이다. 이것이 경영 리터러시의 위력이다.

2. 시간의 전략(제2조류)

미스미를 움직인 두 번째 개혁 사상(제2조류)은 내가 만들어낸 것이 아니다. 이것은 1980년대 후반에 미국에서 발생해 일본으로도 밀려오고 있는 혁신의 물결이다. 그 후 오늘날까지 30년 가까이 큰 강처럼 도도히 흐르며, 업계 전체에 무거운 과제를 던지고 있다.

그 혁신의 물결은 무엇일까? 지금 와서는 격세지감이 느껴지지만, 사실 그 원류는 일본에 있었다. 많은 일본인이 기름 냄새 나는 공장에서 땀을 흘리며 몰두했던 '도요타 생산 방식'이 바로 그것이다. 그러나 일본인은 그 혁신적인 기법을 '경영 개념'으로 발전시키지 못하고 미국에 선수를 빼앗겼다. 일본 기업의 공세에 밀려 미국 전역에서 구조 조정의 폭풍이 불었던 1980년대 후반의 일이다. 당시 많은 미국 기업이 일본의 강점을 흉내 내고자 공장에 도요타 생산 방식을 도입하려 했다. 그런데 이를 지켜본 보스턴컨설팅그룹의 창업자 브루스 헨더슨은 특유의 통찰력으로 '일본의 카이젠(개선) 기법이 왜 기업을 강하게 만드는가.' 하는 메커니즘에 의문을 품었다. 어떻게 공장의 재고를 줄이는 정도로 기업이 강해지는 것일까?

헨더슨은 보스턴컨설팅그룹의 두 컨설턴트 조지 스토크(George Stalk)와 토머스 하우트(Thomas Hout)에게 일본에 가서 도요타 생산 방식의 수수께끼를 풀어 오도록 지시했다. 내가 보스턴컨설팅그룹에 몸담았을 때 동료였던 이들이다. 일본의 경제에 정통했던 그들은 2년에 걸쳐 도요타 생산 방식의 본질을 파헤쳤고, 그 결과 당시 미국은 물론 일본조차 생각하지 못했던 놀라운 결론에 도달했다.

"도요타 생산 방식(간판방식)은 단순한 재고 절감 수법이 아니다. 일본 기업은 '시간의 가치'를 추구하고 있다. '시간'이라는 새로운 전략 요소를 추구한다면 기업은 또 다른 경쟁 우위를 구축할 수 있을 것이다."

기업 전략에서 '시간'이 중요한 무기가 됨을 갈파한 것이다. 1990년에 출판된 그들의 저서 《타임베이스 경쟁 전략(Competing Against Time)》은 이후 미국에서 베스트셀러가 되었다. 나 또한 기업 경영자로서 '시간'이 중요한 경영 요소임을 1970년대부터 강하게 인식하고 있었다. 그랬기에 보스턴컨설팅그룹의 두 사람이 도요타 생산 방식에서 '시간의 전략'이라는 개념을 이끌어냈다는 이야기를 듣고 그들의 날카로운 통찰력에 감탄을 금치 못했다.

3. 사업 혁신의 메가트렌드(제2조류의 진화)

이어서 1993년, 매사추세츠 공과대학의 마이클 해머(Michael Hammer) 교수 등이 쓴 《리엔지니어링 기업 혁명(Reengineering the Corporation)》이 미국을 열광시켰다. 해머 교수 등은 보스턴컨설팅그룹의 '시간의 전략'에서 한발 더 나아가 '개발→생산→영업→고객'이라는 프로세스 전체를 극적으로 빠르게 돌리기 위한 개혁 방안을 제창했다. 나는 깜짝 놀랐다. 내가 고안한 프레임워크 '비즈니스의 기본 사이클'과 같은 발상이 미국에서 리엔지니어링이라는 이름의 콘셉트로 등장한 것이다. 그래서 해머 교수의 세미나를 들으러 보스턴까지 갔다. 세미나 장소는 2,000명 정도를 수용하는 커다란 홀이었다. 일본의 상식을 뛰어넘는 고액의 수강료에도 수많은 미국 기업의 '혁신'

리더들이 회장을 가득 메웠다. 나는 머리를 세게 얻어맞은 듯한 충격에 빠졌다. 일본에서는 현장 개선을 위한 노력이 완전히 시들어버린 지금, 미국에서 그 열기가 놀라울 정도로 뜨겁게 재현되고 있었다.

이는 30년에 가까운 시간 동안 몰락을 거듭하던 미국이 드디어 기나긴 터널에서 빠져나왔음을 보여주는 상징적인 사건이었다. 묘하게도 이 시점을 기준으로 일본의 기업들은 버블 붕괴로 몰락하기 시작하여 이후 20년 이상 침체기에 접어들었다. 미국 산업의 상승 기조와 일본 산업의 하향 기조가 바로 이 시점에 교차한 것이다.

리엔지니어링에서 시작된 이 혁신의 흐름을 나는 '산업 혁신의 메가트렌드'라 부르기로 했다. 그 이름에 걸맞게 여기에서 세 가지 큰 혁신의 흐름이 파생되었다.

첫 번째는 '기업 개혁에 대한 경영자의 발상과 자세'에 커다란 변화가 나타난 것이다. 실적이 악화되었으므로 어쩔 수 없이 구조 조정을 한다는 자세로는 결국 회사를 구할 수 없다. 시간이 조금 지나면 또다시 구조 조정을 해야 하는 상황에 처한다. 그런 사태를 피하려면 단숨에 몰아치는 '일기가성의 승부'로 개혁에 도전해 회사 전체를 극적으로 바꾸는 수밖에 없다. 미국 기업들은 사업 혁신의 메가트렌드를 통해 개혁의 날을 더욱 날카롭게 갈았다.

두 번째 혁신으로는 더욱 놀라운 일이 일어났다. '시간의 전략'과 '리엔지니어링'에서 시작된 새로운 사상이 'IT(정보기술)'와 극적으로 결합한 것이다. 에스에이피(SAP)와 오라클(Oracle Corporation) 등의 ERP(통합 업무 소프트웨어)가 대두하며 서플라이 체인에 개혁의 물결이 일어났다. 미국의 회계사무소가 거대한 컨설팅 회사로 변신한 것도 이 흐름의 결과다. 회계 감사를 주 업무로 하던 회계사무소들이 이제는 직원 수천 명을 보유하고서 업무 개혁과 시스템 개발을 실시하는 전문가 그룹으로 거듭났다. 이 흐름은 현재 독일이 중심이 된 '인더스트리 4.0' 같은, 산업을 가로지르는 혁신 기법으로 이어지고 있다.

세 번째 혁신은 IT를 최대한 활용한 전자상거래(EC) 사업의 융성이다. 1990년대에 들어오자 EC 벤처가 우후죽순으로 생겨났다. 미국의 벤처 기업들은 처음에는 하나같이 보잘것없어 보였지만, 실리콘밸리 등에서 리스크 머니(손실이 날 수도 있음을 각오한 투자 자금-옮긴이)를 유치해 치열한 약육강식의 경쟁을 계속하며 비즈니스 모델을 강화해나갔다. 그런 '죽음의 계곡'을 극복하고 크게 성공한 기업 중 하나가 바로 아마존이다. 아마존은 기존 유통업계의 서플라이 체인을 모두 파괴하는, 극적인 사업 모델의 혁신을 이루어냈다. 이 모델은 전통적인 기업들이 어중간한 사내 개혁을 아무리 거듭한들 절대 대항할 수 없을 만큼 위협적이었다.

이렇게 해서 '사업 혁신의 메가트렌드'는 미국 기업을 부활시켰다. 1960년대 이후 30년이라는 기나긴 시간 동안 몰락의 역사를 써 내려가던 미국 기업은 마침내 출구를 찾아냈다.

한편 일본은 어떨까? 버블 붕괴 이후 시작된 침체의 역사는, 과거 미국이 겪은 침체기와도 같은 30년에 어느덧 가까워지고 있다. 그러나 일본은 여기에서 빠져나오기 위한 혁신의 실마리를 아직도 찾아내지 못했다. 그 이유는 자명하다. 애초에 메가트렌드의 원류가 일본에 있었음에도 거기에서 새로운 비즈니스 무기를 길러내지 못했다. 그것을 발견한 쪽은 오히려 미국이었다. 자신들의 강점을 이론화하고, 확대하여 적용해나가는 지적 싸움(경영 리터러시의 싸움)에서 일본은 미국의 꽁무니만 쫓아가고 있다.

주위의 동향을 먼저 살피는 '보조 맞추기'와, 그런 다음 남의 뒤를 쫓아가기 시작하는 '리스크 회피 사고'로는 혁신의 실마리를 찾아낼 수 없다. 자신만의 독자적인 강점을 이론화하는 일이 무엇보다 필요하다. 또한 새로운 혁신을 위해 경영 사상을 고민하는 동시에, 창조적 경영 리더군을 육성해야 한다.

사업 혁신의 메가트렌드

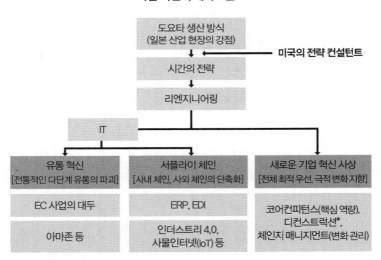

* **디컨스트럭션** — 기존의 일반화된 비즈니스 모델을 해체하고 전혀 다른 관점에서 새로운 비즈니스 모델을 창출하는 마케팅 기법.

4. 미스미의 단납기 모델(제3조류)

미스미의 사내에는 내가 만들어낸 '비즈니스의 기본 사이클'이나 미국에서 시작된 '메가 트렌드'와 역사적 기원이 다른 제3의 조류가 흐르고 있었다. 바로 미스미의 창업자가 20년도 더 전에 시작한 '단납기 사업 모델'이다. 이것은 엄청난 선견지명이었다. 여기에 창업자는 '팀(team)제'라고 부르는 작은 사업 조직을 고안했다. 이것은 한마디로, 사업 전략을 빠르게 돌리는 수단이었다.

이 세 가지 조류가 나의 사장 취임을 계기로 미스미라는 하나의 기업 속에서 합체했다. 미스미는 이러한 전략 개념을 '시간의 전략', 영어로는 'It's all about TIME'이라는 슬로건으로 공표했다.

현장에서는 '시간의 전략'을 기점으로 하는 다양한 개혁이 시작되었다. 처음에는 서로 연관성이 없어 보이던 각각의 개혁 주제들이 몇년이 지날 무렵부터 하나하나 서로 연결되기 시작했다. 개혁을 실시한 각 부문뿐 아니라 회사 전체 '사업 모델'의 강점으로서 통합되기 시작한 것이다. 이것이 '회사 개조'라 부를 수 있을 정도의 큰 변혁을 몰고 왔다.

그 개혁을 현장에서 실행한 주역은, 훗날 나의 뒤를 잇게 될 차세대 경영 간부들이다. 세계적인 메가트렌드 속에서 미스미가 익사하지 않도록, 혹은 말라 죽지 않도록 노력한 장본인들이다.

독자 여러분은 세계를 뒤덮고 있는 사업 혁신의 메가트렌드가 지닌 '전략적 의미'에 주목하면서 이 책의 후반부를 읽기 바란다.

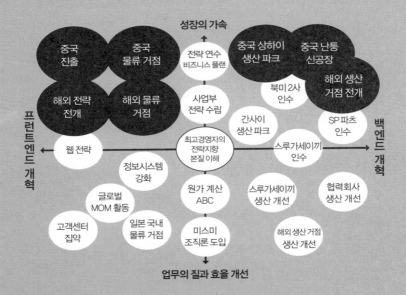

성장의 가속

중국
진출

중국
물류 거점

전략 연수
비즈니스 플랜

중국 상하이
생산 파크

중국 난퉁
신공장

해외 전략
전개

해외 물류
거점

사업부
전략 수립

북미 2사
인수

해외 생산
거점 전개

간사이
생산 파크

SP 파츠
인수

프런트엔드 개혁

웹 전략

최고경영자의
전략지향
본질 이해

스루가세이끼
인수

백엔드 개혁

정보시스템
강화

글로벌
MOM 활동

원가 계산
ABC

스루가세이끼
생산 개선

협력회사
생산 개선

고객센터
집약

일본 국내
물류 거점

미스미
조직론 도입

해외 생산 거점
생산 개선

업무의 질과 효율 개선

4

'글로벌 전략'으로
승부를 건다

'해외 진출에 무관심. 본사의 해외사업 조직은 전무. 전략도 없음'의 상태에서 13년 후 해외 주재 사원 7,000명에 해외 매출액 비중이 전체의 50퍼센트에 육박하는 글로벌 기업으로 성장. 미스미의 간략한 해외사업 성장 이력이다. 미스미는 어떻게 '글로벌 전략'을 구축하고 실행했을까?

글로벌화의 발목을 잡는
족쇄를 부수다

찬밥 취급을 받는 해외사업　미스미의 개혁에서 사에구사가 가장 큰 도전 과제로 생각한 것은 '해외 전략'이었다. 일본에서 새로이 세계로 진출해 경쟁할 수 있는 기업을 하나라도 좋으니 자신의 손으로 만들고 싶다는 것이, 미스미의 사장직을 받아들였을 때 품은 야심이었다. 실제로 '야심'이라고 표현할수밖에 없을 정도로, 미스미의 현실은 이상과 멀어 보였다.

그때까지 미스미의 해외 진출은 사원 개개인이 나서서 산발적으로 시도하는 데 그쳤다. 도쿄 본사의 직원들은 지위고하를 막론하고 하나같이 일본밖에 모르는 사람들이었다. 외국에서 사업을 추진하겠다고 하면 조금 별난 사람으로 취급받았다. 누군가가

"저 나라에서 미스미의 사업을 해보고 싶습니다"라고 얘기를 꺼내면 "뭐, 그렇게 하게"라며 보내주기는 하지만 지원은 거의 하지 않는 듯했다. 요컨대 회사 차원의 '해외 전략'이라는 것이 존재하지 않았다.

그런 환경 속에서도 최근 10년 사이 자발적으로 해외 진출을 시도하는 사원들이 나타났고, 타이완과 미국, 싱가포르, 태국, 한국, 홍콩, 영국, 중국 상하이 지역에 현지 법인이 설립되었다. 단, 현지에서는 재고를 거의 보유하지 않은 채 주문을 받으면 그때그때 일본에서 수입하는 방식으로 비즈니스를 하고 있었다.

사에구사가 사장으로 취임했을 때, 본사에는 해외 활동을 총괄하거나 지원하는 부서가 없었다. 다시 말해, 글로벌 전략에 활용할 수 있는 인력이 한 명도 없었다. 굳이 찾자면 현지 법인에서 들어오는 주문을 처리하는 수출 담당자가 네댓 명 있었는데, 그마저도 파견 사원을 포함한 숫자였다. 해외 담당 집행임원도 있기는 했지만 국내 업무를 겸하고 있어 해외사업은 사실상 부수적인 업무나 다름없었다.

조직의 실태가 이렇다 보니 그가 오기 전까지 약 10년 동안 미스미의 해외사업은 거의 제자리걸음을 하고 있었다. 사에구사가 취임하던 시점의 해외 매출액은 모든 현지 법인을 합쳐 44억 엔(약 440억 원)으로, 연결매출액의 8.6퍼센트에 불과했다. 그랬던 것이 13년 후에는 '내부 성장(기업 인수를 통한 확대를 제외)'으로 이뤄낸 해외 매출액만 746억 엔(약 7,460억 원)으로 약 17배가 되었고, 연결매출액에서 차지하는 비중은 36퍼센트까지 증가했다.

'성장기'가 없는 성장 곡선

사에구사가 첫 해외 출장지로 선택한 곳은 미국이었다. 사장 취임 전에 사내를 돌아다니며 '미스미의 8가지 약점'을 발견했을 때와 마찬가지로, 해외 전략의 문제점과 해결의 실마리를 찾기 위해서였다.

그는 출장 전부터 미국 시장에 의구심을 품었다. 시카고에 있는 미스미 미국 지사는 설립된 지 13년이 지났는데도 전년도 매출액이 12억 엔(약 120억 원)에 불과했다. 10년이 넘는 시간 동안 거둔 성과가 이 정도라는 말은, 해외 시장에서는 미스미의 사업 모델이 통용되지 않는다는 의미인지도 모른다. 그렇다면 그의 해외 전략 구상은 비관적이 된다.

현지에 도착한 지 이틀도 지나지 않은 시점에 사에구사의 머릿속은 경보음으로 가득 찼다. 현지 법인의 사장인 아사카와 히로시(浅川宏)는 쾌활하고 정직해 보이는 인물이었다. 그는 사에구사에게 지금까지의 실적을 설명하면서 파워포인트 한 장을 스크린에 띄웠다. 미국에서 매출액이 서서히 상승해왔음을 보여주는 그래프였다.

"13년 가운데 이 시기가 성장기였습니다. 그리고 그 다음의 이 지점이 폭발적 성장기입니다."

사장은 화면을 응시했다. 완만한 선이 하나 그려져 있을 뿐이었다. 어디를 봐도 폭발적이라고 표현할 만한 부분은 없었다. 거의 수평선이나 다름없는 선 하나에 라이프사이클의 '성장기'나 '성숙기'를 적용하는 것 자체가 무리였다.

아사카와는 자원해서 미국에 온 이후 최선을 다했으며 상당히 괜찮은 성과를 거뒀다고 생각하는 듯했다. 사에구사는 그 자부심을 꺾어야겠다고 생각했다. 기존의 흐름을 단절하려면 일단 이 시점에 단절력을 발휘해야 했다.

"잠깐, 이 그래프의 어디에 성장기가 있다는 건가? 내가 보기에 성장기는 아직 한 번도 오지 않았네. 이런 말을 해서 미안하네만, 자네가 말하는 사업 규모는 미국이라는 거대한 코끼리의 등 위에 앉아 있는 파리 한 마리 수준밖에 안 돼."

생각지도 못했던 사장의 말은 아사카와의 자존심에 상처를 입혔다. 그러나 사업의 규모에 대한 감각이나 가치관을 단번에 재정립하도록 하려면 이런 식으로 말하는 수밖에 없었다.

그와 이야기를 나누던 사에구사는 한편으로 동정심을 느꼈다. 과거의 미스미 본사는 다각화 벤처군에 과감한 투자를 허용하지 않았다. 그의 표현대로 모든 사업이 '작게작게 병', '따로따로 병'에 걸린 모양새였다. 이러한 현상은 해외사업에서도 일어나고 있었다. 아사카와는 기세 좋게 미국에 왔지만 본사로부터 제한된 지원밖에 받지 못했다. 경비 예산에도 여유가 없었던 탓에 과감한 전략을 실행하지 못하고 사면초가 속에서 혼자 고군분투한 모양이었다.

해외 시장을 경시하는 본사의 태도가 하나의 속박이 되고, 그것이 현지 경영을 '따로따로 병'에 걸리게 만든 듯했다. 그러나 해외로 진출한 사원들 역시 '뜻'이 높았다고는 결코 말할 수 없었다.

해외 전략의 '첫 번째 페이지'를 그리다

사에구사는 해외 전략의 문제점과 방향을 정리하고자 미국에 왔다. 보통은 문제를 정리하는 데도 상당한 시간이 걸리는데, 이번에는 미국에 체류한 지 3일 만에 그 답을 상당 부분 찾았다. 이렇게 시간을 단축할 수 있었던 것 역시 프레임워크의 힘이었다. 사에구사는 사장으로 취임하기 전에 본사와 각 지역을 관찰하고 〈미스미 QCT 모델〉을 구상했다(1장 참조). 이것이 경영자로서 판단력을 발휘하는 데 큰 차이를 만들어냈다. 이 사업 모델을 참조하니 미스미의 미국 사업이 성장하지 못하는 이유가 하나둘 보이기 시작했다.

먼저, 미국에서 고객에게 배포하는 카탈로그가 너무 얇았다. 다시 말해, 상품 라인업이 턱없이 부족했다. 카탈로그 문화가 최고로 발달한 미국에서 승부하기에는 너무나도 허술한 카탈로그였다. 미스미의 카탈로그가 사업 모델의 '기폭제' 역할을 전혀 하지 못한다고 한마디로 판정할 수 있었다.

또한 미국에는 직영 창고가 없었으며, 출하 작업은 현지 업자에게 전부 맡기고 있었다. 일본에서도 출하 실수를 많이 일으키는 방식이다. 고객과 접촉하는 창구인 고객센터도 허술해서 효율이 떨어졌다. 당시 일본 내의 13개 지역에 산재해 있던 작은 고객센터들보다도 더 복잡한 문제를 안고 있는 듯 보였다.

여기까지 요약하면 〈미스미 QCT 모델〉의 프런트엔드(고객 대응)는 미국에서 완전히 경쟁에 지고 있었다. 한편 백엔드(상품 조달)는 대부분이 일본을 통하는 방식이었다. 고객에게 주문을 받으면 그 주문을 일본으로 송신하고 그때그때 항공편으로 받았다. 이래서는 납기가 길어질 수밖에 없다. 일본에서 실현한 '표준 3일 모델'은 처음부터 붕괴되어 있었다.

몇 년 전 협력회사인 스루가세이끼는 미스미의 요청으로 시카고에 현지 생산용 공장을 세웠다. 이곳은 심각한 적자가 계속되는 상태였다. 직접 공장에 가서 살펴보니, 생산 품목이 한정되어 있어서 단납기 모델을 실현하기에는 어중간한 체제였다.

사에구사의 결론은 명확했다. 미국에서는 프런트엔드와 백엔드 모두 일본의 〈미스미 QCT 모델〉을 흉내만 낼 뿐, 실제로는 한참 낮은 수준에 머물러 있었다. 그 후 다른 현지 법인도 찾아갔지만 상황은 전부 대동소이했다. 사에구사는 첫 미국 방문에서 미스미의 해외 시장이 크게 성장하지 못한 근본적인 원인을 확인했다. 미스미 사업 모델의 강점을 해외 거점에 올바르게 이식하지 못한 것이 거대한 족쇄로 작용하고 있었다.

안전밸브를 해제하다

본사로 돌아온 사에구사는 '미스미 글로벌 전개의 개념도'를 그렸다. 글로벌 사업에 대한 '두 번째 페이지'에 해당하는 그림이었다. 그리고 간부들에게 이렇게 설명했다.

"앞으로 해외 전략에서 필수 과제는 진출 국가 한 곳 한 곳에서 〈미스미 QCT 모델〉을 충실히 실현하는 것입니다. 안 그러면 어디를 가더라도 '이기는 싸움'은 불가능합니다."

미스미 글로벌 전개의 개념도

· 해외 각국에서 〈미스미 QCT 모델〉을 확립
· 팀제를 초월한 대규모 선행 투자 전략

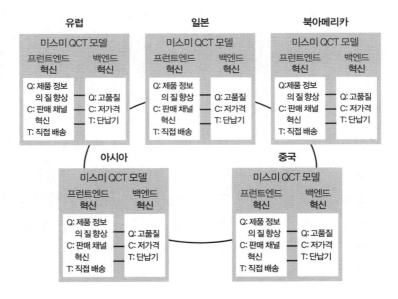

특이한 점이라고는 전혀 없어 보이는 이 개념도는 본사 간부들의 사내 상식을 극적으로 바꾸어 과거의 족쇄로부터 해방시키는 데 공헌했다.

사에구사는 해외 전략에 관해 더욱 과감한 발언을 계속했다.

"미스미에게 해외 투자는 '전략적 투자'입니다. 목표는 사업을 확대, 성장하는 것이죠. 이 목표를 이루기 위해서라면 설령 현지 법인의 손익이 당분간 악화되어서 적자에 빠지더라도 상관없습니다. 그 적자는 일본의 국내 사업으로 보전할 겁니다."

적자를 허용한다는 획기적인 발언은 사원들을 과거의 '족쇄'로부터 해방시키는 결정타였다. 그 전까지 미스미는 내부 통제가 거의 전무한 회사였다. 일단 사업 계획이 통과되면 1년 동안은 어떻게 진행되든 누구의 감사도 받지 않았다. 다만 그런 약한 내부 통제를 보완하기 위해 일종의 '안전밸브'가 설정되어 있었다. 경리 부장이 '팀의 적자액을 연간 1억 엔까지로 제한한다'고 규제한 것이다. 바로 이것이 '작게작게 병'을 유발하는 요인이었다.

사에구사는 안전밸브를 한 방에 날려버렸다. 물론 위험성을 모르는 바는 아니었다. 본사의 컨트롤 체제가 취약한 상태에서 최고 경영자가 '돈을 마음껏 쓰라'고 돌격 나팔을 분다면 무슨 일이 일어날까? 현지 법인의 사장들은 고삐 풀린 망아지처럼 제멋대로 행동할지도 모른다. 그래서 사에구사는 중요한 해외 전략 시장을 당분간 2개국으로 제한한다고 명시했다. 중국과 미국이었다.

"그 밖의 현지 법인은 특별한 지시가 있을 때까지 자중하세요."

사에구사는 30대 경영자 시절에 지금과 비슷한 상황에서 진땀을 흘렸던 경험이 있다. 한 번에 너무 광범위하게 일을 벌였다가 전선이 지나치게 확대되는 바람에 수습하는 데 큰 고생을 했다.

그때 냉동 보존해두었던 프레임워크가 30년이 지난 지금 되살아나 경보를 울리고 있었다.

‘중국’이라는 위험한 프로젝트에 뛰어들다

사에구사는 왜 중요한 전략 시장으로 중국을 선택했을까? 당시 미스미는 상하이의 보세구(중국 국무원이 비준한 자유무역지구의 일종-옮긴이)에 현지 법인을 두고 있었다. 이 법인은 재고를 보유하지 않고 주문을 받을 때마다 일본에 전달하는 역할을 할 뿐이었다. 매출액은 1억 엔(약 10억 원) 정도였다.

이때 사에구사의 머릿속에서는 하나의 ‘역사관’이자 중요한 프레임워크가 작동하고 있었다. 이 프레임워크는 그 후 10년에 걸쳐 미스미의 중국 전략을 구동하는 원동력이 되었다. 사에구사의 역사관은 이랬다.

일본은 1960년대부터 1980년대 말까지 30년 동안 미국의 산업을 차례차례 압도해나갔다. 사에구사는 보스턴컨설팅그룹에 몸담으면서, 1960년대 말부터 기세 좋게 상승하던 일본 산업과 쇠퇴하던 미국 산업의 전황을 피부로 느꼈다. 일본에서 대두한 산업은 그 순서대로 미국의 동종 산업을 제압해갔다. 섬유를 시작으로 백색 가전, 텔레비전, 철강, 특수강, 자동차, 마지막으로 반도체까지. 그리고 그 뒤로는 완전히 똑같은 패턴의 경쟁이 중국과 일본 사이에서 진행되었다. 이번에는 압도해나가는 쪽이 중국, 쇠퇴하는 쪽이 일본이었다. 섬유 제품과 채소, 만두로 시작된 일본 시장 잠식은 중국의 산업 구조가 고도화됨에 따라 하이테크 제품으로 이동해갔다.

사에구사는 미스미의 중국 진출이 이미 10년이나 늦었다고 판단했다. 지금 진출하지 않으면 영원히 중국 시장에서 의미 있는 존재가 될 수 없을 터였다. 힘을 키운 중국 기업은 자국 시장을 차지하는 것을 넘어 일본을 공략할 것이다. 미스미가 일본 시장조차 잃게 되는 사태를 막기 위해 승부를 걸 기회는 지금뿐이었다.

사에구사는 당시 미스미의 '2대 위험 프로젝트' 중 하나로 중국 진출 프로젝트를 꼽았다. 나머지 하나는 일본 국내의 고객센터 개혁 프로젝트였다(7장 참조).

전선 확대의 영향은 즉시 나타났다. 중국 프로젝트가 시작되자 사에구사는 여기에 엄청난 에너지를 집중해야 했다. 중국과 미국을 제외한 현지 법인의 사장들에게 당분간 자중하라고 지시한 것은 정확한 혜안이었다. 본사에서 다른 개혁도 동시에 추진하고 있었기 때문에 이 정도의 전선 확대도 엄청난 부담이 되었다. 미스미도, 사에구사 자신도 아슬아슬한 상태였다.

그러나 그런 위기를 의식하는 간부는 당시 한 명도 없었다. 사에구사 혼자서 외로운 싸움을 하고 있었다.

젊은 피와 베테랑으로 이루어진 정예 팀 사에구사가 사장으로 정식 취임하기 전, 그해 2월경부터 사내에서 한 젊은 직원이 자원해 중국 사업에 뛰어들었다. 30세의 가가미 겐토(加

久美健斗)로, 당시 사내 제도에 따라 비전 프레젠테이션에 입후보해 선임된 리더였다.

가가미는 자신이 아시아인이라는 의식이 유독 강했다. 학창 시절에 1년 동안 휴학한 뒤 영국으로 유학을 갔을 때 차별을 받았던 경험 때문이었다. 이후 대학을 졸업하고 평범한 상사에 취직을 했는데 3년 반 만에 회사가 도산하는 사태를 겪었다. 다른 곳에 취직했지만 만족하지 못하고 3개월 뒤에 다시 회사를 나왔다. '실력을 키울 수 있는 곳에서 일하고 싶다'는 각오로 지원한 회사가 미스미였다.

그로부터 2년 후, 그는 중국행을 지원했다. 젊은 피가 많은 미스미에서도 이례적으로 젊은 디렉터였다. 이 결정으로 결국 지옥과도 같은 경험을 하는 신세가 되지만, 당시에는 마냥 희망에 부풀어 있었다.

즉시 가가미를 부른 사에구사는 먼저 그의 나이에 놀랐다. 글로벌 전략의 첫 테이프를 끊을 인물이 이렇게 새파랗게 어린 청년이었단 말인가?

"자네가 중국에 가는 건가? 초기 조직은 어떻게 구성할 생각인가?"

"네, 저 말고 젊은 멤버 세 명을 뽑았습니다."

사에구사는 할 말을 잃었다. 중국 시장에 진출하는데 20대 직원 세 명을 데리고 가서 뭘 어쩌겠다는 말인가? 외국에서 근무한 경험은 아무도 없고, 중국어도 전부 할 줄 모른다. 현지에 관한 지식도 전무하다. 심지어 미스미에서 일한 경력도 다들 길지 않았고, 그렇다고 눈에 띄는 실적을 올린 이력도 없는 듯했다. 그런데 이 네 명도 해외 진출 인원으로는 미스미 사상 최대 규모라고 한다. 그때까지의 사내 상식으로 이 이상의 체제는 기대할 수 없었던 모양이다. 여기에서도 과거의 족쇄가 작동하고 있다는 느낌이 들었다.

"자네, 이런 적은 인원으로 정탐이라도 하러 가는 건가?"

이번에는 가가미가 할 말을 잃었다. 가가미의 기억에 강렬하게 남는 사장의 한마디였다.

향후 해외 전략의 서막이자 최대의 격전지가 될 중국에 도전하기 위해서는 미스미에서 선발할 수 있는 최고의 인재를 보내야 한다. 사에구사는 가가미 한 명에게 회사의 명운을 걸어야 한다는 사실이 불안했다. 그래서 두 건의 인사를 단행했다. 미스미의 사장으로서 발령한 첫 인사였다.

첫째로, 임원인 아라가키 마사즈미를 중국 프로젝트 담당 임원으로 지명했다. 이로써 젊은 디렉터가 노련한 상사 밑에서 중국 사업을 설립해나가는 형태가 되었다. 아라가키는 영업의 베테랑이자, 다구치 전 사장과 함께 미스미를 키워낸 공적이 있는 사람이었다. 사에구사가 초밥집에서 젓가락 봉투에 미스미의 사업 모델을 그렸을 때, 그 술자리에 동석했던 인물이기도 하다. 사에구사는 영업의 세계에서 산전수전 다 겪은 그의 투박한 분위기를 좋아했다.

둘째로, 가가미가 선택한 20대 멤버 세 명을 좀 더 경험이 풍부한 사원 두 명으로 교체했다. 이것은 아라가키의 제안이었다. 당시 미스미의 조직 제도에서는 선임된 디렉터에게 부하 직원을 선택할 권리가 있었다. 부하 직원의 인사나 급여 조건 등도 전부 디렉터가 결정하도록 되어 있었다. 그러나 사에구사는 취임 전부터 이 제도에 문제가 있다고 생각했다. 중요한 중국 사업에서만큼은 설사 기존의 제도를 무시하는 형태가 될지라도 최적의 인사를 단행해야겠다고 마음먹었다.

물론 가가미로서는 충격적인 방침이었다. 본인이 직접 선택한 직원들을 하루아침에 잃어야 한다는 사실에 너무 화가 나서 순간 회사를 그만둘까 하는 충동이 들었을 정도였다. 주변에서도 신임 사장의 이번 인사는 회사의 제도를 무너뜨리는 처사이자 권력 남용이라고 비판하는 목소리가 들렸다. 충분히 있을 수 있는 비판이었다. 그러나 이것은 전략보다 기존의 제도를 우선시하는 편협한 시각이기도 했다. 경영자가 바뀌고 전략이 바뀌면 조직이나 제도도 필요에 따라 변화해야만 한다. '전략이 조직을 따르는 것이 아니라, 조직이 전략을 따라야' 하는 것이다.

사에구사는 확신을 갖고 인사에 대한 비판을 일축했다. 타협은 없었다. 아니, 정확히는 이 인사가 가가미를 구제할 것이라고 생각했다. 앞으로 가가미가 중국에 간 뒤에는 앞을 내다볼 수 없는 진흙탕에 빠져들지도 모른다. 그가 선택한 멤버와 함께라면 그 아수라장이 그대로 '죽음의 계곡'으로 이어질 우려가 있었다.

'210억'짜리
예산안

사장은 얼마 후 다시 가가미를 불러서 물었다.

"앞으로 중국 사업을 시작하는 데 어느 정도의 자금이 필요할 것 같나?"

가가미로서는 생각해본 적이 없는 질문이었다. 자금의 메커니즘을 이해하는 일은 경영자를 지향하는 이들에게 필수과목이다. 공부하겠다는 의지만 있다면 경리 부문의 경험 따위는 필요치 않다.

"이보게, 돈을 어느 정도 쓸지 계획하지 못한다면 사업 리더로 일할 수 없어. 단순한 돌격대장이어서야 되겠는가."

하지만 사내에는 가가미를 도와줄 만한 스태프가 없었다. 그때까지 미스미의 재무 부문은 전부 아웃소싱에 의존하고 있었던 탓이다. 사에구사는 가가미에게 자금의 융통을 예측하는 방법을 지도했다.

가가미는 현 단계에서 그릴 수 있는 사업계획서 비슷한 것을 작성해보았다. 고심하면서 자금 예측도 해봤다. 이 작업을 통해 캐시플로의 메커니즘을 이해했고 그만큼 경영 기량을 높일 수 있었다. 하지만 문제는 그 결과 드러난 수치였다. 상하이 미스미에 들어갈 자금은 5년차에 최대치에 달하며, 그 금액은 21억 엔(약 210억 원)이었다. 이후로는 사업이 흑자로 돌아서므로 투자액을 회수해나갈 수 있으리라는 계산이었다.

가가미는 자신이 산출한 숫자에 놀랐다. '연간 적자는 1억 엔까지'라는 이전의 규제를 생각하면 상상을 초월하는 수치였다. 예전 같으면 '시작부터 21억 엔을 퍼부어야 한다'는 말을 꺼내는 순간 코웃음과 함께 즉시 반려되었을 것이다.

'내 사업에 이렇게 엄청난 돈이 들어가는구나……'

가가미는 그 숫자를 들고 쭈뼛거리며 사장실로 향했다.

"일단 다녀오게" 사에구사는 사장실의 소파에 앉아 그 숫자가 도출된 근거를 조용히 검토했다. 가가미에게는 공포스러운 침묵이었다. 중국 사업을 중단한다고 선언할지도 모른다는 두려움이 엄습했다.

그러나 사실 사장의 속마음은 정반대였다. 그는 내심 '고작 이정도라고? 실제로는 두 배쯤 더 들어간다고 생각하는 편이 좋겠군.' 하고 생각했다.

그의 판단에 따르면, 미스미는 고도성장이 한창 진행되고 있는 중국 시장에 뒤늦게 진출하는 것이었다. 후발 주자의 핸디캡을 극복하고 의미 있는 시장점유율을 차지해야 했다. 이 정도의 자금으로 그렇게 할 수만 있다면 감지덕지라 할 만했다.

사에구사는 말없이 생각했다. 캐시플로 이야기는 일단 이것으로 충분하다. 그보다 더 큰 문제가 있다. 고작 21억 엔에 벌벌 떨고 있는 눈앞의 청년이다. 과거의 족쇄에 발이 묶여 '새로운 사업에 너무 큰돈을 써서는 안 된다'는 고정관념에 시달리고 있다. 게다가 애초에 경영 경험이 너무 부족하다. 과연 이 젊은이에게 중국 사업을 밑바닥부터 다져나갈 역량이 있을까? 그 어려움과 공포를 알고 있을까? 겁 없이 자원은 했지만 아수라장에 휘말린 순간 비명을 지르며 도망치는 건 아닐까?

어쩌면 가가미는 '지금의 미국 법인 같은 회사를 하나 더 만들면 되겠지.' 하는 정도의 안이한 생각에 젖어 있는지도 모른다. 그러나 13년에 걸친 사업의 결과 고작 12억 엔의 매출을 올린 미국 법인의 빈약한 실적은 앞으로의 중국 전략에 아무런 참고도 되지 못한다. 중국에서 노리는 매출액은 100억 엔, 200억 엔, 어쩌면 그 이상이다(실제로 가가미가 설립한 회사의 매출액은 거의 제로부터 시작해 약 400억 엔(약 4,000억 원)에 근접하는 수준까지 성장했다. 또한 미스미 그룹 전체의 중국 사원은 현재 2,000명을 넘어섰다).

미스미가 앓고 있는 해외사업에 대한 '작게작게 병'을 완전히 분쇄해야 한다. 눈앞에 있는 가가미의 역할은 미스미의 해외사업에 새로운 돌파구를 여는 것이다. 지금까지와는 완전히 다른 전략, 다른 문화, 다른 승부에 도전하는 것이다.

이런 생각 속에서 한동안 침묵에 잠긴 사장을 가가미는 초조하게 기다렸다.

이윽고 사에구사가 입을 열었다.

"뭐, 도쿄에서 생각하는 사업 구상은 이 정도면 됐네. 중국 현지에 가야 진짜 풍경이 보일 테니 일단 다녀오게."

이렇게 사에구사는 '다녀오게'라는 승인의 말로써 '난폭한 인사'를 단행했다. 이제 인생 마지막 시기의 일대 승부를 이 30세 청년에게 맡겨야 한다. 그의 불안과 고독함을 이해할 사람은 미스미 내에 단 한 명도 없었다.

🔒 **경영자의 수수께끼 풀이 26**

난폭한 인사

'난폭한 인사'란 잠재력과 자기 발전 욕구가 충분한 사원에게 현재의 능력을 뛰어넘는 도전의 기회를 주는 것이다. 이때 그 사람의 성장 한계를 고려한 '키에 맞는 점프'를 시키면 성공률이 높지만, 성장 한계를 오판해 '키에 맞지 않는 점프'가 되면 실패의 리스크가 커진다. 난폭한 인사는 경영 리더를 최단 기간에 육성하기 위한 불가피한 방법이다. 여기에는 사내의 질투가 쏟아진다는 단점도 따른다. 이 인사를 단행한 임명자가 담당자를 마지막까지 끈기 있게 지켜줄 수 있느냐에 따라 성공과 실패가 갈린다.

만약 사에구사에게 '경영 리더의 육성'이라는 이상이 없었다면 이런 인사는 불가능했을 것이다. 아니나 다를까, 가가미는 상하이에 간 지 불과 몇 개월 만에 모든 것을 내려놓고 미스미를 그만두어야겠다고 마음먹을 만큼 곤경에 처한다.

폭풍 속에 버려진 세 사람　　사에구사가 사장으로 취임한 지 한 달째인 7월, 가가미와 멤버들은 자신만만한 표정으로 상하이에 도착했다. 담당 임원으로 지명된 아라가키는 몸이 좋지 않아 상하이 부임을 9월 하순으로 연기했다.

가가미 팀은 먼저 상하이에 사무실을 개설하는 일부터 시작했다. 그런 다음에는 수주 센터를 처음부터 새로 만들고, 창고와 배송센터도 확보해야 한다. 건물만 구하는 것이 아니라 오퍼레이터를 채용하고 훈련하는 과정도 필요하다.

가장 어려운 도전은 중국 현지의 제조회사를 물색해 미스미의 품질 기준과 납기에 부합하는 상품 조달 체제를 구축하는 것이었다. 다음으로는 고객의 주문을 처리하기 위한 정보시스템을 마련해야 한다. 카탈로그를 현지 언어, 현지 통화, 현지 납기에 맞춰서 편집하는 것도 쉽지 않은 일이다. 카탈로그 발행을 맡길 인쇄 회사를 어떻게 찾아야 하는가부터 깜깜한 상황이었다.

여기에 인사와 경리 등 간접 부문을 설립하고, 각 부문에서 일할 현지인 사원을 채용하는 데도 만만치 않은 시간이 소요될 것으로 예상되었다. 게다가 면접을 본다 한들 중국인의 능력을 정확히 판단할 수 있을지도 확신이 서지 않았다. 오리무중이란 바로 이럴 때 쓰는 말이리라. 현지에 도착한 세 사람은 그야말로 눈코 뜰 새 없이 바쁜 시간을 보냈다.

가가미를 괴롭힌 또 다른 문제는 어떤 작업이든 일본에서 할 때보다 시간이 3~4배는 걸린다는 점이었다. 고객이나 파트너로 점찍은 제조회사를 찾아갈 때마다 일일이 통역을 대동해야 했고, 상하이의 교통 정체가 심한 탓에 어디를 가든 길거리에서 많은 시간을 허비했다. 여기에다가 하루의 3분의 1을 중국인 스태프 채용 면접에 할애했는데, 32명째 면접에서 비로소 기념비적인 제1호 합격자가 나왔다.

가가미는 중국에 온 뒤로 약 4개월 동안 단 하루도 쉬지 못했고 자정 이전에 퇴근하지도 못했다. 긴 노동 시간 때문에 가가미의 판단력은 점점 둔화되었다.

사실 여기까지 상황만 봐도 가가미가 몇 가지 심각한 오판을 내렸음을 알 수 있다. 무엇보다, 해외에서 이런 엄청난 양의 업무를 진행하는 데 겨우 본사 직원 세 명으로 감당이 가능할 리가 없었다. "정탐이라도 하러 가는 건가?"라던 사장의 지적은 괜한 말이 아니었다. 중국에 도착하자마자 인력의 한계가 곧바로 드러났다.

게다가 중국에 간 직원들이 이렇게 고생을 하고 있는데도 본사의 사업부는 달리 행동에 나서지 않았다. 그저 뒷짐만 지고 있을 뿐 중국 프로젝트를 돕지도, 추가로 사람을 보내지도 않았다. 당시의 사규에 따르면 해외 시장은 설령 같은 상품을 취급하더라도 독립된 별개의 사업으로 분류했다. 그래서 그들은 가가미의 사업에 관심이 없었다. 본사는 가가미를 지원하지 않았고, 가가미 또한 본사 사업부에 상황을 보고하지 않았다.

미스미의 직원들이 이를 당연하게 여긴 이유는, 뿌리 깊은 조직의 '족쇄'에 길들여졌기 때문이다. 물론 외부에서 온 사에구사는 그런 속박으로부터 자유로웠지만, 문제는 사에구사가 그런 족쇄의 존재를 하나하나 깨닫고 과제로 인식하기가 쉽지 않다는 점이었다. 본사의 모든 임원이 다양한 족쇄를 당연하게 여기며 그에 따라 행동했고(그렇기 때문에 족쇄이지만), 아무도 여기에 의문을 제기하지 않았다.

· 이를테면 13년에 걸쳐 연 매출액 12억 엔이라는 초라한 실적을 거둔 미국 지사를 문제시하는 본사 임원이 한 명도 없었다. '해외의 일은 신경 쓰지 않는다'라는 본사의 오랜 사고방식이 원인이었다. 사에구사는 현지에 가보고서야 비로소 그 실상을 알았다.

· 해외에서 돌아온 사원이 크게 변모한 본사 조직에 적응하지 못하고 미스미를 그만두는 '조직의 문제'가 잠적해 있었다. 사에구사는 실제로 그런 퇴직자가 눈앞에 나타나기 전까지는 문제를 알지 못했다.

· 젊은 디렉터인 가가미가 상하이에서 본사 사업부의 아무런 지원도 받지 못한 채 고군분투하다 지쳐버린 것은 비정상적인 상황이다. 이때도 사에구사는 상하이에 직접 가본 뒤에야 실상을 깨달았다.

이러한 문제는 창업자인 다구치 사장 시절의 경영 스타일과 관련이 있었다. 당시에는 현장의 문제를 사장에게 상세히 보고할 필요가 없었다. 최고경영자는 팀 사업의 세부적인 부분에 관여하지 않으며, 디렉터가 무엇을 하든 1년 후의 비전 프레젠테이션 때까지 일절 간섭하지 않는다는 분위기였다. 그 결과 '사장에게 군이 말을 안 해도 된다', '말하지 않는 편이 좋다'는 '부작위(마땅히 해야 할 일을 의식적으로 하지 않음)의 족쇄'가 암묵적인 제도로서 사내에 정착되었다.

그나마 가가미가 본사에 있을 때는 사장이 실정을 파악해서 팀원을 교체할 수 있었다. 이처럼 전략의 장해물이 되는 족쇄를 발견하면 과감하게 깨버릴 수 있지만, 알아채지 못한다면 어찌 할 도리가 없다.

실제로 가가미와 멤버들이 상하이에서 곤경에 빠진 상황은 약 3개월 가까이 사장에게 알려지지 않았다. 상황을 보고했더라면 좀 더 빨리 구원의 손길을 내밀 수 있었을 것이다. 그러나 실제로는 커뮤니케이션의 괴리가 큰 탓에 타이밍을 번번이 놓치곤 했다.

| **아마추어의 벽** | 얼마 후, 가가미를 한층 더 난처하게 만드는 상황이 불거졌다. 아직 도쿄에 있던 중국 프

로젝트 담당 임원 아라가키가 '11월 내로 중국에서 카탈로그를 발행하라'고 지시한 것이다. 11월이라면 가가미 팀이 중국에 간 지 불과 4개월 후였다.

이 지시는 가가미와 팀원들에게 극심한 스트레스를 안겼다. 상하이에 막 도착해 아직 현지의 실정조차 제대로 파악하지 못한 상태였다. 그런데 카탈로그를 발행하려면 배송센터를 4개월 안에 만들어야 했다. 그뿐만이 아니라 고객센터와 정보시스템도 구축해야 한다. 물론 가능할 리가 없었다.

여기에 더해 가가미는 개인적인 문제로도 어려움을 겪고 있었다. 아내가 가가미를 따라 한 달 뒤 상하이로 이사를 온 것이다. 해외 생활이 처음인 아내는 혼란스러웠다. 말도 통하지 않고 친구도 없는데, 남편은 매일 밤늦게 파김치가 되어서 돌아왔다가 이른 아침에 집을 나섰다. 집에 혼자 남겨진 아내는 심한 우울증에 빠져들었다.

사에구사는 10년이 더 지난 지금도 이 이야기를 떠올릴 때마다 미안한 마음을 가누지 못한다. 해외 파견에 능숙한 회사라면 보통은 남편 혼자 먼저 가서 호텔에 묵으며 활동을 시작하게끔 한다. 가족은 현지 상황을 충분히 파악한 다음에 부르는 것이 상례다. 그런데 준비 단계에서 가가미에게 이것을 가르쳐주지 못했고, 그 여파가 아내에게까지 미친 것이다.

카탈로그 발행 기한은 순식간에 코앞으로 다가왔다. 가가미는 업무량이나 진행 속도에 관한 자신의 계산이 완전히 빗나갔음을 깨달았다. 그때까지 제대로 된 것은 하나도 없었다. 사실 근본적으로 불가능한 일이었다. 본인이 자원해서 중국에 온 것이지만, 지금은 육체적으로나 정신적으로나 무너지기 일보 직전이었다.

다른 업체와 경쟁을 하거나, 고객과 의사소통을 하는 과정에서 곤란을 겪는 것이 아니었다. 계획의 현실성과 난이도를 똑바로 판단하지 못한, 심하게 말하자면 자승자박에서 비롯된 '죽음의 계곡'이었다. 나중에 이야기를 들어보니 카탈로그 발행일을 11월에서 12월 하순으로 연기했다고는 하지만, 한 달 정도로 해결될 문제가 아니었다.

가가미는 절박한 심정으로 이렇게 결심했다.

'일단 카탈로그만 발행하면 여기 중국에 미스미와 나의 발자취를 남기게 된다. 그것으로 충분해. 카탈로그만 완성되면 회사를 그만두자.'

중국에 진출한 지 4개월도 채 지나지 않았지만 퇴사를 하겠다는 것은 진심이었다. 함께 상하이로 온 부하 직원이나, 자신이 그만둔 뒤 혼란에 빠질 회사를 생각할 정신적 여유 같은 건 없었다. 그저 모든 것을 내려놓고 편해지고 싶다는 마음뿐이었다. 가가미는 본래 나이에 비해 분별력이 있고 성실한 사람이었다. 그런데 그 성실함이 오히려 좋지 않은 결과를 불러오고 말았다.

역경을 피할 최선의 방법은 현재의 상황에 솔직해지는 것이다. 그러지 못하고 상부의 무리한 지시를 순순히 받아들여 불가능한 줄 알면서도 전진하다가는 결국 파탄을 맞을 수밖에 없다. 이는 리더로서 계산이 부족하다는 뜻이다.

역사적으로 미스미는 상의하달 문화가 강한 회사였다. 상부의 지시에 절대 복종하는, 말하자면 운동부 같은 조직 문화가 형성돼 있었다. 가가미는 디렉터로서 부하 직원을 부리는 것은 당연하게 여겼지만, 상사를 자신의 뜻에 따르도록 유도할 수 있다는 사실은 전혀 인식하지 못했다. '윗사람을 이용하는 능력'은 리더에게 중요한 자질이다. 가가미는 디렉터라는 위치를 하향 조정하고, 자신의 지위를 스스로 축소시켰다. 그러나 상장 기업의 '중국 사업 책임자'라는 위치는 그의 생각보다도 훨씬 중대한 직책이었다.

포지션의 왜소화

'난폭한 인사'나 조기 발탁을 통해 단숨에 책임이 커진 담당자들은, 낮은 위치의 사고방식이나 행동을 그대로 유지하는 경우가 많다. 이것을 '포지션의 왜소화'라 한다. 이는 전체 조직이 열세로 돌아서는 원인이 된다. 일본의 많은 기업에서도 이 현상이 축적되어 경영 인재가 고갈되는 결과에 이르렀다.

그때까지 사내의 그 누구도 중국 사업이 이런 상황에 처하리라고는 예상하지 못했다. 미스미라는 조직이 과거에 현지 법인을 주먹구구식으로 설립한 경험밖에 없었기에 예측 능력도 그 정도에 머물렀던 것이다. 회사 전체가 똘똘 뭉쳐서 단숨에 일을 진척해나가는 '하이 리스크 전략'은 미스미의 팀제와 인연이 없었다. 이 또한 의심할 여지없이 미스미의 조직에 파고들어 있는 '족쇄'였다.

그러나 지금 가가미가 실패한다면 이것은 개인의 문제로 끝나지 않을 터였다. 미스미의 글로벌 전략 자체를 어둡게 만드는 '죽음의 골짜기'가 될 수도 있었다.

회사의 낡은 체질이 암묵의 족쇄가 되어서 사원들의 행동을 얽매고 있다. 그 전까지 어떤 도전의 기회도 접하지 못했던 젊은이가 느닷없이 막중한 책임의 한가운데 놓였다. 이런 상황이라면 누구라도 가가미와 같이 행동할 만했다.

사에구사는 이 상황에 어떻게 대처했을까? 그리고 가가미는 이후 경영 리더로서 어떤 길을 걷게 되었을까?

맨 땅에 쌓아올린
중국 진출 기지

공허한
"돌격 앞으로!"
프로젝트가 출범하고 3개월이 흐른 10월, 사에구사는 상하이에 도착했다. 사장 취임 후 해외 출장은 미국에 이어 두 번째였다. 드디어 해외 전략의 주전장에 발을 들여놓은 것이다.

건강을 회복하고 상하이에 가 있던 임원 아라가키와 디렉터 가가미가 공항으로 마중을 나왔다. 사에구사는 가가미의 얼굴을 보고 굉장히 피로한 상태라는 걸 금방 눈치 챘다. 하지만 퇴사를 염두에 둘 만큼 궁지에 몰려 있으리라고는 상상치 못했다.

두 사람은 사에구사를 상하이 푸둥신구(浦東新區)의 최고급 호텔로 안내했다. 호화로운 스위트룸이 예약되어 있었다. 건너편 기늪에 위치한 옛 조계지(외국인이 통상 거주하며 치외법권을 누릴 수 있도록 설정한 구역-옮긴이)의 휘황찬란한 야경이 눈에 들어왔다. 그러나 이 호텔은 미스미의 사무실과 거리가 먼 데다가, 교통 체증 때문에 오고 가는 데 상당한 시간이 소요되었다.

과거에 미스미 사장이 해외 출장을 가는 것은 몇 년에 한 번 있는 특별한 행사였다. 그러나 20대 후반부터 전 세계를 수시로 돌아다닌 사에구사에게 해외는 국내와 다를 게 없었다. 다음날 아침, 사에구사는 호텔로 마중을 나온 아라가키에게 '출장 중 스위트라는 이름이 붙은 방에서 묵을 생각이 없다'고 잘라 말했다. 야경이나 관광을 신경 쓸 필요도 일체 없다, 교통이 편하고 사무실과 가까운 평범한 호텔이면 충분하다는 이야기였다.

또 하나의 족쇄가 끊어지는 순간이었다.

사무실에 도착하자 가가미가 상하이의 사업 진행 상황을 보고했다. 아라가키나 가가미는 그 전까지 사장과 회의다운 회의를 해본 적이 없었다. 사장이 현지까지 날아와서 프로젝트의 상세한 내용을 협의하는 것도 미스미의 역사상 처음 있는 일이었다.

그리고 사건이 일어났다. 사에구사는 가가미의 설명을 듣고 비로소 중국 사업 계획의 상세한 내용을 알았다. 아라가키의 지시로 가가미가 계획 중인 카탈로그는 140페이지 정도의 얇은 책자였다. 일본에서 발행하는 1,200페이지가 넘는 카탈로그에 비하면 팸플릿이라 불러도 이상하지 않을 만큼 빈약했다. 게다가 보고에 따르면, 영업 체제가 전혀 정비되지 않았다. 카탈로그 발행까지 한 달밖에 안 남은 상황에서 수주와 출하 체제, 상품 조달처 선정, 가격 교섭, 품질 검사, 정보시스템 등 성공의 열쇠가 될 13개 준비 항목이 하나같이 '예정', '협의 중', '문제 있음'이었다. 제대로 준비가 된 것은 하나도 없었다.

더 놀라운 것은 이런 상황을 충분히 알고 있는 가가미의 태도였다. 그는 "과제가 산적해 있지만 일단 카탈로그를 발행한 뒤 해결해나갈 생각입니다"라고 힘주어 말했다. 가가미는 단 4개월 만에 해외 영업 준비를 마치고 업무를 개시하라는 상사의 지시가 무리라고 생각하면서도, 그것을 실현하기 위해 노력하는 게 자신의 임무라고 믿었다. 이것이 미스미에서 당연시하던 상의하달 정신이었다.

사에구사는 '수상한 냄새가 나는 걸⋯⋯.' 하고 생각했다. 그 전까지 사에구사가 경험했던 수많은 신상품, 신사업 준비 과정과 비교했을 때 아무리 봐도 정상적이 아니었다. 가가미가 "실행하려 합니다"라고 말한 계획과 "여기까지 준비가 되었습니다"라고 말한 내용 사이에 괴리가 너무 컸다. 아직 한 달이 남아 있다고는 하지만 그 사이에 해결하기는 절대로 불가능해 보였다.

이런 보고를 듣고서 잠자코 넘어간다면 상하이까지 직접 온 의미가 없다. 카탈로그의 발행 시기가 촉박한 것도 문제지만, 근본적으로 그 내용에 강한 회의가 들었다. 사에구사는 진지한 표정으로 물었다.

"이건 빵점짜리 카탈로그가 아닌가? 이걸로 정말 중국에서 승부할 수 있겠나?"

상당히 심한 표현이었다.

가가미는 큰 당혹감을 느꼈다. 일본 본사에서는 본래의 두꺼운 카탈로그를 보완하는 형태로 이따금 이런 얇은 카탈로그를 발행한다. 미스미에 온 지 얼마 안 된 사장은 아마도 카탈로그에 대해 아는 것이 거의 없을 터였다. 사장이 형편없다고 일갈한 가가미의 계획안은 4개월 동안 죽을힘을 다해서 만들어낸 것이다. 문외한인 사장이 대체 무슨 근거로 이 카탈로그를 '빵점짜리'라고 말하는 것인가?

왜 빵점짜리 카탈로그인가?

그러나 '빵점짜리' 발언은 근거 없이 내뱉은 말이 아니었다. 사에구사는 가가미의 설명을 듣고 세 가지 큰 문제를 포착했다.

첫째는 지난달 사에구사가 미국 출장에서 돌아와 제시한 '미스미 글로벌 전개의 개념도'와 가가미의 카탈로그가 완전히 배치된다는 것이었다. '미스미 글로벌 전개의 개념도'는 앞으로 해외 진출을 할 경우 각각의 나라에서 〈미스미 QCT 모델〉을 충실히 실현한다는 획기적인 방침을 내세웠다. 그리고 이 사업 모델에서 카탈로그는 가장 중요한 '기폭제'에 해당했다.

아라가키와 가가미가 이 방침을 모를 리는 없었다. 그런데 왜 중국에 와서 4개월 동안 이런 허술한 카탈로그를 급하게 찍어 내려 하는 것일까?

사에구사의 머릿속에 지난달 시카고에서 봤던 실적 곡선이 떠올랐다. 수평에 가까운 성장률에도 '폭발적 성장기'를 언급할 만큼 직원들의 눈높이는 낮았다. 그런 점에서, 미스미가 극복해야 할 과제는 '내면에 숨어 있는 적'이었다. 높은 '뜻'과 역동적으로 시장에 뛰어들기 위한 '전략 사고'가 필요하다고 사에구사는 판단했다.

'빵점짜리 카탈로그'라고 잘라 말한 두 번째 이유는, 중국의 상황이 일본과는 다르다는 것이다. 시장에서 이미 확고한 위치를 구축한 일본이라면 보완 용도로 얇은 카탈로그를 임시 발행하는 것도 의미가 있다. 하지만 새로 진출하는 나라에서 발행하는 첫 번째 카탈로그에 같은 발상을 적용해도 되는 것일까? 미스미라는 회사를 모르는 그 나라 사람들은, 허술한 카탈로그를 처음 접하고서 대충 훑어본 다음 '이 정도밖에 안 되는 회사군.' 하고 넘겨짚을 것이다. 카탈로그는 곧바로 쓰레기통행이 될 가능성이 크다. 게다가 일단 미스미라는 회사에 흥미를 잃어버린 사람들은 특별한 계기가 없는 한, 미스미의 카탈로그를 두 번 다시 들여다보려 하지 않을 것이다.

설령 주문하는 고객이 나타난다 하더라도 고객센터가 제대로 정비되어 있지 않다. 고객이 사무실에 전화를 걸었는데 중국인 사원의 대응은 미숙하기 그지없고, 창고나 배송센터도 제대로 가동되지 않는다고 상상해보라. 여차저차 벼락치기로 시스템을 조성한들 미스미가 사시로 삼는 '납기 준수'는 들쭉날쭉해지고 오배송도 많이 나올 것이다.

이 단계에서 그런 리스크를 감수할 가치가 어디에 있단 말인가? 첫 거래에서 고객에게 '미스미라는 회사, 대단한데?' 하는 긍정적인 이미지를 심어줄 것인가, 아니면 '형편없는 회사네'라는 생각이 들게끔 만들어 부정적인 인식을 퍼트릴 것인가? 사에구사는 상품 발매 초기 단계에 이런 '입소문 효과'를 플러스로 세팅하느냐, 마이너스로 세팅하느냐의 갈림길에 서본 적이 있다. 그리고 길을 잘못 들었을 때의 비참한 결과를 이미 30대에 경험했다.

사업 설립기의 고객 반응은 훗날까지 계속 영향을 끼친다. 첫 번째 거래에서 부정적인 경험을 한 고객은 두 번 다시 그 회사를 찾지 않는다. 주문이 좀 들어왔다고 순진하게 기뻐하는 동안, 실제로는 입소문을 타고 부정적인 반응이 증식된다. 그 결과 시장에는 이 회사에 우호적이지 않은 소비자들이 점점 축적된다. 다시 말해 고객의 재방문율이 계속 낮은 수준에 머문다면, 회사가 시장에서 스스로를 고사시키는 행위를 지속하는 셈이라는 이야기다.

사에구사는 이것을 '화전(火田)' 비즈니스라고 불렀다. 영업을 시작할 때 밭(시장)에 불을 지르면 마른 풀에서 불길이 치솟아(매출이 올라) 한순간 화려해 보인다. 하지만 화전에서 풀이 타는 것은 그때 딱 한 번뿐이다. 그 불길이 밭을 일단 휩쓸고서 서서히 꺼지고 나면 황폐하게 그을린 맨땅만이 남는다. 매출의 성장은 거기서 멈춘다. 중국 사업을 얇은 카탈로그 하나로 시작한다면 '화전'

의 패턴을 밟을 가능성이 크다. 중국 시장에서 단숨에 의미 있는 위치를 구축할 기회는 멀어질 것이다.

세 번째, 마지막으로 염두에 두어야 할 중요한 사실이 있다. 아무리 허술한 카탈로그라도 일단 배포하고 나면 시장의 경쟁에 불을 지피게 된다. 이것은 사실 가장 치명적인 문제다. 일본에서 미스미가 얼마나 강력한 회사인지 알고 있는 잠재적 경쟁자 내지 모방자들은 미스미가 중국 진출을 시작했음을 알고 곧바로 대항하는 행동에 나설 것이다. 그러나 그들은 수면 밑에서 움직이기 때문에 이쪽에서는 행동이 보이지 않는다. 그들이 실제로 대항 사업이나 상품으로 시장에 등장하기까지는 감지할 수 없다. 만약 그 사이 미스미가 '작게작게 병'의 증세를 지속한다면 그 수를 읽은 경쟁자에게 금방 역전당할 우려가 있다.

🔒 **경영자의 수수께끼 풀이 28**

경쟁 반응 늦추기

후발 기업, 혹은 상대적으로 열세에 있는 기업이 어중간한 형태로 신상품이나 신기술을 내놓으면 오히려 경쟁자에게 아이디어만 주는 꼴이 될 수 있다. 경기 시작을 알리는 신호탄을 너무 앞당겨 발사하게 만드는 것이다. 그 결과 우왕좌왕하다가 날쌘 상대에게 추월을 당하는 일도 흔하다. 그렇기에 수면 아래에서 만전의 준비를 기하고, 때가 되었을 때 비로소 단판 승부를 걸어야 한다. 만약 사전에 시장 테스트가 필요하다면 눈에 띄지 않는 시장의 한구석에서 최소한의 규모로 조용히 실시한다.

"자네는 회사를 박살낼 셈인가?" 사에구사는 아라가키와 가가미를 앞에 두고 여기까지 단숨에 사고를 진행한 뒤 '빵점짜리'라는 말을 뱉었다.

사장의 전략 논리를 다시 요약하면 아래와 같다.

· 수면 밑의 경쟁을 유발하는 '사전 노출'은 가급적 늦춘다.
· 노출을 시작했으면 단숨에 몰아치는 '일기가성'의 승부를 건다.
· 이를 위해 필요한 사내의 전투태세를 사전에 완전히 갖춰놓고 때를 기다린다. 그리고 첫 싸움에서 단번에 유의미한 시장 지위를 확보한다.

지금까지 가가미의 계획은 이와 정반대의 방향으로 나아가고 있었다. 사에구사가 보기에 그 카탈로그는 '자살 행위'와 다름없었다.

다음 순간, 사장은 가가미를 향해 다시 한 번 독설을 던졌다.

"자네는 회사를 박살낼 셈인가!"

지독한 말이라는 건 사에구사도 잘 알고 있었다. 그러나 가가미의 행동과 사고를 근본부터 뒤흔들고 과거의 족쇄로부터 단절력을 발휘하기 위해서는 어쩔 수 없었다. 가가미가 단순한 돌격대 정신으로 무작정 뛰어나가는 것을 방치했다가는 일본의 수많은 다른 기업들과 같은 운명을 겪게 될 것이다. 섣불리 중국 진출을 시도했다가 단기간에 실패하고 부랴부랴 철수한 사례를 그는 수없이 목격했다. 그렇게 된다면 중국이 일본 시장에까지 위협을 가하리라는 예측도, 가상 시나리오가 아닌 필연적 결과가 되리라. 실제로 이미 곤경에 처해 쇠퇴하는 일본 기업들이 부지기수였다.

사장의 말을 들은 가가미는 일순간 자신의 귀를 의심했다. 자신은 7월부터 4개월 동안 죽을힘을 다해서 일한 죄밖에 없다. 잘못된 행동은 하지 않았다. 그런데 회사를 박살낸다니, 그게 무슨 악담인가? 아무리 사장이라지만 이건 너무하지 않은가?

회의가 끝난 뒤 가가미는 한층 냉정을 되찾았다. 그리고 자신의 모순점을 깨달았다. 스스로 잘못된 행동은 하지 않았다고 하지만, 실제로 영업 준비는 하나도 되어 있지 않았다. 이 문제를 극복하려다 완전히 연소되어 육체적으로나 정신적으로나 간신히 버티고 있는 상황이었다. 아직 한 달이라는 시간이 남았지만 무엇 하나 해결될 리 없음은 자명했다.

사장의 말에 큰 충격을 받은 후, 가가미의 사고방식에 변화가 나타났다. 훗날 가가미는 이렇게 술회했다.

"사장님이 이 따위 카탈로그는 집어치우라고 말했을 때는 너무 혼란스러웠습니다. 하지만 솔직히 말하면 안도의 한숨을 내쉰 것도 사실입니다. 내심 '누군가 좀 막아줬으면 좋겠어.' 하고 외치고 있었거든요."

미스미가 일본에서 강력한 위상을 다지기까지는 수십 년이라는 세월이 필요했다. 그 입지가 이미 완성된 시점에 입사한 자신은 중국에서도 이를 쉽게 재현할 수 있으리라 생각했다. 또한 자신도 모르게 사내 상식에 얽매여 스스로 사고를 제한했다. 그래서 신규 사업을 시작할 방법을 스스로 궁리하고 창조하지 못했다. '일단 카탈로그를 발행하면 일본에서처럼 성공 궤도에 오를 수 있을 거야. 그 다음에는 어떻게든 되겠지'라는 느슨한 생각에 젖어 있었다.

하지만 현지에서는 중국인 직원 한 명을 고용하는 데도 엄청난 에너지를 쏟아야 했다. 이것이 해외사업의 현실이었다. 실제로 부닥치고 나서야 그 어려움이 보이기 시작했다. 그런데도 자신은 사내의 상식에 매여, 4개월 안에 카탈로그를 발행하라는 말도 안 되는 지시에 순종하려 했다.

임원인 아라가키도 자신이 비현실적인 지시를 내렸다는 걸 자각했다. 본사 사업부가 일본에서 얇은 카탈로그를 발행하는 것과는 차원이 다른 일이었다. 게다가 본사는 인프라가 이미 탄탄하게 구축돼 있지만, 이곳에서는 처음부터 만들어야 한다. 그것이 얼마나 힘든 도전인지 간과했다. 본인의 특기인 영업 정신을 발휘해 돌격을 지시했지만, 해외에서 사업을 시작하는 것은 상상 이상으로 혹독한 일이었다.

가장 단순한 해결법

상하이의 첫 미팅에서 이처럼 많은 문제가 드러났다. 사에구사의 독설은 이런 경고의 의미이기도 했다. '다들 신중히 생각하고 움직이도록 하라.

좋은 의도로 한 일이 회사의 전략에 큰 타격을 입힐 수도 있다. 철저히 '전략'을 궁리하라.'

결과적으로 이 회의는 파국을 피하는 데 중요한 역할을 했다.

이제 문제는 앞으로 이 사태를 어떻게 헤쳐나가느냐였다. 사장은 두 사람에게 가장 단순한 해결법을 제시했다.

"카탈로그 발행을 미루고 먼저 조직과 영업 체계, 상품 조달 시스템을 만드는 데 총력을 기울이게. 진짜 전투 개시는 그 다음일세."

세 사람은 카탈로그 발행을 이듬해 9월까지 1년 가까이 연기하기로 했다. 사장이라는 권한 보유자가 현장과 가까이 있었기에 즉시 내릴 수 있는 결정이었다. 그렇게 중국 프로젝트 팀은 제약 조건에서 해방되었다.

🔒 **경영자의 수수께끼 풀이 29**

제약 조건 해제하기

관계자를 얽매고 있는 사내 상식이나 제약 조건을 과감히 제거해주면 그 사람의 사고가 완전히 달라지며 조직 전체가 새로운 방향으로 행동하게 된다. 정체된 조직에는 이런 결단을 내려줄 강력한 권한 보유자가 현장 근처에 없다. 이때 제약 해제가 너무 소극적이면 효과가 나타나지 않고, 거꾸로 너무 과도하게 해제할 경우에는 대가(비용)가 커진다. 그래서 현장의 심리를 숙지하지 못하면 균형점을 정확히 가늠할 수 없다. 이는 경영을 예술로 만드는 가장 섬세한 판단 중 하나이며, 동시에 경영자가 가장 큰 행복을 느끼는 순간이기도 하다.

가가미는 미스미를 그만두겠다는 생각을 버렸다. 만약 원래의 생각대로 했다면 얇디얇은 카탈로그를 한 권 발행했을 뿐 그가 말한 중국에서의 '발자취'는 결코 남기지 못했을 것이다. 그리고 그가 떠났다면, 새롭게 결의를 다진 사장과 부하 직원들이 그 위에 새로운 발자취를 만들어냈을 것이다. 또한 가가미의 진중한 성격으로 보았을 때, 본인의 임무를 포기하고 도망쳤다는 자괴감이 평생 그를 따라다녔을지도 모른다.

🔒 **경영자의 수수께끼 풀이 30**

아수라장 속의 긴급 구제

아수라장에 떨어진 회사나 개인을 구하는 즉효약은 '시간 축의 해방'이다. 기한의 굴레를 느슨하게 풀어줌으로써 문제를 정리할 정신적 여유를 주고, 새로운 에너지를 비축해 대책을 실행하도록 한다.

가가미는 이 4개월 동안 보통 사람이라면 몇 년이 걸려야 가능했을 개인적 성장을 이루었다. 물론 그 뒤로도 사장에게 수시로 지적을 받았다. 그러나 사장은 수많은 실패를 겪었던 자신의 30대를 되돌아보면서 가가미가 얼마나 절박하고도 고독한 상태에 있는지 공감했다. 그래서 더 참을성 있게 그를 단련시켰다.

발이 묶여 있던 가가미는 새롭게 나아갈 원동력을 얻었다. 어느 순간 그의 사고방식과 행동에 변화가 일어난 것은 물론, 표정에도 자신감이 감돌기 시작했다. 당당한 경영 리더로 성장한 그는 4년

후 귀국과 동시에, 34세라는 나이로 최연소 본사 부(副)사업부장
에 발탁되었다.

'중국'이라는 호랑이와 어떻게 동행할 것인가?

사에구사는 상하이 출장 중에 중국 제조회사의 공장도 몇 군데 방문했는데, 이것이 또 다른 커다란 사건의 도화선이 되었다.

당시 아라가키와 가가미가 가장 서둘렀던 일은 상품의 현지 조
달 체제를 만드는 것이었다. 일본에서 미스미가 협력회사를 조직
화한 것처럼 중국에서도 현지 제조회사의 네트워크를 구축한다
는 것이 계획이었지만 생각처럼 쉽지 않았다.

가령 상품 라인업을 확보할 때 가장 이상적인 상황은 상품 분야
별로 여러 제조회사를 물색한 다음 그중에서 두 곳을 선택해 복수
구매 체제를 구축하는 것이다. 그런데 시작부터 최대의 장애물이
나타났다. 당시만 해도 중국 제조회사가 생산하는 상품의 품질이
너무 열악했던 것이다. 미스미는 일본에서 QCT의 'Q', 즉 품질
에 관해 줄곧 높은 평가를 받아왔다. 그에 비해 당시의 중국 제품
은 도저히 미스미라는 브랜드로 판매할 수 있는 수준이 아니었다.
품목별로 두 회사는커녕 한 회사를 찾아내는 것도 결코 쉬운 일이
아니었다.

가가미와 부하 직원은 공장들을 답사하기 위해 정신없이 뛰어
다녔다. 대상을 넓혀서 거래한 이력이 없는 타이완이나 홍콩 계열
의 제조회사까지 20개사 정도를 후보에 올렸다. 짧은 시간 내에

상당히 밀도가 높은 조사를 벌였는데, 이 때문에 가가미 팀은 일찌감치 진이 빠져버리고 말았다.

사장이 중국 제조회사 한 곳을 방문했던 날, 동행한 아라가키는 이렇게 설명했다.

"이 공장은 중국 제조회사 중에서는 수준이 꽤 높은 편입니다."

"품질 향상은 누가 지도했나?"

사장이 물었다.

"미스미가 일본에서 하듯이 고객의 클레임을 이 공장에 전달하고 품질 개선을 촉구했습니다. 처음에는 반응이 둔감했지만, 계속 지도하니 수준이 높아졌습니다."

이 대답을 들은 사에구사의 표정이 변했지만 아라가키는 눈치채지 못했다.

"이 회사하고 '전매 계약'을 맺을 건가?"

"그건 어려울 겁니다. 이 회사는 예전부터 다른 고객과 거래를 해왔기 때문에 전매 계약을 강요할 수는 없습니다."

"그렇다면 다른 고객도 미스미가 지도한 품질 향상의 메리트를 누리겠군."

"그건……, 그렇게 되겠지요."

사에구사의 표정은 심각했다.

"중국 경제가 확장되고 이 회사가 더 크게 성장해서 해외 시장에 진출할 정도의 규모가 된다면? 그때는 미스미의 고객에게도 자유롭게 상품을 팔 수 있겠군. 그것도 훨씬 저렴한 가격으로. 그렇게 된다면 미스미는 어떻게 대응할 수 있겠나?"

"……."

아라가키는 대답하지 못했다. '그런 미래의 일까지는 미처 생각하지 못했다'는 반응이었다.

하지만 사에구사의 눈빛은 '그런 미래의 일까지 생각하는 것이 경영이다'라고 말하고 있었다.

이것은 역사적 사실에 근거한 우려였다. 1950년대부터 1960년대에 걸쳐 수많은 일본 기업이 미국 기업에 기술 공여와 지도를 요청했고, 당시의 미국 기업은 별다른 경계심 없이 다양한 기술을 일본 기업에 넘겨줬다. 미국에 고분고분해진 허약한 일본의 부흥을 돕는다는 인도적 심리도 있었을 것이다.

그런데 일본은 미국의 상상을 초월하는 열정과 창의성을 발휘해 그 기술을 자기 것으로 만들었고, 그 결과 일본 기업이 미국의 위협적인 경쟁 상대로 급속히 대두했다. 미국의 산업은 차례차례 일본 기업의 공세를 받았고, 1950년대의 풍요로운 시대를 마지막으로 이후 30년 동안 후퇴를 거듭했다. 30년은 긴 시간이다. 대학을 나온 젊은이가 50대에 접어들 때까지 미국 기업은 일본과의 경쟁에서 줄곧 패배했다.

'역사는 되풀이된다'는 말대로 다음에는 일본 기업들이 중국의 요청으로 열심히 기술을 제공했다. 과거 일본이 전쟁으로 중국에 피해를 끼쳤으니 중국의 성장을 도와야 한다는 의식도 작용했다.

야마사키 도요코(山崎豊子)의 소설 《대지의 아들(大地の子)》을 보면, 신일본제철이 중국의 철강업 발전에 얼마나 힘을 나누어주었는지가 잘 묘사되어 있다.

사에구사는 안내받은 중국 제조회사의 공장을 걸으면서 생각했다. 지금은 제조 분야에서 일본에 뒤떨어져 있지만 이들이 앞으로 성장해 번영해나갈 모습이 상상되었다. 중국은 과거에 일본이 걸었던 길을 뒤따르고 있다. 그렇게 생각하니 초조함과 위기감이 밀려왔다.

> #### 🔑 수수께끼의 실마리
> · 미스미의 중국 사업은 적절한 중국 제조회사를 찾아내지 못한다면 일본에서 수입하는 데 의존할 수밖에 없게 된다. 그럴 경우 〈미스미 QCT 모델〉을 충실하게 실현할 수 없다.
> · 설령 해외 제조회사와 협력 체제를 구축하는 데 성공한다 해도 장기간에 걸친 이해관계와 리스크를 고려해야 한다. 미스미가 무작정 해외 제조회사에 사업 모델과 품질 기준을 제공한다면 전매 계약이 아닌 한, 미래의 경쟁 상대를 키우는 결과가 될 수 있다.
> · 이 문제는 서둘러 결론을 내야 한다. 이대로 간다면 장기적으로 봤을 때 미스미 사업 모델의 '패배'가 눈에 보인다. 이에 대한 해답을 어떻게든 찾아내야 한다.

앞으로 어떤 나라에 진출하든 똑같은 문제가 기다리고 있을 것이다. 사에구사는 일본으로 돌아가는 비행기 안에서 그 해결책을 끊임없이 궁리했다.

'미스미 마을' 프로젝트

상하이에서 도쿄로 돌아온 사에구사는 두 가지 중요한 움직임을 보였다.

첫째로 '국제전략회의 중국부회(中國部會)'를 설치했다. 본사의 주요 간부들이 모이는 새로운 회의 체제를 출범한 것이다. 그때까지 미스미 본사의 간부들은 사규에 따라 자신이 담당하는 사업 이외에는 관심을 보이지 않았다. 같은 회사의 임원이면서도 마치 독립된 사업주들의 모임 같았다. 사에구사조차도 상하이에 가기 전까지 중국 사업에 대해 외부자 취급을 받았다.

사에구사는 그 족쇄를 부수는 작업에 들어갔다. 그는 첫 번째 회의에서 임원과 간부 사원들에게 이렇게 지시했다. 그 자리에는 상하이에서 온 아라가키와 가가미도 있었다.

"미스미의 사업팀이 각자 알아서 사업을 하는 '따로따로 경영'은 이제 과거의 이야기입니다. 앞으로 미스미는 국내에서든 해외에서든 '전략적 묶음'을 중시하도록 하겠습니다.

해외사업이 어려움에 빠졌는데 본사 간부가 방관하기만 하는 조직 문화는 바뀌어야 합니다. 중국 사업은 미스미 최대의 위험 프로젝트입니다. 앞으로는 본사의 모든 부문이 중국 사업을 지원토록 합니다."

사장을 의장으로 하는 이 회의는 매달 한 차례 도쿄, 또는 상하이에서 진행하기로 했다. 이로써 사내의 시선이 일제히 해외로 향하기 시작했다. 역사적인 변화였다. 사업부장들을 비롯한 본사의 간부 대부분이 도쿄와 상하이를 빈번히 왕복하며 해외 전략의 최전선과 접촉하기 시작했다.

다음으로, 사에구는 12월 초순 도쿄에서 열린 두 번째 중국부 회에서 신규 방침을 제시했다. 참석자 전원이 깜짝 놀랄 만한 내용이었다. 이는 사에구사가 일본에 돌아온 뒤로 고민을 거듭한 끝에 도출한 해답이었다.

"미스미는 오랫동안 일본의 협력회사와 연대해왔습니다. 중국 팀은 이와 유사한 체제를 구축하고자 중국 제조회사와 연대를 추진했습니다만, 전망이 그리 긍정적이지 않습니다. 그래서 이 계획은 중지하도록 하겠습니다."

간부 사원들은 사장의 갑작스러운 발언에 당혹감을 느꼈다. 중국의 제조회사와 연대하지 않는다면 앞으로 중국에서 어떻게 상품을 조달한단 말인가? 밥상을 뒤엎는 결정이나 다름없었다.

"그 대신 일본의 협력회사에 중국으로 진출하도록 요청할 것입니다."

모두들 '이게 무슨 소리야?' 하는 표정이 되었다. 그게 가능한 방법인가? 만약 그럴 수만 있다면 현재 난항을 겪고 있는 상품 조달과 품질 문제는 일거에 해결된다.

사에구사의 이야기는 여기에서 끝나지 않았다.

"상하이에 일본의 협력회사들을 집결한 '상하이 미스미 마을'을 만들려 합니다."

참석자들은 다시 한 번 놀랐다. 상하이 부근에 공업 단지를 확보하고 그곳에 각 협력회사가 입주해 공장을 짓는다. 미스미는 배송센터와 고객센터를 구성한다. 상하이의 업무는 전부 그곳에서 완결된다. 기존의 사고방식에서는 나올 수 없는 경이로운 구상이었다.

"중국에 진출할 체력이 없는 협력 기업의 경우는 미스미가 자금을 지원할 것입니다."

이 역시 미스미의 역사상 미증유의 발상이었다.

다들 '미스미 마을이 정말 가능할까?' 반신반의하는 듯했다. 사장은 평소에도 '발상을 제한하지 말고 무엇이든 가능하다고 생각하라'고 강조했다. 하지만 이건 상식을 한참이나 뛰어넘는 계획이었다.

이날, 사에구사는 미스미의 상식이나 족쇄를 차례차례 깨부수고 해외사업에 모든 것을 거는 진지함을 보여줬다. 앞으로는 일본의 협력회사들도 글로벌 감각을 키워야 한다는 것이 그의 생각이었다. 그들이 중국에 진출해 비용 경쟁력을 높인다면 세계에서도 손꼽히는 일본의 제조업이 한층 더 진화할 수 있을 것이다. 또한 중국에 건설하는 미스미 마을은 향후 글로벌 전개의 출발점이 될 것이다.

사실 사에구사의 머릿속에는 또 다른 구상이 자리하고 있었다. 상하이에 완성된 미스미 마을을 모델 삼아, 앞으로 진출할 다른 나라에도 미스미 마을을 구성한다는 것이었다. 그렇게 되면 미스미와 일본의 협력회사는 글로벌 전개의 속도를 단숨에 끌어올릴 수 있다. 이 발상은 일본의 자동차 제조회사가 해외에 공장을 세울 때 일본의 부품 제조회사가 함께 진출하는 것과도 비슷했다. 완전히 새로운 아이디어는 아니지만 미스미로서는 상당히 도전적인 생각이었다.

사에구사는 마음속으로 이 아이디어에 '미스미 마을 글로벌 전개 구상'이라는 이름을 붙였다. 아직 누군가에게 말하기에는 시기상조라는 생각이 들었다. 중국의 미스미 마을만으로도 이 정도로 술렁이는데 그보다 한발 더 나아간 계획을 이야기하면 협력회사 입장에서는 중국 진출조차 망설일 우려가 있었다.

그 후 어떤 일이 일어났는지 귀띔하자면, 상하이 미스미 마을은 곧 추진되어 모습을 드러냈지만 '미스미 마을 글로벌 전개 구상'은 결국 마음속의 구상에 그치고 말았다. 생산 기능의 글로벌화를 포기한 것은 아니었다. 오히려 사에구사는 글로벌 전개가 반드시 필요하다는 확신을 한층 굳혔다. 다만 다음 장에서 설명하듯, 전개의 방향을 바꾸었을 뿐이다.

마을의 입주자를 모집하다

사에구사가 3일간 상하이 출장을 다녀온 것을 기점으로 전광석화와도 같은 변화가 일어났다. 여기까지의 움직임만으로도 사에구사는 미스미에 존재하던 상당수의 족쇄를 분쇄했다. 본사 간부들은 해외사업에 깊이 관여하기 시작했고, 사장을 축으로 하는 '전략적 묶음' 체제가 가동되었다.

사장의 지시에 따라, 본사 사업부가 현지의 중국 팀을 대신해서 국내 활동을 개시했다. 일본의 협력회사들을 찾아가 '중국 미스미 마을' 진출을 타진한 것이다. 상대는 전부 중소기업이었다. 그때까지 해외 진출이나 중국 시장의 중요성에 대해 생각해본 적도 없었고, 사에구사가 제시한 해외 전략을 진지하게 이해하려는 자세도 보이지 않았다. 그러나 사에구사는 사업부의 예비적인 교섭이 끝나자 직접 협력회사를 한 곳 한 곳 찾아가서 중국 진출을 설득하고 나섰다. 사이타마(埼玉), 도치기(栃木), 이와테(岩手), 기후(崎阜), 미에(三重) 등 일본 각지의 공장을 방문해 경영진과 끈질긴 대화를 나누었다.

'이 회사에 해외 진출을 준비할 스태프가 없다면 미스미의 스태프가 돕는다. 공업 단지 내의 용지 선정이나 중국 관청에 신고하는 등의 절차는 모두 미스미가 대행한다. 각사의 중국 종업원 채용 활동도 지원한다. 필요하다면 자금이나 설비의 측면에서도 지원책을 마련한다.'

개중에는 면전에서 요청을 거절한 경영자도 있었다. 사에구사는 그때의 쓰라린 심정을 아직도 생생히 기억하고 있다.

한편 가가미와 멤버들은 상하이로 돌아가 스무 곳에 가까운 공업 단지를 실사한 끝에 상하이 남쪽 부근의 한 지역을 선택했다. 다음 해 1월에는 협력회사의 경영자들을 초빙해 현지 견학을 실시했다.

다행히 타이완 회사 한 곳을 포함해 5개 회사가 중국 진출을 승낙했다. 이듬해에는 FA 사업부의 관련 회사들도 새로이 중국 진출을 결정해 미스미 마을 입주 업체는 모두 9개사로 늘어났다.

중국 사업 책임자인 가가미는 이러한 대규모 전개에 놀랐다. 역동적인 발상과 추진력을 보며, 디렉터인 자신의 그릇을 크게 초월한 사업이 되었음을 실감했다.

● 사에구사 사장의 이야기

물론 심정은 이해하지만 가가미가 "내 그릇을 초월했다"고 말한 부분에 동의하지 않습니다. 기존의 발상에서 벗어나 크게 승부해야 합니다.

어느 시대든, 세계 어디를 가든, 개혁자라고 불리는 사람들은 자신의 족쇄를 스스로 끊어내고 앞으로 나아갑니다. 가가미도 미스미 마을 구상 같은 것을 본인이 직접 생각해서 나한테 제안할 수 있어야 합니다. 세계적인 기업 '알리바바'를 창조한 것도 같은 또래의 중국인 청년이었죠. 애플, 델컴퓨터도 마찬가지입니다. 당시 미국의 젊은 친구들 손에서 태어났어요.

상관을 움직이는, 기개 있는 인재가 전면에 등장하기를 바랍니다. 그렇지 않고는 경영 리더가 성장할 수 없습니다.

맨땅에 쌓아올린 중국 진출 기지

협력사 5곳의 중국 진출은 엄청난 기세로 진행되었다. 미스미는 각 회사에 최대한의 지원을 시행했다. 미스미의 40년 역사상 유례가 없는 지원책이었다. 이 일을 총괄하는 본사 담당자는 그 직전에 입사한 베테랑 여성 사원이었다. 큰 규모의 자동차 부품 제조회사 출신으로,

외국의 공장 설립이나 매니지먼트에 정통했다. 그녀는 일본과 중국을 수시로 오가면서 각 협력사를 열심히 지원했다. 분투하던 그 모습은, 그녀가 즐겨 입던 검은색 옷과 함께 사장의 뇌리에 강렬한 인상을 남겼다.

공장이 해외에 신규 진출하는 경우, 최초의 구상을 마치고 토지 물색부터 시작해 공장의 조업이 시작되기까지 적어도 2년은 걸린다. 게다가 중국의 공업구는 광대하다. 일본에서 생각하는 단지와는 규모 자체가 달라서, 각 회사의 공장이 인접해 있지 않다. 그러나 미스미 마을(정식 명칭은 'MISUMI Industrial Park'이다)은 경이적인 속도로 건설되었다.

가가미 팀이 처음 상하이에 도착한 것은 7월로, 사에구사가 신임 사장으로 취임하고 한 달째 되는 시기였다. 사에구사가 처음으로 상하이를 방문한 때가 10월, 미스미 마을 구상이 공개된 때가 12월, 협력회사들을 설득한 끝에 진출 기업이 확정된 것은 이듬해 2월이었다. 그리고 약 8개월 후인 10월에 들어설 무렵, 마침내 순차적으로 생산이 시작되었다. 아마 이보다 더 빠른 진행은 불가능할 것이다.

공장만이 아니었다. 배송센터의 경우, 미스미 마을 내에 있던 임대 공장 건물을 빌려서 개조해 사용하기로 했다. 처음에는 콘크리트가 그대로 노출된 휑한 건물이었다. 물류 시스템을 구축하는 일도 만만치 않았다. 건물의 설계부터 작업 체계 조직, 내장 업자와 배송 업자 선정, 현지 스태프의 채용과 교육 등 해야 할 일이 산적해 있었다. 이곳은 미스미가 직접 만드는 최초의 해외 물류 센터이기도 했다.

고객센터는 배송센터와 같은 건물에 입주하기로 했다. 사에구사는 이 시설을 〈미스미 QCT 모델〉에 빗대 '미스미 QCT센터'라고 명명했다. 그 후 세계 곳곳에 전개되는 미스미 센터의 제1호 모델이었다.

특히 까다로웠던 작업은 정보시스템을 구축하는 일이었다. 정보시스템은 '기획하고, 제조하여, 판매한다'라는 사이클을 전부 포괄해야 했다. 이 시스템을 해외에 구축하는 것은 이번 중국이 처음이었다. 언어 문제뿐만이 아니라 세금 제도와 법률의 차이도 큰 부담이 되었다. 중국 특유의 세금 제도인 '증치세(增値稅)'에 대응하는 일은 특히나 고생스러운 부분이었다.

| '회기 불가 시점'을 통과하다

사에구사는 한 달에 한 번, 많을 때는 두 번 상하이로 날아가 진척 상황을 지켜봤다. 전년도 10월에 얇은 카탈로그의 발행을 중지시켰을 때, 본격적인 카탈로그의 발행 시기를 1년 후인 이듬해 9월로 결정했다. 디데이가 3개월밖에 남지 않은 지금, 아직도 중요한 항목에서 미진한 부분들이 드러나고 있었다.

사에구사는 본사의 모든 간부들에게 이메일을 보냈다. '미스미 전체'가 한 몸이 되어 중국 사업 설립을 이뤄내자는 내용이었다.

From. **사에구사 다다시**
To. **미스미 간부 전원**

Title. **중국 긴급 지원 프로젝트**

여러분, 현재 중국에서는 사업 진출을 위해 카탈로그뿐만 아니라 인프라 조직 전체를 백지에서부터 만들어내는 활동을 병행하고 있습니다. 현재 이 사업은 고비에 접어들었습니다. 저는 25년 전 미일 합작투자회사의 사장이었던 당시, 기후 시에 공장을 건설하면서 지금과 비슷한 혼돈을 겪었습니다.
당시 상황의 특징은 이러했습니다.

· 쫓기는 심리에서 기간을 촉박하게 설정했고, 이 때문에 1년 이상 무리하게 일
 한 결과 담당자들이 상당히 피폐해졌다.
· 스태프 대부분이 회사 외부에서 모인 초보자 집단이었다. 경험이 부족한 탓
 에 어디에 함정이 있는지 파악하지 못했고, 애초에 리스크가 높았던 까닭에
 리더 층의 부담은 더욱 커졌다.
· 당시 30대 중반이었던 나는 경영자로서 서투른 측면이 있었다. 모두가 젊은
 열기로 똘똘 뭉쳐 달린 끝에 결과적으로는 위험한 다리를 건널 수 있었지만,
 박빙의 승리였다. 한발만 삐끗했어도 다리 밑으로 떨어졌을지 모르는 위험한
 방식이었다.

현재 상하이의 상황은 이때와 유사한 측면이 있습니다. 저는 여러분이 제 전철을 밟는 것을 원하지 않습니다. 이에 7월부터 저는, 중국 프로젝트의 진척 상황에 한층 더 깊숙이 관여하려 합니다. 회사 차원에서 모두가 한 배를 타고, 목표달성을 위해 전진하는 지원 태세를 다음과 같이 갖추려 합니다.

1. 본사의 '중국 긴급 지원 프로젝트' 체제를 발동한다. 지원 요청이 들어오면 본사의 업무가 지체되는 한이 있더라도 최우선으로 협력한다.
2. 7월 14일에 상하이에서 '중국부회'를 개최한다. 중국 본사의 관련 간부들은 전원 참석한다.
3. 만약 중국 사업 준비에 불안 요소가 발생한다면 9월로 예정된 카탈로그 발행 시기를 연기하며, 그 결정은 위의 회의에서 내린다. 늦출 수 있는 최대 기한, 즉 '회귀 불가 시점(Point of No Return)'도 그 회의에서 확인한다.

마지막에 언급한 '회귀 불가 시점'이란, 비행기가 활주로를 달리기 시작한 뒤 이륙 시도를 중지하고 지상에 정지할 수 있는 한계점이다. 기세가 붙은 비행기는 그 한계점을 지나면 무조건 날아오르는 수밖에 없다. 어떤 문제, 어떤 사태가 발생했다 하더라도 멈출 수 없다.

7월 14일에 열린 상하이의 중국부회에서 사에구사는 모든 요소를 직접 점검했다. 그 결과는 미묘했다. 앞을 가로막고 있는 안개가 완전히 걷히지 않아 무엇이 숨어 있는지 알 수 없었다. 아직 불안했다. 특히 배송센터와 정보시스템의 준비에 부하가 걸리고 있었다. '회귀 불가 시점'까지는 아직 한 달이 남아 있다는 판단을 내렸다. 따라서 카탈로그 발행에 대한 최종 결정은 그때까지 일단 기다리기로 했다.

한 달 뒤인 8월 10일, 마침내 최종 결정이 발표되었다. 전날 상하이에서 도쿄로 돌아온 사에구사는 미스미의 간부 전원에게 이메일을 보냈다.

"수주 개시를 당초 예정이었던 9월에서 중국 국경절 연휴가 끝나는 10월 6일로 1개월 연기합니다. 진척이 더딘 준비 항목은 최종 마무리를 서두르기 바랍니다."

그리고 이메일의 마지막에 이렇게 덧붙였다.

"돛대에 'Z기'가 계양되었습니다. 모두 힘냅시다."

알파벳 Z는 '더는 뒤가 없음'을 의미한다. 사에구사는 그만큼 필사적인 심정이었다. 글로벌 사업에 미스미의 미래를 걸고 간부 전원에게 호소하는 간절함이 'Z기'라는 표현에 담겨 있었다.

　10월 6일에 수주를 개시한다는 전제로, 9월 말부터는 고객들에게 카탈로그를 발송하기 시작했다.

　수주 개시가 하루 앞으로 다가왔다. 일요일이었던 그날 도쿄의 자택에 있던 사에구사는 도무지 마음이 진정되지 않았다. 사원들에게는 내색하지 않았지만 '정말로 성공할 수 있을까?' 하는 염려를 떨칠 수 없었다. 가가미 팀이 중국에 도착한 이래 1년 3개월간 우여곡절과 시행착오를 거듭했다. 어느 순간 전열을 가다듬고 차근차근 준비 작업에 매진한 결과, 이제 중국 사업이 본격적으로 시작된다. 일본에서 그때그때 수입해 판매하는 대리점 같았던 기존의 업태와 근본적으로 다른 사업이었다. 현지 언어, 현지 통화를 사용할 뿐 아니라 상품 라인업을 담은 카탈로그도 일본에 필적할 만큼 충실하다. 배송센터는 상하이와 광저우에 동시 개설했다. 해외 최초의 자사 배송센터를 시작부터 두 곳에 마련한 것이다.

　그 밖에도 일본의 제조회사들을 유치하고, 미스미 마을을 건설했던 험난한 과정들이 사에구사의 머리를 차례로 스쳤다.

세 명의 초보자에서 2,000명 사업팀으로

마침내 중국 사업이 시작되었다. 그러나 지금까지의 이야기는 그 뒤에 이어지는 파란만장한 중국 사업 역사의 서막에 불과하다. 그 후

중국에서 다른 사업을 시작할 때도, 또 다른 나라에서 사업을 전
개할 때도 각각의 장대한 드라마가 탄생했다.

앞에서 밝혔듯이, 중국 사업을 시작하고 약 12년 사이에 미스
미 중국의 매출액은 400억 엔(약 4,000억 원)에 근접하는 수준까
지 성장했다. 중국 현지 법인의 사원은 1,000명에 육박하며, 생산
부문인 스루가세이끼의 공장 두 곳을 합친 미스미 그룹 전체의 중
국 사원은 2,000명이 넘는다.

그 역사는 30세의 가가미를 포함해 단 세 명으로 구성된 팀이
상하이에 도착하면서 시작되었다. 당시 미국 사업은 13년 만에
12억 엔의 매출을 기록했는데, 중국 사업은 출범 12년 만에 약
400억 엔 규모로 급성장했다. 이것은 미스미 사원들의 '뜻'과 '전
략 의식'이 그 후 크게 변화했다는 의미이다. 완전히 다른 회사가
되었다고 해도 과언이 아닐 것이다.

● 가가미 겐토의 이야기
── 중국 사업팀 디렉터, 이후 최연소 부사업부장을 거쳐 기업체 CEO가 됨

중국에서 보낸 4년은 틀림없이 제 인생의 전환점이었습니다. 안일한 마음
으로 자원해서 중국에 갔다가 아주 혼이 났죠. 육체적으로나 정신적으로나
끝까지 몰려서 퇴직을 진지하게 고민한 것만 세 번이었습니다. 하지만 그
때마다 현실에서 도피하지 않고 앞으로 나가기를 잘했다는 생각이 듭니다.
30대 초반에 그렇게 실패와 성공의 경계에서 부침을 겪다니, 아마도 지금
의 일본 기업에서는 절대 만날 수 없는 기회일 겁니다.

네, 4년 후에 본사로 돌아왔을 때 큰 승진을 했죠. 솔직히 놀랐습니다. 사장님을 그렇게 애먹였는데 이런 선물을 받으리라고는 예상치 못했거든요.

귀국한 이듬해 연말이었는데, 호텔의 회장을 빌려서 사업부 송년회를 열었습니다. 그때 재미있는 일이 있었어요. 경품이 걸린 퀴즈 대회를 했는데, 저도 출제자 중 한 명이었습니다. 조명이 어두워지고 중앙의 스크린에 문제가 떠올랐습니다. 제가 읽어나갔죠.

"다음의 다섯 가지 말은 제가 상하이 시절 사장님께 혼이 났을 때 들은 것입니다."

다들 술기운이 오른 상태였기에 화면을 보고 크게 웃었습니다. 그런데 그날 참석하지 않는 것으로 알고 있었던 사에구사 사장님이 하필 바로 그 순간 회장으로 들어오시는 겁니다. 나중에 들은 얘기로는, 앞의 회식을 빨리 마치고 긴자에서 달려오셨다더군요.

스크린에는 사장님의 '심한 말' 다섯 개가 보기로 나열되어 있었습니다. 그중에는 "자네는 회사를 박살낼 셈인가?"도 있었지요. 사장님이 오시는 줄 알았다면 어떻게 그런 퀴즈를 냈겠습니까? 식은땀이 흘렀지만 이미 엎질러진 물이었어요. 다들 사장님의 반응을 흘끔흘끔 살피면서도 재미있어 죽겠다는 표정이었습니다. 이제 와서 퀴즈를 중단할 수는 없었어요.

"그러면 문제입니다. 이 다섯 가지 말 가운데 사실은 사장님께서 하지 '않은' 말이 하나 있습니다. 무엇일까요?"

또다시 모두가 웃음을 터트렸습니다. 사장님을 보니 같이 손뼉을 치며 웃고 계시더군요. 몇 명이 즉시 손을 들고 답을 말했지만, 사정을 모르는 사람들이 쉽게 맞힐 만한 문제가 아니었습니다.

"아닙니다. 그건 사장님께서 실제로 하신 말씀입니다."

상처에 소금을 들이붓는 식으로 몇 번이나 그렇게 대답할 때마다, 회장은 폭소의 도가니가 되었습니다. 저만 혼자 진땀을 뺐죠.

전후 사정은 생략하고 심한 표현만 부각한 퀴즈였지만, 사장도 그 분위기를 함께 즐겼다. 사에구사가 보기에도 그 퀴즈는 직원들과 거리를 좁히기 위한 최고의 소재 같았다.

한편으로는 이런 생각도 들었다. 가가미는 그 퀴즈를 통해 은근히 자랑을 하고 싶었던 것이 아닐까? 부하 직원들 앞에서 "어때? 나는 중국에서 이렇게 단련을 받았다고. 너희들 중에 사장하고 이렇게 살을 맞대고 일해본 사람 있으면 나와봐"라고 말이다.

아직 30대인 그가 아수라장을 경험하고, 성과를 내고, 발탁되어, 다음 성장을 향해 나아가는 과정을 지켜보며 사에구사는 그저 흐뭇할 뿐이었다.

돛을 올린 미스미호, 세계로 뻗어나가다

현지 통화가 표시된 카탈로그를 현지 언어로 간행하는 것은 말처럼 간단한 작업이 아니다. 해당 국가에서 사업 추진 조직을 충실히 정비하고, 카탈로그 제작 노하우와 영업 및 인프라 운영 방법을 숙지해야만 실행이 가능하다.

사에구사가 사장으로 취임했을 당시 해외에서 간행되는 카탈로그는 미국과 한국에서 각 한 권씩, 모두 두 권뿐이었다. 그러던 것이 4년 사이 21권이 되었다. 이는 각국에서 시작된 신사업이 21개 부문으로 확대되었음을 의미한다. 놀랄 만큼 빠른 속도다.

한편으로 종이에 인쇄한 카탈로그는 이제 구시대의 유물이 되어가고 있다. 최근 13년 사이 종이 카탈로그를 인터넷으로 이행하는 작업도 급속히 진행되었다. 상당한 투자를 동반하는 일이었지만, 그 결과 지금은 1,600만 점에 달하는 방대한 상품 하나하나의 상세한 정보를 인터넷으로 순식간에 검색할 수 있다. 현재 일본 국내의 주문 가운데 80퍼센트가 인터넷을 통해서 들어오고 있다. 여전히 팩스를 중용하는 업계 분위기 속에서도 미스미는 이례적인 속도로 디지털화를 진행하는 중이다. 해외의 인터넷 수주 비율도 평균 50퍼센트가 넘으며, 앞으로 더욱 증가할 추세다.

해외에는 하나도 없었던 직영 창고(배송센터)는 상하이 QCT센터를 시작으로 10년 후 11곳으로 증설되었다. 최근에는 인도네시아에 직영 창고를 개설했으며, 영업 거점은 중국의 지방 거점까지 포함하면 53개로 증가했다.

그렇다면 이런 확대 전략을 통해 매출은 얼마가 늘었을까? 사에구사가 사장으로 취임한 시점의 해외 매출액은 모든 현지 법인을 합쳐 44억 엔(약 440억 원)으로, 연결매출액의 9퍼센트도 되지 않았다. 미미한 수준이던 매출은 13년 후, 약 17배인 746억 엔(약 7,460억 원)으로 급증했다. 이것은 기존의 사업이 '내부 성장'을 통해 확대된 결과다. 여기에 '외부 성장'의 일환으로, 신임 사장 취임 10년차에 인수한 미국 회사의 매출을 더하면 13년차의 해외 매출액은 약 22배인 962억 엔(약 9,620억 원)에 이른다.

해외 매출액 비율은 당초 목표로 삼았던 30퍼센트를 뛰어넘은 36퍼센트, 인수한 미국 회사까지 포함하면 46퍼센트로 상승했다. 국내 매출액과 해외 매출액이 거의 비등한 규모가 된 것이다. 해외 매출액은 그 후 더욱 성장해, 이 책을 발간한 시점에는 1,000억 엔(약 1조 원)을 돌파했다.

가장 크게 성장한 해외 영업 지표는 종업원 수다. 현지 사원을 포함하면 7,000명을 훌쩍 넘어섰다. 현재 해외사업을 운영하는 핵심 인력들은, 과거의 가가미 같은 미스미의 경영 리더들이다. 이들은 멋모르고 진출했다가 좌절을 겪으며 전략의 필요성을 깨달았고, 점차 기량을 키워나가 현재에 이르렀다.

📝 독자에게 내는 숙제

'회사 개조'를 위해 실시하는 개혁의 과정에는 언제나 지난한 싸움이 기다린다. 기존의 상식에 얽매여 있는 사원들의 심리적인 벽을 부수는 싸움이다. 어떤 회사에든 사람들의 사고방식이나 행동을 의식적, 암묵적으로 제약하는 '족쇄'가 있다. 그 족쇄를 족쇄로 보느냐 보지 않느냐는, 각 사람의 사고방식에 따라 완전히 달라진다. 여러분의 회사에서 '개조'를 방해하는 족쇄는 무엇일까? 그리고 각각의 족쇄가 발생한 '기원'은 무엇일까? 그것을 누가, 어떻게 부숴야 모두가 그 족쇄로부터 해방될 수 있을까?

사에구사에게 이것은 연습이 아니라 경영 현장에서 답을 찾아내기 위한 절박한 과제였다.

해외 매출액은 13년 사이 약 17배(인수를 포함하면 약 22배) 증가

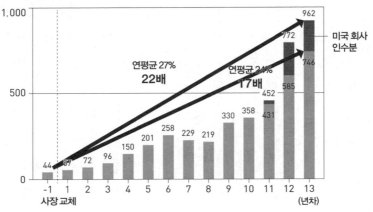

(억 엔) 연결매출액

연평균 27%
22배

연평균 24%
17배

미국 회사
인수분

962
772
746
585
452
431
358
330
258
229 219
201
150
96
72
57
44

-1 1 2 3 4 5 6 7 8 9 10 11 12 13
사장 교체 (년차)

10퍼센트 이하였던 해외 매출액 비율이 50퍼센트에 육박

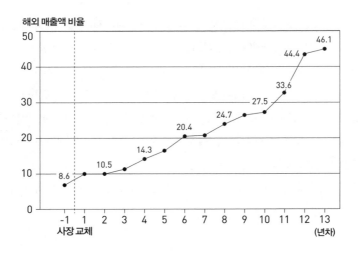

해외 매출액 비율

50
46.1
44.4
40
33.6
30
27.5
24.7
20.4
20
14.3
10.5
10
8.6

-1 1 2 3 4 5 6 7 8 9 10 11 12 13
사장 교체 (년차)

비즈니스 플랜의 의미

나는 미스미의 모든 사업을 대상으로 '비즈니스 플랜 시스템'을 도입했다. 그 목적은 조직론과 전략론을 하나의 제도로 통합해 정착시키는 것이었다. 이는 절대적이라 할 만큼 중요한 과제이지만, 지금도 많은 기업들은 조직론과 전략론을 별개의 분야로 취급하고 있다.

사업 회생 전문가에 도전했을 때, 나는 각 회사에서 경영 리더를 육성할 방법을 끊임없이 모색했고 마침내 답을 찾아냈다. 바로 '사업 전략'을 축으로 사업을 경영한다는 것이었다. '사업 전략'을 조직론 속에 위치시키면 조직론과 전략론의 결합이 일어난다. 그런 제도 없이는 사원들이 전략을 구상하는 역량이 절대 높아지지 않으며, 사업을 깊이 고민하는 자세도 다질 수 없다.

그런 까닭에 미스미에서는 사업 계획이 단순한 '연수' 차원에 그치지 않고, 피 흘리는 현장의 싸움에 속한다. 사업 책임자가 살아 있는 경영 방침을 세우고, 실제로 그것을 실행해나가는 것이다. 이를 통해, 책상에 앉아 손만 놀리는 연수에서는 도저히 다룰 수 없는 생생한 공부를 할 수 있다.

세 차례의 심의

현재 미스미에서는 '사업팀', '사업부', '기업체(이후 미스미에서 도입하는 조직 형태. 8장에서 설명)'의 각 층위에서 사업 전략을 책정한다. 여기에서는 사업팀의 사업 전략에 관해 설명하도록 하겠다.

먼저, 누구를 위해 사업계획서를 작성하는 것일까? 아래의 표는 사내의 간부 사원들이 사업 계획 작업에 돌입했을 때, 내가 사전 설명을 하면서 실제로 사용했던 파워포인트 내용이다.

누구를 위해 사업 계획을 책정하는가?

1. 자신을 위해서
· 직원 스스로 '깊게 생각하기' 위한 도구 ⟶ **경영 역량 증진**
· 종이에 직접 적는 것이 중요

2. 사람을 열정적으로 만드는 도구로서
· 모두를 '한 배'에 태운다(회장, 사장까지도) ⟶ **전략적 묶음**
· 필요한 공약을 이끌어낸다

3. 자유 재량의 범위를 확인하기 위해서 ⟶ **말단의 활력**
· 자유롭게 행동할 수 있는 범위를 설정

사업 계획 기간은 4년으로 설정한다. 1년차의 수치는 그 자체로 이번 연도의 예산이며, 2년차의 수치는 '여기까지 실현하겠습니다'라고 본인이 공약하는 것이다. 3~4년차의 수치는 정확히 단언할 순 없지만 '지금 생각할 수 있는 최선의 계획'이다.

미스미에서는 매년 12월부터 이듬해 3월까지 4개월 동안이 '사업 계획 책정 시즌'이다. 특히 전반부의 2개월 동안은 모두가 상당한 시간을 할애해 사업 계획에 집중한다.

1단계로 전략의 '메인 스토리'를 짠다. 이 단계에서는 부하 직원이 자신의 구상을 가지고 상사와 일대일로 토론한다. 출발점이 되는 '첫 번째 페이지(반성론)'가 중요하기 때문이다. 이 작업은 A3 용지 한 장에서 시작하지만, 물론 전략이 그렇게 쉽게 만들어지지는 않는다. 많은 고민과 에너지를 투입해야 한다. 만약 작업을 상당히 진행한 상태에서 상사가 "이 내용은 안 돼"라고 말하면 부하 직원은 처음부터 다시 시작해야 한다. 아까운 시간과 노력을 낭비하게 되는 셈이다. 그러므로 내용에 문제가 있다면 이른 단계에 "다시 생각해 보도록"이라고 말해줘야 한다.

부하 직원이 그린 '메인 스토리'에 상사가 오케이 사인을 하면 사업 계획은 40퍼센트 정도 완성되었다고 본다. 그래서 상사가 승인을 내리는 그 미팅을 '40퍼센트 심의'라고 부른다.

그 관문을 통과한 디렉터는 다음 단계로 들어간다. 이때 '메인 스토리'에 따라 구체적인 전략을 파워포인트로 작성한다. 자기 사업의 첫 번째 페이지, 두 번째 페이지, 세 번째 페이지를 설정하는 것이다(경영자의 수수께끼 풀이 13 참조). 이 과정에서 직원들은 한밤중까지 작업을 계속할 정도로 깊이 골몰한다. 그런 점에서 사업 전략은 '직원들의 열정을 끌어내는 도구'이기도 하다. 여기서는 중요한 전략 요소를 분명히 배치하는 것이 중요하며, 스토리는 단순해야만 사람들을 끌어당길 수 있다.

70퍼센트 정도 완성된 단계에서 회사의 정식 심의가 실시된다. 사업 부장이 주재하는 이 회의를 '70퍼센트 심의'라고 부른다. 의장의 허가가 있으면 다른 부문 사람들도 참관할 수 있다. 중요한 사업일 경우 사장도 방청하러 온다.

다른 부분의 사업부장이나 간접 부문의 실장 등, 심의 위원으로 선정된 몇몇 사람들이 디렉터가 발표한 사업계획서의 내용을 채점한다. 내용이 부족하면 '기각. 다시 생각해보도록'이라고 판정하며, 심의 위원이 지적한 시정 사항을 '지도서'에 담아 디렉터에게 전달한다.

전략의 메인 스토리

성공하는 경영 전략은 반드시
· '개혁의 세 페이지 시나리오'를 따른다
 (1→2→3페이지 세트)

↓

· 이것이 '메인 스토리'가 된다

메인 스토리는
· 리더에게 '신념'이 된다
· 조직에 '대의'가 된다
· 따르는 이들이 수긍할 '근거'가 된다
· 중간중간 되돌아가는 '원점'이 된다

전략을 '기획실'에 맡기지 말라

최종 심의는 '100퍼센트 심의'라고 한다.

사업 전략은 학교 공부와는 다르다. 경영 리더가 되어 인력과 돈을 동원하는 실전의 세계다. 그들은 끊임없는 고민을 통해 전략 사고를 단련해나간다.

미스미의 경우, 경영기획실에서 사업 계획을 일괄적으로 작성하는 회사와는 근본적으로 발상을 달리한다. 미스미에서는 실무자가 직접 전략을 만드는 것이 절대 조건이다. '이기는 싸움'의 스토리를 만든다는 것은 조직론이나 인재 육성론과도 연계된다. 만약 자신이 형편없는 전략밖에 생각해내지 못해서 경쟁에 진다면, 책임은 온전히 본인의 몫이다.

사업 전략의 핵심은 수치가 아니라 '전략 스토리'이다. 경쟁 상대는 누구인가? 승패를 결정하는 요소는 무엇인가? 그 요소에 관한 자사의 강점과 약점은 무엇인가? 이를 바탕으로 판단할 때, 경영 리더로서 어떤 사업 전략을 세워야 하는가?

최근에는 '사업계획서를 작성하는 부담을 줄였으면 좋겠다'는 목소리도 있어서 어느 정도 간소화하고 있지만, 사업 계획이 너무 간략해서는 안 된다. 안일한 방식으로 그럴듯한 스토리를 대충 만들어내고서 괜찮은 전략을 완성한 것 같은 착각에 빠질 수 있기 때문이다. 눈앞의 작업 부담은 줄어들지만 경영 리더로서 좁고 얕은 시야를 벗어나지 못하며, 사업 또한 역동적으로 움직일 수 없다.

사업 전략이, 흔한 회사의 평범한 사원이 생각할 수 있는 수준에 그친다면 회사도 그 수준을 벗어날 수 없다. 각 담당자가 경영자의 전략적 시선을 유지하며 원점에서 문제를 폭넓게 탐색하고, 직접 수정한 다음 실행에 옮겨야 한다. 실행 결과 성공할 때도, 실패를 맛볼 때도 있을 것이다. 사업의 책임자는 여기에서 늘 새로운 것을 배운다.

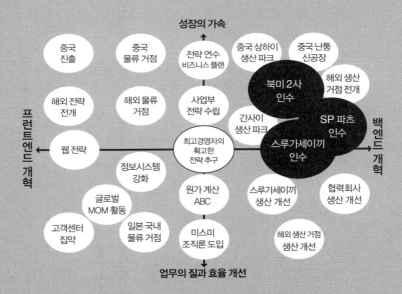

성장의 가속

프런트|엔드 개혁

백|엔드 개혁

중국 진출

중국 물류 거점

전략 연수 비즈니스 플랜

중국 상하이 생산 파크

중국 난통 신공장

해외 전략 전개

해외 물류 거점

사업부 전략 수립

북미 2사 인수

해외 생산 거점 전개

웹 전략

최고경영자의 확고한 전략 추구

간사이 생산 파크

SP 파츠 인수

스루가세이끼 인수

정보시스템 강화

원가 계산 ABC

스루가세이끼 생산 개선

협력회사 생산 개선

글로벌 MOM 활동

일본 국내 물류 거점

미스미 조직론 도입

해외 생산 거점 생산 개선

고객센터 집약

업무의 질과 효율 개선

5

생산의 주도권을
확보한다

미스미는 '상사(商社) 외길' 40년의 역사에 작별을 고하고 제조
회사 인수에 나섰다. 업태 변혁을 감행한 이 과감한 전략은 사업
모델의 약점을 일거에 해결하는 묘수가 되었다. 사에구사는 무
엇을 근거로 이런 결단을 내렸을까?

애증의 파트너와
손을 잡다

비밀리에 진행된 교섭   사에구사가 사장으로 취임하고 2년 4개월이 지난 10월 13일, 미스미는 임시 이사회를 열어 도쿄증권거래소 2부 상장 제조회사인 스루가세이끼와의 '경영 통합'을 승인했다. 그리고 저녁에는 이를 발표하는 기자회견이 열렸다. 미스미가 창업 이래 견지해온 '상사 외길' 40년의 역사에 종지부를 찍고 업태를 크게 바꾸는 결단이었다.

양사를 총괄하는 본사로서 미스미 그룹 본사가 위치하고, 그 산하에 기존의 미스미와 스루가세이끼가 대등한 지위로 들어가는 구조였다. 상장 회사로서 명칭은 '미스미'에서 '미스미 그룹 본사'로 바뀌었다(다만 이 책에서는 앞으로도 미스미라는 호칭을 사용한

다). 미스미의 단납기 생산을 담당하는 20개에 가까운 협력회사
는 대부분 중소기업인데, 스루가세이끼는 그중에서 최대 규모이
자 유일한 상장 기업이었다.

경영 통합 당시의 연도 매출액은 미스미가 815억 엔(약 8,150
억 원), 스루가세이끼가 139억 엔(약 1,390억 원)이었다. 또한 전
년도 대비 매출액 성장률은 미스미가 17퍼센트, 스루가세이끼가
7퍼센트였다. 미스미의 극적인 성장이 이미 시작된 시점이었기
에, 규모와 성장세 모두 미스미가 스루가세이끼보다 한 단계 위였
다. 게다가 스루가세이끼의 매출액 중 60퍼센트는 미스미에 부품
을 납품해서 얻은 것이었다. 따라서 연결 결산의 측면에서 보면,
양사가 하나가 되더라도 통합 회사의 매출액은 50억 엔(약 500억
원) 정도밖에 증가하지 않는다. 요컨대 미스미가 스루가세이끼와
경영 통합을 한 목적은 '규모를 키우기 위해서'가 아니었다. 사에
구사의 노림수는 다른 곳에 있었다.

사에구사는 사장에 취임한 지 불과 1년 5개월 후부터 비밀리에
스루가세이끼와 교섭을 시작했다. 그리고 그 내용은 두 회사의 협
의와 사전 조사를 거쳐 약 11개월 만에 대외 발표로 이어졌다.

사에구사가 기업 인수를 염두에 두기 시작한 것은, 사업 개혁과
전략 실행으로 바쁜 나날을 보내던 어느 날이었다. 그는 문득 이
런 결론에 도달했다.

'그룹 내에 제조 기능을 보유하지 않으면 미스미의 성장은 머지
않아 한계에 부딪힐 것이다.'

그때부터 사에구사는 다른 누군가와 의논하지 않고 혼자서 고민하기 시작했다. 생산 공장을 처음부터 자력으로 세우는 건 아무리 생각해도 비현실적이었다. 사내에 생산 기술이 있는 것도 아니고, 생산을 잘 아는 사원 또한 단 한 명도 없었다.

그렇다면 방법은 다른 회사를 인수하는 것뿐이라고 생각했다. 다만 문제는 적절한 회사가 있느냐, 그리고 설령 있다 한들 과연 인수 제안에 응해줄 것이냐 하는 점이었다.

| **미스미 마을의 한계**

미스미의 사장으로 취임하고 1년 반 동안 중국 진출 활동을 하면서 사에구사는 한 가지를 배웠다. 상하이에 일본의 제조회사들을 위한 생산파크 '미스미 마을'을 건설한다는 구상을 하고 협력사들을 설득했지만 반응은 미지근했다. 이 일을 통해 미스미가 글로벌 전략을 지향하는 데 최대 제약 요인은 곧 '생산 체제'임을 실감했다.

'기획하고, 제조하여, 판매한다'라는 조직 콘셉트를 미스미 경영의 중심축으로 삼았는데, 그중 하나인 '제조'가 미스미의 자체 기능에서 빠져 있었던 것이다. 사장 취임 발표 직전 경영 간부들을 대상으로 프레젠테이션을 할 때 '미스미의 8가지 약점'을 제시했지만, 그때는 이 문제를 거론하지 않았다. 이것은 중국에 진출한 뒤 비로소 알게 된 약점이었다.

시간이 걸리기는 했지만 최종적으로 9개 협력회사가 중국 진출에 동의해줬다. 그러나 이후 각 회사의 준비 활동을 지켜보면서 사에구사는 다시금 불안과 일종의 한계를 느꼈다. 미스미조차도 직원들의 글로벌 감각이 빈약했으며, 조직은 취약했다. 그래서 사에구사는 취임 직후부터 글로벌 인재를 증강하기 위해 백방으로 뛰었다. 하루의 3분의 1을 후보자 면접에 사용한 날도 있었다. 예전부터 친분과 신뢰를 쌓았던 헤드헌터를 비롯해, 많은 에이전트들로부터 도움을 받았다. 덕분에 1년 반 동안 상당수의 글로벌 인재를 미스미로 영입하는 데 성공했다.

그러나 협력회사들은 글로벌 전개에 대비해 조직을 보완하는 데 딱히 열의를 보이지 않았다. 그 모습을 보면서 사에구사는 중요한 결론을 내렸다.

'협력회사와 함께 해외로 진출하는 건 중국까지가 한계다. 그들이 미스미와 손을 잡고 중국을 넘어서 아시아와 유럽, 미국까지 진출하기를 기대하는 건 무리가 아닐까?'

이렇게 자문한 끝에 '미스미 마을 글로벌 전개'는 환상에 가깝다는 사실을 인정할 수밖에 없었다. 그리고 이 깨달음은 '산하에 제조 기능을 보유하는 수밖에 없다'라는 대담한 발상으로 이어졌다. 그렇게 하지 않는 한, 중국 이후의 글로벌 전략은 성공할 수 없다는 판단이 들었다.

애증의 동반자 관계

사에구사가 '제조회사 인수'라는 중대한 행동에 나서기로 결심한 배후에는 또 다른 이유도 있었다. 그때까지 미스미가 만들어온 협력회사군은 여러 중소기업으로 이루어진 네트워크였다. 각 회사의 경영자들은 마치 한 나라의 군주와도 같았다. 자신들의 기술에 상당한 자신감과 자부심을 품고 있었기에 미스미의 사원들이 쉽게 다룰 수 있는 상대가 아니었다.

그때까지 미스미는 〈미스미 QCT 모델〉을 정립하기 위해 협력회사를 대상으로 다양한 지도를 실시했다. 납기 지연, 품질 저하 등의 문제가 발생하거나, 판매를 확대하는 과정에서 비용 절감에 어려움이 생길 때마다 강하게 개선을 요구했다. 양측의 노력과 현장 개선 덕분에 〈미스미 QCT 모델〉은 점차 경쟁력을 갖췄고, 그 결과 미스미만 성장한 것이 아니라 협력회사의 경영 규모도 점차 확대되었다.

미스미와 협력회사는 항상 긴장을 동반하는 관계였다. 서로 그저 허물없는 관계였다면 지금의 강력한 〈미스미 QCT 모델〉은 결코 실현되지 못했을 것이다. 그 긴장이 만들어내는 절차탁마야말로 〈미스미 QCT 모델〉에 불가결한 요소였다.

그러나 이 때문에 양측은 하루가 멀다 하고 서로의 불만과 분노가 충돌하는, 한마디로 '갈등의 관계'이기도 했다. 협력회사의 경영자나 직원들 치고 미스미를 험담하지 않는 이들이 없었다.

"미스미 놈들은 깨끗한 사무실에 앉아서 전화로 자기들이 하고 싶은 말만 하지. 온몸이 기름투성이가 돼서 일하는 우리 사정은 신경도 안 써. 하지만 기술을 쥐고 있는 건 우리야. 우리가 미스미를 먹여 살리고 있다고."

사에구사는 미스미의 사원 대부분이 '제조'에 관해 아주 얄팍한 경험이나 지식밖에 갖추지 못했다는 사실을 분명히 알았다. 생산에 관해 완전히 문외한인 미스미 직원들이 용케도 협력회사를 움직인다고 느낄 정도였다.

제조회사와 비교했을 때 미스미의 강점은, 고객 접점과 유통을 장악하고 있다는 것이었다. 아마도 미스미 직원들이 그 강점을 등에 업고 협력회사에 주제넘은 말을 하는 경우도 많았을 것이다. 어떻게 보면 문외한이기에 협력회사의 사정을 어중간하게 봐주거나 타협하지 않고, 고객이나 유통 측의 요구를 그대로 밀어붙일 수 있었을 것이다.

한편 미스미의 사원들이라고 협력회사에 불만이 없는 것은 아니었다.

"그 친구들은 영업이나 마케팅에 전혀 신경 안 쓰고 가만히 있어도 매일 주문이 들어오는 게 얼마나 고마운 일인지 전혀 몰라. 납기가 지연되거나 불량이 나오면 고객들이 얼마나 곤란해지는데. 우리가 고객을 만나서 매출 좀 늘리겠다고 어떤 고생을 하는지 알 턱이 없지."

이 대립 구도에서 사에구사는 무작정 미스미 직원들의 편을 들지 않았다. 제조 현장의 고충도 어느 정도 알고 있었으므로 양쪽을 평등하게 바라보려 했다. 양자의 관계를 '근친증오(近親憎惡, 가까운 이웃을 미워한다는 뜻-옮긴이)'라 표현한 적도 있었다.

"우리 삶에서도 서로가 서로에게 완전히 의지하는 가까운 관계속에서는 항상 이해가 충돌하고 감정적인 알력이 발생한다. 그렇지만 서로 갈라설 수 없는 사이다."

그 대립은 서로의 숙명과도 같은 것이었다. 미스미로서는 생산과 관련된 새로운 경영 전략을 세울 때마다 제조회사의 경영자와 '교섭'해야 한다. 때로는 거부당할 수도 있다. 게다가 그것이 '개혁'일 경우 모든 협력회사의 경영진이 보조를 맞춰줘야 하는데, 숫자가 많다 보니 시간이 걸릴 수밖에 없다.

그래서 사에구사는 소규모라도 좋으니, 미스미가 요구하는 속도로 움직이는 '생산 기능'을 산하에 보유하고 싶었다. 사에구사가 볼 때 이것은, 기술이나 제조 분야에 약한 미스미 사원들의 수준을 단숨에 끌어올리는 길이기도 했다.

| **생산의 주도권을
손에 넣다**

제조회사의 인수를 결심한 배경에는 또 한 가지 이유가 있었다. 그것은 앞서 이야기한 세계적인 '경영 혁신의 메가트렌드'를 생각하면 쉽게 이해할 수 있다. 사에구사는 미스미가 '생산 전략'을 자유자재로 수정하고 실행할 재량을 갖추지 못한 것이, 장래의 글로벌 전략에 치명타가 될 수 있다는 부분을 우려했다.

동시에 그는 고객센터와 물류 같은 개별 기능 부문도 개선을 시도해나갔다. 다양한 개혁 주제에 '5C(다섯 개의 체인을 뜻함-옮긴이)'라는 명칭을 붙임으로써 '단순한 개별적 개혁'이 아님을 분명히 했다.

5C 개혁

사업에 활력을 불어넣으려면 '기획하고, 제조하여, 판매한다'라는 사이클을 관통하는 다섯 개의 연쇄된 주제, 즉 '가치 체인', '시간 체인', '정보 체인', '전략 체인', '마인드 체인'을 근본적으로 개선해야 한다. 복잡한 기능별 조직 구조를 그대로 놔둔 채, 이 주제들을 따로따로 손대서는 눈에 띄는 개선 효과를 기대할 수 없다.

사에구사는 기능별 부문의 개선만으로는 충분한 경영 혁신이 될 수 없다고 판단했다. 그래서 사장에 취임한 지 4년 7개월이 되었을 때, 미스미의 모든 업무 프로세스를 장악하고 회사 전체의 개혁을 추진하는 '오퍼레이션 총괄실'을 설치했고, 그로부터 3개월 뒤에는 'EC(전자 상거래) 사업부'를 출범했다.

그러나 '오퍼레이션 총괄실'은 업무를 감당할 만한 유능한 인재를 확보하는 데 어려움을 겪었고, 'EC 사업부'는 사업의 목적을 뚜렷이 하지 못해 활약이 지지부진했다. 사에구사는 자신의 비전을 실행에 옮기지 못해 아쉬웠지만 어쩔 수 없다고 생각하고 그 이상 무리하지 않았다. 간부나 사원들은 이미 지쳐 쓰러질 만큼 노력하고 있었기 때문이다.

모두들 필사적이었다. 매출액은 급증하고, 해외사업의 최전선은 급속히 확대되었으며, 여기에 '미스미의 8가지 약점'을 시정하고 사업 모델을 개선하기 위한 개혁 프로젝트가 몇 건이나 진행되었다. 낮도, 밤도, 주말도 없이 일하는 그들에게 그 이상을 요구하

는 것은 가혹한 일이었다. 그러나 '기획하고, 제조하여, 판매한다'
라는 사이클을 생각했을 때 '생산'을 강화하는 일만큼은 더 기다
릴 수 없었다.

여기까지가 바로, 사에구사가 미스미에 온 지 겨우 1년 반 만에
제조회사 인수라는 결단을 내린 배경이다.

· 미스미가 단납기로 '한 개씩 처리'하는 방식의 생산을 계속
  협력회사군에 의존한다면 중국 이후의 글로벌 전개는 벽에
  부딪힐 것으로 예상된다.
· 미스미와 협력회사는 미묘한 긴장 관계 속에 있으며, 이 때문
  에 신속한 전략 전개가 힘들다.
· 미스미의 사원들이 '생산'에 좀 더 익숙해지지 않고서는, 비
  즈니스 프로세스의 개혁이나 생산 전략을 적극적으로 추진
  하는 기업이 될 수 없다.
· '기획하고, 제조하여, 판매한다'의 사이클을 전체적으로 아우
  르는, 세계적인 '사업 혁신의 메가트렌드' 관점에서 생각하
  면 '생산'의 통제권이 없다는 것은 기업에 커다란 결함이 될
  가능성이 높다.

이로써 미스미는 40년 역사에 변곡점을 찍는 극적인 변화를 앞
두게 되었다.

· 제조회사를 인수하는 데는 다음의 인식이 중요하다. 먼저, 이 인수는 현재의 협력회사들을 불필요한 존재로 만들려는 것이 아니다. 미스미가 앞으로 모든 상품을 직접 생산한다는 것은 생각할 가치도 없는 어리석은 방법이다.

· 그렇다면 무엇을 위한 인수인가? 답은 향후 미스미가 '생산 기술'을 갈고닦기 위한 '연마의 장'이 필요하다는 것이다. 협력회사의 눈치를 보지 않고 자유롭게 이용할 수 있는 생산 현장이 필요하다. 이를 통해 '기획하고, 제조하여, 판매한다'는 강력하고도 종합적인 변혁 모델을 만들어내고자 한다.

· 그렇게 해서 탄생한 개선 수법은 협력회사와도 공유한다. 그들은 전략 연대의 대상이다. 미스미는 그들의 모방자가 아니라 선도자가 되고자 한다.

· 이 인수는 미스미의 사내에 커다란 교육 효과를 낳을 것이다.

사에구사는 제조회사의 인수를 위해 본격적으로 움직이기 시작했다.

사장 취임 기자회견 장면에서 설명했듯, 사에구사에게는 미스미를 '경영 리더를 키워내는 실험의 장으로 삼고 싶다'는 야심이 있었다. 그것이 '조직 모델'의 이야기였다면, 이번에는 '생산 모델'에 관한 이야기였다. 그는 다양한 시도를 할 수 있는 현장을 손에 넣어, 미스미를 세계 무대 최전선에서 경쟁하는 기업으로 만들고 싶었다. 이것을 실현하지 못한다면 미스미는 일류 회사가 될 수 없었다. 앞으로의 글로벌 전개도, 비즈니스 모델 전략도, 모여드는 인재도 그저 그런 수준에 그칠 것이다.

사에구사가 좁은 문을 열어젖히고 스루가세이끼와 경영 통합

을 실현한 것은 대단한 사건이었다. 설령 그가 12년 동안 다른 일
은 하나도 하지 않은 무능한 경영자였다 해도, 이 하나의 업적만
으로 미스미에 커다란 변화를 불러왔을 것이다. 이 시도는 그야말
로 역사적인 '단절력'을 발휘하는 것이었다.

경영 통합을 발표하다

사장으로 취임한 지 1년 3개월이 지난 9
월의 어느 날, 사에구사는 제조업체 인수
를 시도한다는 방침을 경영기획실장에게만 밝히고 검토를 지시
했다.

검토 결과, 후보 1순위는 스루가세이끼였다. 30년 가까이 미스
미와 거래를 해온 실적이 있으며, 〈미스미 QCT 모델〉을 충분히
이해하는 회사였다. 스루가세이끼에는 또 하나의 커다란 매력이
있었다. 미스미의 글로벌 전략을 미리 예측이라도 한 듯이, 이미
세계 진출을 꾀하고 있는 유일한 협력회사였다. 베트남에 중간 부
품 공장을 세웠고, 중국 상하이와 미국 시카고에도 소규모의 최종
가공 공장을 보유하고 있었다.

당연한 얘기지만, 어떤 거래든 상대가 제안을 받아들이지 않는
다면 이야기는 그것으로 끝이다. 사에구사는 혼자서 고민한들 의
미가 없으니 일단 부딪혀보자고 마음먹었다. 그래서 스루가세이
끼의 하마카와 아키오(浜川彰男) 사장에게 연락을 취했다. 그리
고 그해 11월 11일, 단골 요정에서 하마카와 사장과 만났다. 이곳
은 과거에 중요한 거래들을 성사시킨 장소였다. 이번에도 기억에

남는 자리가 될지는 아직 알 수 없었다.

두 사람은 특별한 친분이 없었기에 단둘이 술자리를 가진 것은 처음이었다. 처음에는 어색한 분위기 속에서 조심스럽게 단어를 골라가며 이야기를 나눴다. 하마카와 사장은 아직 자신이 초대받은 이유를 모르고 있었다. 아마도 단순히 친목 도모를 위해서라고만 생각했으리라.

술잔이 오가고 분위기가 조금 풀어지자 사에구사가 이야기를 꺼냈다.

"하마카와 씨, 오늘은 특별한 용건이 있어서 이렇게 모시게 되었습니다. 사실은 미스미와 스루가세이끼가 경영상 하나가 되어서 글로벌 전략을 전개하면 좋지 않을까 생각 중입니다. 어떻게 생각하십니까?"

하마카와 사장은 눈썹이 굵고 짙다. 심경의 변화를 얼굴에 크게 드러내지 않는, 속을 읽기 힘든 인물이었다. 사에구사는 왜 제조회사를 미스미의 산하에 두기 원하는지, 그 이유를 상세히 설명했다. 만약 스루가세이끼와 이야기가 잘되지 않는다면 다른 제조회사를 물색해서라도 그 구상을 실현할 생각이라고 솔직하게 털어놓았다.

잠시 후 의외의 대답이 돌아왔다.

"무슨 생각이신지 이해했습니다. 좋은 생각 같군요."

사에구사는 속으로 깜짝 놀랐다. 이것은 한 기업과 직원들의 운명을 바꿔놓을 제안이다. 그렇기에 '예스'라고 대답할 회사를 찾는 데만도 상당한 기간이 걸릴 것이라 각오하고 있었다. 그런데 최고의 파트너라고 점찍은 첫 번째 회사와, 첫 번째 나눈 대화에서 흔쾌한 반응이 돌아온 것이다.

하마카와 사장은 한 가지 요건을 내걸었다.

"다만 사원들이나 세상 사람들에게 스루가세이끼가 '팔렸다'는 인상을 주고 싶지는 않습니다. 인수가 아니라 '경영 통합'이라는 형태라면 이 이야기는 가능하다고 생각합니다. 스루가세이끼가 미스미의 자회사가 되는 것이 아니라, 양사가 대등한 위치에서는 형태를 희망합니다."

아마도 지주회사 같은 것을 설립하고, 기존의 미스미와 스루가세이끼가 대등한 자격으로 그 산하에 소속되는 형태를 말하는 것이리라. 그런 제안이라면 거절할 이유가 전혀 없었다.

"스루가세이끼의 임원들이 반대하지는 않을까요?"

사에구사가 묻자 하마카와 사장은 웃음기 띤 얼굴로 대답했다.

"뭐, 그럴지도 모르지요. 하지만 결국은 제 뜻을 따라줄 겁니다."

이날의 회식은 여기까지였다. 사에구사는 예상 밖의 소득에 만족했다.

3주 뒤인 12월 2일, 두 사람은 다시 만났다. 이번에는 하마카와 사장이 자리를 마련했다. 긴자의 전통 있는 요리점이었다. 하마카와 사장은 스루가세이끼의 임원 한 명을 대동했다. 인사, 총무, 경리 등의 부문을 총괄하는 이케가미 쥰지(池上淳二)였다. 이케가미는 스루가세이끼의 지배인 같은 존재로, 이 사람의 태도에 따라 다른 임원들의 의견도 갈릴 가능성이 컸다.

식사 자리에서는 두 회사가 경영 통합을 실시할 경우, 조직을 어떤 형태로 구성할 것인지를 구체적으로 논의했다. 두 번째 회식에서 이야기가 여기까지 진행된 것은 상당히 빠른 진전이었다. 다만, 사에구사는 동석한 이케가미가 뭔가 탐탁지 않은 듯하다는 느낌을 강하게 받았다.

이케가미는 사에구사가 스루가세이끼를 방문할 때마다 항상 싱글싱글 웃으면서 정중하게 대응해준 온화한 사람이다. 지금도 점잖은 태도는 변함이 없었지만, 논의 과정에서 계속 제동을 거는 듯한 기류가 감지되었다. 앞으로 이야기가 더 진행될 때, 그가 도움이 될지 아니면 장애물이 될지 전혀 예측할 수 없었다.

그 후 양자의 협의는 순조롭게 진전을 이루었지만 사에구사는 상황을 낙관하지 않았다. 예부터 미스미와 협력회사 사이에는 심리적 대립 구도가 뿌리 깊게 자리 잡고 있었다. 게다가 회사 인수라는 미묘한 사안이 언제 어떤 문제를 분출할지 예단할 수 없는 일이었다. 사에구사는 미스미의 장래를 위해 고개를 숙여서라도 이 일을 반드시 성사시키고 싶었다. 그렇게까지 간절한 그의 심정을 아는 사람은 아마 아무도 없을 터였다.

칼자루는 스루가세이끼의 하마카와 사장이 쥐고 있었다. 나중에 밝혀진 사실이지만, 예상했던 대로 스루가세이끼의 임원 전원이 이 계획을 반대했다고 한다. 사내의 강한 반대에 부딪히면서도 이 제안을 적극적으로 추진한 하마카와 사장의 진의는 무엇이었을까? 사에구사는 그 노력을 고맙게 여기는 한편으로 묘한 불안감도 느꼈다.

최종적으로 양사의 경영 통합이 실현되었다. 두 사장이 처음 만난 날부터 11개월이 흐른 뒤인 이듬해 10월 13일, 각사의 사내에서 경영 통합이 발표되었다. 그리고 그날 저녁에는 기자회견이 열렸다.

미스미의 사원들로서는 전혀 예상하지 못했던 충격적인 발표였다. 40년 동안 상사 외길을 걸어 온 미스미의 업태에 이런 대대적인 전환이 일어날 줄은 누구도 상상하지 못했다. 그 전략적인 의도를 이해한 사람은 더더구나 없었을 것이다.

스루가세이끼의 간부와 사원들은 더 큰 충격에 휩싸였다. 배려차원에서 '경영 통합'이라는 표현을 사용하긴 했지만, 이것이 '인수'라는 인상을 불식하기는 어려웠다. 기자회견장에서 한 기자가 "흡수합병이라고 보아도 무방합니까?"라고 질문한 내용이 이튿날 신문에 보도되자, 그런 인식은 한층 짙어졌다.

발표 후 2개월이 지난 12월, 양사의 임시 주주총회가 열려 안건이 정식으로 승인되었다. 그리고 약 3개월 뒤인 이듬해 4월 1일, 양사는 하나의 회사가 되었다. 상장 회사의 이름은 '미스미 그룹본사'이며 사장은 사에구사, 부사장은 하마카와였다.

사에구사가 제조업체 인수를 구상하기 시작한 때가 취임하고

만 1년이 지났을 무렵이었고, 실제 교섭 기간은 1년 5개월이 걸렸다. 여러 가지 사전 준비와 임시 주주총회 등의 절차를 거쳐 정식으로 발족하기까지는 만 2년 10개월이 걸렸다. '업태 혁신' 전략은 놀라운 속도로 그 모습을 드러냈다.

새 회사가 발족한 직후, 경영 통합 준비를 진행한 스루가세이끼의 이케가미는 사표를 냈다. 정년이 다가왔다는 이유도 있었지만, 교섭 과정에서 틀림없이 뭔가를 느꼈던 것이리라. 하마카와 사장에게서 그 이야기를 들었을 때 사에구사는 이케가미를 그룹 본사의 비상근 이사 및 스루가세이끼의 상담역으로 대우할 것을 제안했다. 이케가미는 이를 받아들였지만, 결국 1년 만에 회사를 완전히 떠났다.

| **일촉즉발의 경영회의** | 경영 통합을 실시했지만, 사에구사는 스루가세이끼 측에 즉시 커다란 변화를 요구할 생각은 없었다. 양사의 직원들은 역사적으로 복잡한 감정을 품고 있다. 게다가 그 감정의 골은, 회사의 규모가 작고 비즈니스에서도 상대적으로 약자에 속한 스루가세이끼 쪽이 더 깊었다. 시간을 들여서 그 골을 누그러뜨리고 두 회사의 융합을 실현하는 것이 최우선 과제였다. 가장 효과적인 방법은 양쪽 사원들이 자주 접촉하여 사내 곳곳에서 개인적인 친분을 형성하는 것이었다.

업계의 통념에 따르면 'PMI(Post-Merger Integration, 기업 인수합병 후의 통합 관리-옮긴이)는 90일 안에 완료하는 것이 이상적'

이라고 한다. 미국에서 흔히 통용되는 개념이다. 그러나 사에구사는 사업 회생을 여러 차례 경험한 결과, 그런 단기적인 통합에는 회의적이었다. 기간이 짧으면 강압적인 통합을 실시할 수밖에 없기 때문이다. 기업을 사들여서 강권을 휘두르고 싶어 하는 사람들이나 하는 '모자란 행동'이라는 것이 사에구사의 솔직한 생각이었다. 그는 미스미와 스루가세이끼 사이의 골을 메우는 데 1~2년은 투자해도 좋다고 판단했다.

그룹 본사가 발족한 4월 1일에는 이사회가, 그 다음 주 월요일인 4월 4일에는 첫 경영회의가 열렸다. 미스미와 스루가세이끼에서 그룹 본사의 이사 내지 집행임원으로 임명된 간부들이 한곳에 모이는 첫 번째 회의였다. 미스미에서는 사장인 사에구사를 포함해 임원 열 명이, 스루가세이끼에서는 하마카와 사장을 포함한 임원 세 명이 참가했으며, 사에구사가 의장을 맡았다.

그런데 첫 번째 안건에서 사건이 터졌다. 미스미의 집행임원이 안건을 설명하고 질문을 요청하자, 스루가세이끼의 집행임원 한 명이 재빨리 손을 들었다. 질문의 내용은 미스미 측에 상당히 도발적인 것이었다. '미스미는 수준이 낮다'라고 깔보는 의도마저 엿보였다.

사에구사는 의아했다. 그 의제에 양측의 이해가 대립하는 부분은 포함되지 않았다. 서로 싸울 만한 내용이 전혀 아니었다. 그런데 경영 통합 후 열린 첫 회의의 첫 번째 의제에서 왜 이런 가시 돋

친 질문이 나온단 말인가? 지금은 서로를 조금씩 알아가야 할 조심스러운 시기였다.

안건을 설명한 미스미의 임원은 순간 욱하는 감정을 추스르고서 무난히 대답하고 넘겼다. 다른 미스미의 임원들 역시 잠자코 있기는 했지만 '저 친구, 지금 뭐하는 거야?' 하는 기색이 역력했다. 양사 임원이 처음으로 만난 회의가 최악의 상황으로 치닫고 있었다.

회의실이 위태로운 분위기에 휩싸인 순간, 사에구사는 긴급하게 반사 신경을 가동했다. 이런 상황에서 경영자에게 주어지는 시간은 수십 초뿐이다.

여기서 그는 양측을 중재하는 공정한 경영자여야 했다. 일방적으로 미스미를 감싸서도 안 되지만, 반대로 스루가세이끼만을 배려한다는 느낌을 주어서도 안 된다. 하마카와 사장이 발언할 때까지 기다려서는 늦고 만다. 지금 상황을 마무리 지으면 개인 대 개인의 기 싸움으로 종결시킬 수 있다. 만약 이것이 사장 대 사장, 회사 대 회사의 구도가 되어버리면 더는 손쓸 수 없다. 지금은 '빅 보스'가 나서야 하는 순간이다.

사에구사는 손을 들고 스루가세이끼 쪽 임원의 발언을 끊었다.

"잠깐."

질문자는 고개를 돌렸고 사에구사와 눈이 마주쳤다. 사에구사는 그를 똑바로 응시하며 낮고 굵은 목소리로 말했다. 머릿속으로는, 근엄한 보스가 날뛰는 부하를 위압적으로 제지하는 장면을 떠올렸다. 그렇게 박력 있는 장면이 연출되길 바랄 뿐이었다.

"자네……, 싸우려고 여기 온 건가?"

순간 임원의 표정에 당혹감이 떠올랐다. 그리고 이내 시선을 떨어뜨렸다. 자신 때문에 심상치 않은 분위기가 흐르는 것을 비로소 깨달은 모양이었다. 사에구사는 차분한 목소리로 말을 이었다.

"앞으로 힘을 모아서 잘해보자는 출발의 자리일세. 건설적인 이야기를 하자고."

질문자는 입을 다물었고, 회의실에 안도의 기운이 감돌았다.

스루가세이끼와 미스미가 서로 마음이 맞는 파트너가 되기까지 앞으로 얼마만큼의 시간이 필요할까? 이는 분명히 경영자의 실력에 달린 문제였다. 뿐만 아니라, 향후 글로벌 전략의 성패를 좌우하는 중대한 문제이기도 했다.

지저분한 공장 바닥에 숨어 있는 '금맥'

이 무렵 사에구사는 경영 통합과 별개로 '생산 개혁'에도 박차를 가하고 있었다. 그 일환으로, 미스미 본사에 '생산기획실'을 설치해 협력회사의 생산 개선을 지원하는 체제를 갖추었다. 그러나 당분간 스루가세이끼는 예외로 하도록 지시했다. "경영 통합 후 당분간은 사장의 허가가 있을 때까지 스루가세이끼 근처에도 가지 말도록."하고 사내에 단단히 일러두었다.

'스루가세이끼의 생산 수준은 이미 높으니 후순위로 미뤄도 된다'라는 의미가 아니었다. 사실은 정반대였다. 경영 통합 이전에 스루가세이끼의 공장을 여러 차례 방문했지만 도저히 칭찬할 만한 구석이 없었다. 생산 현장에 들어가 보니 배기 시설이 제대로 갖춰져 있지 않아 기름 안개가 천장까지 자욱했다. 기계는 지저분하고, 바닥은 기름투성이어서 조금만 발을 잘못 디뎌도 미끄러져 넘어질 것만 같았다. 이런 곳에서 일해야 하는 사람들이 불쌍하다는 생각마저 들었다. 공구도 정리되어 있지 않았고, 공정 곳곳에서 재공품이 정체되어 있었다.

'5S(정리, 정돈, 청소, 청결, 생활화)'나 '3정(정품, 정량, 정위치)' 같은 생산 개선 활동의 '입문편'조차 도입되지 않은 상태임이 분명했다('5S3정'은 도요타의 현장 혁신 활동 가운데 하나이다-옮긴이). 생산 개선을 진행하는 공장이라면 통로를 걷기만 해도 생산 목표와 수치를 확인할 수 있는데, 그런 것이 하나도 보이지 않았다. 조직 차원에서 생산 기술을 높이기 위해 노력한다는 느낌 또한 전혀 받을 수 없었다.

그러나 경험에 비추어 판단하건대, 이것은 무작정 나쁘기만 한 상황이 아니었다. 달리 생각하자면 앞으로 이익을 낼 여지가 그만큼 크다는 뜻이기도 했다. 이 지저분한 공장의 바닥 아래에는 '금맥'이 잠들어 있다. 그것이 경영 통합 이전 사에구사가 내린 결론이었다.

그렇다고 경영 통합 직후에 다짜고짜 생산 개선을 촉구하는 것은 현명한 방법이 아니다. 스루가세이끼와 경영 통합을 한 첫 번째 목적은, 미스미의 글로벌 전략을 가속화할 수 있도록 각국에

공장을 전개하는 것이었다. 그 사실을 잊어서는 안 된다. 스루가
세이끼는 지금껏 수십 년 동안 미스미의 단납기 모델에 부응해온
회사다. 아무리 공장의 수준이 낮다고 해도 일단은 글로벌 전개를
선행해야 한다.

손님이 아닌 식구가
되기 위해 노력하다

경영 통합이 정식으로 이루어진 후 사
에구사는 어떻게든 구실을 만들어서
스루가세이끼의 본사가 있는 시즈오카(靜岡)를 찾아가기 시작했
다. 처음에는 통합 전에 방문했을 때와 똑같은 '손님 취급'이었다.
멀리 떨어진 곳의 응접실로 안내를 받았고, 사원들과 자유롭게 접
촉할 수도 없었다. 같은 상황이 세 번 연속 반복되자, 뭔가 조치를
취해야겠다는 생각이 들었다. 그룹 본사 사장을 격리시키려는 듯
한 대응은 바로잡을 필요가 있었다. 그래서 하마카와 사장에게
'사원들과 같은 층에 있는 응접실을 하나 내달라'고 부탁했고, 다
음번에 갔을 때는 방이 완성되어 있었다.

사에구사는 매번 공장의 생산 현장을 찾아갔다. 용건이 없어도
작업복을 입고 공장 내부와 사내를 돌아다녔다. 사원들이 "저 사
람 누구야?", "또 왔네?"라고 수군거리게끔 만드는 것이 중요했다.

그 후 스루가세이끼의 글로벌 전개에 속도가 붙었다. 미스미의
글로벌 전략과 발맞춰, 최종 가공을 위한 공장을 각국에 신설했
다. 경영 통합이 실현된 해에는 베트남 제2공장 신설과 태국 공장
신설, 중국 광저우 공장 신설, 미국 공장 증설이라는 네 건의 프로

젝트를 실행했다. 또한 2년 후를 목표로 한국 공장과 유럽 공장 신설을 계획했다. 보통은 두 곳의 공장을 병행 신설하는 것이 한계이지만, 생산설립팀이 고군분투한 결과 그 한계를 뛰어넘었다. 다른 협력회사들이 중국 이상의 글로벌 전개는 어렵다고 몸을 사리는 동안, 그들을 대신해 스루가세이끼가 벽을 무너뜨린 것이다. 사에구사의 노림수는 적중했다.

그러나 경영 통합 후 약 1년이 경과했을 때, 예상치 못한 상황이 벌어졌다. 스루가세이끼의 하마카와 사장이 사임 의사를 밝힌 것이다. 그룹 본사의 대표이사 부사장이기도 했던 그가 최근 1년 사이 그룹 경영이나 사에구사의 지휘에 이의를 표현한 적은 없었다. 처우에 불만을 품은 듯한 낌새도 없었다. 애초에 그는 전체 임원의 반대를 무릅쓰고 미스미와 경영 통합을 진행한 사람이다.

사에구사는 열심히 만류했지만, 그의 진의는 알 수 없었다.

"남은 인생 동안 하고 싶은 일이 있습니다."

60세가 된 그는 이 말만을 반복했다.

사에구사는 그의 선택을 존중하기로 했다. 문제는 '차기 사장을 어떻게 선정할 것이냐'였다. 미스미의 경영진을 사장으로 보내기에는 아직 너무 젊었다. 경험도 부족하고, 생각지 못한 혼란이나 반발이 일어날 우려도 있었다. 무엇보다 생산을 잘 아는 사람이 없었다. 한편 스루가세이끼에도 적임자가 보이지 않았다. 그렇다면 남은 방법은 자신이 스루가세이끼의 사장을 겸임하는 것뿐이었다. 다행히 경영 통합 이래 1년 동안 빈번히 시즈오카를 찾아 양사의 융합을 꾀한 덕분에 스루가 쪽 사원들의 경계심도 상당히 누그러진 듯했다.

하마카와가 퇴임하고 사에구사가 사장을 겸임한다는 내용의 인사 이동이 발표되었다. 의외로 스루가세이끼에서는 이 인사를 담담히 받아들였다. 1년에 걸친 사에구사의 노력이 효과를 발휘한 느낌이었다.

사에구사로서는 스루가세이끼의 사장을 겸임한다는 것이 결코 흔쾌한 일이 아니었다. 미스미에서만도 커다란 경영 과제를 여러 개 안고 있었기 때문이다. 부담스러운 상황이지만, 시즈오카의 방문 빈도를 더 늘려야겠다고 판단했다. 일주일에 최소 한 번은 이른 아침에 도쿄를 떠나 스루가세이끼의 본사에서 하루를 보내고 밤 10경 퇴근하기를 계속했다.

물론 양쪽 사장을 겸임하면서 얻은 긍정적인 효과도 있었다. 직접 최고경영자가 된 덕분에 사내를 지도하기가 한결 수월해졌다. 더불어 양사의 교류를 촉진하는 체제도 점차 확대되었다. 일례로 미스미의 부문장이 스루가세이끼를 지원하여, 그룹의 연결결산이나 정보시스템을 연계하는 체제를 갖춰나갔다.

만약 사에구사가 양사의 융합을 신중히 추진하지 않고, 이른 단계에 미스미의 간부들을 스루가 쪽으로 보냈다면 이케가미의 퇴직 같은 사건은 계속 발생했을 것이다. 사에구사는 '남들 모르게 속은 좀 태웠지만, 덕분에 첫 1년의 도입기를 그럭저럭 잘 헤쳐나갔다'고 스스로 위안했다.

🖊 독자에게 내는 숙제

'회사 개조'는 리스크를 동반하는 '개혁의 연쇄'를 거듭함으로써 기업 경쟁력을 이전과는 전혀 다른 차원으로 끌어올리는 행위다. 특히 회사의 '업태 혁신'은 최고경영자의 큰 결단을 필요로 한다. 여기에는 경영상의 리스크뿐만이 아니라 이행기에 불거지는 '저항'이나 '죽음의 계곡' 같은 리스크도 따라온다. 지금 여러분의 회사가 '업태 혁신'을 노린다면 어떤 형태가 가능할까? 여기서 여러분은 어떤 전략 효과를 기대하는가? 또 예상되는 리스크는 무엇인가?

사에구사에게 이것은 그저 연습이 아니라, 경영 현장에서 답을 찾아내기 위한 절박한 과제였다.

📖 사에구사 다다시의 경영 노트 7 - 조직의 위기의식이란

'위기'를 부르짖는다고 위기의식이 높아지지 않는다

회사의 '위기'와 사원이 품는 '위기감'이 반드시 비례하는 것은 아니다. 오히려 반비례 관계라 하는 편이 옳다. 요컨대 사원들의 실적이 떨어져 위기감이 높아야 할 회사일수록 사내 분위기는 해이한 경우가 많다. 반대로 실적이 좋아 위기와는 거리가 먼 듯한 기업일수록 사원들은 긴장의 끈을 놓치지 않고 열심히 노력한다.

그 이유는 무엇일까? 시장 경쟁에 민감한 '성장하는' 기업의 사원들은 고객의 생각이나 경쟁 상대의 움직임, 세계의 신기술 동향 등 회사 '외부'의 움직임에 민감하게 반응하기 때문이다. 그 싸움에서 뒤처지면 직원들은 누가 뭐라 하지 않아도 고통을 느낀다. 한편 구제불능인 회사에서는 사원들이 '내부'의 논리대로 움직인다. 시장에서 이

기든 지든, 고객들이 어떤 이야기를 하든 대체로 둔감하다. 무엇보다 패배가 일상이 되어버렸기 때문에, 지더라도 '또 졌군.' 할 뿐이지 딱히 고통스럽다고 여기지 않는다.

조직의 위기감을 높이기 위해 최고경영자가 "자네들은 위기의식이 부족해!"라고 소리친다거나, 경영 풍토를 바꾸기 위해 "풍토를 개혁합시다!"라고 외치는 것은 의미가 없다. 사원들을 변화시킨다며 "의식을 개혁합시다!"라고 부르짖기만 하는 경영자는 능력이 부족한 것이다.

나 또한 30대에 세 회사를 경영하면서 이를 깨달았고 이후 사내에서 '위기의식'이나 '풍토 개혁' 같은 말을 꺼내지 않게 되었다. 어차피 아무런 변화도 일어나지 않기 때문이다.

회사를 바꾸기 위해서는 경영자가 먼저 철저한 계산을 통해 전략적인 접근법을 도출하고, 구체적인 행동 방법을 마련해야 한다. 그리고 모든 비난과 저항을 받아낼 각오로, 본인이 선봉에 서서 기존의 조직과 가치관을 무너뜨려야 한다.

최고경영자는 인기 스타가 되어서는 결코 안 된다

능력 있는 경영자는 혼자 힘으로 조직의 위기의식을 끌어낸다. 대기업이든 중소기업이든 궁지에 몰린 회사가 근본적인 개혁을 통해 활력을 되찾을 때는, 보통 단 한 명의 강렬한 리더가 그 변화를 만들어낸다. 사원이 수십 만 명에 이르는 거대한 기업에서도 단 한 명의 CEO를 교체했을 뿐인데 조직 문화가 극적으로 변화한다. GE의 잭 웰치나 NTT(일본전신전화)의 신토 히사시(真藤恒), 닛산 자동차의 카를로스 곤이 대표적인 예다. 역대 사장들이 개혁에 실패하면서 오랜 정체에 신음하던 기업을 단 한 명이 바꿔놓는 데 성공했다.

위기감을 품고 냉정하게 문제를 파헤치려 하는 최고경영자는 현장에서 흔히 두려움의 대상이 되는 경우는 있어도, 사랑받는 경우는 거의 없다. 그것이 최고경영자의 숙명이다.

과거에 어느 회사의 사업 회생을 맡았을 때 이야기인데, 그곳의 최고경영자는 마치 인기 스타 같은 모습이었다. 대신 직원들의 비난이 다른 임원이나 스태프들에게 몰렸다. 이것은 기업이 병에 걸렸을 때 나타나는 전형적인 증상이다. 최고경영자가 직접 실천하고 나서는 '현장주의 경영'을 채택하지 않는 한, 회사를 개혁하거나 조직의 위기감을 높이는 것은 불가능하다. 그리고 이 경우 최고경영자는 결코 온화한 인기 스타로 남을 수 없다. 이 책의 각 장에서도 조직이 위기에 몰릴 때마다 그런 패턴이 반복해서 나타남을 알 수 있을 것이다.

또 한 가지 분명한 사실은, 그런 어려운 상황 속에서만 사업의 미래를 짊어질 유망한 인재가 싹을 틔운다는 것이다.

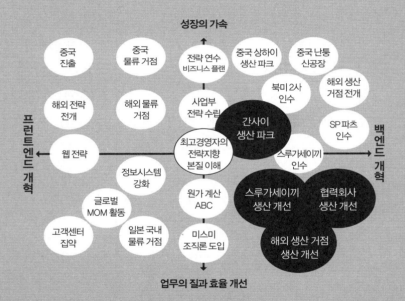

성장의 가속

중국
진출

중국
물류 거점

전략 연수
비즈니스 플랜

중국 상하이
생산 파크

중국 난퉁
신공장

해외 전략
전개

해외 물류
거점

사업부
전략 수립

북미 2사
인수

해외 생산
거점 전개

프런트엔드 개혁

웹 전략

최고경영자의
전략지향
본질 이해

간사이
생산 파크

SP 파츠
인수

백엔드 개혁

정보시스템
강화

스루가세이끼
인수

글로벌
MOM 활동

원가 계산
ABC

스루가세이끼
생산 개선

협력회사
생산 개선

고객센터
집약

일본 국내
물류 거점

미스미
조직론 도입

해외 생산 거점
생산 개선

업무의 질과 효율 개선

6

저항의 벽을 부숴
새로운 돌파구를 연다

최고경영자와 조직이 하나가 되어 두뇌와 땀으로 현장 개선을
이루어낸 결과, 미스미는 회사의 업태에 가장 적합한 '세계 수준
의 생산 시스템'을 창조해냈다. 강력한 저항을 맞아 '죽음의 계
곡'에 떨어질 뻔했던 생산 개혁은 어떤 계기로 되살아날 수 있었
을까?

끈질긴 저항의 벽을
차례로 부수다

**생산 개선의 시작,
'왜?'의 벽에 부딪히다**

이야기는 반년 정도 과거로 거슬러 올라간다. 미스미와 스루가세이끼의 경영 통합 교섭이 비밀리에 진행되던 당시, 사에구사는 또 다른 구상에 한창이었다. 그가 제조회사를 인수하기로 결심한 세 번째 이유를 기억하는가? 미스미가 비즈니스 프로세스 전체를 큰 시각으로 통찰하고 그 흐름을 포괄적으로 혁신해나가는 '사업 혁신의 메가트렌드'에 뒤처져서는 안 된다는 생각이었다.

미스미에서 '기획하고, 제조하여, 판매한다'라는 사이클의 종합적인 혁신을 추진해야겠다고 결심했을 때, 가장 큰 약점은 '생산' 부문이었다. 사에구사의 진단에 따르면, 당시의 미스미는 생산 부문에서 선진화를 이끌고 나갈 기술자 집단이 없었다. 아니, 단 한 명도 없었다. 심지어 이것이 필요하다고 인지하는 사람조차 없었다. 미스미가 한 단계 도약하기 위해서는 먼저 사내의 '생산 개선'에 집중할 팀을 발족해야 했다.

사에구사는 원래부터 '상품 만들기'를 좋아했다. 30대에 사장을 맡았던 업체 가운데 두 곳이 제조회사였고, 그 후 오랜 시간 사업 회생을 업으로 삼았을 때도 제조업체를 선호했다. 그렇게 현장을 개선하는 과정에서 많은 배움과 경험을 쌓았지만, 사에구사는 생산 개선의 전문가는 아니었다. 그의 역할은 개선이나 개혁을 지속적으로 실행할 조직과 시스템을 만드는 것이다. 그래서 그는 미스미 사내에 '생산개선실'을 신설했다(부서명은 '생산기획실'에서 시작해 여러 차례 바뀌었지만 이 책에서는 '생산개선실'로 통일한다). 마침 전부터 알고 지내던 이 분야의 경력자가 이직을 준비하고 있다는 소식을 듣고 그를 실장으로 초빙했다.

그리고 동시에 생산 개선을 지도해줄 멘토도 물색했다. 도요타 생산 방식의 지도자는 많지만, 개중에는 '악마 교관' 같은 부류도 종종 있었다. 미스미 사원들과 궁합이 잘 맞을 만한 사람이어야 했다. 물색 끝에 이 사람밖에 없다 싶은 적임자를 만났다. 40세의 다카기 후미아키(高木史章)였다. 이야기를 논리적으로 풀어내는 사람이어서, 생산 개선에 관해 하나도 모르는 미스미의 직원들과 잘 통할 것 같았다. 사에구사는 다카기 선생과 식사를 하면서 미스미의 생산 혁신에 대한 비전과 국제화 구상을 이야기했다. 그는 재미있는 생각이라며 그 꿈에 동참했고, 이후 10년 넘게 미스미를 지도했다.

미스미의 협력회사는 주요 기업만 해도 20곳에 이르며, 생산 라인의 수는 40개가 넘는다. 생산 품목도 다양하다. 이들 모두에게 생산 개선의 성과가 돌아가도록 하려면 엄청난 작업이 될 수밖에 없다. 그래도 사에구사는 자신이 미스미의 최고경영자로 있는 동안, 이 문제를 최대한 해결할 각오였다.

협력회사들에게 다카기 선생의 지도를 받도록 요청했다. 비용은 전액 미스미가 부담한다는 조건이었다. 먼저 주요 20개 업체 가운데 세 곳을 선정할 생각이었는데, 시작부터 난항이었다. 중국 진출을 제안했을 때와 같은 현상이 일어났다. 업체들의 생각은 명백했다.

'생산이라면 우리가 제일 잘 아는데 왜 미스미가 보내는 사람의 지도를 받아야 하는가? 우리는 생산 개선 따위는 관심이 없다.'

그러나 도요타 방식의 개선을 접해보지도 않고 자신의 회사가 더 우월하다고 단정 짓는다면, 시야가 좁다고밖에 할 수 없었다.

결국 세 회사가 프로젝트를 수락하겠다고 나섰다. 그러나 열의에는 저마다 온도 차가 있어서 상당히 의욕이 넘치는 회사도, '일단 한번 해보자'는 수준인 회사도 있었다. 사실 개선 활동은 미스미의 주요 협력회사 모두가 일제히 진행하는 것이 최선이다. 그렇지 않으면 설령 한 회사에서 성과를 올리더라도 그 메리트를 고객에게 전달하는 데 한계가 따른다.

리드 타임의 단축

생산 개선의 중요한 목적은 생산 리드 타임을 단축하는 것이다. 생산에 착수해서 출하하기까지 걸리는 시간을 단축하는 것이다. 서플라이 체인 전체로 보았을 때는, 고객이 상품을 주문해서 받기까지의 전체 경과 시간을 단축한다. 어떤 고객들은 필요한 부품을 전부 갖춰야만 작업에 착수할 수 있는 경우도 있다. 그런 경우, 일부 제조회사가 납기 단축을 실현한다 해도, 다른 업체 중 하나라도 생산이 늦어지면 소용이 없다.

'납기 준수'라는 서커스

미스미는 다른 기업에는 없는 까다로운 여건을 안고 있었다. 〈미스미 QCT 모델〉에서 가장 중시하는 것이 'T', 즉 시간이다. 그런데 미스미에서 취급하는 상품의 가짓수는 사에구사가 사장으로 취임할 당시에만 200만 점이었고, 그 후 사업 확대를 통해 1,600만 점까지 늘어났다. 상품 수만도 이렇게 방대한데, 각 상품군에는 치수가 '마이크로미터 단위'로 다른 개별 상품들이 포함된다. 그 숫자를 모두 포함하면 80,000,000,000,000,000,000,000가지에 달했다.

여러분은 이 숫자를 읽을 수 있는가? 사에구사는 이 숫자를 처음 봤을 때 어떻게 읽어야 할지 몰라서 아무 말도 하지 못했다. 나중에 조사를 한 뒤에야 '해(垓)'라는 자릿수가 있다는 것을 알았다. 위의 숫자는 800해다. 미스미의 상품 가짓수는 '1조의 800억 배'라는 엄청난 숫자다. 문자 그대로 천문학적인 수인 것이다.

미스미의 큰 문제는 이렇게 천문학적인 가짓수의 상품 중 어느 하나에 대한 주문이 언제 들어올지 알 수 없다는 점이었다. 오늘 일 수도, 혹은 5년 후일 수도 있다. 일본에서 올지도 모르고, 유럽에서 올지도 모른다. 언제 어디에서 들어올지 모르는 주문을 기다리는 셈이다. 만약 고객이 부품을 단 한 개 주문했다 해도, 미스미의 '납기 준수' 철칙에 따라 3일(이 책이 발간된 시점에는 2일) 후에 출하한다.

상품을 창고에 보관하고 있다가 출하한다면 단납기를 실현하기 어렵지 않다. 그러나 미스미가 천문학적인 가짓수의 상품을 재고로 보유하려면 엄청나게 거대한 창고가, 그것도 몇 개는 필요할 것이다. 게다가 회전수가 일정 빈도에 달하는 상품은 일부이므로, 채산성을 맞출 확률은 낮다. 그러므로 '재고 제로' 상태에서 주문에 대응하는 시스템이 더 합리적이다.

각 협력회사는 전날 밤까지 미스미가 보낸 주문을 설령 한 개일지라도, 마이크로미터 단위의 정밀도와 번거로운 공정이 필요하더라도, 어떻게든 그날 중에 생산해서 밤까지 미스미의 배송센터로 출하한다. 이런 방식인 까닭에 각 제조회사의 수주량은 매일 크게 변동할 수밖에 없다. 생산력에 여유를 확보해놓지 않으면, 주문이 많은 날에는 자칫 생산을 완료하지 못해 납기 지연이 발생할 수 있다. 그렇다고 지나치게 여력을 확보하면 사람과 기계가 노는 시간이 늘어나 그만큼 비용이 증가한다.

이 모순을 해결하기 위한 방법이 도요타 생산 방식의 응용이다. 미스미에서는 이 사업 방식을 'MTO(Make To Order, 주문 생산)'

라고 부른다. 델의 'BTO(Build To Order, 주문 제작)'와 같은 의미다. 미스미는 사장부터 젊은 사원에 이르기까지 모두가 '일단 고객에게 납기를 약속했으면 무슨 일이 있어도 지킨다'는 정신이 철저하다. 이를 위해 외줄 타기 공정도 마다하지 않는다. 그것이 미스미의 사시인 '납기 준수'이며, 미스미의 고객들이 보내는 신뢰의 초석이다.

일본에서 미스미의 납기 준수율은 재해 시를 제외하면 99.96 퍼센트 전후를 유지한다. 이것은 생산 사고뿐만 아니라, 제조회사에서 배송센터로 운송하는 도중에 일어나는 사고, 주문 처리의 오류로 오배송이 발생하는 경우까지 포함한 숫자다. 납기를 지키지 못할 확률이 0.04퍼센트라는 것은 한 달에 몇 번씩 주문을 하는 고객이라도 재해 시를 제외하면 상품을 제때 받지 못하는 경우가 몇 년에 한 번 정도라는 이야기다.

그 정도 건수라면 고객센터에서 고객에게 일일이 연락을 취해 납품 지연을 미리 알릴 수도 있다. 물론 고객 입장에서는 본인 공장의 생산 일정이 걸린 큰 문제다. 고객의 상황이 급할 경우 즉시 대체품을 발송하기도 하고, 택배로 보내기에 늦었다면 직원이 직접 전달하러 가기도 한다. 택배가 발달하기 이전에는 겨우 수천 엔짜리 상품을 항공편으로 보낸 적도 있다고 한다. 이렇게 철저한 서비스를 실현하기 위해 미스미와 협력회사는 창업 이래 40년이라는 세월에 걸쳐 업무 오퍼레이션을 갈고닦아 왔다.

지금은 배송 시스템이 워낙 발달해, 오늘 주문한 물건을 내일

받는 것이 당연한 세상이 되었다. 수도권의 경우 당일 도착, 심지어 주문 한 시간 이내에 상품을 배송해주는 서비스까지 등장했다. 그러나 이런 서비스는 전부 '생산'을 동반하지 않는 경우에 한한다. 상품을 창고에 보관해놓았다가 출하할 뿐이다.

그에 비해 미스미는 마이크로미터 단위의 수주품을 '생산'해서 제공한다. 그 사업 모델과 압도적인 상품 가짓수는 다른 기업이 하루아침에 흉내 낼 수 없는 '기예'에 가깝다. 미스미가 이 정도로 시장 우위를 확보하고 있는데도 사에구사는 생산 개선을 추진하려 한다. 대체 무엇을 개선하려는 것일까?

· 미스미의 단납기 방식은 큰 편리성을 제공하지만, 하나의 상품을 대량의 로트로 생산하는 경우보다 필연적으로 비용이 상승한다. 사에구사는 '한 개씩 처리하는' 생산 방법을 더 발전시켜 비용을 낮춤으로써, 양산품과의 비용 차이를 줄일 계획이다.

· 스루가세이끼에는 생산 개선의 '기초'조차 아직 도입되지 않았다. 개선의 여지가 아주 높아 보인다. 적절한 기법으로 생산 리드 타임을 단축하면 비용도 동시에 절감될 것이다. 여기에 금맥이 잠들어 있다. 이것은 다른 협력회사들도 마찬가지다.

· 앞으로 중국이나 아시아에서 제조업체들이 대두할 것을 생각하면 비용 경쟁력을 높이는 일은 필수다.

· 미스미의 '표준 3일째 출하'라는 단납기 모델은 20년 가까이 변화한 적이 없다. 벤처 사업의 다각화에 몰두하던 시절, 사내에서는 이 사업 모델의 진화를 방치했다. 지금 '기획하고, 제조하여, 판매한다'라는 사이클을 종합적인 시각에서 재검토하면 혁신의 여지가 상당히 클 것이다.

몸으로 부닥쳐야만 알 수 있는 문제

지금까지의 설명에서 핵심은 '리드 타임을 단축하면 비용 절감도 동시에 실현된다'는 것이다. 이것은 사실일까? 이 둘은 어떤 관계일까?

뒤에서 자세히 설명하겠지만, 스루가세이끼의 한 젊은 직원은 생산 개선 방침에 불평을 쏟아내며 "그럼, 한 개씩 처리하는데 생산성이 떨어지는 건 당연하지!" 하고 말했다. 도요타 생산 방식에 알레르기 반응을 보이는 사람들이 흔히 하는 이야기다. 물론 이는 100퍼센트 잘못된 인식이다.

실상 이것은 '해보면 알 수 있는' 문제다. 반대로 말하자면 '해보지 않고서는 알 수 없는' 문제이기도 하다. 도요타 생산 방식을 도입하는 회사들은 언제나 같은 벽에 부딪히곤 한다. '도요타의 간판방식을 통해 어떻게 개선을 진행할 것인가?'를 논하는 책은 많지만 '그 기법 중 무엇을 실행하면 어느 정도의 비용이 절감되는가?'를 제시하는 이론이나 방정식은 존재하지 않기 때문이다.

개별 현장에는 너무나 다양한 요소가 작용하며, 효과가 나타나는 순서도 일정하지 않다. 수많은 상호작용이 복잡하게 얽히고 변동한다. 좋은 효과를 기대하며 한 가지를 바꿨는데, 예상 밖의 부정적인 요소가 불거지는 바람에 원상태로 되돌리는 경우도 흔하다. 그렇게 개선 과정에서 시행착오를 몇 번이고 반복하게 된다.

사에구사는 이렇게 말한다.

"나는 경영자로서 논리를 지향하는 사람이지만, 도요타 생산 방식만큼은 '일단 그냥 해봐'라고 말한다. 이론이 눈에 보이는 것이 아니다 보니 아무래도 반대하는 사람들이 나온다. 그렇기 때문에 리더십이 약한 회사에서는 이 방법을 완수할 수 없다."

기본적인 노하우는 스스로 공부해서 갖출 수 있다. 그렇게 기본에 입각해서 '올바른 방법'으로 개선을 실행해나가면 된다. 그 이상의 이론은 없다. 그 다음부터는 시행착오를 거치면서 위력을 실감하게 된다. 그리고 신기하게도, 그 전까지 강한 반대파였던 사람들이 '아무 논리 없이' 찬성파로 돌아서는 경우가 속출한다. 찬성으로 입장을 바꿨다고 해서 논리적으로 설명할 수 있는 건 아니다. 그저 '무작정 반대'에서 '무작정 찬성'으로 바뀐 것뿐이다. '그냥 몸으로 부닥쳐보니 알겠더라'라고밖에 설명할 길이 없다.

그래서 사에구사는 사장으로 재임한 13년 동안 '비용 절감'을 외치는 대신 꾸준히 '리드 타임 단축'을 외쳤다.

| 주주들과의 대결을 각오하다

사에구사는 다카기 선생에게 부탁해 협력회사 세 곳의 지도를 시작했다. 일단은 제안을 받아들인 업체들을 생산 개선 활동의 출발점으로 삼자는 생각이었다. 미스미 생산개선실의 직원이 다카기 선생과 동행해 보조를 담당했다.

그런데 이 세 회사의 개선 활동은 좀처럼 진척을 보이지 않았다. 어째서일까? 생산 개선은 '상향식'이 아닌 '하향식'으로 이루어지기 때문이다.

🔒 **경영자의 수수께끼 풀이 33**

하향식 생산 개선

경영자가 '생산 개선은 전형적인 상향식 과정'이라 생각하고 그저 위에서 내려다보기만 한다면 별다른 성과를 얻을 수 없다. 미국의 다양한 업계가 일본에서 건너온 카이젠(개선) 기법을 받아들여 일본을 능가하는 형태로 확대 적용할 수 있었던 것은, 미국 경영 조직의 하향식 체질과 잘 맞았기 때문이다.

최고경영자에게 의지가 있다면 생산 개선 과정은 원활히 진행되지만, 경영자가 의욕이 없을 경우 조기부터 어중간한 효과에 머물게 된다. 그렇게 되면 사장뿐 아니라 사원들도 냉담한 태도로 돌아서게 된다. 결국 악순환 속에서 무의미한 시간만 흘러갈 뿐이다. 다시 말해, 가장 중요한 것은 최고경영자의 자세다.

다카기 선생은 사내에서 그런 종류의 저항에 충분히 부딪힐 수 있음을 알고 있었다. 만약 협력회사의 경영자가 '사실 이런 개선은 필요 없어'라고 생각한다면 본심이 금방 태도로 드러나게 마련이다. 그런 회사는 지도를 해도 아무런 소용이 없다. 선생은 사에구사가 이야기한 미스미의 모델 혁신과 글로벌 전개라는 비전에 공감하고 인내심 있게 지켜보기로 했다.

그런데 문제는, 협력회사 세 곳만이 아니라 주요 20개 회사의 개선 작업을 전부 완료하는 데 얼마나 많은 시간이 소요될 것인가 하는 것이었다. 사에구사는 내심 초조했다. 10년이 걸려도 끝나지 않는 게 아닐까? 너무나 긴 여정이다. 뭔가 새로운 방법을 궁리하지 않는 이상 '영원히 계속되는 진흙탕 길'로 접어들지 모른다는 불안감이 엄습해왔다.

그렇게 고민에 빠져 있던 어느 날, 전혀 생각지 못했던 아이디어가 섬광처럼 그의 머리를 스쳤다. 한밤중에 혼자서 한잔하던 사에구사는 그 아이디어에 정신이 번쩍 들었다. 미스미와 협력업체들 사이의 거리를 단숨에 좁힐 수 있는 기발한 계획이었다.

🔑 수수께끼의 실마리

· 개혁을 단념하면 미스미는 세계적인 '사업 혁신의 메가트렌드'에 뒤처지게 된다. 미스미의 사업 모델이 '갈라파고스 신드롬(자국 시장만을 염두에 두고 제품을 만들어 글로벌 경쟁에 뒤처지는 현상—옮긴이)'에 빠지는 사태는 피해야 한다. 그것은 협력회사에게도 곧 죽음을 의미한다.

· 사장 취임 4년 동안 미스미의 매출액이 두 배로 성장하고 1,000억 엔을 돌파함에 따라 협력회사들의 생산 능력이 한계에 다다랐고 공장 증설 이야기가 나오기 시작했다. 그러니 상하이의 '미스미 마을'과 같은 단지를 일본 국내에 만들고, 각 협력회사가 그곳에 공장을 증설케 하면 어떨까? 현재 협력회사들의 공장은 동일본 각지에 흩어져 있는데, 단지를 조성하면 다카기 선생이 한꺼번에 지도할 수 있다.

- 각 협력회사는 그 성과를 자신들의 공장 본사로 가지고 돌아간다. 그러면 모든 협력회사에 개선 방안이 일제히 파급되기 시작할 것이다.

기발한 아이디어였지만 신중해야 했다. 중국의 미스미 마을과 달리 이번에는 토지도, 건물도 미스미가 조달한다. 협력회사는 생산 기계 설비를 투자하는 것만으로 새로운 공장을 하나 세울 수 있다. 매력적인 제안이 아닌가?

처음에는 간토(關東)와 간사이(近畿) 두 곳에 미스미 마을을 조성한다는 구상을 했다. 그러나 협력회사들의 기존 공장이 동일본에 집중되어 있으므로, 간토 지역은 큰 메리트가 없다는 쪽으로 생각이 기울었다. 서부의 간사이만으로 충분하다는 이야기였다. 이곳에서 협력회사들이 실력을 키우면, 그때까지 미진했던 서일본 지역의 단납기 체제도 충실히 다질 수 있을 것이다. 일석이조의 효과라 할 만했다.

구상을 구체화한 결과, 토지와 건물을 확보하는 데 약 40억 엔(약 400억 원)가량의 투자금이 필요한 것으로 추산되었다. 이곳에 유치할 회사들의 생산 설비 투자액을 더하면 규모는 더 커진다. 창업 사장의 '소유하지 않는 경영'을 부정하고 미스미가 생산 기능에 직접 투자를 실시하는, 일대 사건이 될 것이다. 그리고 그 투자액은 미스미가 창립된 이래 최대 규모가 될 것이다. 스루가세이끼의 매수까지 동시에 진행하는 상황이라 거액의 자금이 빠져나가게 된다.

결단을 내릴 때였다. 업태 혁신에 주주들이 어떻게 반응할지 알 수 없었다. 기관투자가들은 미스미가 이 투자를 통해 점점 자산이 '무거운' 회사로 전환되고 수익성이 떨어질 것이라고 우려를 표할 게 분명했다. 그러나 사에구사의 생각은 정반대였다. 현 시점에서 투자를 피하고 '가벼운 경영'을 계속하는 것은 미스미가 말라죽는 길이다. 그는 취임과 동시에 기존의 아웃소싱 체제에서 '소유하는 경영'으로 전환해 생산 기능을 매수하고, 나아가 생산 혁신에 투자하는 방안을 모색했다. 이는 해외 진출과 '사업 혁신의 메가트렌드'라는 측면에서도 절대 피할 수 없는 전략이다. 이것은 미스미의 십년지계, 이십년지계를 아우르는 커다란 분수령이 될 판단이었다.

사에구사는 투자자의 비위를 맞추기보다, 자신의 철학과 기업가 정신을 따르는 쪽을 택했다. 필요하다면 주주들과 대결도 불사할 각오였다.

'이 방침은 결국 투자자들에게도 수익을 가져다줄 것이다. 다행히 현재 미스미에는 풍부한 현금이 있다. 40억 엔은 쓸 수 있다.'

사에구사는 이렇게 마음을 다잡았다.

간사이 생산파크, 입주를 시작하다

사에구사는 간사이 지역에 조성할 미스미 마을의 명칭을 '간사이 생산파크'라고 지었다. 원래부터 있던 간사이 배송센터와 가까운 공업 단지에 바닥면적 약 5,000평의 공장이 준공되었다. 사에구사가 사장으로 취임한 지 약 5년 3개월이 되었을 때였다.

각 협력회사의 입주가 완료되고 생산을 개시할 무렵부터는, 미스미의 주도로 다카기 선생의 '생산개선 연구회'가 매달 개최되었다. 처음에는 회사들이 공장 내부를 공개하는 것조차 거북하게 여기는 듯했지만, 연구회가 계속되면서 분위기가 차차 누그러들었다. 연구회에서는 매달 각 회사의 개선 성과를 발표했다. 그것이 효과가 있었는지 미스미 마을 주민들 사이에 점차 친목이 형성되었다. 회사들이 힘을 합쳐 개선을 진행하는 모습도 보였지만, 동시에 보이지 않는 경쟁심도 싹텄다. 사에구사도 때때로 연구회에 참석해 미스미의 총지휘관으로서 적극적인 자세를 보였다.

다만 각 회사가 간사이 생산파크에서 배운 것을 자신들의 공장 본사로 가지고 돌아가는 움직임은 지지부진했다. 경영자들이 여기에는 별 의욕을 보이지 않았기 때문이다. 이것이 활발해지기까지는 몇 번의 우여곡절을 거쳐야 했다.

| **사내의 무책임한 야당들** | 한편 통합 이후 스루가세이끼의 생산 개선은 아직 시작도 하지 않은 상황이었다. 사에구사가 미스미 본사의 생산개선실에 "당분간은 스루가세이끼 근처에도 가지 말도록"이라고 지시했기 때문이다.

그러다 하마카와 사장이 퇴임하고 사에구사가 스루가세이끼의 사장을 겸임하게 된 뒤부터 조금씩 움직임이 일어났다. 사에구사는 미스미 도쿄 본사의 개선 스태프 두 명을 시즈오카의 스루가

쪽으로 보냈다. 그동안은 미스미의 입김이 닿지 않도록 배려했는데, 이제 비로소 본사의 의지를 담은 교류가 시작된 것이다.

● 아사이 아키오(朝井章雄)의 이야기
── 스루가세이끼 금형 부품 생산팀의 리더, 당시 36세. 훗날 금형 제조사의 사장이 됨

미스미와 경영 통합이 실시되고 1년이 지났을 무렵, 스루가세이끼에 현장 개선의 파도가 몰려왔습니다. '몰려왔다'는 게 당시에 제가 받은 순수한 느낌입니다. 미스미에서 사원 두 명이 파견돼 와서 시즈오카에 상주하며 준비를 시작했습니다.

몇 년이 지나 지금은 완전히 다른 수준의 공장이 되었죠. 지금 되돌아보면 당시의 공장 상태는 정말 끔찍했습니다. 각 공정 사이에 재공품의 산이 거대하게 쌓여 있고, 생산의 흐름을 계산하지 않은 채 똑같은 기계를 늘어놓기만 해서 공정은 엉성하기 그지없었습니다. 오늘은커녕 어제의 불량률도 몰랐고, 생산성도 한 달에 한 번 수치가 나올 뿐이었습니다. 리드 타임이라는 용어도, 개념도 몰랐죠.

그저 '미스미에 대한 출하 납기는 반드시 지킨다'가 철칙이었습니다. 납기에 늦지 않도록 필사적으로 생산을 했어요. 납기를 지킨다는 데 만족해서 우리는 일류라고 자부했지요.

생산 개선은 '5정(정리, 정돈, 정품, 정량, 정위치)' 활동에서부터 시작했습니다. 1차 활동은 약 2개월 반이 걸렸죠. 작업대와 선반 등 불필요한 설비가 폐기되었는데, 트럭이 무려 열두 대나 동원되었습니다.

● 오타 신야의 이야기 — 스루가세이끼의 생산개선팀 직원, 당시 26세

저는 한동안 해외 공장에서 일을 했는데, 귀국 후 생산개선팀에 배속되었습니다. 뭘 하는지도 모르는 부서에 뚝 떨어진 기분이었어요.

생산개선팀이 구체적인 과제로 삼은 것은 '단납기'였습니다. 그 무렵 처음으로 사에구사 사장님을 만났는데, 사장님의 말씀을 듣고 속으로는 '이게 다 무슨 소리람?' 싶었어요. 더 솔직히 말하자면 거의 진저리를 쳤죠. 저는 스루가세이끼의 기본 방식에 익숙한 사람이었어요. 우리 방법이 최선은 아닐지 몰라도 다른 곳보다 우월하다는 자부심이 있었습니다. 그런데 외부 사람이 그걸 바꾸라고 하니 불쾌했어요.

지금 생각하면 그것이 저의 첫 번째 저항이자 실수였습니다.

사에구사는 개선이나 개혁에 저항하는 사람들에게서 똑같은 이야기를 숱하게 들어봤다. 어느 회사를 가더라도 그런 직원들 입에서 나오는 말은 거의 비슷하다. '또 그 얘기군.' 하고 속으로 쓴 웃음을 지을 정도다. 그러나 마냥 웃고 넘길 수 있는 상황은 아니었다. 이것이야말로 개혁을 가로막는 '죽음의 계곡'의 정체이기 때문이다.

여기에 경솔하게 대처하면 개혁이 죽고 만다. 앞에서도 지적했지만, 저항하는 사람은 '옳은가, 옳지 않은가'라는 논리보다 '좋은가, 싫은가.' 하는 감정 섞인 선입견을 처음부터 갖는 경우가 대부분이다. 전형적인 현상이 바로, 외부인에 반감을 품고 폐쇄적인 '공동체 의식'을 드러내는 것이다. 자기들만의 울타리 안에 갇힌

사람은 자신이 그런 의식에 젖어 있다는 사실을 깨닫지 못한다.

이런 특징을 '야당 심리'라 표현할 수 있다. 임원이나 부문장 같은 높은 직책의 사람들조차 책임감이 결여된 경우, 태연하게 야당 행세를 한다. 문제는 자신이 폐쇄적인 공동체 주민이라거나, 무책임한 발언을 하는 야당임을 자각하지 못하기 때문에 큰 계기가 없는 한 언제까지나 그런 미숙한 행동을 계속한다는 점이다.

🔒 **경영자의 수수께끼 풀이 34**

사내의 개혁 저항파

사내의 개혁에 저항하는 사람들 중에는 행동력을 갖추고 부정적인 의견을 조직 내에 적극 퍼트리는 부류가 있다. 자신이 리더를 몰아붙여 개혁을 지연시키는 '가해자'라는 의식은 희박하다. 오히려 스스로 개혁을 강요당한 '피해자'라고 생각한다. 이들보다 더 과격한 부류도 있는데, 의식적으로 '파괴자'의 행동을 하는 사람들이다.

야당의 최대 강점은 정치판에서와 마찬가지로 '아무렇게나 비판해도 책임을 질 필요가 없다'는 것이다. 그 자유로움을 이용해 사내에서건 회식 자리에서건, 윗사람이 없는 장소에 독을 뿌린다. 그러나 그 목소리나 태도는 이윽고 개혁 리더에게 전달된다. 필사적으로 죽음의 계곡을 건너려 애쓰는 리더는 안 그래도 괴로운 판에 한층 더 궁지에 몰린다. 실제로 스루가세이끼의 사원 하나가 상사에게 "할 수 있으면 직접 해보세요"라고 말했다는 얘기를 들었다. 뒤에서 험담을 한 정도가 아니라 면전에서 직접 한 말이다.

곰곰이 생각하면 그 발언을 정말로 해야 할 사람은 상사다. 즉, 태업을 하고 있는 부하 직원이야말로 그런 말을 들어야 할 대상이다. 스루가세이끼에서 시도한 생산 개선 기법은 도요타에서 출발해 지금까지 세계적으로 수많은 성공 사례를 만들어냈다. 그런데 최소한의 공부나 시도도 하지 않고, 명확한 반대 논리도 없이 꼼짝 않고 버티는 것이다. 하극상이나 다름없는 사건이다.

여당의 고충을 모르는 젊은 직원에게 그런 말을 들은 개혁 리더는 굴욕을 느낀다. 분한 마음에 속이 뒤틀리고, 신념이 위축되며, 고독감에 휩싸인다. 과거에 같은 경험을 했던 사에구사는 그 심경을 아주 잘 알고 있었다.

| 리드하지 못하는 리더들

사에구사가 스루가세이끼 사장을 겸임하는 체제는 약 1년 동안 계속되었다. 미스미의 사장으로 취임한 지 4년이 지났을 때, 사에구사는 '기업체'라는 새로운 조직을 발족하고 스루가세이끼도 그중 하나로 위치시켰다. 이 체제에 따라, 회사 전체의 생산을 총괄하는 임원을 임명하면 그 임원이 스루가세이끼의 사장을 겸임하게 되었다.

경영 통합이 성립된 지 2년 2개월, 당시 생산총괄 임원의 최대 임무는 스루가세이끼에서 도요타 생산 방식의 생산 개선 활동을 본격적으로 전개하는 것이었다. 이 임원은 1년 전부터 스루가세이끼가 추진해온 '5정' 활동이 일단락되자 이번에는 외부에서 컨설팅 집단을 영입했다. 협력회사를 지도하는 다카기 선생과는 별도로 활동할 컨설팅 회사였다.

사에구사는 그 이야기를 처음 들었을 때 접근법에 위화감을 느꼈다. 그러나 생산총괄 임원 겸 스루가세이끼 사장으로 임명한 부하 직원이 고민하고 결정한 일이니, 믿어도 되리라 생각했다.

이 무렵, 생산총괄 임원은 또 다른 시도를 했다. 생산 개선을 추진할 새로운 책임자를 외부에서 고용한 것이다. 그 방면에서는 프로페셔널로, 언론에도 소개된 사람이라고 강조했다. 그러나 언론에 나온 것을 스스로 자랑하는 사람이 정말로 우수하다는 보장은 없다.

이렇게 '2인 리더 체제'가 형성되었다. 이 단계에 이르러서도 스루가 쪽 사원들은 여전히 개선 활동에 저항감을 떨쳐내지 못하고 있었다.

● 오타 신야의 두 번째 이야기

미스미의 생산총괄 임원이 외부에서 컨설팅 집단을 데려왔는데, 저는 아주 질색이었습니다. 그냥 '컨설턴트라는 사람들은 책임감이 없고 무사태평한 종족이야. 어차피 얼마 안 가 사라지겠지.' 하고 생각했습니다.

그때 저는 이 부서에 온 지 2년 9개월이 지난 상태였습니다. 개혁 추진자가 되어야 마땅했지만, 추진자는커녕 추종자도 아니었고 오히려 저항자였습니다.

'외부인은 스루가의 생산 철학을 이해하지 못해', '다품종 소량 생산을 하는데 공정 과정에서 정체가 발생하는 건 어쩔 수 없는 일이라고', '그럼, 한 개씩 처리하는데 생산성이 떨어지는 건 당연하지!' 하는 태도였어요.

미스미의 생산총괄 임원이 영입한 외부 컨설턴트는 1년 정도 활동을 했습니다. 현장 개선 작업인데 이상할 정도로 서류 작업이 많았어요. 개선 보고회가 두 차례 열렸는데, 그 자료를 전부 합쳤더니 무려 400페이지가 넘더군요.

두 번째 보고회에 미스미 그룹 본사의 사에구사 사장님이 오셨습니다. 그날은 아침부터 저녁까지 현장의 성과 발표가 이어졌습니다. 사장님은 하루 종일 조용히 듣고 계셨습니다. 저녁에 컨설턴트가 퇴장하고 사원들의 미팅이 시작되었어요. 그때 사장님이 일어나서 평을 하는데 굉장히 충격적이었습니다.

"오늘의 발표로 개선 활동의 실태가 명확해졌군요. 저는 전혀 만족할 수가 없습니다."

임원들과 개선 리더들이 눈앞에 앉아 있는데 의례적으로나마 수고했다는 말도 없었습니다.

"비슷한 활동을 했던 이전 1년을 포함해서 2년 9개월 동안 여러분이 대체 뭘 했는지, 저는 도저히 모르겠습니다."

사실 전혀 틀린 말이 아닌 것이, 저희는 그전의 '5정' 활동을 포함해 3년에 가까운 시간을 정리 정돈에 투자했는데도 그때까지 생산 리드 타임의 수치조차 파악을 못하는 상태였습니다.

다행히도 그 후 방법을 바꿔서 극적인 진화를 이루었죠. 지금 되돌아보면 사장님의 질책은 당연한 것이었습니다. 그 질책을 듣고서야 비로소 본래의 취지에서 벗어나고 있다는 걸 깨달았어요.

사에구사의 눈에는 생산총괄 임원과 외부에서 고용한 리더의 리더십이 제대로 작동하는 것처럼 보이지 않았다. 리더는 이끄는 사람이기에 '리더'라고 불린다. 세상에는 '리더'라는 직위에 오르고 그에 상응하는 많은 급여를 받으면서, 실제로는 아무도 이끌지 못하는 이들이 허다하다.

🔒 경영자의 수수께끼 풀이 35

저항 세력에 대처하기

개혁을 진행할 때는 '저항이나 태업을 하는 사람은 당연히 나타난다'는 각오로 임할 필요가 있다. 개혁 리더는 이를 전제로 사원들과 충분히 대화하고 정론을 내세우며, 야당 의식과 맞서야 한다. 상위직에 있으면서도 야당의 의식에 젖은 '사이비 관리직'이 있다면 그 생각을 고치도록 만들어야 하며, 만약 불가능하다면 제외시키는 수밖에 없다.

스루가세이끼의 개혁은 정체되는 정도가 아니라 조금씩 죽음의 계곡에 다가가고 있는 듯이 보였다. 리더의 역량이 부족하면 개혁은 정체되고 좌절의 증상이 속출한다. 그곳에 돌파구를 마련할 방법은 역량 있는 새로운 리더가 등장하는 것뿐이다. 당연한 소리라고 할지도 모르지만, 실상 어느 회사든 개혁을 실시할 때는 여러 가지 여건을 균형 있게 고려한 다음 적임자라고 확신이 드는 사람을 리더로 택한다. 그러나 현실에서는 그 리더가 실망스러운 모습을 보여줄 확률이 상당히 높다. 게다가 실패를 판정하기까지는 연 단위의 시간이 걸린다.

결국 스루가세이끼의 사원들은 2년 9개월이 지났는데도 달라진 것이 없었다. '시키니까 어쩔 수 없이 한다'는 식의 불평뿐이었다. 그러나 여기에서 포기하면 개혁은 무너진다. 저항파 사원들은 '우리 생각이 옳았어'라며 좁은 시야를 계속 고수할 것이다. 그 결과는 어떨까? 회사는 강해지기 위한 개혁의 기회를 거의 반영구적으로 잃는다. 지금까지 얼마나 많은 일본 기업들이 그 전철을 밟았는지 모른다.

결국 외부에서 초빙한 리더는 어디부터 손을 대야 할지 감도 잡지 못한 채 사라졌다. 그는 떠나기 전 부하 직원에게 이런 말을 남겼다.

"이런 개혁이 성공할 리가 없어."

남은 직원들의 심정은 참담했으리라. 이렇게 회사는 첫 번째 좌절을 겪었다.

이상을 좇기 위한 '일시 정지'

정체나 좌절은 생산 개혁 부문에서만 일어난 것이 아니었다. 그 밖에도 물류 개혁이나 정보시스템 개혁, 해외사업 설립 등 리스크가 높은 안건에서는 적어도 한 번 이상 그런 위기가 찾아왔다. 그때 제일 먼저 판단해야 할 것은 '지금의 리더를 계속 믿고 기다리면 앞으로 위기를 타개할 수 있는가?'이다. 믿을 만하다면 사장도 함께 힘을 보태 위기 타개를 꾀한다. 만약 지금의 리더로는 힘들다는 판단이 서면 새로운 강력한 인물로 교체해야 한다. 망설여서는 안 된다. 최고

경영자는 자신에게 그럴 책무가 있음을 직시해야 한다.

개혁이 미궁에 빠질 때도 사에구사의 자세는 변함이 없었다. 단기 결전으로 승부를 낼 일이 아니라고 생각했기 때문이다. 그는 시간이 걸리더라도 인재를 보강하며 돌파구를 모색해나갔다.

"자네들은 지쳤어. 잠시 쉬게."

"일단 최소한의 체제로 이행하고 다음 도약을 궁리하세."

때로는 이렇게 말하며 공백기나 적자 발생 기간을 허용하기도 했다. 그 결과 무의미하게 시간만 보낸 적도 있지만, 정말 다음 도약으로 이어진 경우도 있었다.

최고경영자는 먼저 자신이 지향하는 바를 명확히 해야 한다. 그리고 이상과 현실 사이에서 타협해야 한다. 사람들의 심리를 적절한 방향으로 이끌고, 효과적으로 밀고 당길 줄도 알아야 한다. 신상필벌(信賞必罰, 공이 있는 자에게는 반드시 상을 주고, 죄가 있는 자에게는 반드시 벌을 준다는 뜻-옮긴이)의 원칙을 운용해야 하며, 동시에 스스로 분노를 조절할 수 있어야 한다. 무엇보다 인사의 묘를 통해 필요한 사람을 적소에 배치해야 한다. 이는 경영자의 남모르는 고충인 동시에 경영의 재미이자, 인생의 도전이기도 하다.

사에구사는 확신했다. 미스미 사업 모델의 '종합적인 혁신'을 지향하려면 '생산 혁신'이 반드시 필요하다고. 그래서 설령 몇 년이 걸린다 한들 이상적인 형태를 추구할 생각이었다.

10년의 노력으로
고객의 하루를 절약하다

**실패의 부채는 오직
성공으로 갚을 수 있다**

사에구사가 미스미에서 실행에 옮긴 개혁 주제는 결코 즉흥적인 발상으로 떠올린 것이 아니었다. 여기에는 중심이 되는 스토리가 있었다. 즉, 미스미의 새로운 시대를 열기 위해 '기획하고, 제조하여, 판매한다'라는 사이클의 종합적인 혁신을 꾀한다는 것이다. 만약 여러 개혁 중 하나라도 좌초하면 그곳이 보틀넥(bottleneck, 성장이 지체되게 만드는 일부 요인-옮긴이)이 되어 전체의 흐름을 저해한다. 그래서 '몇 년이 걸리더라도 모든 개혁을 반드시 완수해야 한다'고 생각했다. 그야말로 '회사 개조'라 부를 수 있을 만큼, 다각적인 개혁의 연쇄를 추진한 것이다.

앞에서 개혁이 정체되었을 때 돌파구를 마련할 방법은 역량 있는 새로운 리더가 등장하는 것뿐이라고 설명했다. 미스미의 생산 개혁 현장에 등장할 비장의 개혁 리더는 누구일까?

🔒 경영자의 수수께끼 풀이 36

인사는 상위 직급부터

역동적으로 사업을 하려면 조직은 '위부터' 만드는 것이 원칙이다. 당장 급한 대로 조직 하부의 인사를 먼저 결정해버리면 상사도 그 수준에 맞춰서 선임하게 되기 때문이다. 먼저 상위 직급의 우수한 인재를 선정하고, 그가 자신의 수준에 맞는 하위 직급을 택하도록 해야 한다.

독자 여러분은 니시보리 요헤이를 기억하는가? 사에구사 사장에게서 "인생은 짧다네. 멍하니 있으면 자기도 모르는 사이에 삶은 끝나지"라는 말을 들었던 사람이다. 미스미가 다각화 사업 일곱 부문의 철수를 결정했을 때, 니시보리는 37세의 최연소 집행임원이었다. 그때 니시보리의 사업은 일단 유지한다는 판정을 받았다. 그 뒤로 2년 반 동안 사장은 니시보리를 여러 모로 지원하면서 자유롭게 사업을 할 수 있도록 맡겨주었지만, 상황은 갈수록 어려워졌다. 국제적인 경쟁 상대가 출현한 데다가 급속히 IT화되어가는 시장의 흐름에 효과적으로 대처하지 못했던 것이다.

그 모습을 본 사에구사는 니시보리를 해당 사업의 책임자 자리에서 빼내어 본업인 공업기계 부품 분야로 이동시키기로 결심했다. 경영 인재가 적은 미스미에서 니시보리는 귀중한 자원이라고 사에구사는 생각했다. 그는 다각화 사업의 전략을 직접 수립하고, 설립 과정의 고통을 맛봤으며, 치열한 경쟁과 시대의 변화 속에서 살아남는 것이 얼마나 힘든 일인지 경험했다. 그 상황을 강 건너 불구경 하듯이 지켜보던 사내의 다른 사람들과는 달랐다.

그러나 부진을 벗어나지 못하는 사업에 계속 발을 담그고 있으면 '성공의 맛'을 잊고 광채를 잃어버릴 수 있다. 마침 공업기계 부품 부문의 폭발적인 성장이 시작되었기에, 이 분야에서 니시보리의 힘을 활용하는 것이 적절하리라는 판단이 들었다.

그렇다고 무리하게 인사를 강행하면 역효과가 날지도 몰랐다. 지금껏 함께 고생한 부하 직원들을 놔두고 혼자서만 잘나가는 타 부문으로 이동하는 것이 부당하다고 여길 수 있고, 자칫 사표를 낼 우려도 있었다. 그래서 사에구사는 신중하게 그를 설득했다.

니시보리는 자신의 처지를 잘 알고 있었다. 지금 자신이 경영 인재로서 가치가 있다면, 미스미라는 회사가 시간과 자금을 투자해 기회를 준 결과라고 생각했다. 그렇기에 신규 사업에서 발생한 손실을 '다음의 무엇인가'로 만회하는 것이 자신의 사명이라는 의식이 강했다. 이직을 손쉽게 생각하는 세태 속에서도 니시보리는 '회사에 대한 책무'를 명확히 인식했다.

사에구사는 과거의 실패가 유발하는 정신적 부채에서 벗어날 방법은 한 가지뿐이라고 생각했다. 다음번에 어딘가에서 제대로 '성공'을 거두는 것이다. 한두 단계 성장한 뒤 과거를 되돌아보면 마음의 여유가 생긴다. 그래서 과거의 실패를 '미숙했던 자신의 모습을 탈피하게 해준 디딤돌'로서 담담하게 회상할 수 있다. 사에구사 자신도 그러한 인생의 패턴을 걸어온 사람이었다.

사에구사의 이야기를 들은 니시보리는 잠자코 인사 명령에 따랐다. 부하 직원들을 남기고 기존 사업을 떠난다는 미안함과 부끄러움은 가슴속에 담기로 했다.

그리고 이후 4년에 걸쳐 니시보리는 일렉트로닉스 사업부장과 물류 부문 관장 임원, EC 사업 관장 임원 등을 거쳐 이사로 선임되었다.

난폭한 인사를 받아들이다

사에구사는 니시보리를 사장실로 불렀다. 이제 43세가 된 그는 새치가 늘어나 실제 나이보다 더 들어 보였다. 임원다운 관록도 드러나기 시작했다.

"공업기계 부품 분야로 처음 이동한 지 벌써 4년이 지났군. 자네에게 다음 일에 도전할 기회를 주고 싶네. 무엇을 하고 싶은지 직접 생각해두게."

사장은 이렇게 말한 다음 곧바로 한마디를 덧붙였다.

"내 추천은 '생산'이네만."

니시보리는 '아니, 이미 정해놓았으면서 뭘 생각해두라는 거야?'라고 생각했지만 차마 입 밖으로 내지는 못했다.

"생산 말입니까? 경험이 없는 분야입니다. 제 성격과도 맞지 않는 듯하고요."

"지금은 모르겠지만 자네 인생에서 귀중한 커리어가 될 걸세. 잘 생각해보게."

미스미에서는 인사를 실시할 때 무작정 강요하지 않는다. 가족의 상황 등으로 제약이 따르면 당연히 거절할 수 있고, 단순히 내키지 않으니 싫다고 말할 수도 있다. 거절했다고 해서 나중에 불이익을 받지도 않는다. 이것은 창업 사장 시절부터 미스미가 지켜온, 훌륭한 암묵의 규칙이었다.

니시보리는 익숙하지도 않고 미래도 보이지 않는 일을 맡는다는 것이 불안했다. 예전에는 자신도 새로운 도전을 마다하지 않았는데, 어느새 이렇게 보수적이 되었구나 하는 생각도 들었다.

결국 니시보리는 그 인사를 받아들였다. 이에 사에구사는 니시보리를 이사 겸 집행임원에서 상무이사로 승진시키고 생산총괄 임원(즉, 스루가세이끼 사장)에 임명했다. 니시보리는 놀랐다. 미스미 같은 규모의 기업에서 43세에 상무가 되다니, 누구도 예상하기 힘든 인사였다. 이렇게 또 하나의 '난폭한 인사'가 실시되었다. 주어진 자리를 자신의 것으로 만들 수 있느냐는 니시보리 본인에게 달린 일이었다.

생산 개선 프로젝트에 시동을 걸다

생산총괄 임원으로 취임한 첫날부터 니시보리는 자신의 무능함을 실감했다. 미스미에 몸담은 20년 동안 거의 유통만을 경험했던 그에게 제조업은 완전히 다른 세상이었다. 공장에서 대화할 때 사용하는 단어조차 이해하지 못했다. 각오는 하고 있었지만 출발부터 상황이 심각했다.

그러나 사에구사는 전혀 심각하다고 생각하지 않았다. 사에구사가 30대에 경영자로서 경험을 쌓았던 세 회사는 전부 다른 업종이었고, 그 후에 사업 회생 전문가로 전향했을 때도 각각의 업체와 그 분야에 완전히 문외한인 채로 뛰어들었다. 그러나 '맨땅에 헤딩'을 한 지 3개월 정도 지나고 나면 언제나 직원들에게 지시를 내릴 수 있는 수준이 되었다.

미스미에 왔을 때도 마찬가지였다. '미스미의 8가지 약점'을 프레젠테이션하기까지 사에구사는 이 회사를 속속들이 파악하는 과정을 빠르게 밟아나갔다. '회사가 위기에 몰린 상황에서 문제의 본질을 신속히 찾아내야 한다'라는 긴박한 과제를 다년간 수행한 결과 특유의 속도감이 몸에 배어 있었다. "이건 수상한 냄새가 나는데……"를 연발하면서 문제를 계속 식별해나가는 것이다.

사에구사는 니시보리도 이런 과정에 있을 뿐이라고 생각했다.

🔒 **경영자의 수수께끼 풀이 37**

경영 기량의 범용성

경영 리더들은 경험이 없는 분야에 관여할 기회를 얻을 때마다, 자신의 경영 기량을 다면화한다. 이 과정에서 경영 기량은 범용성이 한층 높아진다. 프로 스포츠 선수가 어느 팀으로 이적하든 첫날부터 제 기량을 발휘하는 것과도 같다.

니시보리는 새로운 환경에 대한 감수성이 예민하고 리더십도 강했기 때문에 빠르게 적응해나갔다. 그는 도움을 받고자, 협력업체군을 지도하던 다카기 선생에게 스루가세이끼에도 와줄 것을 부탁했다. 선생은 곧바로 월 1회 지도를 시작했다.

사에구사는 미스미의 생산 개선 프로젝트가 '죽음의 계곡'을 앞두고 있다는 강한 위기감을 느꼈다. 그래서 니시보리를 스루가세이끼로 보냈지만, 생산 부문에 관해서는 초보 수준인 그에게 확실한 후원이 필요했다. 사에구사는 한동안 스루가세이끼의 현장과 멀리 떨어져 있던 탓에 실태를 정확히 파악하지 못했는데, 이번 기회에 개선 현장을 찾아 눈으로 직접 둘러보기로 했다.

그렇게 스루가세이끼를 포함한 협력회사 세 곳의 공장을 찾아가 실사를 했다. 그리고 관찰한 내용과 의견을 '소견서'로 정리해 니시보리에게 보냈다. CEO가 부하 직원을 위해 직접 작성한 보고서인 셈이다. 9페이지에 걸친 빽빽한 문서였다. 한때 부하 직원이 프레젠테이션 자료 만드는 것을 도와 빨간 펜 선생을 자처했던 것과도 비슷한 상황이었다.

문서의 내용은 '소견서'라기보다 '지도서'라는 표현이 어울릴 정도였다. 현장을 직접 관찰한 내용을 바탕으로 구체적인 실천 사항들을 담고 있었다.

· 현장에 가보니 지금까지 생산개선실에서 보고한 핵심성과지표(KPI, 목표를 성공적으로 달성하기 위해 핵심적으로 관리해야

하는 요소들에 대한 성과지표-옮긴이)가 실태를 전혀 반영하지 못하는 터무니없는 지표임이 드러났다. 잘못된 정보로 경영자를 '거짓 안심'시키는 행태라 할 수 있다. 전체적인 관리 체계를 완전히 재검토해야 한다.

· 생산개선실의 활동이 다수의 협력회사에 분산되어 있어 어디에서도 성과를 거두지 못하고 있다. 다카기 선생이 지도하는 날에만 동행하는 방식은 무의미하다.

· 다카기 선생의 지도 과정에서 생산개선실의 스태프가 지나치게 전면에 나선다. 선생에게 작업 결과를 보고하는 것도, 지적을 받는 것도 생산개선실이다. 정작 그 공장의 책임자나 그 밑의 라인은 자주성과 자율성이 보이지 않는다.

· 스루가세이끼의 개선을 위해 도입했다는 컴퓨터 관리 시스템은 오히려 개선을 저해하고 있다. 복잡한 업무를 무턱대고 시스템화해서 해결하려 하는 것은 위험한 행동이다. 먼저 '손으로' 검증해야 한다. 개선을 방해하는 소프트웨어는 단호하게 배제해야 한다. 지금까지 투자한 돈을 버리게 되더라도 어쩔 수 없다.

· 가장 중요한 점은, 우리가 생산 개선을 통해 지향하는 '이상향'을 누구도 제시하지 않는다는 사실이다. 따라서 그곳으로 향하는 여정(행동의 각 단계)도 눈에 보이지 않는다. 목표 없는 개선 활동이 되고 있다. '스토리 없는 개혁'은 오래 지속되지 못한다.

· 이런 상황을 방치하는 생산개선실은 머리를 전혀 쓰지 않는다 고밖에 말할 수 없다. 기획 책정 기능 또한 상당히 미흡하다. 한마디로 우둔하다.

사에구사는 이런 심각한 상황에서 어떤 타개책을 모색했을까?

🔑 수수께끼의 실마리

· 예상 이상으로 통제 부재 상태가 심각하다. 사장인 내가 그동안 지나치게 '직접 실천'의 자세를 보였던 걸지도 모른다. 이대로 가면 개혁은 죽고 만다.
· 개혁의 완성된 형태를 제시하는 것이 중요하다. 일단은 하나의 공장에서 '완성 모델'을 만들고 그것을 모두가 공유하도록 해야 한다.
· 각지에 분산되어 있는 스태프를 전원 복귀시킨 다음, 공장 한두 곳을 선택해서 여기에 집중하도록 하면 어떨까? 말 그대로 모두들 그 공장에 살면서 풀타임으로 '이상적 형태'를 만들어나간다.

해결책을 포함한 사장의 '소견'은 니시보리와 일부 간부들에게만 전달되었다. 이것이 죽음의 계곡으로부터 탈출하기 위한 '첫 번째 페이지' 역할을 하게 될 터였다.

니시보리와 부하 직원들은 소견서를 읽고, 어둡던 터널 속에서 출구를 찾은 듯했다. 할 수 있다는 용기도 솟아났다. 사장의 보고서에는 수많은 제약 조건을 해제한다는 내용이 포함되어 있었다. 그때까지의 진척 상황에 얽매이지 않고 자유롭게 움직일 수 있는 무대가 만들어졌다.

**개혁의 걸림돌을
들어내다**

이 무렵 회사를 떠난 리더 두 명을 대신해 생산 개혁을 추진할 새로운 리더 두 명이 가세했다. 한 명은 호시카와 오사무(星川修)로, 자동차 부품 제조 회사에서 개선 활동을 한 경험이 있었다. 다른 한 명은 전자기기 제조회사에서 온 나쓰이 요지(夏井洋司)였다. 두 사람이 생산개선실의 부실장으로 임명됨에 따라, 실장을 겸임하던 니시보리와 함께 이후의 활동을 분담해서 추진하는 체제가 완성되었다.

● 호시카와 오사무의 이야기

── 생산개선실 부실장, 당시 40세, 훗날 생산 플랫폼 대표 집행임원이 됨

스루가세이끼에 부임했을 때, 현장은 끔찍한 상태였습니다. '이거, 엄청난 회사에 와버렸군.' 싶었죠. 전에 있던 회사와 스루가세이끼는 상품을 만드는 방식이 전혀 달랐습니다. 전에 일했던 곳은 '대량 생산' 공장이었는데, 이곳은 '다품종 소량 생산'을 하는 데다가 생산량이 매일 바뀌었어요. 게다가 '리드 타임 단축'과 '생산성 향상(비용 절감)'은 서로 모순되는 개념인데, 어떻게 두 가지를 동시에 달성하겠습니까.

이래서 전임자가 속수무책으로 도망쳤구나 싶었습니다. 누군가가 "강물의 흐름을 바꿔라." 하고 명령하면서 저를 쏜살같이 흐르는 거대한 강에 내던진 것 같았어요. 나 혼자 물속에서 허우적거리는 기분이었습니다.

그 타이밍에 사장님의 '소견서'가 내려왔습니다. 저는 갓 부임한 상황이라 책임은 면했지만 우리 부서가 '우둔하다'는 말에 충격을 받았습니다. 하지만 최고경영자가 현장의 상황을 그 정도로 정확히 파악하고 있다는 사실

에 뭔가 의욕이 솟더군요. 허우적거리던 물속에서 뭔가 의지할 대상을 붙잡은 것 같았어요.

시범 모델로 선정된 두 공장 중 하나는 미스미의 자회사인 SP파츠였습니다. 생산개선실의 직원이 그곳에 고정 배치되었습니다.

생산 모델 개발은 그 공장에서 빠르게 성과를 내기 시작했고, 점점 자신감이 붙었습니다.

"아, 이렇게 하면 되는구나! 우리 가설이 옳은 것 같아."

"양산이 아닌 소량 다품종 생산에도 이 개념이 통용되는군."

의도했던 변화가 나타나기 시작했습니다.

그런데 또 다른 시범 모델인 스루가세이끼는 여전히 고전을 면치 못하고 있었다. 아직까지 저항이 계속되었던 것이다. 니시보리 요헤이가 개혁이 정체되는 상황을 타파하기 위해 스루가세이끼 사장으로 부임한 이후에도 분위기는 달라지지 않았다. 강력한 리더를 보냈는데도 사원들이 저항을 계속한다면 남은 방법은 두 가지였다. 첫째는 특별한 계기를 만들어서 그 사원들이 자발적으로 움직이도록 유도하는 것이다. 그리고 둘째는, 사원들이 야당적 태도를 바꾸지 않고 공들여 쌓아 올린 탑을 무너뜨리는 언동을 계속할 경우 결연한 자세로 악성 종양을 적출하는 것이다.

개혁이 장기간 정체된 상황에서 야당은 단순한 공범이 아님을 사에구사는 경험적으로 알고 있었다. 그들은 무능한 리더와 책임의 무게가 비슷한, 주범에 가까운 존재다.

● 야사마와 고이치(山沢功一)의 이야기 — 생산개선실 리더, 당시 41세

처음에 저는 다카기 선생님의 지도를 그리 진지하게 받아들이지 않았습니다. 그래서 선생님이 오시는 날이 코앞에 닥쳐서야 대충 준비를 하곤 했습니다. 꾸중을 들어도 별로 신경 쓰지 않았어요.

그런데 변화가 일어났습니다. 다카기 선생님의 세 번째 지도회가 끝난 뒤 반성의 자리가 이어졌는데, 니시보리 사장님이 결연한 표정으로 모두에게 말씀하셨습니다.

"다들 하고 싶은 말이 있으면 가슴속에 담아두지 말고 솔직하게 말합시다. 본심을 털어놓고 자발적으로 움직이지 않는다면 이 개혁은 미래가 없습니다. 아무런 성과도 거둘 수 없어요. 여러분은 개혁의 성패를 결정짓는 위치에 있습니다. 자각하고 있기는 합니까?"

사장님의 표정이 워낙 진지하고 목소리가 절박해서, 그 자리에 있던 리더들 모두 마음이 흔들렸습니다. 본인들이 이 개혁의 향방을 좌우하고 있다는 걸 비로소 실감한 것이죠. 너무 늦기는 했지만 저도 그때까지 내 행동이 잘못되었음을 깨달았습니다.

이 사건을 계기로 개혁에 임하는 모두의 자세가 크게 달라지기 시작했습니다.

물론 이 이야기는 변혁의 성공담이 아니다. 개혁의 실패가 어떻게 종식되었는가 하는 이야기다. 여기서 뭔가 의아하게 여기는 독자들도 있을 것이다. 니시보리의 이야기를 듣고 직원들의 의식이 그렇게 바뀌었다면, 그전의 리더는 대체 무엇을 한 것일까? 처음

부터 니시보리가 부임했다면 3년을 허비하는 일은 없지 않았을까?

여러분은 오타 신야라는 사원을 기억하는가? '스루가세이끼의 방식이 더 우월하다', '외부 사람들이 방식을 바꾸라고 하는 것이 불쾌하다'라고 불평했던 현장 리더다. 그는 여전히 태도에 변화가 없었다. 새로 부임한 사장의 발언 한 번으로는 그의 불응하는 태도를 꺾을 수 없었다. 이를 위해서는 또 다른 계기가 필요했다.

● 오타 신야의 세 번째 이야기 ─ 개선 리더로 승진, 30세
간사이 공장에서 다카기 선생님의 지도회가 열린 뒤였습니다. 다카기 선생님과 니시보리 사장님, 호시카와 부실장님이 함께 식사를 하러 가는데 동행하자고 권하셨습니다. 그때까지 그런 자리에 초대를 받은 적이 없었기 때문에 조금 놀랐죠.

그 자리에서 저는 속마음을 솔직하게 이야기해달라는 말을 들었습니다. 그래서 "이 개선 방법은 이상하다", "지금까지 스루가세이끼가 실천해온 생산 방식으로 충분하다"라고 말했습니다. 앞서 니시보리 사장님의 말씀을 듣고 조금은 긍정적으로 생각하게 되었지만 근본적인 사고방식은 바뀌지 않았던 것이죠. 그랬더니 사장님께서 단도직입적으로 말씀하시더군요.

"요 3년 가까이 자네는 새로운 방안을 자발적으로 진지하게 시도해본 적이 없어. 그런데 회사의 방법이 좋은지 나쁜지 어떻게 안다는 건가? 무슨 근거로 그렇게 말하는 거지? 정말 열심히 해봤는데 효과가 없었다면 말이 돼. 하지만 자네는 그렇게까지 해본 적이 없지 않은가?"

맞는 말이었습니다.

"자네가 진지한 자세를 보이지 않는 한, 회사는 새로운 방법을 시도조차 해볼 수 없네. 자네의 일터에 큰 힘을 실어줄 수도 있는 방법인데. 자네가 그걸 가로막고 있는 거야."

망치로 머리를 얻어맞은 기분이었습니다. 나 자신에게 문제가 있다는 사실을 비로소 실감했습니다. '내가 변하지 않는다 = 내가 개혁의 걸림돌이 된다'라는 도식이 보인 것입니다.

그때까지 저는 자기만족과 주변을 비판하는 것밖에 모르는 사람이었습니다. 하지만 정말 비판받을 대상은 바로 나라는 걸 그때 알았습니다.

지금 변하지 않는 조직은 앞으로도 변하지 않는다

만약 그 회식 자리에 간부가 한 명 더 참석했다면 그룹 본사의 CEO인 사에구사였을 것이다. 그만큼 회사 내부에서는 이 문제를 심각하게 인식했다. 단절력을 발동할 시점은 자꾸 미뤄지고 있었다. 오타 신야는 최고경영자의 입김이 바로 옆에서 느껴질 때까지 복지부동이었다. 그 시간은 무려 3년이었다. 그리고 압력이 정말로 피부에 느껴진 순간, 오타는 현실을 깨달았다. 이것은 그때까지 개혁 리더가 사원의 마음을 움직이거나 필요한 압력을 가하는 데 게을렀다는 이야기다.

만약 니시보리가 단호하게 이야기를 한 뒤에도 스루가세이끼 직원들이 아무런 변화를 보이지 않았다면 어떤 상황이 벌어졌을까?

먼저 다카기 선생은 이 개혁에서 발을 뺐을지도 모른다. '미스미 생산 개혁 따위는 이제 상관없어. 직원들이 태업을 하고, 숙제도 제대로 하지 않고, 개혁을 우습게 생각하고 있어. 이런 한심한 경영 상태를 더 참는 건 의미가 없어'라고 생각했을지도 모른다.

니시보리도 칼을 뽑아 들어야 했을 것이다. 이제 남은 길은 하나뿐이다. 즉, '공들여 쌓은 탑을 계속 무너뜨리는 암세포는 적출한다'라는 결단을 내려야 했을 것이다. 그날의 저녁 식사는 바로 그런 상황에 접어들기 일보직전에 마련한 자리였다.

미국의 기업에서 같은 상황이 벌어졌다면, 저항하는 사원은 이미 3년 전에 해고당했을 것이 분명하다. 그리고 아무 일도 없었다는 듯이 개혁이 단행되어 지금쯤이면 완료되었을 것이다. 경영 일선이 예리하게 살아 있는 회사라면 그것이 당연한 속도다. 그런데 지금껏 일본의 많은 기업들은 조직의 하부도 응석받이, 이를 제어하지 못하는 상부도 응석받이였다. 그래서 회사 전체가 시간만 질질 끌 뿐, 경영의 예리함을 발휘하지 못했다. 미국 기업의 시각에서 봤다면 한없이 물러 터진 태도에 혀를 찼을 것이다.

카를로스 곤이 닛산 자동차를 바꾸는 데 2년, '교세라의 신' 이나모리 가즈오(稲盛和夫)가 일본항공을 회생하는 데도 2년이 걸렸다. 2년이면 회사를 완전히 바꿀 수 있는 시간이다. 반대로 2년 만에 끝낸다는 각오로 임하지 않으면 10년이 걸려도 바뀌지 않는다.

사에구사는 미스미에 온 뒤로, 그간 기업 회생에서 당연시했던 단기 결전의 경영 스타일을 장기적인 관점의 태도로 전환했다. 스루가세이끼가 이런 긴박한 상황에 직면했음에도 자신이 직접 나서는 것은 가급적 피하고 싶었다. 다음 장에서 다룰 '고객센터 개혁'이 벽에 부딪혔을 때도 그는 직접 나서는 대신, 다음 도전자를 지명하고 결과를 기다리는 편을 택했다.

최고경영자가 하나부터 열까지 전부 관여할 수는 없으며, 그래서도 안 된다. 경영 리더가 어려운 개혁의 시련에 대처하고 극복하며, 진정한 경영자로서 실력을 키워나가기를 기다려야 한다. 그렇게 하지 않으면 인재는 성장하지 않는다.

그래서 사에구사는 그 역할을 니시보리 사장에게 맡겼다. 니시보리도 물론 각오를 하고 있었다. 기본에서 벗어나지 않되, 사람들과 정면으로 마주해 옳은 방향을 분명히 제시했다. 진지함과 카리스마, 열정으로 상대를 압도하고 나름의 방법으로 단절력을 발휘했다. 사원들은 강한 압박을 느꼈을 것이다. 그런 면에서 니시보리의 전임자들은 개혁 리더로서는 무능한, 그저 평범한 샐러리맨이었다.

자신의 입으로 '생산은 문외한'이라고 말했던 니시보리는 불과 3개월 만에 이 개혁의 돌파구를 열었다. 드디어 큰 변화가 시작되었다.

| 현장에서 열기가 | 피어오르기 시작하다   이렇게 해서 미스미의 생산 개혁은 드디어 본궤도를 달리기 시작했다.

조직 보강도 추가로 실시했다. 더불어, 지정된 두 시범 모델 현장에서 '이상적인 형태'를 만들어내는 모델 개발 작업이 급속도로 로 진행되기 시작했다.

● 시바야마 다이치(芝山太智)의 이야기
── 생산개선실 매니저, 당시 37세, 훗날 생산개선실장이 됨

저는 그해 초반에 북미 사업의 디렉터를 자원해 부임이 결정되어 있었습니다. 시카고에서 살 집과 아이들 학교도 알아보는 중이었죠. 그런데 밤 9시쯤 니시보리 상무님에게서 전화가 왔습니다. 나중에 이야기를 들어보니 그날 사에구사 사장님과 니시보리 상무님, 호시카와 부실장님이 손님을 모시고 함께 식사를 했다고 하더군요. 손님이 돌아간 뒤에 이야기를 나누다, 생산 개선이 정체된 상황을 타파하려면 '그 친구'를 투입하는 수밖에 없다는 결론에 도달했다는 겁니다. 그렇게 해서 저의 미국행이 갑자기 중단된 거죠.

절차 따위는 간단히 무시하고 전략을 우선해서 뜬금없는 인사를 하는 게 미스미의 재미있는 점입니다. '그쪽이 아니라 이쪽이 맞아.' 하면 그대로 밀어붙이는 거죠. 때문에 한동안 사내에는 '미스미의 인사는 밤에 결정된다' 라는 말이 돌기도 했어요.

미국에 갈 기회를 놓친 것은 아쉬웠지만, 사에구사 사장님을 포함한 최고 경영진의 지명을 받았으니 받아들이는 수밖에 없었습니다. 저는 도쿄에서 두 시간 거리인 미스미의 자회사 SP파츠로 발령이 났습니다. 생산 모델 개발을 위해 선정된 두 곳 가운데 하나였죠. 회사 근처에 임대 아파트를 빌렸어요. 아침에 어떤 사원보다도 일찍 출근하는 생활이 시작되었습니다.

니시보리는 생산개선실에 새로 부임한 시바야마와 팀원들에게
이렇게 당부했다.

"개선팀만 앞으로 치고 나가서는 안 돼. 공장의 현장 책임자들
이 앞으로 달려나갈 수 있도록 밀어주게."

스루가세이끼에서 드러난 문제를 반영한 지시였다. 시바야마
와 팀원들은 먼저 현장 직원의 의견을 듣는 것부터 시작했다. 상
황은 예상보다 더 나빴다.

"개선을 하면 잔업이 줄어들고, 그러면 우리 수입도 줄어들 거
아닙니까? 그런 개선은 하고 싶지 않습니다."

그러나 생산 라인이 비교적 단순하다는 장점 덕분에, 개선 방안
을 단계적으로 진행할 때마다 상당히 빠른 속도로 성과가 나타나
기 시작했다.

● 시바야마 다이치의 두 번째 이야기

현장에 간 지 2개월 정도 지났을 때, 사에구사 사장님과 니시보리 상무님,
호시카와 부실장님이 오신 가운데 제1회 현지 리뷰가 실시되었습니다. 단
순한 시찰이 아니었습니다. 미스미의 사업은 주문량이 매일 급격히 변화하
는 소량 다품종의 세계입니다. 그런 상황에서 어떻게 해야 납기를 지킬 수
있을지, 새로운 콘셉트를 찾아내고자 최고경영진과 함께 구체적인 토론을
진행했습니다.

전략 연수에서 배운 '의자 직공의 비극'이라는 메타포도 참고가 되었습
니다. 사원들에게는 무엇보다 '일에 대한 보람'이 중요하다는 뜻이죠.

의자 직공의 비극

수제 의자를 하나하나 직접 조립해서 판매하는 장인은 '고객 만족'에 민감하다. 그래서 기술을 갈고닦으며 디자인을 열심히 연구한다. 그런데 가구 공장의 경우, 분업이 도입되어 어떤 작업자는 매일 의자 다리만 만든다. 이때는 다리가 다른 부품에 딱 들어맞도록 규격을 따르고 품질 기준을 지키는 일이 중요하다. 그 결과 작업자는 기계처럼 움직이게 된다. 물건을 만드는 즐거움과는 멀어지는 것이다. 고객의 불만에도 둔감해진다. 완성된 의자가 잘 팔리든 말든 상관없이 임금만 제대로 받으면 그만이라는 사람들이 점차 늘어난다.

SP파츠의 개선 회의는 늘 천장이 높은 커다란 식당 한구석에서 열렸습니다. 그런데 하루는 사에구사 사장님께서 이렇게 말씀하셨어요.

"개선 미팅은 좀 더 좁은 방에서 하는 편이 좋네. 좁아터질수록 좋아. 열기가 더 생기거든."

실제로 그렇게 해보니 지금까지 냉담하기만 하던 현장 사람들이 열정적으로 개선 이야기를 꺼내기 시작했습니다. 심지어 싸움까지 벌어졌어요. '장소 이론'이라는 것이 있다더군요.

이후 다른 공정 사람들도 실험 라인의 모습을 보러 오면서, 이런 치열한 분위기가 사내에 전파되기 시작했습니다.

생산개선실 사람들을 매개체로, SP파츠와 스루가세이끼의 실험 라인이 서로 라이벌 의식을 느끼는 예상 밖의 효과도 생겼다.

다행히 스루가세이끼에서 문제가 되었던 직원, 오타 신야도 행동과 사고방식을 완전히 바꿨다. 그는 일명 '소금쟁이' 역할을 자임해서 공장 내를 뛰어다녔다. 공정 개선의 실험적 효과를 확인하기 위해, 공정과 공정 사이에 부품을 운반하는 역할이었다. 기계의 레이아웃을 실제로 바꾸려면 시간과 비용이 들어가므로, 일단은 직접 발로 뛰어서 공정을 연결해보고 리드 타임이나 생산성에 어느 정도의 효과가 나타나는지 확인한다는 발상이었다. 그는 만보기를 허리에 차고 매일 20킬로미터 정도를 달렸다. 저녁에는 온몸이 뻐근할 정도였고, 덕분에 몸무게도 줄었다. 그의 적극적인 모습에, 당초 회의적이었던 다른 직원들도 힘을 보태기 시작했다. 선순환이 시작된 것이다.

"현장의 개선 속도가 극적으로 달라졌습니다. 나 하나만 달라져도 조직이 이렇게 변화하는데, 그걸 3년 동안 모르고 있었던 겁니다."

시범 모델 현장 두 곳에서 집중 실시한 생산 모델 개발은 눈부신 발전을 보였다. 약 9개월 만에 생산 리드 타임이 큰 폭으로 단축되었고 상당한 비용 절감 효과도 나타났다.

해야 할 일은 아직 많이 남아 있었지만, 3년이라는 긴 시간 동안 정체되었던 미스미의 생산 개혁이 드디어 '이상적인 형태'를 갖추기 시작한 것이다. 개혁팀은 공장에서 살다시피 하면서 현장 사원들과 하나가 되어 무서운 기세로 개선을 추진했다.

'급할수록 돌아가라. 일단 철수하고 두 곳에 집중한다'라는 사장의 전술을 그들은 완벽하게 실현했다.

**응용문제에
대비하기**

　9개월 전에 '우둔하다'는 평가를 받았던 생산개선실은 부실장인 나쓰이와 호시카와 두 사람의 역할 분담 속에서 전략, 기획, 추진 기능을 각각 발휘하는 조직으로 변모했다. 특히 '개선의 기본 콘셉트'와 '개선 절차서'를 고안한 것은 큰 성과였다. 향후 각 협력회사에서 개선 방침을 수평 전개할 때, 이 실천 매뉴얼이 나침반 역할을 하게 되었다. 또한 여기에서 '변종변량(變種變量)'이라는 미스미의 용어가 탄생하고 정의되었다.

　그러나 여기까지의 진척 사항은, 본격적인 개선 활동을 전개하기 위한 준비 단계에 불과했다. 다음 단계로는 한층 더 원대한 작전이 기다리고 있었다. 이 생산 모델을 스루가세이끼의 다른 생산 현장이나 '전략 연합'이라 할 만한 각 협력회사의 공장에 이식하고, 40개에 가까운 생산 라인에 스며들도록 해야 했다. 장기적으로는 이 모델을 스루가세이끼의 해외 공장에 이식하는 작업도 시도할 것이다.

　생산개선실의 직원들은 '이상적 형태'를 자신들의 손으로 직접 만들어냄으로써 '생산 개선'이라는 것의 목표와 순서, 구체적 테크닉 등을 완전히 익힐 수 있었다. 앞으로 개선 작업을 실시할 협력회사들의 공장은 저마다 독자적인 공정이나 방식을 보유하고 있겠지만, 개선의 원리는 공통적으로 적용할 수 있다. 이 다음부터는 각 현장별 '응용문제'를 풀어나가기만 하면 된다.

　미스미의 팀이 현장 두 곳에 집중하는 사이, 다카기 선생은 간

사이 생산파크에서도 매달 협력회사를 지도했다. 앞으로 생산개선실의 멤버들은 다시 전국 각지로 흩어져, 각자가 담당한 공장에서 다카기 선생의 지도를 받으며 동시 병행적으로 개선을 지원하게 될 것이다.

이윽고 이 작전을 실행할 타이밍이 찾아왔다.

| CEO의 격려,
| 혹은 협박

앞에서도 말했듯이, 납기 단축 프로젝트는 주요 제조회사 전체가 일제히 개선 활동을 실시하지 않는 한 그 메리트를 고객에게 온전히 전달할 수 없다. 그러나 일부 협력회사에는 여전히 생산 개선 방침이나 다카기 선생의 지도에 회의적인 사람들이 있었다. 이 문제를 해결하지 않으면 향후 프로젝트가 다시 정체되거나 좌절을 겪을 것이 분명했다.

그래서 사에구사는 관계 업체의 경영자가 모두 모인 가운데 미스미의 성과와 앞으로의 계획을 발표하는 자리를 마련하기로 했다. 당분간 월 1회의 횟수로 모임이 계속될 예정이었다. 이 자리에서 각 제조회사의 개선 및 활동 상황을 공유하기 위해, 간이 사보를 제작하는 작업도 병행했다.

이와 같은 체제의 의도는 누가 봐도 명백했다. 진척이 더딘 기업의 경영자들은 스스로 그 사실을 인식하고 개선을 촉진하도록 유도한다. 어느 한 곳만 늦어져도 모든 개선 효과가 무력해질 수 있다는 현실을 전체가 공유하도록 만드는 것이다.

독립심이 강한 각 협력회사의 경영자에게 이 회의는 그리 재미가 없을지도 모른다. 사실 미스미로서도 제조회사 사장들을 한곳에 모아놓고 무언가를 제시하는 것은 마지막까지 피했던 일이다. 하지만 이제는 시대가 달라졌다. '전략 연합'의 의미를 더 강조할 필요가 있었다. 또 다카기 선생이 지도하는 간사이 생산파크 외에, 각 회사의 공장 본사에는 개선의 열기가 전달되지 않는 상황도 단숨에 타개해야 했다.

그해 6월 1일에 제1회 경영자 회의가 개최되었다. 사에구사가 사장으로 취임하고 8년이라는 세월이 흐른 시점이었다. 미스미 본사에 생산기획실을 발족하고 개선 활동을 시작한 지 6년, 스루가세이끼와 경영 통합을 한 지 5년 2개월, 니시보리가 생산총괄 임원(스루가세이끼 사장 겸직)으로 부임한 지도 어느덧 1년 8개월이 지났다.

회의에서는 본래 기밀 사항인 미스미의 생산 개선 노하우가 협력회사에 공개되었다. 자료에는 시범 모델 두 곳에서 개발된 개선 수법과 그 성과가 차트와 콘셉트 전개도, 구체적인 데이터 등을 바탕으로 상세히 드러나 있었다. 줄지어 앉은 각 회사의 사장들은 지금까지 본 적 없는 명확한 성과를 수치로 확인할 수 있었다. 논리적인 부가 설명도 첨부되었기에 반론의 여지가 없었다.

그렇다 해도 이 생산 개선 활동에 전원이 찬동한다는 보장은 없었다. 변함없이 회의적인 자세로 듣고 있는 사람도 틀림없이 있을 터였다. 그래서인지 회의장은 조용했다. 생산 개선을 신나게 추진하자는 열띤 분위기는 결코 아니었다.

　잠시 후, 이날의 의사 진행이 전부 끝났을 때 사에구사가 일어섰다. 그리고 예정에 없던 연설을 시작했다. 미스미 사내에서 몇 년 후까지도 회자되는 열변이었다.

　사에구사의 이야기는 30분이 넘게 계속되었다. 회의 종료 예정 시각 따위는 상관없었다. 어중간하게 이야기를 하다가 말면 오히려 역효과를 부를 것이라고 판단했다.

· 아시아의 경쟁 기업들이 본격적으로 대두했으며, 가격과 비용의 측면에서 일본 기업들은 경쟁에 밀리는 실정이다. 영업상의 어려움을 직접 겪지 않는 협력회사의 사장 여러분이 그 어려움을 이해했으면 한다.

· 일본의 상품 제작 노하우가 해외로 흘러들어간 결과, 일본 기업의 비교 우위는 점차 사라지고 있다.

· 역사적으로 미스미와 협력회사는 애증의 관계에 있었다. 그러나 나는 사장으로 취임한 이래, 양자의 융화를 위해 노력해 왔다.

· 미스미가 시작한 '간사이 생산파크'의 진짜 목적은 무엇이었을까? 지금 솔직하게 털어놓겠다. 단순히 서일본에서 각 회사의 생산 능력을 증강하는 것이 아니었다. 나의 진짜 목적은 파크 내부의 각 협력회사들에게 생산 개선 수법을 전파하는 것이었다. 이를 위해 미스미는 생산파크에 40억 엔을 투자했다.

· 세계적인 '사업 혁신의 메가트렌드'는 '기획하고, 제조하여, 판매한다'는 종합적인 사이클을 얼마나 빠르게 돌리느냐의 싸움이 되고 있다. 이에 대응하기 위해 미스미는 일관되게 '시간의 전략'을 추구해왔다. 미스미의 영어 슬로건이 "It's all about TIME"임을 상기하기 바란다.

· 이런 배경에 입각해 오늘 여러분에게 미스미가 실시해온 개선 모델 두 곳의 노하우를 공개했다.

· 마지막으로 강조하고 싶다. 향후 이 프로젝트에 대응이 늦어지는 기업은 앞으로 세계적인 경쟁에서 도태될 것이다.

회의실은 침묵에 휩싸였다. 경영자들은 누구 하나 발언하지 못하고 묵묵히 바닥만 바라보고 있었다. 표정이 어두워진 사람도 있었다. 사에구사의 말을 격려로 받아들였을 수도 있고, 어쩌면 협박으로 생각했을지도 모른다. 사에구사는 이미 각오하고 있었다. 어느 쪽이든 상관없다. 어떻게 받아들일지는 자유다. 어쨌든 앞을 향해 나아가기를 바랄 뿐이었다.

미스미의 간부와 사원들도 묵묵히 바닥만 바라보았다. 가슴속에서 무엇인가가 쿵 떨어지는 소리를 들은 사람들도 있었다. 그리고 개중에 어떤 이들은 직감적으로 알아차렸다. 사장의 이 발언은 취임 이래 지속된 오랜 싸움의 결과, 마침내 미스미와 협력회사의 역학관계에 역사적인 변화가 일어났음을 상징하는 것이 아닐까?

생산의 자립성을
마침내 손에 넣다

사에구사가 사장으로 취임했을 때, 미스미는 생산을 전부 협력회사에 의존하고 있었다. 때문에 한 회사 한 회사와 일일이 의논하지 않으면 아무것도 실현할 수 없었다. 협력회사들의 태도는 한마디로 이런 것이었다.

'생산에 대해서는 우리가 제일 잘 알고 있으니 미스미가 이러쿵저러쿵 간섭하지 말라고.'

실제로 미스미의 임원과 사원들은 생산에 대해 전혀 아는 것이 없었다.

일본의 좁은 마당 안에서만 미스미의 미래 전략을 그린다면, 그 사업 모델은 언젠가 경쟁력을 잃고 만다. 성장할 힘을 잃고 말라죽기 시작할 것이다. 차세대 성장까지 내다보고 생산의 진화를 꾀하지 않으면 역동적인 전략을 그리기는 불가능하다. 미국에서 출발한 거대한 강과도 같은 역사의 흐름을 결코 따라잡지 못할 것이다.

물론 협력회사는 미스미의 중요한 전략 파트너였다. 그 사실은 앞으로 시간이 지나도 변하지 않을 터였다. 사에구사는 그 관계를 소중히 생각해야 한다고 늘 강조했고, 이를 명확한 방침으로 표명하기도 했다.

중국 진출 과정에서 한계를 느낀 뒤 8년에 가까운 세월이 지났다. 이제 미스미는 '기획하고, 제조하여, 판매한다'는 종합적인 사이클을, 나름의 자립성과 자율성을 가지고 주도하는 수준까지 성장했다. 미스미의 사원들도 생산에 둔감했던 문외한 집단에서 벗어나, 생산을 항상 염두에 두는 민감한 집단으로 거듭났다.

● 호시카와 오사무의 두 번째 이야기 — 생산개선실장으로 승진, 42세
시범 현장 두 곳에서 선행 모델이 진행됨에 따라 생산 리드 타임은 신기할 정도로 단축되었습니다. 동시에 생산성 부분에도 성과가 나기 시작하여, 비용 절감 효과가 눈에 띄게 나타났습니다.

저는 개혁 리더로서 많은 것을 배웠습니다. 다음은 어떤 개혁에도 공통되는 핵심 내용이라고 생각합니다.

· 필요할 때 최고경영자는 '직접 실천'의 정신으로 현장에 개입해 개혁의 개념을 열정적으로 알린다.
· 책임 소재가 명확히 드러나는 조직의 형태를 갖춘다(사원이 민첩하게 움직일 수 있고, 개인이 감당할 수 있는 크기일 것).
· 사원의 사고방식이나 행동을 속박하는 장애물을 제거하기 위해 적시에 '제약 조건의 해지'를 실시한다.
· 성과를 가시화하기 위한 장치를 작동한다(핵심성과지표의 정량화, 노력에 대한 보상, 성과를 조기에 인지하기 위한 장치 등).

● 니시보리 요헤이의 이야기
—— 상무이사 생산총괄 임원, 42세, 훗날 사에구사를 이어 미스미 그룹 본사 CEO로 취임함
제가 생산총괄 임원 겸 스루가세이끼 사장이라는 자리에 오른 지 아직 2년

정도밖에 지나지 않았습니다만, 개혁에 커다란 변화가 생겼습니다. 우리는 일반적으로 알려진 도요타 생산 방식을 그대로 채용하는 것이 아니라 '변종 변량'이라는 미스미의 사업 특성에 맞춘 개선 기법을 개발했습니다. 덕분에 자신감이 크게 상승했습니다. 성과를 직접 체험할 수 있게 되면 누구나 의욕과 자신감이 높아지죠.

생산 분야는 경험이 없던 제가 이 분야의 최고 책임자가 되어서 개선 프로젝트를 이끌었습니다. 우리는 기나긴 정체에서 벗어나는 데 성공했고, 2년 만에 미스미와 스루가세이끼의 전략에 커다란 임팩트를 만들어냈습니다. 현재 저는 해외 공장에서 개선 활동을 활발히 진행하고 있습니다.

과거에 다각화 사업을 했을 때 느꼈던 충족감, 열의를 저는 다시 한 번 느꼈습니다. 10년 만에 맛보는 감각입니다. 그리고 동시에 제조회사를 경영하는 경영자로서 자신감을 갖게 되었습니다. 10년 전, 혹은 지금의 자리에 오른 2년 전과는 비교도 안 될 만큼 경영 기량이 높아진 느낌입니다.

10년의 노력으로 하루를 단축하다

이후 니시보리는 생산 개선 기법을 스루가세이끼의 해외 공장에도 순차적으로 이식했다. 그리고 그 성과를 활용해 새로운 '시간 전략'을 세계 각지에서 차례차례 가동했다.

사에구사가 처음 사장으로 취임했을 때만 해도 거의 제로에 가까웠던 미스미의 생산 기능은 이제 미스미의 글로벌 네트워크를 지탱하는 중요한 요소가 되었다.

지금까지 미스미의 일본 국내 납기 기준이 '표준 3일째 출하'라고 말했는데, 10년에 가까운 생산 개선 노력이 결실을 맺은 결과, 이 책이 출판된 시점에는 '표준 2일째 출하'가 실행되고 있다. 그 하루를 단축하기 위해 미스미의 사람들은 얼마나 많은 창의적 고민과 고생을 거듭했는지 모른다. 다시 한 번 강조하지만, 가짓수가 1조의 800억 배에 이르는 마이크로미터 단위의 고정밀도 부품을, 설령 단 한 개만 주문이 들어오더라도 접수하고 생산해 2일째에 출하하는 것이다.

미스미의 개선과 개혁 기량은 그 후 더욱 발전했다. 기존의 생산 개선 수준을 넘어서 더 높은 차원의 자동화나, 공법 자체를 재검토하는 '제조'의 근본적 개혁에도 노력을 기울이고 있다. 그리고 그 성과는 세계 각국의 거점을 통해 전 세계의 고객들에게 제공된다.

사에구사는 생산 전략의 성과가 드디어 가시화되는 것을 지켜보며 그동안의 여정을 회상했다. 2~4년 내에 단기 승부를 내던 시절과는 성취감의 성격이 달랐다. 미스미에 와서 그는 10년이라는 세월에 걸쳐 '회사 개조'에 도전했다. 그동안 회사는 서서히 허물을 벗고 다시 태어나 어떤 새로운 단계를 향해 나아갔다. 그 과정에서 사에구사는 조용한 흥분과 묵직한 성취감을 느꼈다.

이는 10년 단위의 '장기 레이스'에 도전한 경영자만이 맛볼 수 있는 경영의 진수일 것이다.

🖋 독자에게 내는 숙제

'회사 개조'를 위해 개혁을 실시하는 과정에서 경영자는 반드시 저항과 태업이라는 벽에 부딪히게 된다. 이 장을 읽고 '개혁을 가로막는 저항 패턴'은 어떤 특징이 있는지 생각해보라. 책에서 소개한 내용과는 또 다른 저항 패턴으로는 어떤 것이 있을까? 여러분이 경영자라면 그 저항에 어떻게 대처하겠는가?
사에구사에게 이것은 그저 연습이 아니라, 경영 현장에서 답을 찾아내기 위한 절박한 과제였다.

📖 사에구사 다다시의 경영 노트 8 ─ 열정적인 사업 집단의 구조

수수께끼를 푸는 프레임워크

각 장에 나오는 '수수께끼 풀이'는 내가 실제로 겪은 사건과 그 안에서 추출한 문제들을 시간 순서에 따라 충실하게 재현한 것이다. 여기에는 한 가지 프레임워크를 적용했는데, 바로 사업 회생 전문가 시절 만들어낸 '열정적인 사업 집단의 구조'라는 프레임워크다. 지금은 미스미의 경영 간부 전원이 이 프레임워크를 공유하고 있다.

나의 전작《V자 회복》에도 이 프레임워크가 등장한다. 이 책에서 주인공(나)은 고마쓰라는 기업을 회생하는 일에 뛰어든다. 고마쓰가 전통적인 기업인 데 비해, 미스미는 젊고 활력 넘치는 직원들이 활약하는 성장 기업이다. 그러나 보편적인 프레임워크는 두 회사에 똑같이 적용할 수 있었다. 사업이 정체되는 요인은, 두 회사 모두 놀랄 만큼 일치했다.

《V자 회복》의 주인공 구로이와 간타는 젊고 우수한 사원들을 모아서 태스크포스를 구성하고, 누구도 반론할 수 없는 '첫 번째 페이지'를 작성한다. 한편 이 책에서는 실제 개혁이 시작되기 전에 내가 혼자 움직여서 나름대로 '첫 번째 페이지'를 만들었다. 그리고 두 경우 모두 프레젠테이션을 실시해 간부와 사원들의 기존 가치관을 뒤흔들게 된다.

프레임워크 '열정적인 사업 집단의 구조'는 겉으로 보기에 단순한 차트다. 하지만 여기에는 개혁을 성공으로 이끄는 '6가지 원동력'이 담겨 있다. 여기에서는 그중 네 가지를 소개하도록 하겠다. 먼저 기본이 되는 3개의 원동력은 다음과 같다.

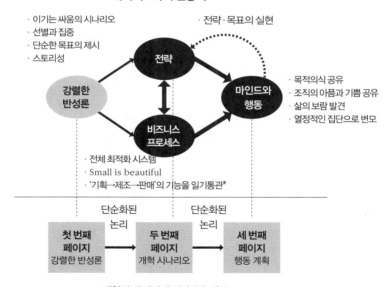

개혁의 3가지 원동력

· 이기는 싸움의 시나리오
· 선별과 집중
· 단순한 목표의 제시
· 스토리성

· 전략·목표의 실현

전략

강렬한 반성론

마인드와 행동

· 목적의식 공유
· 조직의 아픔과 기쁨 공유
· 삶의 보람 발견
· 열정적인 집단으로 변모

비즈니스 프로세스

· 전체 최적화 시스템
· Small is beautiful
· '기획→제조→판매'의 기능을 일기통관*

단순화된 논리

단순화된 논리

첫 번째 페이지
강렬한 반성론

두 번째 페이지
개혁 시나리오

세 번째 페이지
행동 계획

개혁의 세 페이지 시나리오 세트

*일기통관-처음부터 끝까지 모두 갖추고 있다는 뜻

열정적인 사업 집단의 3가지 원동력

활력이 넘치는 사업 조직에서는 경영 리더가 '단순한 전략'을 세우고 그것을 사원들에게 제시한다. 동시에 사내에는 강력한 '비즈니스 프로세스'가 구축된다. 이 두 가지가 제대로 이루어진다면, 차트의 화살표를 따라서 그 내용이 사원들의 '마인드와 행동'에 반영되며, 사업 조직은 높은 활력을 유지하게 된다.

1. 전략

지금까지 나는 전략 스토리를 최고경영층부터 현장의 젊은 사원들까지 모두가 자기 것으로 만들도록 하기 위해 여러 회사에서 수차례 실험을 해왔다.

우수한 전략의 핵심은 '선별과 집중', '단순한 목표의 제시', '스토리성'이다. 이 전략이 사원들을 열정적으로 만들고 그들의 '마인드와 행동'을 움직이려면(차트의 '전략'에서 오른쪽 밑으로 향하는 화살표 부분에 해당) 반드시 작동해야 할 요소가 있다. 그것은 '리더의 열정적인 이야기', 그리고 '리더의 직접 실천의 자세'이다. 이를 통해 단순한 전략 스토리가 지금 그곳에 있는 사람들의 마음과 행동을 움직이며, 모두의 열정을 끌어낸다.

2. 비즈니스 프로세스

사내에는 상품마다 '기획하고, 제조하여, 판매한다'는 사이클의 각 기능을 연결하는 흐름이 있다. 그 흐름을 타고 상품이나 서비스가 고객에게 전달된다. 고객을 기점으로 하는 사이클을 생각해보자. 고객의 요구는 이 사이클의 흐름에 따라 각 부서로 전달된다. 회사는 그 요구를 다음 상품 개발이나 서비스 개선에 반영하고, 고객에게 답변을 한다. 적절한 답변을 받은 고객은 만족하며, 얼마 후 또 다른 요구를 하게 된다.

이 사이클은 일이 부서에서 부서로 인계됨에 따라 성립한다. 즉, 비즈니스 프로세스란 사내 관리 체제를 포괄하는 '일의 흐름'인 것이다. 강력한 비즈니스 사이클을 보유한 기업에서는 일의 인계가 효율적으로 시행되며, 약한 기업에서는 그 사이클의 흐름이 사내 곳곳에서 정체되거나 단절된다. 회전 속도가 느릴 수밖에 없다.

· 강한 사업 조직은 고객이나 경쟁자를 기점으로 하는 '전체 최적화(개별 최적화가 아닌)' 시스템을 실현한다.
· 사이클의 회전 속도를 높여 전투력을 상승시키려면 비대화된 '기능별 조직'을 해체하고 '기획하고, 제조하여, 판매한다'의 기능을 전부 갖춘 작은 조직을 만드는 것이 효과적이다.

일반적인 사업 조직 단위와 비교하면 규모가 명백히 작은 이 조직을 가리켜, 나는 'Small is beautiful(작은 조직이 최선이다)'이라고 표현한다. 조직이 적절하게 디자인되면 개혁 이후의 조직은 다음과 같이 변화한다.

- 일하는 사람들이 예전보다 고객을 가까이 느끼게 된다.
- 사원 한 사람 한 사람이 '사업 전체'를 자기 일로 느낄 수 있다.
- 그 결과 '외부 경쟁'에 절박한 태도로 대응하게 되며, 자신의 사업이 '이익을 내고 있는가'에 민감해진다.

3. 마인드와 행동

명쾌한 '전략'을 세우고, 빠른 '비즈니스 프로세스'를 디자인했는가?
그리고 이 두 가지가 '지금 그곳에 있는 사람들'에게 스며들었는가?
그렇다면 그 조직은 커다란 변화를 보이기 시작한다.

- 모두가 '목적의식'을 공유하게 된다.
- 모두가 하나가 되어 '아픔과 기쁨'을 공유하게 된다.
- 전략을 완수하기 위해 모두가 결속하며, 여기에서 '삶의 보람'을 느끼기 시작한다.
- 그런 효과가 그들을 더욱 '열정적인 집단'으로 변모시켜 나간다.

단순화된 강렬한 논리를 이어간다

열정적인 사업 집단의 네 번째 원동력은 '강렬한 반성론'이다.
'강렬한 반성론'은 '강렬한 반성'과는 다르다. '론(論)'이라는 글자가
붙어 있다. 큰소리로 호통을 치며 반성을 강제하는 행동이 아니라 쿨
한 논리다. 사원들이 '아, 그런 것이구나.' 하고 이해할 만한 논리가
필요하다.

그 단순화된 논리, 즉 강렬한 반성론의 '첫 번째 페이지'가 완성되고 나면 그것이 '두 번째 페이지', '세 번째 페이지'로 전승된다. 이를 통해 문제를 해결하기 위한 행동에 속도가 붙는다. 이것을 해내지 못하는 회사는 개선이나 개혁을 질질 끌게 되고, 경우에 따라서는 개혁 과정이 분열되거나 소멸해버린다.

사에구사는 프레임워크 '열정적인 사업 집단의 구조'를 만들어낸 뒤로 이것을 매일 떠올린다. 항상 머릿속에 담아두고서, 어떤 방침을 내세우기 전에 이 구도와 모순되는 부분은 없는지 점검한 뒤 행동에 옮긴다.

그러나 아무리 베테랑 경영자라 해도 죽음의 계곡이 언제 어떤 형태로 모습을 드러낼지 전부 예측할 수는 없다.

이후에는 또 어떤 곤경이 사장을 괴롭히게 될까?

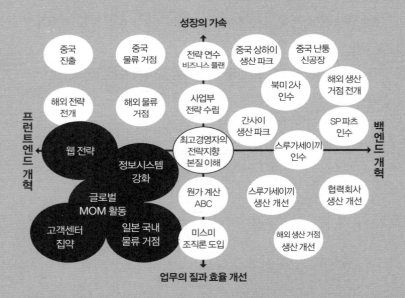

성장의 가속

중국 진출　　중국 물류 거점　　전략 연수 비즈니스 플랜　　중국 상하이 생산 파크　　중국 난통 신공장

해외 전략 전개　　해외 물류 거점　　사업부 전략 수립　　북미 2사 인수　　해외 생산 거점 전개

프런트엔드 개혁

웹 전략　　정보시스템 강화　　최고경영자의 전략지향 본질 이해　　간사이 생산 파크　　SP파츠 인수

백엔드 개혁

글로벌 MOM 활동　　스루가세이끼 인수

고객센터 집약　　일본 국내 물류 거점　　원가 계산 ABC　　스루가세이끼 생산 개선　　협력회사 생산 개선

미스미 조직론 도입　　해외 생산 거점 생산 개선

업무의 질과 효율 개선

7

'시간과의 싸움'으로
영업 접점을 개혁한다

시간과 싸우는 오퍼레이션이란? 미스미는 오퍼레이션 개혁을
통해, 한때 600명이 동원되었던 일을 145명이 처리할 수 있게
되었다. 고객센터에서 실시된 눈물과 인내의 '업무 개혁'이란 무
엇이었을까?

두 번의 개혁 실패,
망가진 조직

**유통의 혁명가,
그 이면에 쌓인 병폐**   사에구사가 '미스미의 8가지 약점'을 발표했을 때 가장 먼저 거론한 것이 바로 영업 조직과 고객센터의 약체화였다. 그래서 그는 고객센터 개혁을 우선순위에 두었다. 이 개혁 과제는 중국 진출 프로젝트와 더불어 당시 미스미의 '2대 위험 프로젝트'로 구분되기도 했다.

고객센터의 개혁은 고난의 연속이었다. 두 차례 좌절을 경험했고, 세 번째 도전 끝에 겨우 완수할 수 있었다. 드러내기 부끄러운 이야기지만 이번 장에서는 그 좌절의 경위와, 개혁을 통해 경영 리더가 성장한 과정을 소개하도록 하겠다.

오퍼레이션 체인은 다음과 같이 간략히 설명할 수 있다.

고객→주문 접수→사내 처리→출하→배송→고객→대금 회수. 많은 기업들은 고객에서 출발해 마지막에 다시 고객으로 돌아가는 이 사이클 중 어딘가에 문제를 안고 있다.

미스미가 판매하는 것은 평범한 B2B 상품으로, 업계에서는 판매 대리점이나 2차점 등의 유통업체를 거치는 것이 일반적이다. 그러나 미스미는 이미 한참 전에 획기적인 비즈니스 모델로 전환하여 유통에 의지하는 기존의 방식을 탈피했다. 이 비즈니스 모델에서는 영업사원을 통해 영업 활동을 할 필요가 없다. 대신 고객 하나하나가 미스미의 고객센터로 '직접' 주문을 한다. 이를 통해 미스미는 사에구사가 사장으로 취임했을 당시 500억 엔(약 5,000억 원), 이 책이 발간된 시점에는 2,000억 엔(약 2조 원)이 넘는 매출액을 기록했다. 이것이 바로 미스미가 업계에서 '유통의 혁명가'라 불리는 이유다.

고객센터에는 다수의 오퍼레이터가 대기하고 있다. 당시에는 주문의 80퍼센트가 팩스로 들어왔는데, 지금은 인터넷 수주가 80퍼센트 이상을 차지한다(이 업계에서는 보기 드문 디지털화 비율이다). 만약 컴퓨터가 자동으로 처리할 수 없는 문제가 발생하면 오퍼레이터가 전화나 팩스로 고객과 연락을 주고받는다. 고객센터는 미스미 최대의 고객 접점이며, 영업의 최전선이다.

하지만 이러한 혁신적인 모델을 구축하기 이전, 사에구사는 미스미의 고객센터에서 심각한 병의 증상을 목격했다. 취임 전에 두 곳, 취임 이후 네 곳의 고객센터를 직접 방문해 확인한 결과였다.

영업 접점의 불협화음

한 기업에서 경쟁자나 고객을 상대하는 대응 체계가 붕괴되면, 그때부터 영업 접점에 잡음이 일기 시작한다. 본사는 별다른 변화가 없을지라도 영업의 최전선에서 수많은 모순이 수면 위로 떠오른다. 최고경영자는 이 최전선을 직접 찾아가, 조직 배후에 숨어 있는 비즈니스 프로세스의 불협화음을 감지해야 한다. 겉치레식 방문으로는 이를 결코 파악할 수 없다.

'미스미의 8가지 약점'에서 지적했듯이, 당시 미스미의 고객센터는 전국 13개 지역에 흩어져 있었다. 도쿄와 오사카 이외의 고객센터는 규모가 아주 작았으며, 고객과 소통하는 오퍼레이터 업무는 위탁처에서 파견한 직원들이 담당하고 있었다. 아웃소싱 방침에 따라, 미스미의 사원은 한두 명만 상주할 뿐이었다.

● 이리타니 유카코(入谷優花子)의 이야기 —— B고객센터장, 당시 35세

사에구사 사장님이 아직 사외이사였을 때 여길 오셨습니다. 몇 가지 질문을 하셨는데, 현장 사정에 훤하다는 인상을 받았어요. 속으로 조금 놀랐죠. 눈매가 상당히 날카로우셨어요.

"파견 사원에게 의존하면 이직률이 높지 않나요?"

"네. 지금 있는 오퍼레이터 가운데 절반이 입사 1년 미만이고, 그중 절반은 4개월 미만이에요."

"뭐라고요? 그래서야 아무리 머릿수를 채운들, 제대로 된 전력이라고 할

수 있겠습니까?"

"네. 신입이 자기 몫을 할 수 있게 되기까지 1년이 걸려요. 경력자 사수가 교육을 하는데, 신입이 금방 그만두는 바람에 헛고생을 하게 되는 경우가 많습니다. 그래서 1년 내내 채용 면접 중입니다."

사에구사 사장님은 업무 위탁회사의 감사와도 이야기를 나누셨어요. 그리고 돌아와서 이렇게 말하셨습니다.

"저 감독관이 말하길, 오퍼레이터 교육은 OJT(현장 교육, 직속 상사가 작업 현장에서 개별 지도 및 교육하는 것을 가리킴—옮긴이)로 실시한다는군요."

사내에서는 당연한 일이라, 처음에는 뭐가 문제인지 몰랐어요.

"일본 기업이 말하는 OJT는 '아무것도 안 한다'라는 의미인 경우가 많습니다."

상황을 순식간에 간파하셨던 것이죠.

● 야마다 히나코(山田ひな子)의 이야기 — C고객센터장, 당시 34세

사에구사 사장님은 취임 후 센터에 오셨어요. 미스미는 당시 1,000페이지가 넘는 카탈로그를 일곱 권이나 발행하고 있었어요. 상품 품목 수는 200만 점(이 책을 발간한 시점에는 1,600만 점으로 증가)이나 되어서 그걸 전부 외우고 있는 사람은 아무도 없었지요.

"사업별로 분담을 하면 각자 한두 권만 담당하면 되니까 편하지 않을까요?"

"그렇기는 한데, 이 센터는 인원이 적어서 누군가가 퇴직하면 그 분야를 아는 사람이 아무도 없는 상황이 벌어지거든요. 그래서 전문화가 힘듭니다."

"그 말은 오퍼레이터 한 사람 한 사람이 미스미의 모든 상품을 취급하고,

본사의 영업팀 전원을 상대한다는 뜻입니까? 거꾸로 본사의 모든 사업팀은 전국 13개 지역의 오퍼레이터 전원을 상대하겠군요?"

"그런 셈입니다."

"그런 조직에서는 '팀 연대'가 발동하지 않을 텐데요. 서로 일을 주고받는 경계선에서 책임 전가가 일어나지는 않습니까?"

정곡을 찌르는 지적이었어요. 어떻게 순식간에 거기까지 꿰뚫어봤는지 신기했습니다. 실제로 저희가 본사 사업부의 담당자하고 이야기를 나누다 보면 감정적이 될 때가 자주 있거든요. 본사 사람들은 본인 업무와 관련해서 중요하다고 생각할 때는 아주 빠르지만, 그 밖의 사안은 마치 남 일처럼 대답할 때도 많아요. 그런데 고객에게 혼이 나는 건 결국 우리거든요.

이러쿵저러쿵 말은 했지만, 사실 저는 미스미를 꽤 좋아해요. 이 일을 7년이나 했으니 미운 정도 들었죠. 이 회사는 변화가 있어서 지루하지가 않아요. 물론 고객들이 화를 낼 때는 의기소침해지죠. 반면에 고맙다는 말씀을 해주시는 분들도 많아요. 고객 중에는 미스미의 팬이라는 분들도 여럿 있습니다.

고객센터의 이중 손실 구조

사에구사는 고객센터 세 곳을 방문하고서 조직의 정체와 피로를 분명히 느꼈다. 전국의 센터에 같은 병이 만연할 것이 틀림없었다. 외부에서는 미스미의 아웃소싱 체계를 가리켜 '첨단을 달린다'라고 평가하지만, 실상은 심각한 경영 문제를 껴안고 있었다. 고객의 불편함과 요구 사항을 수집하는, 가장 치열한 영업의 최전선에 미스미의 사원들이 없었다. 그 일을 전부 외주업자와 파견 사원들에게 떠맡겼던 것이다.

과도한 아웃소싱

아웃소싱을 중시한 나머지 사내 기능을 지나치게 축소하면 '혁신의 감각'이 무뎌진다. 그럴 경우 회사는 '전략을 자율적으로 전환하는 능력'까지 잃고 만다. 경영이 구태의연한 방식에 물드는 것이다.

또 한 가지 문제가 있었다. 아웃소싱의 목적은 당연히 비용 절감이다. 그런데 미스미의 경우 아웃소싱이 오히려 비용 부담을 키우는 측면이 엿보였다. 명탐정 푸아로가 수수께끼를 풀어나가는 모습을 보면, 모두가 품고 있던 작은 의문이 사실은 중요한 열쇠인 경우가 많다. 그 열쇠를 알면 이야기는 단순해진다. 마찬가지로 사에구사의 논리도 단순했다.

미스미의 상품은 기술적 난이도가 높다. 소비자에게 일상적인 물건을 파는 것과 비슷하리라 생각하고 파견된 직원들은 복잡하고 난해한 업무에 비명을 지르고 대부분 회사를 그만둔다. 이것이 수수께끼의 첫 번째 열쇠였다. 그 공백을 메우기 위해 안이하게 인력을 늘리면 비용은 불가피하게 증가한다.

메커니즘은 이렇다. 신입 사원은 능숙하지 못하므로 업무의 양과 질이 급여에 미치지 못한다. 경력 사원 역시 신입 사원의 지도와 면접에 시간을 빼앗겨 급여에 상응하는 만큼 일을 하지 못한다. 이 증상이 일상화되면 아웃소싱은 오히려 고비용 구조를 낳게 된다.

이 메커니즘을 꿰뚫어본 사에구사는 이를 '이중 손실 구조'라 부르기로 했다. 단순한 명칭으로 문제를 선명하게 부각하는 것이 그의 특기였다. 본사로 돌아간 그는 즉시 간부들에게 물었다.

"본사에서는 지역 고객센터의 업무 개선을 어느 정도 추진하고 있나?"

"개선은 현지에 자율적으로 맡기고 있습니다."

사에구사는 의심했다. '자율적'이라는 말로 그럴듯하게 포장은 했지만, 사실은 문제가 너무 복잡해서 포기한 상태가 아닐까? 회사는 개혁을 게을리하고 있다. 모순이 불거지는데도 지역 센터에 전가하고, 현장의 미스미 사원들에게 뒤치다꺼리를 시키고 있다. 각 지역의 여사원들이 개인적인 노력을 쏟아가며 위기를 아슬아슬하게 모면하고 있는데, 정작 본사 사람들은 그들을 아랫사람 취급한다. 여사원들이 남모르는 열등감에 빠지는 것도 당연하다.

이것이 사에구사의 직감이었다. 본사 사업부는 상전이고, 지역 사원들은 마치 하층민처럼 밑바닥에서 갖은 고생을 하는 구도로 보였다.

그런 상황에서도 '미스미를 좋아한다'고 말하는 여사원들에게 미안한 마음이 들었다. 입 밖으로 내지는 못했지만, 마음속으로 그들에게 사과하고 개선을 약속했다. 물론, 고객센터를 개혁하는 것은 여사원들에게 미안한 감정 때문만은 아니었다. 현재의 상태는 미스미 사업 모델의 붕괴를 의미했다. 더 이상 방치하면 사업을 정체시키는 심각한 원인이 될 터였다.

수수께끼의 실마리

· 본사와 영업의 최전선 사이가 단절되었다. 미스미는 본사 간부들이 제대로 인식하지 못한 상태에서, 조금씩 경쟁에서 밀려날 가능성이 크다.
· 고객센터가 13개 지역에 분산되어 있는 것은 비정상적이다. 장거리전화 요금이 비쌌던 시절의 유물일 뿐이다.
· 이 문제를 해소하기 위해 고객센터를 집약하는 데는 상당한 어려움이 동반될 것이다. 가장 큰 리스크는 '사무 리스크'다. 각지의 파견 계약을 해지하겠다는 방침을 밝히는 순간, 파견 사원들이 무더기로 그만두기 시작해 수주 업무가 붕괴될 우려가 있다. 자칫하면 수주 창구가 막혀 도산할 수도 있다.
· 그러나 결론은 명백하다. 이 상태를 방치할 수는 없다. 무슨 일이 있어도 13개 고객센터를 하나로 집약할 방법을 모색해야 한다.

앞으로 미스미의 규모가 확대될수록 이 문제는 더 해결하기 어려워질 것이다. 그렇게 되면 미스미는 반영구적으로 비효율적인 구조에 얽매이게 된다. 어떻게든 '자신의 대'에서 문제를 끝내야겠다고 사에구사는 마음먹었다.

그러나 막상 개혁을 진행하자 예상치 못한 장애물이 속속 드러났고, 결국 두 차례의 좌절을 겪으며 무려 5년 8개월 동안 수렁 속에서 분투해야 했다.

문어 항아리 속에 숨은 개혁팀

취임 직후 사에구사는 본사의 담당 부문장에게서 '팀을 꾸려 고객센터의 개혁을 검토하기 시작했다'는 보고를 들었다. 내용을 살펴본 그는 이 팀이 과연 개혁을 선도할 능력이 있을까 하는 불안한 마음이 들었다. 그래서 최소한의 비용을 들여 도움을 주어야겠다고 판단했다. 외부 컨설턴트를 고용하기로 한 것이다. 미스미를 경영한 13년 동안 사에구사가 외부 컨설턴트를 고용한 것은 이때가 처음이자 마지막이었다.

● 야마자키 겐타로(山崎健太郎)의 이야기

── A영업부장, 당시 46세, 이후 전사(全社) 오퍼레이션 총책임자가 됨

어느 날 본사에서 연락이 왔습니다. 개혁을 검토하는 회의가 열리니 도쿄로 오라더군요. 사에구사 사장님이 취임한 지 한 달도 지나지 않은 때였습니다. 합숙은 7월 10일부터 시작되었습니다. 그때까지 사장님이 그런 자리에 직접 오신 적이 없었기 때문에 '웬일인가.' 싶었죠. 컨설팅회사도 왔습니다.

그 직후 개혁팀에 참가하라는 지시와 함께 도쿄 본사로 전근이 결정되었습니다. 그런데 2개월 뒤 본사에 와보니, 합숙 때하고는 분위기가 상당히 달랐습니다. 총괄 부문장이 팀을 강력하게 리드하지 못했고, 컨설팅회사가 주도권을 쥐고 있는 느낌이었습니다. 그 사람들은 내심 미스미를 얕보더군요. 게다가 모든 문제를 '정보시스템'으로 해결하려 했습니다. 그 사람들을 처음 만났을 때만 해도 '현장 냄새가 느껴진다'는 인상을 받았는데, 이제는 그때와 많이 달라져 있었습니다.

합숙 회의가 열린 지 3개월 만인 10월, 사에구사는 개혁팀으로 부터 '개혁 플랜'을 담은 제안서를 받았다. 40페이지 남짓의 파워 포인트 문서였다. 내용을 요약하자면 '약 20억 엔의 시스템 투자 를 실시한다'라는 것이었다. 불과 3개월 사이에 어떻게 이런 제안 이 나온 것일까?

'복잡한 업무 개혁을 무턱대고 시스템화로 해결하려는 건 위험 한 발상이야. 좀 더 현장으로 파고들어서 실태를 파악해야지. 만 약 쓸 만한 방안을 찾으면 최대한 유효성을 검증해야 해. 종이에 다 손으로 적어도 전혀 상관없어. 시스템화는 그다음 문제야.'

● 야마자키 겐타로의 두 번째 이야기

사장님은 투자 제안을 일축하셨습니다. 보지 않는 것 같았는데, 다 보고 계 셨던 모양입니다. 얄팍한 제안에 쉽게 넘어갈 분이 아니었죠.

게다가 솔직히 고백하면 저희는 개혁은 둘째 치고 좀 더 일차원적인 문제 때문에 전전긍긍하고 있었습니다. '13개 센터를 한곳으로 집약한다'라는 사장님의 생각에 개혁팀이 완전히 겁을 먹었던 겁니다. 그 구상이 사내에 소 문이라도 나면 저항이나 퇴직 같은 움직임이 일어나지 않을까 두려웠어요. 그래서 일체 비밀에 부쳤습니다. 사내의 누구와도 의논하지 못하고 자승자 박의 교착 상태에 빠져 있었죠.

그런데 얼마 후 사장님께서 이런 상황을 감지하셨습니다.

"자네들, '문어 항아리' 속에서 뭘하고 있는 건가?"

이렇게 말하면 민망하지만, 정말 절묘한 표현이었습니다(웃음). 실제로 우리는 문어처럼 밤이 깊어지면 밖으로 살짝 빠져나와서 의논을 하곤 했거든요.

사에구사는 미스미의 조직 능력이 한참 떨어진다는 것을 인정했다. 과거에 봤던 중소기업 수준이었다. 잠시 상황을 지켜보다가 결국 '사격 중지', '철수' 명령을 내렸다. 사장으로 취임한 지 9개월 무렵이었다. 컨설턴트에게 지급한 돈보다도 잃어버린 시간이 더 아까웠다. 당연히 팀을 질책했지만, 자신에게도 일정 부분 책임이 있었기 때문에 더 이상의 책임은 묻지 않았다. 그러나 문어 항아리 속에 들어가 개혁을 교착 상태에 빠뜨렸던 리더는 장기 휴직에 들어갔고, 그 후 사표를 냈다.

"자네를 믿었는데, 개혁의 탄환을 단 한 발도 쏘지 않고 그만두려는 건가?"

이렇게 말하고 싶었지만 군말 없이 그를 떠나보냈다. 싸우지 않고 떠나겠다면 어쩔 수 없다. 더 높은 곳을 지향하며 최선을 다해 싸우는 인재만이 능력 있는 경영자로 성장할 수 있다고 믿었다.

| 5C 개혁팀, 전면에 나서다

사에구사는 포기하지 않았다. 새로운 개혁팀을 편성하고 '5C 개혁팀'이라 명명했다. 여기에서 5C는 '다섯 개의 체인'를 뜻한다(경영자의 수수께끼 풀이 31 참조).

앞서 좌절했던 요인은 뭐니 뭐니 해도 리더십이었다. 사에구사는 평범한 리더십으로는 결코 이 복잡한 개혁을 감당할 수 없음을 깨달았다. 앞의 개혁팀은 이론만 앞서고 현장 경험이 적은 사람들로 구성되어 있었다. 현장에 대해 세밀한 부분까지 잘 알고 있는 사람을 더 보충해야 했다. 그래서 13개 센터장 가운데 심사숙고해서 개혁팀의 리더를 선정했다. 현장을 완벽히 숙지하는 것은 기본이고, 정신력이 강한 데다 감각도 예민해야 했다. 여기에 추가로 풀타임 멤버 한 명과 겸업 멤버 세 명을 현장에서 차출했다.

이 계획을 비밀리에 진행하는 것은 무리였다. 계속 문어 항아리 속에 틀어박혀 있는 한 생산적인 결과를 내기는 힘들었다. 사에구사는 정면 돌파를 시도하기로 결심했다.

"음지에서 몰래 해서는 안 돼. 13개 지역 센터장들은 물론이고, 각지의 오퍼레이터 감독자 전원에게도 이 계획을 밝히도록 하게. 고객센터 집약을 위해서는 표준화를 꾀해야 하고 업무 실태도 분석해야 해. 그러려면 그들의 협력이 필수적이네."

멤버들은 긴장했다. 반대 의견도 나왔다.

"모두에게 말하라는 말씀이십니까? 60명이 넘습니다. 소문이 퍼져서 그만두는 사람이 나올 겁니다."

"아니, 이건 소문이 아닐세. 개혁팀의 생각을 모두에게 숨김없이 밝혀야 해. 앞으로 개혁팀과 60명 사이에 비밀은 없도록 하게. 그러면 억측도, 소문도 없을 걸세."

그래도 개혁팀은 불안했다. 정말 사장의 말대로 될까?

고객센터
직원들의 눈물

사에구사는 전국 13개 고객센터에서 일하는 미스미의 모든 사원에게 소집을 지시했다. 고객 대응에 바쁜 그들이 모두 모일 수 있는 시간은 주말뿐이었다. 그래서 5월의 마지막 토요일에 도쿄에서, 이어 일요일에 오사카에서 미팅을 실시하기로 했다. 모든 개혁 전략은 명쾌한 '첫 번째 페이지'를 제시하는 데서 출발한다. 이것은 개혁 전체의 성패가 좌우될 만큼 중요한 단계다.

오사카에서 열린 회의에는 후쿠오카(福岡)와 히로시마(廣島) 등을 포함한 서일본 지역의 사원들이 참석했다. 인원은 모두 30명 정도였다. 그들로서는 그 자리에 사장이 온 것 자체가 이변이었다. 회의가 시작되자 사에구사가 일어섰다. 웃음 띤 얼굴로 한 사람 한 사람과 눈을 맞췄다. 그리고 각 사람의 표정을 유심히 읽었다. 인원을 나누어 회의의 규모를 줄인 가장 큰 이유가 바로 이것이었다.

"모처럼 쉬는 일요일에 이렇게 불러서 미안합니다. 오늘은 사장으로서 직접 이야기해야 할 사안이 있어서 이렇게 자리를 마련했습니다. 여러분은 각지의 센터에서 매일 수많은 문제에 직면하고 있습니다. 조사해보니 284건이나 되는 문제점이 드러났습니다."

참석자들의 시선이 스크린으로 향했다. 284건의 문제는 다음의 큰 카테고리로 분류되었다. '센터 내의 업무 흐름에 관한 문제', '본사 사업부와 연계 과정에서 일어나는 문제', '정보시스템의 문제', '고객센터 사원들에 관한 문제'.

사장은 센터의 문제를 요약한 네 개의 문장을 읽어 내려갔다.

· 고객의 시점에서 보면 미스미는 '느리고, 핵심을 놓치고, 눈치가 없다'.
· 경영의 시점에서 보면 '전략의 정체, 자원의 낭비, 기회의 손실'이 발생하고 있다.
· 현장의 사원들은 '권태, 불신, 갑갑함'을 느끼고 있다.
· 이대로 방치하면 '고객이 떠나고, 경쟁에서 밀려나, 사업이 쇠퇴할' 운명이다.

참석자들은 깜짝 놀랐다. 자신들이 지금까지 기회가 있을 때마다 여기저기에 수없이 호소했던 문제들이다. 본사는 그 호소를 대부분 무시했다. 그런데 지금 눈앞에 있는 사장이 그 문제를 정면으로 꺼내들었다.

왜 지금까지의 개혁은 성공하지 못했는가? 이를 설명하는 네 가지 결론을 사에구사가 다시 읽었다.

1. 회사 차원에서 '최적의 조직'이 아니었다.
2. '개혁의 콘셉트'나 '시스템 전략'이 불명료했다.
3. 13개 센터의 업무가 제각각이어서 개혁 에너지가 집중되지 못했다.
4. 근본적 개혁을 향한 리더십이 약했다.

사에구사는 특히 네 번째 항목을 힘주어 읽었다. 이번에는 최고 경영자가 직접 나서겠다는 의도가 느껴졌다. 이어서 그는 프레임 워크 '기획하고, 제조하여, 판매한다'를 설명하기 시작했다.

"본사와 13개 고객센터 사이에 단절이 발생하고 있습니다. 본 사 사업부는 각자도생을 추구했고, 각 지역의 고객센터 역시 자기 조직의 최선만을 생각했습니다."

그때까지 고객센터 사원들은 본사의 책임이 가장 크다고 비난 해왔다. 그런데 자신들도 시야가 좁았다는 지적을 들었다. 사에구 사는 지금껏 회사 차원에서 거론한 적이 없던 놀랍고도 부끄러운 수치를 스크린에 띄웠다.

"제가 사장으로 취임하기 직전의 3년간을 살펴보면, 전국 13곳 고객센터의 오퍼레이터 수가 합계 190명에서 239명으로 늘어, 모두 49명이 증가했습니다."

언뜻 보면 평범한 숫자다.

"하지만 이 증가 수치는, 3년 사이에 퇴사한 206명의 공백을 메우기 위해 255명을 채용한 결과입니다."

그 자리에 있던 모두는 충격적인 사실에 눈이 휘둥그레졌다. 엄청난 소모전이었다. 이런 정신없는 인력 교체 때문에 고객들은 매번 혼란을 겪었을 것이다. 참석자들은 화면을 뚫어지게 응시했다. 고객센터를 운영하느라 고통받은 것은 자기만이 아니었다. 전국 13개 지역 모두에서 터무니없이 비효율적인 운영이 계속돼왔다. 그런데 회사는 왜 이런 상황을 방치했단 말인가.

이야기는 드디어 핵심에 접어들었다. 결정적인 내용을 담은 한 장이 화면에 나타났다. 집약화의 예고였다. 모두가 숨을 꿀꺽 삼켰다. 어쩌면 자신들의 직장이 사라진다는 이야기일 수도 있었다. 오랜 세월 각지에서 분전을 벌인 여사원들은 지친 상태였다. 떠나간 동료도 셀 수 없이 많았다. 제발 좀 어떻게 해달라고 모두가 생각했다. 지금과 같은 상태를 자신들로서는 바로잡을 힘이 없었다. 다시 말해, 변화를 바라는 마음만큼은 모두들 강렬했다.

"이 상태에서 벗어나기 위한 최선의 길은 도쿄에 신설하는 '집약 고객센터'에 기능을 집약하는 것입니다."

사장의 말에 '그래, 그게 맞는 얘기겠지.' 하고 대부분은 속으로 동의했다. 이 회의에 참석했던 몇몇이 후에 밝힌 바에 따르면 '그렇게 해서 고객에게 더 좋은 서비스를 제공할 수만 있다면 마땅히 그래야 한다'고 생각했다.

그러나 한편으로는 매서운 현실에 마음이 무겁게 내려앉았다. '나는 이제 직장을 잃는 것인가?' 하는 걱정이 들 수밖에 없었다. 동석한 5C 개혁 멤버들의 표정도 딱딱하게 굳었다.

'사장이 드디어 말을 꺼냈구나. 이제 많은 사원들이 퇴직을 생각하겠지. 준비를 미처 끝내기도 전에 고객센터가 텅 비어서 괴멸할지도 몰라. 제발 회사가 망할 정도의 혼란은 없었으면 좋겠는데……'

물론 사장은 지금 모두들 머릿속으로 무슨 생각을 하는지 잘 알고 있었다.

"여기 계신 모든 분들이 당장 자신의 미래를 염려하시리라 생각합니다."

창밖에서 밝은 빛이 쏟아지던 그 회의장의 모습을 사에구사는 지금도 생생하게 기억한다. 모두를 둘러보며 심호흡을 한 번 하고 그는 이렇게 말했다.

"이 자리에서 분명하게 말씀드립니다. 저는 여러분의 고용을 완전 보장할 것입니다."

개혁팀도 예상치 못한 발언이었다.

"아시겠습니까? 미스미의 사장인 제가 약속합니다. 지역 고객센터가 없어지더라도 영업소에는 미스미의 사원으로서 여러분의 활약이 필요한 분야가 얼마든지 있습니다. 그러니 퇴직은 일체 생각하지 말아주십시오."

모두들 속으로 환호를 올렸다. 회의장의 여사원들은 말없이 사장의 얼굴을 뚫어지게 바라봤다. '거짓말이야', '믿을 수 없어'라고 의심하는 표정은 아니었다. 사에구사는 오히려 그 시선에서 신뢰를 느꼈다.

사장은 사원들의 신상에 관한 심각한 우려를 사전에 불식시켰다. 그렇게 하나의 문제를 해결했지만, 아직 끝난 것은 아니었다. 이제 그들의 마음속에 또 다른 의문이 솟아날 것이다. 그 의문에도 지금 이 자리에서 답을 해줘야 한다. 입장을 명확히 정리하지 않은 채 여사원들을 각지의 직장으로 돌려보냈다가는 더 심각한 사태가 벌어질 수 있었다.

"여러분에게 부탁드리고 싶은 것이 하나 있습니다. 오늘의 이 이야기는 지금 이 자리에 있는 우리만 알고 있는 것으로 했으면 좋겠습니다."

사에구사는 직원들의 신뢰에 의지할 수밖에 없었다.

"지금 단계에서 업무 위탁처에 이 방침을 밝힐 수는 없습니다. 앞으로 무엇을 어떻게 진행할지 구체적인 계획이 하나도 정해지지 않았기 때문입니다. 그럼에도 이곳에 있는 여러분에게 솔직하게 말씀을 드리는 이유는, 그 계획을 만드는 데 여러분의 참여가 필요하기 때문입니다.

여러분과 개혁팀은 하나가 되어서 현장 업무를 분석하고, 고객 센터 집약 방법과 절차를 결정할 것입니다. 그런데 그것이 결정되지 않은 상태에서 파견 사원이나 위탁처와의 관계를 흔드는 발언을 하는 것은 어리석은 행동입니다. 상대에게도, 미스미에도, 여러분에게도 해가 될 뿐입니다.

이해하시겠습니까? 이것도 사장으로서 말씀드리겠습니다. 미스미는 위탁처나 그 파견 사원들을 속일 생각이 없습니다. 계획이 확정되면 제대로 이야기하고 유예 기간을 설정할 것입니다. 위탁처와 맺은 계약은 끝까지 준수할 것입니다. 한 회사 한 회사와 마지막까지 협력할 수 있도록 성의를 다할 것입니다."

그 자리에 있는 모두가 사장이 하는 말의 의미를 이해했다. 그들의 시선에서 긍정의 회답을 읽을 수 있었다. 실제로 이후 센터 각지에서 이상한 소문이나 억측이 퍼지는 일은 발생하지 않았다.

정보가 유출되어 직장이 혼란에 빠지는 일도 없었다. 모든 것이
통제되었고, 경영 라인은 훌륭히 기능했다.

● 야마자키 겐타로의 세 번째 이야기
개혁을 전국에서 일제히 시작할 수 있도록 레일을 깐 것은 최고의 선택이었
습니다. 저도 첫 번째 실패를 겪으면서 위축되었던 의욕이 다시 끓어오르는
것을 느꼈습니다.

신기하게도, 몇 년이나 정체되었던 조직이 단 하루 만에 전체적인 심리
변화를 일으켰습니다. 그것도 두 시간이 채 안 되는 미팅 동안에 말입니다.

이렇게 사람들의 사고방식을 극적으로 바꿀 수 있으리라고는 상상도 하
지 못했습니다. '대체 나는 왜 문어 항아리에 틀어박혀 있었던가.' 싶더군요.

경영의 리더십이란 이런 것이로구나 하고 배운 자리였습니다.

눈앞에서 놓친 고객센터 직원들에게 계획을 밝히고 5C
참사의 씨앗 개혁팀을 가동한 지 2개월이 지났다. 7월
이 되자, 개혁팀은 가나가와(神奈川) 현의 하야마에서 합숙 회의
에 들어갔다. 프로젝트의 진척 상황을 공유하고 방향을 확인하는
자리였다. 이 합숙에는 사장도 처음부터 끝까지 함께 참여했다.
사장은 이번 기회에 팀원들에게 철저히 주지시키고 싶은 사상이
한 가지 있었다. 신설 센터에서 업무 흐름을 설계하는 데 꼭 필요
한 것이었다.

● 시가 아키코(滋賀明子)의 이야기

—— 현장의 오퍼레이션 매니저, 37세. 이후 본사 5C 개혁팀의 풀타임 멤버로 합류함

합숙 회의 중에 사장님은 고객을 기점으로 한 'TAT' 단축이 열쇠라고 말씀하셨어요. TAT는 처음 듣는 용어였는데 'Turn-around Time'의 약자라고 하더군요. 턴어라운드는 부메랑처럼 빙 돌아서 원래의 자리로 돌아온다는 의미잖아요? 그러니까 고객이 미스미에 주문이나 문의 등을 하고, 그에 대한 미스미의 회답이 고객에게 돌아가기까지 걸리는 시간을 뜻하는 거지요.

"우리가 'TAT'를 단축할 방법을 찾아내면 업무 효율도 높아지고 비용도 자동으로 절감될 겁니다. 이것이 바로 도요타 생산 방식의 정수입니다."

"고객의 주문이나 문의 등, 고객센터 내의 모든 업무를 기본적으로 '한 개씩 처리'하는 방식을 생각하도록 하세요. 아시겠습니까? '기능별 조직'이라든가 '일괄 처리'의 발상을 부정하는 겁니다. 새로운 사고방식으로 업무의 흐름을 설계하면 분명 더 훌륭한 고객센터가 완성될 겁니다."

사장님은 이렇게 말씀하셨어요. 나중에 이 문제가 프로젝트의 성패를 결정짓는 중요한 열쇠였다는 걸 알았지만, 솔직히 그때는 몰랐어요.

여기에서 문제가 발생했다. 아무도 깨닫지 못하는 사이, 개혁을 두 번째 실패로 몰아넣을 원인이 싹을 틔우고 있었다.

사에구사는 자신이 합숙 회의에서 지시한 원칙을 팀원들 모두가 확실히 이해했다고 생각했다. 특히 기획 그룹은 자발적으로 '한 개씩 처리' 방침을 공부해서 5C 개혁의 실행안에 활용해주리라 믿었다. 그러나 나중에 안 사실이지만, 그들은 공부를 하지 않

았다. 그때 사장이 강조한 이야기를 정말 중요한 핵심 기법이라 여기지 않았던 것이다. 단순한 교양 강좌쯤으로 여기고 흘려들었으리라.

실상은 이랬다. 처음 개혁을 시도했던 때 실패했던 이전 팀의 멤버 중 일부가 새로운 5C 개혁팀에 합류했는데, 그들은 당시의 잘못된 개념을 올바른 유산이라 믿고 있었다. 뿐만 아니라 그 개념을 새로운 팀에 주입했다. 그 개념은 'JOB종화(種化)'라 이름 붙인 기법으로, 사에구사가 말한 '도요타 생산 방식의 정수'와는 정반대의 사상이었다. 만약 사에구사가 진작 알았다면 즉시 도려냈겠지만, 눈앞에서 간과하는 실수를 저질렀다. 사실 합숙 회의 중에도 그 개념은 의제에 올랐다. 사에구사의 가장 큰 실책은 두 시간 가까이 진행된 토론에서 그것을 꿰뚫어보지 못한 것이다.

그는 13년이 지난 지금도 당시 회의실 상황을 기억한다. 연수원의 중앙 마당과 인접한 조금은 어둡고 좁은 회의실이었다. 'JOB종화'라는 말이 자신의 지시와는 반대되는 개념이라는 건 알았다. 그러나 센터 내의 세세한 업무에 대한 지식이 없었던 까닭에, 세부적인 논의 과정을 따라잡지 못해 잠자코 듣고만 있었다. 그것이 실책이었다.

사에구사는 멤버들이 사장의 생각을 이해하고 수용했다고 믿었다. 다만 신설 센터의 어딘가에 그것을 적용하기 힘든 예외적인 부분이 있어서, 그 부분만은 JOB종화의 개념으로 대응한다는 이야기라고 이해했다. 설마 사장이 뚜렷한 생각을 제시한 직후에,

센터 전체를 반대 개념으로 설계하자고 주장하는 사람이 있으리라고는 상상도 하지 못했다. 그래서 그날 사에구사의 머릿속에는 경보음이 울리지 않았다. 그리고 그날 이후로는 JOB종화를 논의하는 자리에 참석한 적이 없었다. 즉, 이 합숙이 결정적인 분수령이었다.

그 후 10억 엔에 가까운 예산을 들인 정보시스템도 이 잘못된 사상을 바탕으로 설계되었다.

게다가 사에구사는 개혁의 리더십을 근본적으로 강화하기 위해 외부에서 새로운 부문장을 채용했다. 타 업체의 책임자로서 해외 콜센터를 직접 구축한 경험이 있는 인물이었다. 그 방면의 프로페셔널이 영입됨에 따라 사에구사는 개혁에 직접 관여하는 빈도를 대폭 줄였다.

실패한 실험

신설 센터에서 사용할 새로운 정보시스템을 설계하고 개발하는 데는 1년 가까운 기간이 소요되었다. 그리고 5C 개혁팀이 발족한 지 1년 7개월(첫 번째 실패를 포함하면 2년 6개월)이 지난 이듬해 11월, 기나긴 준비 작업 끝에 도쿄 본사 내부에 새로운 집약 고객센터가 문을 열었다. 사에구사는 그 고객센터를 'QCT센터'라고 명명했다. 〈미스미 QCT 모델〉에서 따온 이름이었다.

QCT센터가 위치한 층은 다른 층보다 더 고급스러워 보이게끔 내장 공사를 할 때도 비용을 들였다. 본사가 지방을 홀대했던 역사를 뒤엎고 QCT센터를 본사에서 '가장 멋지고 중요한 부서'로 부각하기 위해서였다. 그만큼 이곳에서 일하는 사원들에게 자부심을 심어주고 싶었다. 인근 빌딩에 있던 기존의 도쿄 센터도 이곳 신설 센터로 이전을 시킨 뒤, 집약 센터 가동에 대비한 사전 실험에 들어갔다.

그러나 새로운 센터는 조직도, 시스템도 'JOB종화'라고 부르는 구상을 바탕으로 만들어진 상태였다. 센터 전체가 사장이 제시한 '한 개씩 처리' 방침과는 완전히 반대되는 방식을 채택하고 있었다. 어리석게도 사에구사는 이 시점이 되기까지 그 사실을 눈치채지 못했다.

"아직 새로운 시스템에 적응하는 단계라 사소한 문제가 발생하고 있지만 괜찮습니다. 순조롭게 진행되는 중입니다."

이것이 외부에서 채용한 베테랑 부문장의 보고였다. 그러나 실제로는 심각한 문제가 발생하고 있었다. 나중에 이야기를 들어보니 이 실험 단계에서 이미 두 번째 실패에 이르는 징후가 전부 나타나고 있었다. JOB종화의 조직 구조에 따라오는 전형적인 증상이었다.

먼저 공정 간의 업무 인계가 늘어나 업무의 효율성이 떨어지고 정체가 발생했다. 그 결과 신설 센터의 생산성은 직전까지 같은 일을 했던 도쿄 센터보다도 떨어졌다. 이것은 '적응'의 문제가 아니었다. 말하자면 한 공장에서 일부러 시간과 비용을 투자해, 도요타 생산 방식보다 더 낡은 생산 방식으로 역행을 시도한 셈이다.

도요타 생산 방식의 기본조차 공부하지 않은 그들은 오퍼레이터의 업무를 단순 작업으로 여기고 교육을 간소화했다. 한 달만 교육하면 신입도 제 몫을 할 수 있으리라 예상한 모양이었다. 각 지역에서는 6개월 이상을 들였던 교육 기간이 1개월로 축소됐다.

마침내 실태가 드러났다. 신입 오퍼레이터의 업무 효율은 오르지 않았고, 하루의 업무량을 메우기 위해 인력을 더 고용하는 사태가 벌어졌다. 추가 채용에 나선 것 자체가 논리의 파탄을 깨달을 절호의 기회였다. 파탄의 징조가 보이면 실패를 인정하는 것이 실험을 하는 이유다. 그러나 그들은 그 기회조차 살리지 못했다.

망가진 조직, 질주를 멈추다

반년 동안의 실험 끝에 드디어 지역 센터의 집약을 개시하는 순서가 찾아왔다. 일단 센터의 기능을 이전하면 현지의 센터는 폐쇄되어 '무인 상태'가 된다. 예전의 상태로 되돌릴 수는 없다. 13개 지역에서 일시에 단판 승부가 시작되는 것이다.

사장은 부문장으로부터 여전히 순조롭게 준비 작업을 진행하고 있다는 보고를 받았다. 실험 센터를 전체적으로 둘러보았을 때는 언뜻 아무런 문제도 없어 보였다. 고객 대응 업무를 실시하는 오퍼레이터들에게서 어떤 이상 징후도 포착하지 못했다. 사장은 집약 절차의 개시를 승인했다.

이렇게 해서 5C 개혁팀이 발족한 지 2년 3개월(첫 번째 실패를 포함하면 3년 2개월) 만에 드디어 고객센터 집약이 실시되었다. 사에구사가 사장으로 취임한 지 만 3년이 경과한 시점이었다.

각 지역의 위탁 업체와는 사전에 신중한 협의를 거듭했고, 파견 사원들에게 이전이 끝날 때까지 근무해줄 것을 부탁했다. 협조에 감사하는 차원에서 인센티브도 마련했다. 다행히 대부분이 마지막 날까지 협조적이었다. 각지의 센터장과 미스미 사원들이 평소에 세심한 관리를 한 덕분이리라. 사에구사는 모두에게 고마움을 느꼈다.

● 시가 아키코의 두 번째 이야기
— QCT센터의 조직 절반을 총괄하는 디렉터로 선임됨

먼저 7월에 오카야마와 후쿠시마, 가자나와의 거점을 도쿄의 QCT센터로 집약하게 되었어요. 이 세 거점은 13개 센터 중에서도 규모가 상대적으로 작은 곳이었지요. 어떻게든 이전은 마쳤는데 그 직전부터 뭐랄까, 불길한 느낌이 들기 시작했어요.

그 다음 달에 센다이(仙臺) 센터의 업무를 이전했을 때, 마침내 한계가 찾아왔어요. 고객들의 클레임이 부쩍 늘었고 생산성이 급속히 악화되었죠. 하루 종일 고객들 전화가 빗발쳤어요. 다들 아침부터 필사적으로 업무를 처리했지만 정시 퇴근은 꿈도 꿀 수 없었고, 매일 늦은 밤까지 야근을 했습니다.

미스미는 '고객에게 약속한 납기는 반드시 지킨다'를 사시로 삼고 대외적으로 홍보해온 업체입니다. 그래서 다들 그날 수주한 주문은 그날 중에 처리해 납기를 지키려고 필사적으로 노력했는데, 그게 위태로워진 거예요. 만약 주문 처리를 다음날로 넘기면 미처리 주문 건은 눈덩이처럼 점점 불어날 수밖에 없어요. 이렇게 주문을 처리할 시간도 없는데 신입 오퍼레이터의 채용 면접과 교육, 훈련에도 많은 시간을 빼앗겼습니다.

지역 센터의 집약을 이 이상 추진했다가는 QCT센터의 업무가 마비돼서 영업상 엄청난 혼란이 일어나게 될 상황이었습니다.

사에구사가 이상을 감지한 것은, 미스미의 경영 파탄이 현실로 다가왔을 때였다. 사외에서 채용한 부문장에게서는 여전히 별다른 보고가 없었다.

"QCT센터의 상황이 심각한 모양이더라."

이런 소문을 들은 사에구사는 즉시 달려갔다. 간부들의 표정이 전과는 확연히 달랐다. 피로와 초조함에 절어 있었다. 다들 어두운 얼굴이었고, 되도록 사장과 눈을 마주치지 않으려 했다. 부문장도 피곤에 지친 얼굴로 "상황이 심각합니다"라고 말할 뿐이었다. 무엇이 잘못됐는지 원인도, 대책도 파악하지 못한 듯했다.

사에구사는 그가 문제를 이렇게까지 방치한 것에 강한 불신을 느꼈다. 각 부문의 내부를 직접 돌아다니며 확인해봤다. 그러자 한 가지 사실이 금방 피부로 느껴졌다. 이 프로젝트를 추진해온 '기획 그룹'과, 오퍼레이터들을 감독하며 업무를 진행하는 '현장 그룹'이 심각한 감정적 대립을 벌이고 있다는 것이었다. 현장측은 '저 사람들이 무리한 계획을 강요했다'라는 피해의식을 보였고, 기획 측은 '현장에서 제대로 일을 하지 않는다'고 불만을 터트렸다. 다들 스트레스가 극에 달한 상태에서 서로를 비난하며, 충돌을 일으키고 있었다.

'조직이 망가지고 있다. 전체를 총괄하는 사람이 없어.'

한마디로 지휘 라인이 죽은 것이다. 리더십은 붕괴되었다. 이렇게 되면 소방차를 긴급 출동하는 수밖에 없다. 즉, 사장이 전면에 나서야 할 때였다. 하지만 예전처럼 빨간 펜 선생님 역할로 수습할 수 있는 가벼운 상황이 아니었다. 장화를 신고 직접 진흙탕 속으로 들어가야 했다.

사에구사의 판단 기준은 명확했다. 고객에게 피해를 끼치는 혼란을 이 이상 확대시키지 않는 것이다. 집약 계획에 따르면 다음 달에는 후쿠오카 센터의 기능을 도쿄로 이전하게 되어 있었다. 고객에게는 며칠 뒤 이 소식을 알릴 예정이었다. 그러나 이대로 후쿠오카의 업무까지 신설 센터에 떠맡기면, 제한 수위까지 차오른 물을 넘치게 만드는 일격이 될 터였다. 결국 선택지는 하나뿐이었다. 집약 작업을 즉시 중단하는 것이다.

만약 지금 단계에서 집약을 중단한다면 신설 센터의 시스템을 개발하는 데 들어간 10억 엔 등의 투자금에 더해 이미 고용한 오퍼레이터의 경비, 종전과 마찬가지로 업무를 계속할 지역 센터의 경비 등 신·구 센터에서 경비가 이중으로 지출되는 상태가 장기간 이어지게 된다. 그 기간이 얼마나 될지, 회사의 결산에 어느 정도 악영향을 끼칠지는 현 시점에서 짐작조자 할 수 없었다. 숨은 리스크를 정확히 계산하지 않고 중대한 결단을 내린다는 것은 사장으로서 도저히 내키지 않았지만, 지금은 그런 계산을 할 시간적 여유가 없었다. 그리고 이 결단은 자신만이 내릴 수 있었다. 나중에 어떤 대가를 치르게 되더라도 고객에게 피해가 갈 가능성을 배제하는 것이 최우선이었다.

사에구사는 간부들을 소집했다.

"즉시 집약 작업을 중단합니다. 신설 센터를 처음부터 다시 만들 것입니다. 집약 재개는 그다음입니다."

단절력이 발동되었다. 모두가 고개를 숙였다. 피로에 지친 얼굴에서 비통함이 느껴졌다.

즉시 '후쿠오카의 집약 센터 이전 중지', '이후의 집약 절차도 일괄 연기'라는 지시가 각지로 전달되었다. 그 소식을 들은 개혁팀 전원은 넋이 나간 얼굴이 되었다. 이제 살았다는 생각과 동시에, 회사에 큰 손해를 끼쳤다는 자각이 그들을 엄습했다.

퇴로가 없는 길에서 다시 싸움을 시작하다

두 번째 실패는 이렇게 끝을 맺었다. 외부에서 온 부문장은 이 와중에 건강에 문제가 생겼다며 센터에 나오지 않았고, 그대로 회사를 떠났다. '이 수렁 속에 부하 직원들을 남겨두고 혼자 도망치겠다는 건가?' 싶었지만 아무 말 하지 않고 그냥 떠나보냈다.

그리고 사장은 '언젠가 본 풍경'을 맞닥뜨렸다. 도망치고 싶어도 도망칠 수 없는 죽음의 계곡에서 누군가는 "그만두겠습니다"라며 홀가분하게 말한다. 그런 이들을 보며 '부럽다. 나도 할 수만 있다면 그러고 싶어'라고 괴로워했던 순간이 얼마나 많았던가.

사내에서는 고투가 계속되고 있다. 이럴 때 사장이 약한 모습을 보여서는 안 된다. 지금도 최선을 다해 싸우고 있는 미스미의 간부와 사원들을 떠올리며 그는 마음을 다잡았다. 그들도 모두 도망치고 싶은 심정일 것이다. 그러나 누구도 그런 말을 하는 사람은 없었다.

이렇게 해서 남은 지역 센터 아홉 곳과, 텅 빈 신설 센터가 병존하는 기묘한 상황이 시작되었다. 이에 따라 낭비되는 이중 경비가 연간 3억 6,000만 엔(약 36억 원)에 달한다는 사실도 밝혀졌다. 과연 이 상황을 언제쯤 끝낼 수 있을까? 몇 달? 아니면 1년, 혹은 2년? 한 치 앞도 보이지 않는 혼돈 속에서 그 답을 말할 수 있는 사람은 아무도 없었다.

이윽고 그들은 '세 번째 도전'에 나선다. 미스미의 업태에 적합한 새로운 콘셉트를 만들어내 죽음의 계곡을 건너는 데 멋지게 성공한다. 합리성이나 효과 면에서 세계 최고 수준이라 자부할 만한 오퍼레이션을 창조한 것이다. 그리고 죽음의 계곡을 건넌 자만이 누릴 수 있는 귀중한 배움과 성취감을 손에 넣음으로써, 인생에서 무엇과도 바꿀 수 없는 경험을 하게 된다.

'즐거운 전문가'들의
힘

화재 현장에 새로운
사령관이 부임하다
앞에서 이야기했듯이, 사에구사는 애
초에 미스미에서는 시간 축을 길게 설
정하고 천천히 개혁을 진행할 생각이었다. 파탄이 코앞으로 다가
온 기업과는 달리 안정적인 이익을 내는 회사였기에 더 신중할 수
있었다. 그러나 아무리 그렇다 해도 지금의 개혁은 지나치게 오랜
시간이 걸리고 있었다.

사에구사는 미스미에 입사한 지 아직 3개월밖에 안 된 다케다
요시아키(武田義昭, 36세)를 사장실로 불렀다. 일본 유수의 상사
에서 일하며 회사의 지원으로 MBA까지 취득한 인재였다. 다케다
는 업무에 만족하지 못해 미스미로 이직을 결심했다. 그런데 공교

롭게도 이전 회사에서 새로운 임무를 맡는 바람에 미스미 입사를 연기할 수밖에 없었다. 그때 사에구사는 에이전트를 통해 이렇게 전했다.

"미스미는 얼마든지 기다릴 수 있네. 지금 회사에서 필요한 만큼 시간을 가지고 확실하게 일을 마무리 짓게. 그런 다음 꼭 미스미로 와주게."

다케다가 실제로 입사한 시기는 그로부터 반년 후였다. 경영기획실 부실장 겸 사장보좌라는 직위였다. 그가 이후 3개월 동안 보여준 능력을 사에구사는 높이 평가했다.

"지금 고객센터에 불이 났네. 자네가 가서 꺼주지 않겠나?"

갑작스러운 말에 다케다는 순간 당황했다.

"네? 저는 그쪽 업무에 대해 지식도 없고 경험도 전혀 없습니다. 그런데 어떻게……."

"자네라면 할 수 있으리라 믿네. 이건 현장을 응원하기 위해 사장의 직속 부하를 파견하는 차원이 아닐세. 자네가 300명 조직의 최고 책임자가 되는 거야. 뿌리가 깊은 문제여서 전력을 다하지 않으면 해결할 수가 없을 걸세. 해보지 않겠나?"

다케다로서는 300명이나 되는 조직을 이끌어본 경험은 더더군다나 없었다.

"앞으로 자네가 더 높은 자리에 올라가서 일할 때 이 경험이 반드시 도움이 될 걸세."

스루가세이끼의 개혁이 정체되었을 때 니시보리를 설득하면서도 그는 같은 말을 했다. 진심이었다. 미지의 경로에 도전하는 것은 훌륭한 경영자로 성장하기 위한 등용문이라고 그는 믿었다.

다케다는 즉시 센터에 부임했다. 정말로 불이 활활 타오르고 있었다. 게다가 다케다의 상황은 평범하지 않았다. 얼마 전에 이 회사로 이직한, 미스미의 최연소 부문장이었다. 그런 그가 위기에 빠진 부문에 단신으로 부임했다. 이곳의 간부들은 모두 그와 같은 연배이거나 한 세대 위였다.

다케다도 사에구사가 감지했던 내부 대립 구도를 빠르게 눈치챘다. 그리고 기획 그룹과 현장 그룹의 감정적 대립을 해소할 방법을 즉시 생각해냈다. 양쪽에서 주요 멤버를 선발해 현 사태의 원인을 함께 분석하는 작업을 시작한 것이다. 다케다의 진행하에 전원이 현 상태의 문제점과 과제를 솔직하게 나누고 벽에 포스트잇을 붙여가며 토론했다.

다케다의 통찰력과 추진력은 회사를 그만둔 이전 부문장과 비교가 되지 않았다. 그때까지 소모적인 싸움만 하던 사람들이 다케다의 리더십 안에서 빠르게 마음을 열기 시작했다. 그리고 부임 1개월 후, 다케다는 '5C 개혁 재개 프로젝트'라는 제목의 자료를 작성해 사장을 포함한 최고경영진 앞에서 프레젠테이션을 했다. 사전 지식도, 경험도 전혀 없던 그가 불과 1개월 만에 이 정도까지 일을 진척했다는 사실에 사장은 크게 감탄했다.

- **계획의 실태:** 센터 집약 작업을 중단한 시점에 도쿄 신설 센터의 인원은 136명이었다. 이전의 지역 센터 체제에서는 88명으로 같은 업무량을 처리했다. 요컨대 신설 센터는 인건비 50퍼센트 증가라는 참상을 불러왔다.
- **업무 속도 오판:** JOB종화 시스템에 따라 오퍼레이터의 업무를 단순 작업으로 분류하고, 신입 오퍼레이터도 한 달이면 숙달될 것이라는 안일한 가정을 내림으로써 파탄이 가속화되었다. 실제로는 신입 오퍼레이터의 작업 능력이 안정되기까지 최소 3개월이 걸리며, 그 후 몇 개월이 지나도 베테랑 사원의 숙련도에는 미치지 못한다. 인력이 부족해지는 것은 당연한 현상이다.
- **사업 준비 부실:** 사전에 지역 센터의 업무 절차를 표준화하라는 사장의 지시가 여러 차례 있었음에도 그 준비가 부실했다. 각기 다른 업무 방식이 도쿄로 이전된 결과, 신설 센터에서는 '예외 처리'가 증가했다. 이것이 혼란을 부추겼다.
- **KPI(중요 업무 지표) 경시:** 반년 동안의 실험 단계에서 이미 고객의 클레임률이 악화되기 시작했다. 만약 이 현상을 진지하게 받아들였다면 집약 개시 후에 벌어질 사태를 예측할 수 있었을 것이다.
- **시스템 설계의 결함:** 신설 센터에 도입한 업무 시스템은 업무의 90퍼센트를 포괄할 것으로 예상했지만, 실제로는 상당한 양의 수작업이 발생했다. 그 결과 애초에 수작업으로 처리했던

지역 센터에 비해, 오히려 업무가 이중화되는 구조가 되었다. 시스템화의 요건을 정의하는 데 오류가 있었다고 보인다. 이 또한 현장을 고려하지 않은 기획이 원인이었다.

사에구사는 충격에 빠졌다. 사원들의 기량이 수준 이하였고, 조직은 경영 능력이 부족했다. 모든 문제의 공통점은 '현장 경시'였다. 현지와 현물을 확인하는 자세가 결여되어 있었다. '집약 작업을 중단한다'는 사장의 결단으로 당장의 위기는 회피했지만, 업무 혼란은 지금까지도 계속되고 사원들은 우왕좌왕하고 있었다. 앞으로 무엇을 어떻게 해야 할지 막막한 상태였다.

다케다는 임원들을 상대로 실시한 프레젠테이션 자료를 팀 간부들에게도 전달해, 현실을 정확히 인식하도록 했다.

"그렇군. 그렇게 된 거였어."

모두가 같은 '첫 번째 페이지'를 공유했다. 그리고 이것이 5C 개혁의 새로운 출발점이 되었다.

'예쁜 과거 분석' 속에 해결책은 없다

문제는 '두 번째 페이지(대책, 전략, 시나리오)'였다. 다케다의 설명에 따르면 신설 센터와 기존 센터가 병존함에 따라 발생하는 추가 경비는 1개월에 3,000만 엔(약 3억 원), 1년이면 3억 6,000만 엔(약 36억 원)으로 추산되었다.

"매일 100만 엔을 쓰레기통에 버리고 있다는 말이군."

사장의 말이 간부 사원들의 가슴에 비수처럼 파고들었다.

다케다가 구상한 계획은 앞으로 약 4개월, 최대 5개월 동안 신설 센터를 개선한 다음 집약을 재개한다는 것이었다. 사에구사는 그 계획을 듣고 '그 정도의 기간에 얼마나 개선이 가능할까? 어쩐지 수상한 냄새가 나는데……'라고 생각했다. 그리고 이 의문은 다음 사건의 복선이 되었다.

다케다는 현장에서 해결책을 모색하기 시작했고, 지역 센터에도 적극적으로 찾아갔다. 그러나 그의 접근법은 역시 사에구사가 기대했던 것과는 달랐다.

다케다는 실제 데이터와 행동을 분석하여, 신설 센터의 각 업무 프로세스에서 일어나는 문제점을 찾아냈다. 그리고 이를 '과제 관리표'라고 부르는 표에 기록해나갔다. 한편으로는 각각의 문제에 대해 개선 지시를 거듭했다. 그는 이 작업을 반복하면 오퍼레이션이 점차 안정되리라 생각했다. 나름으로는 '신은 현장에 깃든다'라는 신조에 따라 '개별적인 분석'과 '사실을 토대로 한 논의'를 위해 노력했다.

이렇게 해서 완성된 '원인의 상관도'에는 전부 18개의 개별 과제가 제시되었다. 다케다는 각 과제의 개선책을 검토하기 위해 태스크포스를 편성할 생각이었다. 여기까지 정리하는 데만 이미 2개월이 소요되었다. 그동안에도 집약 작업은 계속 중단된 상태였고 신·구 체제로 이중화된 오퍼레이션은 현장에 큰 부담을 주었다. 고객의 문의에 반응하는 TAT는 악화되었으며, 업무 생산성은 집약 이전의 50퍼센트 수준까지 떨어졌다. 결정적으로 고객의 클레임 횟수가 2.5배로 증가했다. 고객의 인내심도, 조직의 피로도도 한계에 다다른 느낌이었다.

이 무렵 중국 사업(4장 참조)과 스루가세이끼 인수(5장 참조)를 위해 동분서주하던 사에구사는 한동안 다케다가 5C 개혁의 진행 상황을 보고하지 않는 것이 마음에 걸렸다. 이윽고 다케다가 찾아와 완성된 상관도와 18개의 과제표를 내밀었다.

"앞으로 이 과제 하나하나에 어떻게 대응할지 논의하기 위해 전체 합숙을 할 생각입니다. 사장님도 참가해주셨으면 합니다."

다케다는 2개월에 걸쳐 제작한 표를 통해 문제가 명확해졌으며, 새로운 출발점에 도달했다고 생각했다. 그런데 사장으로부터 의외의 말이 돌아왔다.

"솔직히 나는 자네가 하는 말이 도저히 이해가 안 되네. 그러니까 과거의 실패를 정리해서 그것을 하나하나 개선해나간다는 발상인데, 그런 식으로 정말 개혁이 가능한 건가?"

다케다는 당황했다. 그로서는 혼신의 노력을 다해 거둔 결과였다.

"지금 자네에게 필요한 건 이런 게 아니야. 이런 예쁜 과거 분석 속에 해결책 따윈 없네. 다음에 또 이런 두꺼운 분석 자료를 가지고 오면 그 자리에서 찢어버릴 테니 알아서 하게!"

사실 사에구사는 부하 직원이 열심히 만들어온 서류를 찢은 적은 한 번도 없다. 그 말은 다케다의 잘못된 생각을 단번에 교정하기 위해 의식적으로 내뱉은 것이었다. 일종의 '단절력'이었다.

너무도 말끔하게 만든 이 서류가 다케다의 개인적인 미학인지, 그전에 일했던 회사에서 사내 정치를 겪으며 익힌 요령인지, 아니면 MBA 취득 과정에서 생긴 습관인지는 알 수 없다. 다만 다케다는 잘못 생각하고 있었다. 경영자는 손으로 휘갈겨 쓴 메모든, 화이트보드에 적은 내용을 그대로 옮겨 쓴 것이든 상관하지 않는다. 중요한 것은 열쇠가 되는 핵심 콘셉트다. 그런데 다케다의 표에는 그 핵심 콘셉트가 어디에도 보이지 않았다.

다케다는 자신의 자리로 돌아갔다. 그리고 무슨 일이 일어났는지 곰곰이 생각했다. 자신은 최근 2개월 동안 눈앞에서 벌어지는 현상을 상세히 분석하고 그 하나하나를 바로잡기 위해 부하 직원들을 움직이려 했다. 그런데 과연 그렇게 해서 새로운 개혁 전략의 '핵심'에 다가설 수 있을까? 아니다. 분명히 사장이 말하는 '대증요법 모음집'에 불과하다. 진정한 해결책은 아니라는 이야기다.

그는 깨달았다. 자신은 더 이상 샐러리맨이 아니다. 진부한 수법을 썼다가 실패하면 미스미의 사업도 동시에 실패한다. 이제 그는 경영진의 일원이다. 그리고 지금 개혁을 진행하고 있다.

이 인식이 다케다를 끓어오르게 했다. 그리고 세상의 많은 샐러리맨들이 평생을 바쳐도 빠져나오기 힘든 터널을 3개월 만에 빠져나올 수 있었다.

베테랑 직원들이 단순한 기계가 된 이유

다케다는 미스미의 두 가지 프레임워크 'Samll is beautiful'과 '기획하고, 제조하여, 판매한다'를 신봉했다. 그리고 이것이 신설 센터의 개혁에 중요한 힌트임을 직감했다.

실제로 그 관점에 입각해 신설 센터를 바라보니 재미있는 사실이 드러났다. TAT, 즉 부메랑이 돌아오기까지 걸리는 시간에 특이한 점이 있었다. 고객이 주문을 했을 때 미스미가 수주 처리를 마치고 고객에게 회답하기까지 걸리는 TAT를 조사해보니, 전체의 77퍼센트가 '대기 시간'이었다. 요컨대 미스미의 사내에서 수주 안건이 다음 처리 단계를 기다리는 대기 시간이 압도적으로 길었던 것이다.

다케다는 깨달았다. '사원들이 아무것도 하지 않는 그 정체 시간을 줄이면 TAT를 획기적으로 단축할 수 있다. 그리고 이는 고객 서비스의 개선으로 직결된다.'

🔒 **경영자의 수수께끼 풀이 41**

TAT 단축 효과

도요타 생산 방식은, 작업의 흐름을 원활히 하면 TAT가 단축된다는 교훈을 준다. 이때 줄어드는 것은 '경과 시간'만이 아니다. 그 업무에 실제로 투입하는 전체 '작업 시간'도 감소한다. 요컨대 TAT 단축은 생산성을 높이며, 이에 따라 비용 절감이 실현된다.

JOB종화 시스템에서는 업무를 단순 작업으로 분해하고, 한 그룹이 하나의 단순 작업을 아침부터 밤까지 실시한다. 각 그룹이 저마다 한 가지 작업을 반복하므로 작업 효율이 높아진다는 발상이다. 그런데 다케다는 흥미로운 사실을 발견했다.

지역 근무 당시에는 인원수가 적은 까닭에 한 사람 한 사람이 업무를 전문화하지 못하고 필요에 따라 다양한 작업을 처리했다. 이때 단순 작업 한 가지만 떼어놓고 봐도 베테랑들은 훨씬 높은 효율을 보였다. 그 베테랑들이 JOB종화 시스템을 채택한 도쿄의 신설 센터에 지원을 온 뒤로는 매일 아침부터 밤까지 한 가지 단순 작업만을 반복했다. 그렇게 되자 신기하게도, 그 단순 작업의 효율이 지역 센터에 있었을 때보다 떨어졌다.

놀라운 발견이라는 생각에 다케다는 흥분했다. 개혁의 돌파구가 될 데이터가 나왔다고 느꼈다.

지금 중요한 사실을 공개하고 있으니 독자 여러분도 주의를 기울이기 바란다. 거창하게 표현하자면 애덤 스미스가 분업론을 주창한 이래 줄곧 자본주의를 지배해온 '분업의 효과'를 부정하는 것이다. 이것은 '의자 직공의 비극' 이야기나, 수많은 샐러리맨들이 일에서 보람을 찾지 못하는 이유, 셀 생산방식(소수의 직원이 여러 공정을 책임지고 완제품을 만들어내는 방식-옮긴이)에 따라 효율이 상승하는 현상과도 맥락을 같이한다.

동시에 다케다는 사원들의 '마음가짐'과 '조직의 활력'에 대해서도 깊이 생각하게 되었다. 아침부터 밤까지 단순 작업을 계속하면 각 그룹은 전후 공정이 어떻게 돌아가는지 그 사정을 거의 알 수 없게 된다. 무엇보다 심각한 것은 단순 작업 전후 공정에 있는 사람들은, 고객이 문제 해결을 요구해도 서로 도와서 문제를 해결하려는 의욕을 느끼지 못한다는 점이다. 그 안건의 전체상이 보이지 않기 때문이다.

요컨대 업무가 '단순한 작업'이 되어버리면 그때부터 직원들은 작업 표준에 순종하는 것을 중요시하게 된다. 일에 대한 즐거움이나 판단 능력은 점차 잃어간다. 전체 업무에 대해서도, 고객에 대해서도 신경을 쓰지 않게 된다.

각 지역 센터에서 일할 당시 사원들은 '고객이 만족하니까 나도 기쁘다', '우리 센터가 업무 수준이 높아져서 뿌듯하다.' 같은 감정을 활발하게 공유했다. 그랬던 이들이 JOB종화라는 이름의 괴물이 점령한 신설 센터에서는 생기를 잃었다. 업무를 빠르게 익힌다거나 개인적인 기술을 높이고자 하는, 성장을 향한 욕구도 동시에 쇠퇴했다.

충격적인 현상이었다. 다케다는 이 발견으로 다시 강렬한 반성론을 써내려갔다. 본사의 기획자들은 전략 연수 때 사장이 한 '의자 직공의 비극' 이야기를 한 귀로 듣고 한 귀로 흘려버린 것이 틀림없었다.

자세히 뜯어보니 실소가 나올 만큼 단순한 도식도 눈에 들어왔다. 애초에 지역 센터 13곳은 JOB종화를 도입할 정도의 규모가 아니었던 것이다. 그래서 지역 센터의 여사원들은 스스로 '의자 직공의 비극'을 피할 방법을 궁리했다. 그리고 그 결과, 혼자서 무슨 일이든 처리하는 다기능공이 될 수 있었다.

다케다는 가슴이 철렁 내려앉았다. 2개월 동안 자신은 JOB종화의 시선을 유지한 채 개선 작업을 재개하기 위해 움직였던 것이다. 만약 그때 사장이 제동을 걸지 않았다면 어떤 상황이 벌어졌을지 아찔했다.

다케다의 사색은 빠르게 새로운 전개로 접어들었다. 드디어 자신의 머리로 원리와 본질에 접근하기 시작했다.

한밤중의 미니 세미나

다케다는 원래부터 '현장'을 지향하는 사람이었다. 여기에 '프레임워크'라는 새로운 무기를 더하면서 자신만의 강점을 최대한도로 발휘하기 시작했다.

그가 부문장으로 취임한 직후 어느 지역 센터를 방문했을 때의 일이다. 그때 어느 직원과 이야기를 나누고서 상당히 깊은 인상을 받았다.

● 한다 키이코(半田公子)의 이야기 ── E고객센터장, 당시 32세
다케다 본부장님이 시찰을 오셨어요. 눈매가 날카로운 것은 사장님이랑 참 비슷하더군요(웃음).

"뭐랄까, 이 센터는 다른 곳하고는 좀 다르네요."

"네, 여기는 '사람이 돌아다니면서 하는' 방식이거든요."

"그게 뭔가요?"

"여기에는 적은 인원으로 구성된 팀이 두 개 있는데, 각 팀 내에서 오퍼레이터의 역할이 시간별로 바뀌어요. 한 사람의 자리가 고정된 게 아니고, 업무에 따라 그 일을 하는 자리로 이동합니다."

"의자 빼앗기 게임 같군요."

"아마도 그래서 저희 센터 오퍼레이터들의 스킬이 높은 걸 겁니다. 멤버 전원이 일련의 작업을 전부 경험하니까요. 모두가 지금 처리 중인 업무 외에도 '전후 업무'까지 숙지하고 있습니다."

"재미있네요."

다케다는 당시의 대화를 떠올렸다. 그 내용은 사장이 가르쳐준 도요타 생산 방식과 일맥상통했다.

다음날 늦은 밤, 다케다는 본사 건물의 사장실에 아직 불이 켜져 있는 것을 보고 사장을 만나러 갔다. 도요타 생산 방식을 공부하기 위해 참고 도서를 빌릴 생각이었다. 당시 도요초(東陽町)에 있던 미스미 본사에는 임원들이 사용하는 층에 작은 도서실이 마련되어 있었다. 그곳의 책장에 사에구사의 장서가 가득 꽂혀 있었다. 다케다가 찾아온 이유를 말하자, 사장은 그 책장에서 책 몇 권을 꺼내 와 테이블 위에 놓았다.

"이론서라면 신고 시게오(新郷重夫) 교수가 쓴 이 책이 최고지. 이젠 절판됐지만. 두꺼우니까 3장까지만 읽어도 될 걸세. 이쪽의 만화책 비슷한 책도 추천하네. 내가 전에 어느 병원의 개혁을 의뢰받았을 때 그곳 간호사들에게 나눠줬던 책이지."

한밤중에 느닷없는 미니 세미나가 열렸다. 이론의 '원전'까지 되짚어보려는 다케다의 자세에 사장은 내심 놀랐다.

다음날부터 다케다는 빌린 책을 정신없이 읽었다. 생산 공장과 미스미의 QCT센터는 업무가 전혀 다르지만, 원리와 기법은 똑같이 적용할 수 있었다. 그에게는 새로운 배움의 연속이었다.

열쇠가 되는 요소는 '시간 가치의 추구', '사람 인(人) 변이 붙은 자동화', '평준화', '동기화', '다기능공', '한 개씩 처리' 등으로 추릴 수 있었다. 사장이 종종 언급하는 '일기통관(1에서 9까지 빠진 숫자가 없이 연결된 패-옮긴이)'이라는 마작 용어도, 그리고 '의자 직공의 비극' 이야기도 모두 이 원리와 관계가 있었다.

새로운 실험을 시작하다

사장으로부터 '예쁜 서류만 만든다'라고 혼이 난 지도 벌써 2개월 반이 지났다. 해가 바뀐 2월 초순(두 차례의 실패를 포함한 전체 프로젝트로 따지면 3년 9개월 후), QCT센터의 새로운 업무 디자인을 완성한 다케다는 그 설계안을 들고 사장을 만나러 갔다.

"이거 아주 괜찮은 콘셉트군. 당장 '실험'을 실시하게."

다케다는 초조했다. 첫 2개월 정도의 시간을 헛발질로 날려버린 것이 억울했다. 그래서 이 실험은 최대한 빠르게 일단락 짓고 싶었다.

· 이중 투자 구조, 비효율, 조직의 피폐화가 계속되고 있다. 다케다가 처음 제시했던 일정에 따르면, 센터 집약 재계가 코앞으로 다가왔다. 다케다의 표정에 서두르는 기색이 역력하다.

· 그러나 이 개혁은 어디에 괴물이 숨어 있는지 알 수 없다. 검증이 부족한 상태에서 재개하는 것은 위험하다. 다케다가 또 실패하면 회사는 손을 쓸 수 없게 된다. 원점으로 돌아가는 길도 더는 남아 있지 않다. 배수진이다.

· 매일 쓰레기통에 버리고 있는 100만 엔의 이중 경비보다, 실험을 통해 리스크를 철저히 가려내는 것이 더 중요하다. 이를 위해서는 지휘관 다케다를 '기한'의 압박에서 해방시킬 필요가 있다. 이것은 사장인 내가 해야 할 일이다.

사장은 뜻밖의 말을 했다.

"너무 서두르지 말게. 충분한 시간을 들여서 실험해주기 바라네. 기한은 신경 쓰지 말고. 집약 센터 재개가 늦어져도 상관없어. 졸속으로 하지 말고 'Do it right'하게."

다케다는 사장의 얼굴을 뚫어지게 쳐다봤다.

"'Do it right'이라면……, 철저하게 하라는 말씀이군요."

사장의 말은 심상치 않은 의미를 담고 있었다. 이 말과 동시에, 다케다는 가장 큰 압박을 주던 '시간'이라는 제약에서 벗어난 것이다. 보통은 안도의 한숨을 내쉴 만도 하지만, 다케다는 달랐다. '부문의 장으로서 내가 스스로 판단해서 사장님께 먼저 그렇게 제안했어야 하는데…….' 이런 자책감 때문에 마음이 무거웠다. 샐러리맨이 아닌, 경영자의 입장에 서 있다면 마땅히 그런 자세로 접근해야 한다고 다케다는 생각했다. 그렇게 그는 경영 리더로서 또 한 가지를 배웠다.

리스크를 눈앞에 둔 상황에서 보스가 최악의 사태를 각오하고 결단을 내렸다. 더불어 직원들의 심리를 구속하는 제약을 조건 없이 해제했다. 사람들은 새로운 의욕에 차서 열정적으로 도전에 나설 것이다.

다케다는 즉시 '실험 단계'에 돌입했다.

| 드디어 보이기
시작한 성과

처음에는 실험이 순조롭지 않았다. 생산성은 생각만큼 오르지 않았고, 업무 실수도 속출했다. 시행착오의 연속이었다. 업무를 처리하면서 새로운 작업 규칙을 함께 정해나가야 했기 때문에 직원들의 부담은 그만큼 커졌다. 그 상황을 견디지 못한 누군가가 "이런 식으로 직원에게 부담을 주는 것은 문제가 있습니다"라고 항의했고, 여기에 동조한 파견 사원 몇 명이 한꺼번에 회사를 떠났다.

다케다는 자신의 생각이 안일했음을 깨달았다. 그는 파견 사원을 포함한 모두가 회사를 위기에서 구하는 일에 기꺼이 동참해줄 것이라 믿었다. 이 실험의 목적 또한 다들 이해하리라 생각했다.

다케다에게서 그 사건을 보고받은 사장은 '언젠가 본 풍경'을 떠올렸다. 그 역시 30대 초반, 합작투자회사의 경영자였던 시절에 부하 직원에게 배신을 당한 적이 있었다. 그는 다케다에게 말했다.

"아무리 상사가 열정적으로 사업 마인드를 이야기해도, 부하 직원들이 모두 상사와 같은 동기로 움직인다는 보장은 없네. 그렇기 때문에 경영자가 직원의 노력에 지나치게 의존하면 예상 밖의 상황에서 대가를 치를 수 있어."

사에구사는 사건이 이 정도에서 끝난 것이 오히려 다행이라 여겼다. 만약 다케다가 실험을 충분히 진행하지 않은 채, 센터의 업무를 새로운 방식으로 단번에 전환하려 했다면 더 큰 규모의 반발에 부딪혔을 것이다. 그것은 곧 세 번째 실패를 의미한다. 두 번째 실패를 겪었을 때는 회사의 수주 업무가 파탄에 이르기 직전에 중단할 수 있었다. 효율이 악화되고 이중 경비가 발생하는 대가를 치렀지만, 그 정도로 끝난 것이 천만다행이었다.

만약 세 번째 실패가 현실로 닥친다면, 두 번째와는 비교할 수도 없을 만큼 큰 규모로 수주 기능이 마비될 것이다. 공장을 포함한 모든 업무가 일시에 멈추고, 미스미는 중대한 경영 위기에 빠질 위험이 크다. 금융기관이 적시에 시스템 전환을 하지 못해 혼란을 야기할 경우 언론의 뭇매를 맞는 것과도 유사한 상황에 처할 수 있다.

파견 사원들 일부가 이탈하는 사건이 일단락되고, 이후 실험은 착실히 진행되었다. 미스미의 사원들이 투지를 가지고 활약한 덕분이었다. 중추가 된 것은 각 지역 센터의 현장 리더들이었다. 이들은 신설 센터를 지원하기 위해 이동해왔고, 일당백의 역할을 했다. 기존의 고객 대응 방식을 새로운 센터의 방식으로 전환했다고 해서 클레임이 증가한다면, 그들로서는 자존심상 허용할 수 없는 문제였다. 현장 리더들은 고객 만족을 위해 무엇을 실험해야 할지 고민했고, 강한 책임감으로 서로를 고무했다. 도쿄로 전근을 오고 업무 이행을 기꺼이 수락해준 이들에게 사에구사는 진심으로 고마움을 느꼈다.

이윽고 실험 센터의 업무 정체가 줄어들기 시작했다. 새로운 출구가 열리고 있다는 하나의 징조였다.

● 다케다 요시아키의 이야기
── 신설 센터의 본부장으로 부임, 당시 36세, 이후 전무이사가 됨

마침내 밝은 징조가 보이기 시작했지만, 다들 너무나 지쳐 있었습니다. 이 진흙탕 길이 어디까지 계속되는지, 자신들이 정말 성공한 것인지 확신할 수가 없었으니까요.

그래서 '지금 보이기 시작한 성과가 대단한 것'이라는 자신감을 심어줘야겠다고 생각했습니다. 일명 '얼리윈(early win, 조기 성과 인지)' 상태를 구현해야 할 때였어요. 어떤 방법이 좋을지 궁리하다가 실험팀이 QCT센터의 직원들 앞에서 현재까지의 성과를 발표하는 자리를 마련하면 어떨까 하는 생각이 들었습니다. 그래서 사장님께 말씀드리고 의견을 구했죠. 사실 너무 이르다고 하실 줄 알았는데, 정반대의 반응을 보이셨습니다.

"그거 좋군. 그런데 좀 더 규모를 키우면 어떻겠나? 본사 사원 전체를 대상으로 한다든가."

그리고 "더 큰 소리를 내게"라고 덧붙이셨어요. '아하, 이게 맞는 방법이

구나.' 하는 생각을 했습니다.

부문장인 제가 본사 사원을 모두 소집할 권한은 없지만, 사장님의 지시라면 이야기가 달라집니다. 미스미는 그런 면에서 번개 같은 회사예요. 당시 도요초 본사와 나란히 있던 작은 극장을 빌려서 저녁에 발표회를 열었습니다. 시간은 두 시간가량 소요됐어요.

🔒 경영자의 수수께끼 풀이 42

조기 성과 인지(early win)

다른 말로는 '조기 성공(early success)'이라고도 한다. 큰 싸움이 장기화될 경우 시간이 지나도 눈에 띄는 성과가 보이지 않으면, 조직원들은 지치고 자신감과 사기를 잃게 된다. 이렇게 조직이 피로해지면 내부에서 비판적인 견해가 고개를 들고 저항파가 힘을 얻는다. 이런 사태를 방지하기 위해서는 작은 성공이라도 좋으니 조직원들에게 조기 성과를 눈으로 확인시켜줄 필요가 있다. '우리가 성공으로 향하는 노선을 걷고 있음'을 증명하는 것이다.

저는 인사말을 마치고 회장 한구석에서 발표를 지켜봤습니다. 실험팀 멤버들은 많은 사람 앞에서 프레젠테이션을 하는 것에 익숙지 않았던지라 상당히 긴장한 모습이었습니다. 각지에서 온 베테랑 여사원들도 쑥스러운 얼굴이었지만 눈빛만큼은 다들 초롱초롱 빛났습니다. 현재까지 드러난 성과를 밝은 목소리로 열심히 설명하는 모습에서 자신감이 엿보였어요. 힘든 여정을 견딘 끝에 드디어 성공으로 향하는 길이 보이기 시작했다는, 그런 감격이 느껴졌습니다. '전우'들을 바라보고 있자니 저도 모르게 눈물이 핑 돌더군요.

그 자리에 참석한 본사 사원들 모두가 QCT센터에서 어떤 싸움이 진행되고 있는지를 처음으로 알게 되었습니다. 그리고 그 스토리에 감격해 우레와 같은 박수를 보냈습니다. 이때 저는 5C 개혁이 악전고투 끝에 드디어 성공으로 향하는 고개를 넘었음을 확신했습니다.

'서두르지 말라'고 말해주신 사장님의 리스크 감각은 정확히 들어맞았습니다. 또한 '한 개씩 처리한다'라는 논리의 위력도 실감했습니다.

발표 이벤트는 성공적이었다. 그런데 사건은 그 후에 발생했다. '조직이 피로해지면 저항파가 힘을 얻는다'라는 원리가 현실로 드러난 것이다. 사원들 가운데 전부터 조직에 동화되지 않았던 한 사람이 사내를 돌아다니며 '사실 실험은 실패했고 발표는 다 거짓이다'라고 주장했다. 사장을 비롯해 본사 직원 전체가 지켜보는 가운데 발표한 내용을 거짓말이라고 매도하다니, 어지간한 강심장이 아니었다.

이것은 그저 누군가가 사실을 오인해서 벌어진 해프닝이 아니었다. 그 사원은 개인적인 감정만을 내세웠을 뿐, 개혁이나 개선에 관한 어떤 대안도 제시하지 않았다. 마치 혼란을 일으키는 것만이 목적인 듯한 행동이었다.

평소라면 쓴웃음을 지으며 흘려 넘길 이야기였지만, 이번만큼은 사장도 웃을 수 없었다. '무고하다는 표정으로 천진난만하게 독을 뿌려 개혁을 망치는 무책임한 샐러리맨'은 과거에도 몇 번이나 상대한 적이 있었다. 그대로 내버려두면 그의 언동에 동조해

음지에서 개혁을 비판하고 비웃는 무리가 형성될 수 있었다. 평소 정치색이 옅은 미스미이지만, 그 순간 사장은 사내에서 위험한 움직임을 감지했다. 사태가 확대되는 것을 막기 위해 일단 당사자에게 남들 모르게 경고를 보냈다.

어떻게든 죽음의 계곡에서 빠져나오려고 안간힘을 쓰는 사람들에게 이런 식의 훼방은 참을 수 없이 모욕적이며, 또한 고통스러운 일이다. 이들 저항 세력은 개혁자들이 힘들게 쌓아 올린 탑을 무너뜨리고, 개인적 감정을 앞세워 등 뒤에서 칼을 꽂는다. 그들을 논리로 다스릴 수 없다면 결국 축출하는 수밖에 없다.

다케다는 부문장의 책임을 다함으로써 문제를 해결했다.

QCT센터, 전문가의 옷을 입다

그 무렵, 다케다는 또 한 가지 중대한 방침을 결정했다. 그 전까지 오퍼레이터 채용 시 파견직을 기본으로 했는데, 이를 정규직화한다는 내용이었다. 다만 아직 사장에게는 말을 꺼내지 않았다. 반대할지도 모른다고 생각했기 때문이다.

어느 날 그는 용기를 내어 사장실을 찾아갔다. 조심스럽게 이야기를 꺼내고 반응을 살폈는데, 이번에도 사장의 답변은 예상 밖이었다. 그 자리에서 찬성한 것이다. 오히려 "철저히 진행하도록." 하며 힘을 실어주었다.

사실 다케다가 미스미에 입사하기 전부터 사장은 이 과제를 마음에 두고 있었다. 지역 센터를 방문했을 때 현행 체제의 문제를 느꼈던 것이다. 이중 손실 구조라든가, '고객 접점에 미스미의 사원이 없다'라는 문제의 뿌리가 모두 여기에 있었다.

다케다와 5C 개혁팀의 실험 기간은 당초 예정되었던 3개월에서 5개월로 연장되었고, 그 결과 마침내 새로운 업무 프로세스가 완성되었다.

- 실험팀의 업무 생산성은 실험 전보다 75퍼센트 개선되었다.
- 클레임 발생률은 27퍼센트 감소했다.
- 수주 TAT는 52퍼센트 단축되었다.
- 오퍼레이터의 업무 숙련도는 2.3배 향상되었다.

변화한 것은 수치만이 아니었다. 무엇보다도 팀원들의 마인드가 크게 달라졌다. 고객에 대한 책임감이 높아졌고, 수동적인 자세에서 벗어나 능동적으로 개선을 제안하기 시작했다. 더불어 각자의 능력이 성장하는 데서 일의 보람을 찾게 되었다.

이러한 성공적 실험 결과를 바탕으로, 새로운 방침이 QCT센터 전체에 수평 전개되었다. 이때 또 하나의 커다란 혁신이 도입되었는데, 바로 신설 센터의 조직을 사업부 단위로 나눈 것이다.

사장이 지역 센터를 방문했을 때 센터장과 나눈 대화를 기억하는가?

"사업별로 분담을 하면 각자 카탈로그를 한두 권만 담당하면 되니까 편하지 않을까요?"라고 사장이 물었을 때 "이 센터는 인원이 적어서 누군가가 퇴직하면 그 분야를 아는 사람이 아무도 없는 상황이 벌어진다"라고 센터장은 답했다.

사업부별로 조직을 나누면 오퍼레이터 한 사람 한 사람이 취급하는 카탈로그나 상품의 수가 극적으로 줄어들며, 그 결과 전문성과 숙련도를 비약적으로 향상시킬 수 있다. 지역 센터에서는 인원이 적은 탓에 실현이 곤란했지만, 신설 센터는 인원수가 크게 늘어났기에 그것이 가능해졌다.

지역 센터에서 이동이 시작되다

기본적인 체제가 갖춰지자 드디어 나머지 지역 센터의 집약이 재개되었다. 그해 12월(다케다가 부문장으로 취임한 지 1년 3개월 후, 두 차례의 실패를 포함하면 통산 4년 7개월 후), 먼저 요코하마(橫濱) 센터와 마쓰모토(松本) 센터의 기능을 도쿄의 신설 센터로 이전하는 작업이 시작되었다. 이번에는 실험을 통해 주도면밀하게 준비를 진행한 덕분에 심각한 문제는 발생하지 않았다. 뒤늦게나마 수립한 전략의 승리이자, 좌절 상태에서 다시 일어서기 위해 '단절력'을 거듭 발휘한 결과였다.

고객센터 집약을 재개하기 한 달 전, 다케다는 중요한 안건 한 가지를 본사 경영회의에 상정했다. 도쿄에서 자연재해가 발생할 가능성에 대비해 구마모토(熊本) 지역에 제2센터를 개설한다는 계획이었다.

구마모토 QCT센터(사내에서의 애칭은 '구마Q')는 경영진의 승인을 받은 후 불과 5개월 후인 이듬해 4월부터 업무에 들어갔다. 미스미 조직의 속도감이 유감없이 발휘된 결과였다. 물론 도쿄 QCT센터의 실험 성과는 전부 구마모토에 이식되었다. 더불어 나머지 지역 센터의 기능은 위치에 따라 도쿄, 또는 구마모토로 나뉘어 흡수되는 형태로 진행했다.

지역 센터에서 일했던 오퍼레이터 중에는 업무 이행을 위해 도쿄나 구마모토로 이동한 경우가 많았다. 후쿠시마와 센다이 고객센터, 가나자와(金澤), 군마(群馬) 현 오타(太田), 요코하마 센터의 직원들 열 명 정도가 먼저 도쿄 센터로 이동했고, 이어서 센터 집약 재개 후 마쓰모토와 시즈오카, 나고야(名古屋), 후쿠오카, 히로시마, 오사카의 고객센터에서 40명에 가까운 사원들이 도쿄와 구마모토 양쪽으로 이동했다. 모두들 미스미에 애정을 가진 직원이었고 동시에, 자신의 직업에도 자부심을 느끼는 사람들이었다.

여성 '전우'들의 활약

사에구사는 구마모토 QCT센터가 업무를 시작한 지 5개월 후인 9월에 그곳을 방문했다. 두 번째 방문이었다. 첫 번째는 구마모토가 적합한 진출지인지 최종 판단하기 위해 찾았을 때였다. 미스미가 새로운 센터를 개설했다는 소식은 지역 신문에도 보도되었다. 사에구사는 구마모토 현청을 찾아가 현지사를 방문했다. 이 자리에서 현지사는 미스미가 구마모토에 진출한 것에 감사의 뜻을 전했다.

구마모토 QCT센터 건물에 도착한 사에구사는 현관을 지나 2

층으로 올라갔다. 현지에서 채용한 오퍼레이터들이 벌써 업무를 시작한 상태였다. 도쿄에서도 사원 몇 명이 이곳으로 전근을 왔다는 이야기는 들었지만, 센터장 이외에는 구체적으로 누구인지 들은 바가 없었다. 그런데 안내를 받으며 플로어를 걷다 보니 낯익은 여성 리더들이 만면에 웃음을 띠며 속속 등장했다.

"사장님, 안녕하세요?" 하는 인사를 받을 때마다 사에구사는 깜짝 놀랐다.

"아니, 자네가 왜 여기에 있지?"

"자네도 왔나?"

"어? 자네도!"

5C 개혁의 두 번째 실패를 겪기 전에 지역 센터에서 도쿄로 전근을 왔던 리더들은 그 후 다케다 밑에서 실험팀에 참여해 활약했다. 다케다가 '전우'라고 부른 사람들이었다. 후쿠시마와 군마 현 오타, 도쿄, 요코하마, 나중에는 히로시마 등 전국 각지에서 도쿄로 전근을 왔던 이들이 이번에는 머나먼 구마모토까지 이동해온 것이다.

이 리더들은 아직 미숙한 구마모토의 신입 오퍼레이터들을 선두에서 이끌고 있었다.

"'구마Q'가 확실히 안정되어야 비로소 5C 개혁이 완성되었다고 할 수 있지요. 그때까지 최선을 다할 거예요."

플로어를 걸으면서 사에구사는 가슴이 벅차올랐다. 눈물이 쏟아질 것만 같았다. 과거에는 회사에 뼈를 묻는 걸 당연히 여기곤

했지만, 지금과 같은 시대에 이렇게 회사와 일을 진심으로 사랑하는 직원을 찾기는 힘들 것이다. 이런 직원들이 있다는 것이야말로 미스미의 가장 큰 자랑거리가 아닐까 싶었다. 미스미가 센터 개혁을 완수할 수 있었던 것은, 본사가 헛발질을 계속하는 중에도 이들 같은 베테랑이 지역의 현장에서 묵묵히 버텨준 덕분이다. 그들이 처음부터 끝까지 회사를 지탱해준 덕에 지금의 개혁 센터가 탄생할 수 있었다.

그날 밤, 사에구사는 이 직원들과 함께 회식을 했다. 한 사람 한 사람의 자리로 가서 술을 따라주고, 진심을 담은 말로 고마움을 전했다.

12월에 재개된 고객센터 집약 작업은 이듬해 1월부터 다음 해 1월까지 약 1년에 걸쳐 진행되었다. 그리고 다케다가 등장한 지 2년 4개월, 두 차례의 좌절을 포함해 이 개혁 프로젝트 자체가 시작된 지 무려 5년 8개월 만에 종료되었다.

각 지역에서 외부 업자에게 위탁했던 업무는 전부 원만하게 종료되었다. 지역 센터의 파견 사원들 또한 거의 모두가 마지막 날까지 근무를 해주었다. 노동 분쟁도 전혀 없었다. 사에구사는 그들의 협력에 진심으로 감사했다. 그 리스크를 멋지게 극복해준 미스미의 사원들도 칭찬하지 않을 수 없었다.

마침내 13개 지역 센터가 모두 이전을 완료했다. 사에구사는 어떻게든 '자신의 대'에서 문제를 끝내겠다고, 다음 세대로 넘기지 않겠다고 했던 자신과의 약속을 지켰다. 그는 커다란 연회장을 빌려서 미스미의 경영진, 개혁에 참여했던 모든 사원들과 성대하게 축배를 들었다. 그리고 늘 그랬듯이 맥주병을 들고 회장을 돌아다니며 사원들에게 맥주를 따라주고 대화를 나누었다. 함께 사진을 찍자는 부탁에도 흔쾌히 응했다. 특히 '전우' 사원들이 부탁할 때는 활짝 웃으며 포즈를 취했다.

그러나 이 개혁은 아직 끝이 아니었다.

자율적인 진화가 시작되다

고객센터 집약이 완료됨에 따라 다케다의 임무는 일단락되었다. 스스로 경영자의 꿈을 품고 미스미로 이직한 보람이 있다고 느꼈다. 사에구사는 그에게 다음 도전의 기회를 건넸다. 미스미의 창업 사업인 '금형 사업'의 최고책임자 자리를 맡긴 것이다. 아직 30대인 다케다에게는 커다란 도전이자 또 한 번의 '난폭한 인사'였다.

5C 개혁은 이것으로 끝이 아니었다. 개혁의 최종 단계는 그때부터 시작이었다. 이는 5년 8개월 동안의 전투가 가져온 '달콤한' 결실이기도 했다. 앞서 설명했듯이, 두 번째 실패를 겪었을 당시 신설 센터는 지역 센터와 동일한 업무를 하면서도 50퍼센트에 가까운 인원을 더 필요로 했다.

그런 최악의 사태에서 실험 센터를 열고 새로운 방법을 개발했다. 그리고 그 기법을 바탕으로 13개 고객센터의 집약을 완료한 시점에서 생산성은 이전 수준을 회복했다. 물론 '50퍼센트 악화'

라는 사태는 해결되었지만, 사실상 기존의 지역 센터와 큰 차이가 없는 수준이었다.

여기서 기억할 점은, 도쿄와 구마모토 센터에 핸디캡이 있었다는 사실이다. 새로 문을 연 두 센터는 능률이 낮은 신입 오퍼레이터가 많았다. 이를 극복하고 생산성을 유지한다는 사실 자체가 신설 센터의 혁신성을 증명하는 것이었다. 그러나 다케다는 '진짜 효과는 집약이 완료된 후에 나타난다'는 시나리오를 예상했다. 실제로 이후의 상황은 그 시나리오대로 진행되기 시작했다. '다케다의 선물'이라고도 할 만했다.

물론 그런 진화가 자동으로 일어나는 것은 아니다. 센터에서는 꾸준한 개선 노력이 거듭되었다. 다케다가 떠난 뒤 그 책임을 이어받은 사람은 야마자키 겐타로였다. 그와 사장의 '문어 항아리' 에피소드도 이제는 재미있는 옛이야기가 되었다. 그는 '두 차례의 좌절'과 '세 번째 도전'을 경험하면서 부문장으로서도, 개인적으로도 크게 성장했다.

야마자키는 앞으로 개선 활동을 착실히 진행하려면 활동의 지침이 되는 프레임워크와 개선 도구가 필요하다고 생각했다. 그는 사장을 자신의 책사처럼 이용하며 지도를 받았고, 그 결과 〈개선의 효과 메커니즘 맵〉이라는 것을 만들어냈다. 어떤 개선 기법을 사용했을 때 그 효과가 어떤 대상에 어떻게 작용하게 되는지, 파급효과(메커니즘)를 맵으로 그려낸 것이다.

그 차트에는 먼저 미스미의 QCT센터가 '세계 최고의 콘택트

센터가 된다'라는 이념이 적혀 있고, 그 밑에 다음과 같은 두 개의
부목표가 달려 있다.

'고객 만족 면에서 세계 최고의 고객센터를 지향한다.'

'저비용 면에서 세계 최고의 고객센터를 지향한다.'

미스미의 상품은 복잡하다. 간단한 소비자 상품을 취급하는 고
객센터에 비해 훨씬 복잡한 작업이 실시된다. 그러므로 이 업종,
이 업태에서 세계 최고를 지향한다는 의미였다.

그런데 현명한 독자들은 이미 눈치 챘겠지만, 사실 이 두 가지
부목표는 상호 모순적인 관계다. 고객 만족을 희생하면 비용을 쉽
게 줄일 수 있다. 또는, 비용을 신경 쓰지 않으면 고객 만족을 얼마
든지 끌어올릴 수 있다.

사에구사는 말했다.

"이 두 가지 중 어느 하나만을 추구해서는 안 돼. 양쪽의 균형을
유지하면서 커다란 개선 효과를 노리도록 하게. 현장의 모두가 끊
임없이 이 모순 관계를 의식할 필요가 있어."

그래서 야마자키는 차트에 이 두 부목표를 연결하는 선을 그려
넣고 '양립이 절대 조건'이라고 적었다.

〈개선의 효과 메커니즘 맵〉의 두 부목표 아래에는 구체적으로
추진해야 할 개선 항목들이 각각 트리 구조로 전개되었다. 중요
항목에는 KPI도 설정되었다. 또한 트리 구조의 마지막에는 도쿄
와 구마모토의 양 센터에서 사원들이 그해에 진행해야 할 구체적
인 '개선 행동 항목'이 적혀 있었다.

이 차트는 다음 두 가지 효과를 목적으로 했다.

· 세계 최고를 지향한다는 비전이 조직 말단의 현장 행동에까지 순차적으로 침투되도록 한다. 그리고 그 흐름을 하나의 차트로 나타낸다.
· 다시 말해 세계 최고를 지향한다는 '장기 목표'를 올해, 이번 달, 이번 주의 '단기 행동'으로 세분하여 실행한다. 그 내용이나 목표가 매년 갱신되는 형식이다.

여기에는 '전략을 최고경영자만의 것으로 만들지 말고 조직의 말단까지 스며들게 한다'라는 사에구사의 '전략 연쇄' 사상이 담겨 있었다.

사에구사가 야마자키를 지도한 것은 여기까지였다. 이후 야마자키는 혼자서 고민을 계속하고 실행해나갔다. 〈개선의 효과 메커니즘 맵〉을 도쿄와 구마모토 센터의 모든 부서에서 실행에 옮기고, 오퍼레이터 전원이 개선 행동을 철저히 실시하도록 독려했으며, 매주 열리는 미팅에서 꾸준히 피드백을 했다.

**| 성장의 속도는
| 고난에 비례한다**   야마자키가 다케다의 뒤를 이은 지도 6년이라는 세월이 흘렀다. 회사의 매출액은 세계적인 불황의 여파로 한때 크게 감소하기도 했지만, 결국 극복하고 사에구사가 사장으로 취임하던 당시의 네 배로 성장했다. 미

스미는 이제 연결매출액 2,000억 엔(약 2조 원), 세계 각지에 직원 1만 명을 보유한 기업 집단이 되었다. 6년 사이 QCT센터 또한 한 층 더 개선되었다.

· 오퍼레이터 한 사람의 업무 생산량은 2.2배가 되었다.
· 그 결과 오퍼레이터의 인원수를 약 60퍼센트 감축할 수 있었다. 고객센터 집약 완료 당시 오퍼레이터의 수가 372명이었던 것에 비해, 현재 매출액이 배로 증가했음에도 오퍼레이터는 145명으로 줄어들었다.
· 매출액에서 고객센터의 경비가 차지하는 비율을 수치로 나타내면, '세 번째 도전'이 완료되었을 때 98이었던 것이 6년 후 36으로 낮아졌다.
· 전체 출고 수 대비 고객의 영업 클레임 횟수는 57퍼센트 감소했다. 즉, 비용뿐만이 아니라 고객 서비스의 질도 극적으로 개선되었다.

사에구사가 13년 전 고객센터 집약을 결심한 이래 개혁은 두 차례의 실패를 거쳤다. 다케다의 새로운 디자인을 통해 5년 8개월 만에 완료된 개혁은 이후 6년 동안 야마자키 같은 리더들의 개선 노력에 힘입어 더욱 활짝 꽃을 피웠다. 과거의 전국 13개 센터 체제에 머물렀다면 이러한 개혁 효과는 절대 얻지 못했을 것이다.

· 만약 13개 고객센터 체제를 유지한 채 당시와 같은 방식으로 업무를 계속했다면 그 후 미스미가 성장함에 따라 전국의 오퍼레이터 수는 600명 전후까지 증가했을 것으로 추산된다. 현재는 145명으로 운영이 가능하다.

· 전체 개선 효과 중 인터넷 수주 비율의 증가에 따른 효과가 약 3분의 1, 야마자키 등이 추진한 내부 업무 개선의 효과가 약 3분의 2를 차지한다.

· 이른바 간접 부문을 합리화하는 방법에는 한계가 있다. 이 방법으로는, 매출 확대로 빠르게 증가하는 업무량에 대응하면서 경비를 이 정도 수준까지 극적으로 줄이기란 거의 불가능하다.

오랜 기간 쓰디쓴 고통을 맛보며 쌓아 올린 오퍼레이션의 노하우는 이제 미스미가 지켜야 할 지적 재산으로 자리 잡았으며, 미스미의 경쟁 우위를 뒷받침하는 요소가 되었다.

야마자키의 다음 목표는 고객센터의 현재 인원을 더욱 줄이는 것이다. 과거에 문어 항아리 속에 틀어박혀 쩔쩔매던 그는, 이제 경영의 창의성과 리더십을 유감없이 발휘하는 인재로 성장했다. 이처럼 경영 리더는 힘든 도전을 극복할 때마다 성장의 속도에 한층 불이 붙는다.

실패 후 반드시	개혁에 참여했던 모든 간부와 사원들에
던져야 할 질문	게 그 과정은 고된 여정이었지만, 한편으

로는 개인적 성장을 이룰 최적의 기회이기도 했다.

● 시가 아키코의 세 번째 이야기

두 번째 실패를 겪고 다케다 본부장님이 등장하셨을 때, 저희에게 제일 먼저 한 질문은 이거였어요.

"이 개혁의 목적은 애초에 무엇이었습니까?"

저희를 기본 시나리오로 되돌아가게 해준 질문이었죠.

고객센터는 업무가 워낙 복잡하기 때문에 외부에서 온 사람은 저희가 하는 말에 반박하기 어려운 측면이 있어요. 하지만 다케다 본부장님은 매번 확실히 짚고 넘어가셨어요. 손쉬운 변명은 통하지 않는다는 걸 금방 깨달았죠.

두 번째 실패 이후 개혁을 재개했던 작업을 지금 되돌아보면 참 놀랍습니다. 개혁의 첫 번째 페이지, 두 번째 페이지, 세 번째 페이지에 정확히 들어맞는 순서로 진행되었거든요. 이제 이 진행 방식은 완전히 우리 것이 됐다고 생각해요.

앞이 전혀 보이지 않는 상태에서 계단을 올려다보니 조금 위에 층계참 같은 것이 보여요. 일단 그것을 목표로 삼지요. 층계참에 도착하니 또 조금 위에 다른 층계참이 보이네요? 그래서 또 모두가 힘을 내서 올라가요. 우리가 이룬 개혁을 돌이켜보면 이 과정의 반복이었어요. 그 결과 지금의 제가 있는 것이고요.

5C 개혁이 마무리된 뒤에 저는 일본의 오퍼레이션 모델을 해외 현지 법

인에 이식하는 임무를 맡았습니다. 해외에 가서도 '아, 이건 언젠가 걸었던 길이네?' 하는 상황이 많았어요. 국내밖에 몰랐던 제가 세계 곳곳을 누비게 될 줄은 꿈에도 몰랐습니다.

● 야마자키 겐타로의 네 번째 이야기
사에구사 사장님께서 미스미에 등장하시기 전까지 저는 '이 정도면 직장 생활이 참 순조롭다'라고 생각했습니다. 그런데 오퍼레이션 개혁에서 첫 실패를 겪고는 실상 직장 생활이 순조로웠던 게 아니라 그저 내가 무신경하고 태만하게 회사를 다녔다는 걸 자각했습니다. 그 뒤로는 회사가 급속히 변화하는 가운데 어떻게든 내 역할을 찾아내려고 적극적으로 노력했어요.

사장님께 여러 가지 경영 프레임워크를 배웠습니다. 그것을 나만의 무기로 사용할 수 있게 되면서 첫 번째 실패로 잃었던 자존심 같은 것을 비로소 되찾을 수 있었습니다.

저도 이제 50대 중반입니다. 최근 10년 동안 계속 도전의 나날을 보내면서 변신해왔다고 생각해요. 물론 힘든 측면도 있었지만 하루하루 도전하는 데서 즐거움도 느꼈습니다. 앞으로도 조직을 이끄는 사람으로서 제가 추구해야 할 것이 많다는 생각이 듭니다.

● 다케다 요시아키의 두 번째 이야기
우리가 연달아 실패할 때마다 우리를 구해준 것은 새로운 개혁 콘셉트였습니다. 그것은 '기존의 방식을 바꾼다'라는 힘든 전환을 의미했습니다. 하지만 미스미의 직원들은 대단하게도 여기에 정면으로 맞섰습니다. 물론 떠나간 사람도 있었지만, 대다수는 때때로 눈물을 흘리면서도 그 고비를 극복했습니다.

미스미의 사원들이 그렇게 회사의 방향 전환을 받아들이고 우직하게 개선을 실행해나가는 모습은 하나의 조직 문화라고 생각합니다. 그리고 저는 이 문화의 도움을 크게 받았습니다. 직원들은 무슨 일이 있어도 서로를 신뢰한다는 마음이 강했죠. 그 신뢰를 토대로 다시 모여서 앞으로 나아갈 수 있었습니다. 저는 이와 같은 집단의 열정이 경영을 지탱하는 중요한 힘이라고 생각합니다.

마지막으로, 제가 이 개혁 속에서 배운 '실패의 교훈'을 몇 가지로 정리해보겠습니다.

- 경영 리더가 혼란스러운 사상을 단순화, 구조화하지 못하고 본질을 파고드는 '도구', 즉 프레임워크를 확보하지 못하면 조직은 피폐해지며 결국 한계에 부딪힌다.
- 프로세스를 개혁할 때는 '개별적인 사항'이 아니라 '종합적인 시점'에서 그 구조에 주목해야 한다. 개별 사항을 따로따로 개선하는 방식으로는 근본적인 개혁에 도달할 수 없다.
- 프로세스를 개혁할 때는 반드시 회사 전체가 전면적으로 나서서 단숨에 실시해야 한다. 동시에 리스크를 나눠서 다루는 수법을 사용해야 한다.

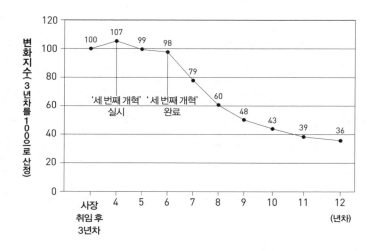

고객센터 개혁 결과, 경비율이 약 3분의 1로 감소

개혁은 '완성'을 말하는 순간 멈춘다

미스미의 사업을 뒷받침하는 업무 오퍼레이션에는 이 장에서 다룬 고객센터뿐만이 아니라 배송센터를 운영하는 '물류 부문', 업무 흐름을 관통하는 '정보시스템 부문', 인원은 적지만 전략적 역할 을 담당하는 '영업 조직' 등이 있다.

사에구사는 미스미에서 10년 이상에 걸쳐 이 모든 부문을 동시 병행적으로 개혁해나갔다. 어떤 부문이든 고객센터와 마찬가지 로 시행착오를 반복하는 고난이 동반되었다. 그리고 결과적으로 모든 부문에서 '기획하고, 제조하여, 판매한다'는 사이클을 높은 수준에서 빠르게 돌리는 개혁이 진화의 꽃을 피웠다.

그 후 미스미는 일본에서 구축한 업무 모델을 글로벌 지사에 이식하는 활동을 시작했다. 'MOM(미스미 오퍼레이션 모델)'이라고 부르는 활동이다. 세계의 미스미 거점에 소속된 현지 사원들이 본사의 MOM팀과 하나가 되어 개선에 몰두했다.

10년 동안 실시된 개혁 중 어느 하나라도 실패했다면 그 위에 쌓아 올릴 예정이었던 다음 개혁에는 착수하지 못했을 것이다. '개혁의 연쇄'는 그 시점에 멈춰 서고, 세계적인 MOM 활동으로 이어지지 못했을 것이다.

많은 사원들이 성실하게 노력한 결과 미스미는 국제 경쟁력을 한 차원 끌어올릴 수 있었다. 그러나 경영은 '이것으로 완성'이라고 생각하는 순간 후퇴하기 시작한다. 미스미의 차세대 경영자는 미스미 오퍼레이션 모델의 다음 진화가 무엇이 될지 끊임없이 고민하는 중이다.

📝 독자에게 내는 숙제

나는 과거에 사업 회생 전문가로서 이런 이론을 주장했다. "개혁은 2년 동안 단숨에 몰아서 진행하고, 다음 2년 동안은 추적 조사하는 과정을 거쳐 전체적으로 4년 만에 끝내는 것이 이상적이다." 그러나 이 책의 각 장에서 실시한 개혁에는 그 두 배, 경우에 따라서는 세 배에 가까운 시간을 허용했다. 도중에 좌절하더라도 털어내고 조직원을 재결집하여 다시 지혜를 모으도록 했다. 그렇게 도전을 반복한 끝에 결국은 성공에 이를 수 있었다.

여기에서 질문을 던질까 한다. 사에구사가 다른 기업들과 달리 미스미에서 '회사 개조'에 긴 시간을 허용한 것은 어떤 논리, 프레임워크에 입각한 행동일까?

사에구사에게 이것은 그저 연습이 아니라, 경영 현장에서 답을 찾아내기 위한 절박한 과제였다.

 사에구사 다다시의 경영 노트 9 - 조직 활성의 순환 동태론

'조직 활성의 순환 동태론'이란

앞에서 밝혔듯이, 미스미 조직 모델의 특징은 '조직론'과 '전략론'의 결합이다(사에구사 다다시의 경영노트 6 참조). 나는 그 프레임워크로서 다음 장에 나오는 〈미스미 조직 원론 1〉(생기가 도는 조직)을 정리했는데, 이것만으로는 부족하다는 생각이 들었다. 그래서 이후에 〈미스미 조직 원론 2〉(조직 활성의 순환 동태론)이라는 프레임워크를 만들었다. 딱딱한 명칭이긴 하지만 내용을 가장 잘 보여주는 이름이다. 나는 이것을 사내에 제시했다.

미스미가 앞으로 더 성장해 매출액이 5,000억 엔 이상에 이르고, 조직이 계속 변화해도 이 '원리'는 여전히 성립할 것이다. 즉, 위의 원론이 그때그때의 변용될 '미스미 조직 모델'에 가이드라인이 되는 것이다. 세상의 다른 조직에도 충분히 적용할 수 있을 만큼 보편성이 있다고 생각한다.

〈미스미 조직 원론 1〉은 다음 8장에서 자세히 설명하기로 하고, 여기에서는 먼저 〈미스미 조직 원론 2〉를 소개하도록 하겠다.

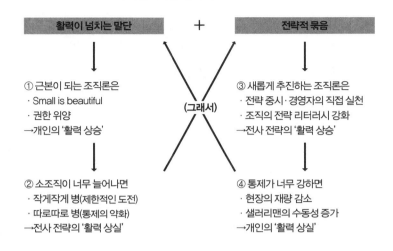

조직 활성의 순환 동태론(미스미 조직 원론 2)

| 활력이 넘치는 말단 | + | 전략적 묶음 |

① 근본이 되는 조직론은
· Small is beautiful
· 권한 위양
→개인의 '활력 상승'

(그래서)

③ 새롭게 추진하는 조직론은
· 전략 중시·경영자의 직접 실천
· 조직의 전략 리터러시 강화
→전사 전략의 '활력 상승'

② 소조직이 너무 늘어나면
· 작게작게 병(제한적인 도전)
· 따로따로 병(통제의 약화)
→전사 전략의 '활력 상실'

④ 통제가 너무 강하면
· 현장의 재량 감소
· 샐러리맨의 수동성 증가
→개인의 '활력 상실'

대립하는 두 가지 키워드

조직이 활력을 유지하는 데는 두 가지 키워드가 중요한 역할을 한다. 첫째, '조직의 상위(경영자)부터 말단까지 활력을 유지해야 한다'는 것이다. 경영자는 리스크에 위축되어서는 안 되며, 활력을 조직 내부에 전파하는 역할을 다해야 한다. 본사에서 멀리 떨어진 조직의 젊은 사원까지, 모든 구성원 하나하나가 활기차게 일하는 구조를 만들어야 한다.

두 번째 키워드는 '전략적 묶음'이다. 상위가 결단한 방침이나 전략 스토리를 모두가 공유하고 우선순위를 중시해야 한다. 그렇게 하나가 되어 외부의 경쟁자에 대처한다.

이 두 키워드가 쉽게 양립할 수 있으리라 생각해서는 안 된다. 사실

현실의 기업 조직에서 이 둘은 종종 대립하는 개념이다.

· '전략적 묶음'이 지나치게 강하면 전략을 상의하달로 전달하기 쉬
 워지며, 개인의 자유롭고 활달한 행동을 제한하게 된다.
· 반대로 개인이 너무 자유롭고 활기차게 움직이면 회사 전체의 결
 속이 약해져 오히려 회사의 성장이 저해된다. 이것은 그저 말뿐인
 이론이 아니다. 내가 사장으로 취임했을 때 미스미의 사내에 실제
 로 이 증상이 만연했다.

나는 '조직 활성의 순환 동태론'을 만드는 과정에서, 미스미가 역사
적으로 이 순환 동태를 위아래로 변주하며 오늘에 이르렀음을 확인
했다. 그러므로 이 차트는 미스미에서 현실성을 증명한 프레임워크
라 할 수 있다.

1. '활력이 넘치는 말단'의 출발점은 'Small is beautiful'이라는 조
직론이다. 이를 통해 권한 위양이 가능해지며, 개인이 활력을 유지
하는 원동력을 얻는다. 미스미의 창업자는 창업 이래 줄곧 전통적인
'기능별 조직'을 바탕으로 경영을 했는데, 이후 사업 조직의 활성화
를 목표로 기능별 조직을 해체하고 '팀제'를 도입하는 조직 개혁을
단행했다. 그것이 차트의 ①에 해당한다. 이에 따라 사원들이 소규모
로 자유롭게 움직일 수 있는 조직 환경이 만들어졌고, 다각화 사업
열풍이 시작되었다(그 경위와 팀제 조직의 개요는 다음 장에서 소개하겠다).

2. 그러나 소조직의 수가 점점 늘어나면 조직은 차트의 ①에서 ②의
단계로 내려가고, 두 가지 병에 걸릴 가능성이 높아진다.

첫째는 '작게작게 병'이다. 직원들이 소조직의 사업 규모에 맞추어
스스로 행동을 제한하며, 그 결과 경쟁에서 압도적인 승리를 노리는
과감한 도전을 하기 어려운 구조가 된다.

둘째는 '따로따로 병'이다. 독립된 작은 사업의 수가 많아지고 각 소
조직의 독자적인 움직임이 강화되면 회사 차원의 전략적인 통제가
어려워진다. 이렇게 되면 사업 간의 시너지 효과가 떨어져 전사 전략
의 관점에서 봤을 때 따로따로 노는 상태에 빠질 수 있다. 개인은 신
나게 각자의 사업을 하지만 회사 전체적으로는 활력이 상실되는 상
태다.

미스미는 '팀제'라는 조직 개혁을 실시한 이래 신임 사장이 등장하기
까지 약 10년에 걸쳐 ①→②의 길을 걸었다. 사에구사는 취임 전에
사내를 관찰한 결과 실제로 미스미가 이 두 가지 병의 증상을 보인다
는 것을 확인했다.

3. 두 가지 병에 걸린 조직을 활성화하기 위한 개혁은 '전략적 묶음'
에서 시작한다. 사에구사는 사장으로 취임한 뒤 차트의 ②에서 ③을
향해 올라가는 화살표에 따라 개혁을 실시했다. 전사적 전략을 명확
히 하고 사업을 정리했다. '7개 사업의 철수', '본업 회귀', '해외 전략
강화'가 그 내용이다.

그런 다음 사업 조직의 전략 리터러시를 높이기 위해 교육을 실시하
고, 사업 전략을 통한 '전략 플래닝' 수법을 도입했다. 회사 전체의 전

략을 뚜렷이 제시하는 동시에, 소조직과 회사 차원의 전략을 일치시킨 것이다.

이 전환을 확실히 실행하려면 최고경영자가 '직접 실천'에 나서서 선도하는 것이 중요하다. 전환이 제대로 이루어지면 '전략적 묶음'이 회사 전체를 아우르는 '활력의 근원'이 된다. 이후 미스미의 실적이 가파르게 향상된 비결은 여기에 있었다.

4. 그런데 '전략적 묶음'을 너무 오랫동안 철저히 실시하면 조직은 차트의 ③에서 ④단계로 내려가 새로운 폐해에 맞닥뜨리는 결과가 발생한다.

하향식 전략 수립 구조가 지나치게 강해지면 상의하달이 늘어나고, 조직 하부에서는 위만 바라보며 행동하는 습성을 보이게 된다. 요컨대 '샐러리맨다운 행동'이 늘어나는 것이다. 그 결과 개인이 활력을 상실하게 되고, 나아가 '회사 전체의 활력 상실'로 이어진다.

5. 그 해결책은 차트의 ④에서 ①로 올라가는 화살표를 따라가 ①의 요소를 강화하는 것이다. 이 차트가 평면적으로 그려진 까닭에 마치 과거로 회귀하는 것처럼 보이겠지만, 사실은 그렇지 않다.

성장과 확대가 계속되는 한, 회사는 3차원의 나선 계단을 오르게 된다. 같은 ①단계이더라도 이전과는 수준이 달라지는 것이다. 따라서 예전의 ①단계와는 다른, 한 단계 높은 수준에 걸맞은 새로운 '조직 모델'을 만들어내야 한다.

그 개혁의 키워드는 '조직의 분권화'나 '사원의 자립성 강화', '기업가 정신 고양' 등이다. 회사에 따라서는 '컴퍼니 제도', 혹은 미스미에서 말하는 '기업체 조직'을 도입한다. 이미 조직의 분권화를 완료한 기업의 경우에는 조직이나 권한 위양의 형태를 재정의한다. 때로는 '사업의 분사화' 등, 다양한 형태를 포괄하는 창의적인 조직론이 필요하다.

성장의 나선 계단에서 끝없이 균형점을 찾으라

성장하는 회사는 하나의 성공 단계에 도달한 훈장으로 새로운 병을 끌어안게 되며, 그것을 해결하고자 다음 조직 형태를 궁리한다. 그러는 한편으로 조직은 더 높은 단계의 성공을 노리는 나선 계단을 걷는다. 이것이 기업 성장의 기본 패턴이며 숙명이다.

기업의 성장이나 조직에 관한 서적을 읽어보면 역사적으로 큰 성장을 거둔 모든 기업들은 반드시 '활력이 넘치는 말단+전략적 묶음'이라는 균형을 발전 단계에 맞추어 추진했음을 알 수 있다. 이를 통해 조직 활성을 최대로 유지하고자 노력한 것이다.

그런 점에서 '조직 순환 동태론' 차트는 미스미뿐만이 아니라 일반적인 기업에도 두루 적용되는 보편성을 띤다. 경영자가 늘 똑같은 조직론으로 회사를 경영해서는 장기적인 성장을 실현할 수 없음을 기억하라.

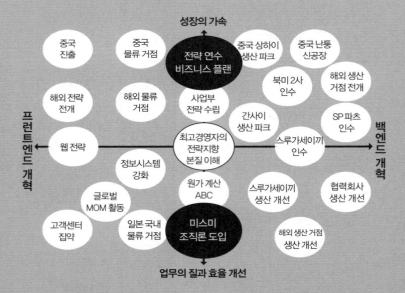

성장의 가속

중국
진출

중국
물류 거점

전략 연수
비즈니스 플랜

중국 상하이
생산 파크

중국 난통
신공장

해외 전략
전개

해외 물류
거점

사업부
전략 수립

북미 2사
인수

해외 생산
거점 전개

프런트엔드 개혁

웹 전략

최고경영자의
전략지향
본질 이해

간사이
생산 파크

스루가세이끼
인수

SP 파츠
인수

백엔드 개혁

정보시스템
강화

원가 계산
ABC

글로벌
MOM 활동

스루가세이끼
생산 개선

협력회사
생산 개선

고객센터
집약

일본 국내
물류 거점

미스미
조직론 도입

해외 생산 거점
생산 개선

업무의 질과 효율 개선

8

살아 움직이는
조직을 설계한다

'활력이 넘치는 말단'과 '전략적 묶음'을 동시에 추진하는 것은
가장 이상적인 조직의 형태다. 그러나 여러 차례의 시행착오를
거쳐 경이로운 성장률을 만들어낸 '미스미 조직 모델'도 대기업
병의 위협에 노출되기 시작했다.

아마추어를
프로로 키우는 조직

| 산적들의 잔치 같은
미스미의 '팀제'

미스미의 사장으로 취임했을 때, 사에구사에게는 인생의 종반을 건 야심이 있었다. '활력을 잃은 일본에서 새로운 경영 모델을 확립해 세계에 발신하고 싶다'는 것이었다.

그는 미스미가 보유한 힘을 도식화한 〈미스미 QCT 모델〉을 만들었는데(1장 참조), 이것과 세트를 이루는 또 하나의 〈미스미 조직 모델〉이 필요하다는 판단에 이르렀다. 이 두 경영 모델을 기둥삼아 미스미의 힘을 구축해야 한다는 생각이었다.

사에구사는 미스미를 새로운 조직론의 '실험장'으로 만들겠다고 공헌했다. 미스미로 이직하는 사람들로서는, 큰 결심을 하고 옮긴 회사에 '실험장'이라는 이름이 붙는다는 것이 당혹스러울지도 모른다. 그러나 수많은 개성적인 인재들이 이것을 감수하고 모여들었다. 실제로 그들은 이 실험장에서 미끄러지기도 하고 넘어지기도 하면서 14년 동안 눈부신 실적을 만들어냈다.

미스미의 창업자 다구치 사장은 사에구사가 신임 사장으로 등장하기 10년 전에 공업기계 부품 사업의 장래성에 불안감을 느끼고 다각화 사업으로 노선을 전환했다. 그리고 이때 조직의 큰 변혁을 함께 단행했다. 그것이 미스미의 '팀제'라는 조직이다. 다구치 사장은 미스미의 경영 조직을 다른 일본 기업이 시도한 적 없는 획기적인 형태로 바꾸고자 했다. 그리고 이 이야기를 잡지 기사에서 읽은 사에구사는 그 선견지명에 상당히 놀랐다. 당시 사업 회생을 업으로 삼던 그 역시 부진 기업에 활력을 불어넣기 위한 새로운 조직론에 도달했는데, 두 사람의 구상은 원리 면에서 상당히 유사해 보였다.

그러나 미스미의 사장으로 취임한 직후에 사내를 들여다본 결과, 조직에 심각한 문제가 있음을 깨달았다. 잡지 기사에서 읽었던 내용과는 현격히 다른 제도였다. 조사를 할수록 놀라운 사실이 속속 드러났다.

미스미의 사업팀 중에는 매출액이 200억 엔(약 2,000억 원)에 가까운 공업기계 부품 부문이 있는가 하면, 수억 엔 정도 매출을 올리는 팀도 있었고 이제 막 새로 시작해서 매출액이 제로인 다각화 사업팀도 있었다. 여기서 의아한 것은, 각 사업팀의 인원이 불과 몇 명, 많아도 십 수 명에 그친다는 점이었다.

사에구사가 보았을 때 미스미 '팀제 조직'의 특징은 다음과 같이 정리할 수 있었다.

1. 본사의 인사부나 영업부, 구매부, 판촉부 등 이른바 기능별 조직을 전부 폐지하고 그 역할과 책임을 각 사업팀에 부여한다.
2. 팀의 리더는 매년 1회 열리는 '비전 프레젠테이션'에 입후보한 사원 가운데 임명한다. 사원이라면 누구나 자유롭게 입후보할 수 있다. 이사회에서 리더를 선임하며, 임기는 1년이다.
3. 한 팀의 리더에 여러 명이 지원할 경우 '경쟁 프레젠테이션'이 열린다. 때로는 상사와 부하 사원이 자리를 놓고 다툴 때도 있다. 사에구사는 사외이사 시절에 그 장면을 봤는데, 하극상이라고밖에 표현할 수가 없었다.
4. 기존의 리더는 복수의 포지션에 입후보할 수 있지만, 전부 탈락하면 사내에 갈 곳이 없어진다. 강등당하거나 퇴직하거나 둘 중 하나다. 두 가지 경우 모두 실제로 일어난다. 약육강식의 세계라 할 수 있다.
5. 팀 리더는 팀원을 내부에서 선임하거나 외부에서 채용할 수 있으며, 급여 결정 및 상여금 배분 등을 아우르는 포괄적인 인사권을 갖는다. 요컨대 고용주가 된다.
6. 유능한 사원은 여러 팀에서 영입 제의를 받는다. 사람에 따

라 교섭을 통해서 급여가 오르기도 하고 내려가기도 한다. 급여는 1엔 단위까지 사내에 공개된다. 사내에서 '고용 시세'를 형성하는 것이 목적이라고 한다.

7. 각 팀원은 매년 다른 팀으로 이동을 희망할 수 있다. 물론 현재의 팀에 다시 응모할 수도 있다. 인기가 많은 팀은 응모자가 정원을 초과하고, 인기가 없으면 정원 미달이 된다. 매년 사원의 약 30퍼센트가 이동한다.

8. 정원 미달된 팀은 외부 채용을 실시한다. 리더가 채용 여부나 대우 수준을 자유롭게 결정한다.

9. 일반적으로 말하는 상여금은 4개월분이 연봉에 고정적으로 포함된다. 여기에 팀의 실적이 '과거 최고 이익 수치'를 갱신하면 그 일부가 '이익 배분'으로서 지급된다. 정확한 배당 방법은 리더가 자신의 몫을 포함해서 결정한다. 어떤 사원의 표현을 빌리자면 '산적 두목이 노획물을 분배하는 것 같은 분위기'라고도 한다. 실적이 크게 상승하면 이익 배분이 그 사람의 연봉을 초과하는 경우도 있다.

사에구사는 '산적 두목이 노획물을 분배하는 분위기'라는 대목에서, 요즘 기업들 가운데는 보기 드문 야성을 느꼈다. 그러나 수입의 격차가 너무 심한 것이 문제였다. 사장 취임 후에는 그 격차가 좀 더 완화되도록 계산 방식을 조정했다.

창업자가 만든 이 제도가 미스미처럼 규모 있는 상장 기업에서

10년 가까이 계속되었다는 것은 놀라운 일이었다. 일본 내에서 독특한 정도가 아니라, 세계적으로도 유례가 없는 인사 시스템일 것이다.

자유를 최대한 보장하는 조직은 그만큼 성장할까?

다구치 사장의 조직 디자인은, 기존의 전형적 조직을 살짝 손 본 정도가 아니었다. 확고한 사상이 없다면 이런 아이디어는 나오지 않는다. 그 기본적 사상은 다음 네 가지로 요약할 수 있었다.

1. 사원의 모든 업무 활동은 '자유와 자기 책임'하에 수행한다.
2. 사내에 '시장 원리'를 최대한 도입한다.
3. '사람은 스스로 성장한다'라는 철학 아래, 회사 차원의 교육 이나 훈련은 일체 실시하지 않는다.
4. 회사는 '플랫폼'이며, 그 위에서 어떤 사업을 할지는 사원 각 자의 선택에 달렸다.

다시 한 번 말하지만, 창업자의 철학을 편할 대로 비판하는 것이 아니다. 창업자 다구치 사장은 활력을 완전히 잃어버린 일본의 경영 환경을 극복하기 위해 노력했다. 그 일환으로, 미스미의 직원들을 전통적 인사 제도의 족쇄로부터 해방하고자 했다. 이것은 창업자 고유의 적극적인 경영 이념으로 평가받아야 한다.

미스미의 이러한 제도는 신문과 잡지를 통해 홍보되었고, 게이

오기주쿠 대학 비즈니스스쿨에서 사례 연구 대상으로 선정되기도 했다. 다른 많은 교수들도 책이나 논문을 통해 미스미의 새로운 제도를 소개했다. 그러나 이 제도가 그 후 실제로 어떻게 기능하고 어떤 성과를 냈는지 추적한 평론이나 기사는 전무했다. 회사가 홍보한 내용대로만 세상에 알려졌을 뿐이다.

신임 사장에게 이 제도의 실체는 향후 미스미의 실적을 좌우할 중요한 열쇠였다. 정확한 현실을 파악하고 필요하다면 과감한 개혁을 단행해야 했다.

무엇을 취하고 무엇을 버릴 것인가?

사에구사는 여러 조직을 개혁한 경험을 통해, 일본 기업에 활력을 불어넣기 위한 나름의 조직론을 이미 정립했다. 그 조직론의 기본 원리는 크게 두 가지다.

1. 기획하고, 제조하여, 판매한다
기업 경쟁력의 원점은 상품별로 '기획하고, 제조하여, 판매한다'라는 사이클을 얼마나 빠르게 돌리느냐에 있다.
2. Small is beautiful
비대화된 기능별 조직의 제약으로부터 사원들을 해방하고, 의사 결정 시 사내의 조정 과정에 필요 이상의 에너지를 낭비하지 않도록 한다.

Small is beautiful

이 원리의 핵심은 '기획하고, 제조하여, 판매한다'라는 한 세트의 기능을 갖춘 작은 조직으로 사업을 분할하는 것이다. 마작 용어를 빌려 '일기통관 조직'이라고도 부른다. 이를 통해 경쟁자보다 사이클을 더 빨리 돌릴 수 있는 사업 조직을 수립한다. 또한 각 조직의 최고 책임자로 역량 있는 인재를 발탁해, 전략 리터러시를 습득하도록 한다. 이 책임자가 국내외 시장에서 경쟁에 승리하기 위한 전략을 직접 수립, 실행한다.

위의 원리들을 담은 사에구사의 조직론은 결코 인력 삭감 등을 노리는 합리화 방안이 아니다. 이 이론의 목적은 '지금 그곳에 있는 사람들'의 눈을 반짝반짝 빛나게 만드는 것이다. 또한 열정적인 사업 집단을 만들어내, 조직의 전투력을 획기적으로 향상하는 것이다.

사내 개혁에 어김없이 따라오는 저항을 억누르고 이 조직론을 우직하게 도입하면 실제로 놀라운 효과를 볼 수 있다. 조직이 몰라보게 활성화되고 실적 또한 크게 상승한다.

사에구사는 신임 사장으로서 하루빨리 판단을 내려야 했다. 기존의 제도 가운데 무엇을 보존하고 무엇을 버려야 하는가? 그 경계선은 어디인가? 판단 기준이 되는 프레임워크가 확고하지 못한 경우에는 잘못된 개혁을 실행하기 십상이다.

미스미 팀제의 메리트

미스미의 팀제에는 일본의 전형적인 기업 조직에서는 결코 얻을 수 없는 'Small is beautiful'의 메리트가 있다.

1 자율적인 속도로 경영
· 전체 팀원이 손익을 민감하게 의식하면서 최단 거리로 사업 전개

2 활발한 인재 육성
· 경영 리더를 육성하기 위한 최적의 토대

3 조직의 유연성
· 인재들이 유연하게 사내 이동

4 자정 작용
· 게으른 직원들은 도태

그러나 팀제가 장기간 운용되면서 중대한 문제점이 드러나기 시작했다.

인재가 휘발하는 조직과 쌓이는 조직

이윽고 사에구사는 미스미의 기존 제도와 자신의 생각 사이에 두 가지 결정적인 차이가 있다고 판단했다.

첫째는 '실패자'에 대한 가치관이다. 미스미의 기존 사고방식은 '실패자는 회사를 떠나도 상관없다'는 것이었다. 반면에 사에구사는 '실패야말로 인재를 성장시킨다'라고 생각했다. 불상사나 파렴치한 사건을 일으킨 경우를 제외하면 실패자는 회사의 귀중한 자산이다. 이것이 사에구사의 신념이었다. 그 자신의 인생을 되돌아봐도 언제나 실패가 있었기에 그다음 도약을 할 수 있었다.

실패라는 재산

실패한 직원을 쉽게 떠나보내는 회사는, 기껏 그 사람에게 투자를 해놓고서 '실패 경험'이라는 귀중한 재산을 다음 회사에 공짜로 넘겨주게 된다. 실패를 거친 사람을 활용하지 못하면, 사내에 인재는 축적되지 않는다.

물론 실패한 직원은 분명한 질책을 할 필요가 있다. 이 과정을 관대하게 넘겨서는 안 된다. 그러나 무엇이 잘못되었는지 뚜렷이 직시하고 반성한다면 지나간 실패는 마무리 짓고, 그 인재가 한걸음 더 성장할 수 있도록 지지해야 한다.

확실한 질책

실패했을 때 책임자를 분명히 질책하는 조직 문화를 갖춘 회사는 갈수록 강해진다. 요즘은 예전에 비해 부하 직원이나 후배를 꾸짖는 것을 조심스러워하는 경향이 있다. 하지만 분명한 질책을 하지 못하면 조직도, 개인도 발전이 더뎌진다. 상사들은 '어떻게 견책할 것인가'에 관한 프레임워크를 구축할 필요가 있다.

또 다른 결정적 차이는 '인재 육성'에 대한 자세였다. 미스미의 기존 제도는 '인재는 스스로 자라는 것'이라는 사고방식을 기반으로 했다. 미스미에는 회사 차원의 교육 제도가 존재하지 않았으며, 애초에 인사부도 없었다. 팀의 임기는 1년으로, 리더 자신을 포함해 내년에는 누가 그 사업팀에 남을지조차 알 수 없었다. 이렇게 휘발성이 강한 조직에서 상사가 시간을 들여 부하 직원을 키우겠다는 생각을 할 수 있을까? 이것이 사에구사에게는 큰 의문이었다.

리더의 자질에서 선천적인 요소가 차지하는 비중은 크다. 그러나 '경영 리터러시'는 후천적으로 취득하는 것이다. 우수한 경영 인재는 스스로 공부하여 경영 리터러시를 확보하고, 이를 경영 현장에서 시험하는 과정을 반복하는 가운데 단련된다. 그리고 이 시스템은 회사가 마련해줘야 한다는 것이 사에구사의 견해였다.

🗝 수수께끼의 실마리

· 직원들이 안정적인 상태에서 장기적으로 업무에 전념할 때 사업이 성공할 수 있다. 미스미 사내의 약육강식 분위기를 해소하고 모두가 차분하게 리스크에 도전할 수 있는 환경으로 전환해야 한다.
· 그렇게 하지 않으면 큰 도약을 가져올 차세대 사업은 영원히 나오지 않을 것이다. 진짜 경쟁 상대는 내부가 아닌 외부에 있다는 인식을 심어주고, 구체적인 전략 방안을 도입해야 한다.
· 회사는 사원들을 지도하고 지원하는 체제를 구축해, 인재 육성에 속도를 내야 한다.
· 물론 조직이 과도하게 차분해지면 자율성이 약해져서 평범한 샐러리맨들의 회사가 되어버린다. 그 경계가 어디인지를 지속적으로 판단하면서 그때그때 제도를 정비해나간다.

사에구사는 사장으로 취임한 지 4개월 뒤에 '전사 경영포럼'을 개최했다. 나가오 사업부장이 전 사원 앞에서 FA 사업 개혁안을

설명한 그 회의다(2장 참조). 그 자리에서 사에구사는 10년 이상 계속되었던 옛 제도의 변혁을 예고했다.

조직의 문제는 항상 복잡하다. 무엇을 시도하든 일종의 폐해나 반작용이 동반된다. 좋은 의도에서 새로운 방침을 내놓든, 혹은 나쁜 제도라고 생각해서 없애든 마찬가지다. '단절력'을 잘못 발휘하면 사원들의 신뢰를 뒤흔들 수 있다.

사에구사는 현행 팀제의 개선 방침을 아래와 같이 정리했다.

1. 사내에서 공개적으로 하극상을 유도하는 '경쟁 프레젠테이션'을 폐지한다.

2. 리더의 입후보 제도는 지속한다. 본인이 직접 손을 들고 승진을 노릴 수 있는 훌륭한 제도다.

3. '회사 지정 인사'라고 부르는 제도를 도입한다. 기민한 협력이 필요한 전략 사업의 경우, 회사의 권한으로 인사를 결정한다. 일반적인 회사에서 말하는 '인사'라고 보면 된다. 미스미에는 지금껏 이 제도가 없었기에, '회사 지정 인사'라는 말을 새로 만들어야 했다.

4. 매년 실시해온 사원의 자유 이동은 2년에 한 번으로 빈도를 줄인다. 가능하면 모든 사원이 최소 2기, 즉 4년간은 한 사업에 관여할 것을 권장한다.

5. 실적 평가나 인재 관리, 급여나 상여금의 결정 등에 관한 권한은 팀에서 회사로 되돌린다. 인사부의 기능을 부활시키기

위해 인재개발실을 설치한다. 사원들의 급여 공개 제도는 폐지한다.

6. '미스미 전략 모델'의 중요한 시스템으로서, 사업 전략 수립을 실시한다. 이때는 시장의 경쟁에서 승리하기 위한 전략을 세우는 데 집중한다. 리스크나 예상 적자 규모가 크다 하더라도, 회사가 사업 계획을 승인했다는 것은 '한 배를 탔다'라고 선언했다는 의미다. 사업 리더는 사업의 책임을 회사와 공유하며 리스크를 판단하는 과정에서도 협력한다. 이를 통해 '작게작게 경영'에서 탈피하여 과감한 전략을 실행할 수 있다.

7. 팀의 실적이 증가해 조직이 거대해지면 팀을 나눈다. 이것을 '셀(세포) 분열'이라고 부른다. 셀 분열을 실현한 사업 리더에게는 '셀 분열 특별 보상금'을 지급한다(셀은 도요타 생산 방식의 '셀 생산'을 사업 조직에 적용한 미스미 용어다. 셀 분열을 통해 더 많은 경영 리더의 자리를 확보할 수 있다).

생기가 도는 조직을 어떻게 만들 것인가?

팀제를 정비할 원칙을 마련한 뒤에도 사에구사는 왠지 찜찜한 기분이 들었다. 결정적인 프레임워크가 부족하다는 느낌이었다. 프레임워크가 없는 경영은 바람에 쉽게 휩쓸린다. 당시 미스미는 아직 매출액이 500억 엔 정도였지만 그 열 배인 5,000억 엔, 혹은 그 이상이 되더라도 조직이 생기를 유지할 수 있는 조직론이 필요했다. 그리고 미스미라는 실험장에서 그 조직론을 시도하고 싶었다.

'애초에 '생기가 도는 조직'이란 뭘까? 그런 조직을 만들기 위해서는 어떤 요소가 필요할까?'

사에구사는 평일 밤과 주말을 이용해 자택에서 연구를 시작했다. 20대 시절부터 모아온 메모, 직접 만든 교재와 저서 등을 다시 읽어봤다. 사내 연수에 초빙했던 강사의 이야기도 참고했다. 그리고 이 모두를 집대성해 하나의 표를 만들었다. 제목은 '생기가 도는 조직'으로, 〈미스미 조직 원론 1〉에 해당하는 조직론이었다.

생기가 도는 조직(미스미 조직 원론 1)

조직의 특성	경직된 전통적 조직	생기가 도는 변화창조형 조직
· 조직 구조 ─────	집권형(계층적)	● 분권형(통합적)
· 업무 프로세스 ─────	복잡	● 단순(일기통관)
· 개인의 업무 범위 ─────	좁음(분업)	● 넓음(다기능공화)
· 조직의 통제 ─────	관리 중심(컨트롤)	● 자율적(권한 이양)
· 상사의 역할 ─────	관리자	✕ 코치(선도자)
· 사원의 직업 의식 ─────	피고용자(노사)	✕ 프로페셔널
· 만족시키는 상대 ─────	상사	● 고객
· 평가 대상 ─────	행동(노력)	✕ 결과(이익)
· 보수 형태 ─────	월급(시급)	● 성과 보수
· 가치 있게 평가하는 덕목 ──	리스크 회피	● 기회 창조(높은 리스크)
· 칭찬받는 행동 ─────	개선(매뉴얼 수정)	● 변혁(시나리오 수정)
· 경영 스타일 ─────	농경형(유지 및 연장)	✕ 수렵·기마형(전략 추구)

이 차트에서 말하는 '경직된 전통적 조직'은 일본의 오래된 회사들이다. 한편 오른쪽의 '생기가 도는 변화창조형 조직'은 이를테면 실리콘벨리의 벤처 기업을 상상하면 된다.

· 각각의 조직 분류에서 특징적인 '조직 구조'는 무엇일까? 전통적 조직의 경우 계층형(피라미드형)으로 나타나는 '집권형 조직'이 주류다. 반대로 변화창조형 조직은 '분권형 조직'의 특성이 강하다. 프로젝트 팀 등으로 구성된 통합적 구조를 예로 들 수 있다.

· 사내의 '업무 프로세스'는 전통적 조직의 경우 기능별 분업이 많기 때문에 관계자가 모두 모여서 논의하지 않으면 의사결정이 힘들 때가 많다. 한편 변화창조형 조직에서는 개인이 여러 가지 업무를 스스로 처리하는 '다기능공화'가 진행되기 때문에 업무의 인계가 적다. 그래서 조직이 단순하다.

· '조직의 통제' 면에서 전통적 조직은 '관리(컨트롤)'를 지향하는 반면, 변화창조형 조직은 자율성을 살리고 권한 이양을 활발히 하는 경향이 강하다.

· 그래서 '상사의 역할'은 전통적 조직의 경우 '관리자'이지만 변화창조형 조직에서는 '코치(선도자)'의 성격을 띤다.

· 사내에서 '가치 있게 평가하는 덕목'은 전통적 조직의 경우 '리스크 회피'와 '개선'의 비중이 높다. 이에 비해 변화창조형 조직에서는 리스크가 높더라도 기회를 창조하고 변혁을 이룰 때 높은 평가를 받는다.

· '경영 스타일'을 한마디로 표현하자면 전통적 조직들은 '농경형'이 많으며, 변화창조형 조직은 '수렵형', '기마형'이라 할 수 있다. 전자는 개선에 중점을 두며, 후자는 '시나리오의

수정'을 동반하는 변혁과 혁신을 중시한다. 초식파와 육식파라고도 말할 수 있다.

🔒 **경영자의 수수께끼 풀이 46**

농경족 vs 기마족

미국에 비해 일본의 경우 벤처 기업이 대기업으로 성공하는 사례가 희박하다. 나는 1980년대에 미국의 벤처 기업가들이 벼락부자를 목표로 질주하는 모습을 보고 이런 생각을 했다. '그 옛날 골드러시 때 서부로 몰려들던 광경 같군. 미국 산업 전체를 활기차게 만들지, 아니면 극소수의 부자만 낳을 것인지는 알 수 없어.' 어쨌든 농경형 경영에 안주하는 일본 기업들이 따라잡기는 힘들 것이라는 생각이 들었다. 지금 일본은 중국의 속도에도 뒤떨어지고 있다. 설사 기마족이 되지는 못할지언정, 그 속도에 대항할 수 있는 전략적 기량만큼은 반드시 갖춰야 한다. 그렇지 않고는 세계 무대에서 승리할 수 없다.

**| 아마추어가 프로로
| 성장하지 못하는 이유**

사에구사는 궁리를 거듭하며 프레임워크를 만들어나갔다. 이것이 완성되자 자연스럽게 다음 의문이 고개를 들었다.

'미스미의 기존 조직은 어느 쪽에 가까울까?'

하나하나 검토해보니, 창업 사장이 노렸던 조직은 의외로 '원리'와 '사고방식' 면에서 모두 오른쪽의 '생기가 도는 변화창조형 조직'에 가까웠다.

'그렇군. 역시 활기찬 조직을 만들어내는 '원리'로 평가할 때 미스미의 기존 조직은 훌륭해.'

그러나 원리가 뛰어나도 실제로 사내에서는 많은 문제가 불거지고 있었다. 이 조직이 제대로 기능하지 못하는 이유는 무엇일까?

사에구사는 또다시 하나하나 확인 작업에 들어갔다. 먼저, 두 가지 항목에서 붕괴가 일어나 또 따른 붕괴를 연이어 낳는 것으로 판단할 수 있었다(이러한 붕괴의 항목들은 앞의 표에서 ×표로 표시되었다-옮긴이).

붕괴1. '프로페셔널(사원들의 프로페셔널 지향)'이 약함.
붕괴2. '결과 추구(회사 차원에서 확실한 결과를 요구하는 절차)'가
　　　약함.

여기에서 모든 문제가 출발하는 것으로 보였다. 미스미에 모인 사람들은 경영 리더로서 프로페셔널이라고 말할 수 없다. 평범한 사람들이다. 그런데도 회사에서 '결과 추구'를 강력히 유도하지 않은 탓에, 적자 사업을 8년간 계속하는 식의 안일한 경영이 확산되었다. 아마추어 인재에게 '결과에 대한 책임감'이 없다면 프로페셔널을 지향하는 마인드는 결코 생겨나지 않는다.

그리고 이 두 항목의 붕괴가 다음 두 항목으로 파급되었다.

붕괴3. '리더의 코치(부하 직원을 지도하고 단련하는 힘)'가 약함.
붕괴4. '전략 추구(경쟁자를 의식하면서 승리의 시나리오를 창출하
　　　는 과정)'가 약함.

새로운 사업이 죽음의 계곡을 넘으려면 무엇보다 전략 기량이 중요하다. 그러나 미스미에서는 이것을 인식하지 못했기 때문에, 너도나도 안일한 전략을 세우고 있었다.

미스미 팀제의 이 '네 가지 결함'은, 10년 동안 회사가 큰 성과를 만들어내지 못한 이유를 상당 부분 설명해준다. '작게작게 병'과 '따로따로 병'도 전사적인 전략이 결여된 것을 원인이라고 생각하면, 붕괴4의 범주에 속한다.

드디어 미스미에 필요한 조직론의 프레임워크가 보이기 시작했다. 이후 사에구사는 〈미스미 조직 원론 2〉(조직 활성의 순환 동태론)라는 프레임워크를 만들어냈다(사에구사 다다시의 경영 노트 9 참조). 이에 따라 '미스미 조직 원론' 두 개가 모두 갖춰졌다. 이두 가지 프레임워크는 미스미가 거대한 기업으로 큰 뒤에도 보편적인 개념으로 성립할 것이라고 사에구사는 생각했다. 또한 이것은 '미스미 조직 모델'의 기본 이론으로서, 미스미의 성장과 함께 변화해나갈 것이라 확신했다.

열혈 교관으로 나선 사장   사에구사는 미스미 팀제의 '네 가지 결함'을 해결하기 위한 개혁을 추진하기로 결정했다. 다음 페이지의 도표 중앙에 있는 '개혁의 방법'에서 왼쪽으로 뻗어나가는 화살표는 개혁의 과제를 보여준다. 이 개혁 과제를 실현하면 미스미를 전략 지향 조직으로 바꿔나갈 수 있다.

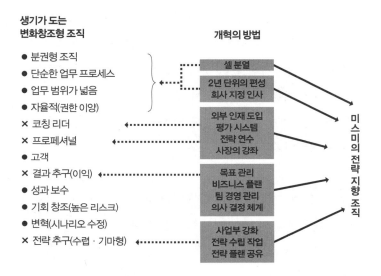

전략 개혁에 부합하는 조직 개혁

생기가 도는
변화창조형 조직

● 분권형 조직
● 단순한 업무 프로세스
● 업무 범위가 넓음
● 자율적(권한 이양)
✕ 코칭 리더
✕ 프로페셔널
● 고객
✕ 결과 추구(이익)
● 성과 보수
● 기회 창조(높은 리스크)
● 변혁(시나리오 수정)
✕ 전략 추구(수렵 · 기마형)

개혁의 방법

셀 분열

2년 단위의 편성
회사 지정 인사

외부 인재 도입
평가 시스템
전략 연수
사장의 강좌

목표 관리
비즈니스 플랜
팀 경영 관리
의사 결정 체계

사업부 강화
전략 수립 작업
전략 플랜 공유

미스미의 전략 지향 조직

'개혁의 방법' 첫 단계로 사에구사는 전략 연수강좌를 개설했다. 사원들의 경영 리터러시를 높이기 위해 자신이 직접 강사의 역할을 맡기로 했다. 미스미의 임원과 부문장, 팀 디렉터들이 참가 대상이었고, 이들을 30명 정도의 소규모 학급으로 나누었다. 전략 강좌는 3개월에 한 번씩, 하루 종일 진행되었다.

사에구사는 아침부터 저녁까지 8시간 가까이 쉬지 않고 돌아다니며 모두에게 열심히 질문을 던졌다. 과제를 내주고 보고서도 제출하도록 했다. 그리고 하루의 강좌가 끝나면 조촐한 술자리를 마련했다.

이 강좌의 의미는 이런 것이었다.

· 미스미를 은퇴하기 전에, 내가 축적한 모든 프레임워크를 간
  부들에게 전수하고 싶다. 내가 긴 시간에 걸쳐 실험을 마친 프
  레임워크를 미스미의 사원들은 단 하루면 손에 넣을 수 있다.
· 처음에는 사장에게 빌린 것이어도 좋고 베낀 것이어도 좋으
  니 되도록 많은 프레임워크를 갖는 것이 중요하다. 이후 그것
  을 실천할 때는 사원들이 자신의 머리로 전략의 논리를 세우
  고, 조립해나가는 습관을 키우도록 한다.

사에구사는 이 연수를 외부 강사에게 부탁하지 않았다. 대신에
미스미 조직을 자신의 전략 경영 방식으로 물들이는 쪽을 택했다.
그리고 이를 위해 스스로 '전략의 전도사'가 될 것을 각오했다. 한
기업체의 사장이 쉽게 할 수 있는 일은 아니었다. 사장의 일반적
인 업무 범위를 넘어서는 것이지만, 충분한 가치가 있는 일이라
생각했다. 간부나 사원의 처지에서 생각하면 눈앞의 강사가 사장
인데 게으름을 피우거나 꾸벅꾸벅 졸 엄두를 낼 수 없으리라.

이 전략 강좌는 지금도 계속되고 있다. 수년 전부터는 젊은 사원
들을 대상으로 한 '기초 강좌'도 개설했다. 사장이 취임하고 14년
동안 실시한 강좌의 횟수를 모두 합하면 100회 가까이 다다른다.

처음에는 교재 제작부터 강의 진행 및 사후 보고서를 지도하는
일까지 전부 혼자서 담당했다. 연수의 수준을 높게 유지하려면 그
렇게 하는 수밖에 없었다. 그러다 때가 되자 차세대 경영진과 업
무를 분담하기 시작했다. 지금은 그들이 돌아가며 '지도 교관'을

맡아서 강사를 돕고 사원들을 지도한다. 이 역할을 통해 그들의 경영 리터러시도 함께 높아지는 효과를 보고 있다.

바다거북 훈련법

그러나 연수만으로는 보통의 대기업이 '인텔리 샐러리맨'을 양산하는 식에 그칠 수 있다. 이를 보완하기 위해 미스미는 '비즈니스 플랜 시스템'을 운용한다. 여기서 비즈니스 플랜, 즉 사업 전략은 미스미의 '조직론'과 '전략론'을 일체화하는 이음매의 역할을 한다(사에구사 다다시의 경영 노트 6 참조).

어떤 간부가 이런 말을 한 적이 있다.

"제가 4년 전에 미스미에 입사해서 만들었던 사업 전략을 얼마 전에 다시 읽어봤는데, 쥐구멍에라도 들어가고 싶더군요. 당시 제가 얼마나 수준이 낮았는지 아연실색했습니다."

이 이야기는 두 가지로 해석할 수 있다. 첫째는 이 사람이 4년 동안 상당히 성장했다는 것이고, 둘째는 지금 보면 엉성하기 그지없는 사업 계획이 당시에는 무난히 통과되었다는 뜻이다. 다시 말해 이전의 회사는 사업 계획의 합격선을 적당한 수준에서 타협했다. 기량이 낮으면 사업 계획을 세우는 데 상당한 시간이 소요되기 마련이다. 이 때문에 다른 업무를 장기간 방치해서는 곤란하기에 적절히 배려한 것이다.

사에구사는 사장으로 취임하고서 몇 년 동안 사내 모든 사업팀의 사업 계획 심의를 혼자서 주재했다. 사업부장은 사장과 함께 의장석에 앉았다. 말 그대로 '직접 실천'으로 지도한 것이다. 사에구사의 직접적인 지도를 받은 것은 정면에 마주 앉은 사업 디렉터였지만, 사실 진짜 교육 대상은 옆에 앉은 사업부장이었다. 사업부장이 성장해서 사업 디렉터에게 전략을 지도할 만한 수준에 도달하면 그에게 지도를 맡기고 사장은 의장 자리에서 물러나겠다는 심산이었다. 새끼 거북이 혼자 힘으로 바다를 향해 기어가도록 어미가 훈련하는 것에 비유할 만했다.

사업 계획을 세우는 데 서툰 디렉터는 이윽고 벽에 부딪혀 우왕좌왕하기 시작한다. 사에구사는 위에서 지켜보다가 한계가 가까워졌다 싶으면 찾아가 개인 지도를 시작한다. 2장에서 나가오가 경험한 바로 그 상황이다. 사에구사가 그런 방식으로 직원들과 한밤중까지 함께 작업을 하거나, 빨간 펜 선생님이 되어준 적은 셀 수 없이 많다. 그렇게라도 하지 않으면 자신의 노하우를 사원들에게 이전하기 어렵다고 판단했기 때문이다.

물론 사원들에게 이런 혹독한 훈련이 마냥 즐거울 리는 없다. 언젠가 한 디렉터의 사업 전략이 최종 심의에 올랐을 때였다. 회의에는 사업부장과 팀원 몇몇, 그리고 사장인 사에구사가 동석했다. 디렉터가 프레젠테이션을 마치자 사에구사는 최종적으로 "승인!"이라고 말한 뒤 방을 떠났다.

복도를 한참 걸어 나오는데 등 뒤에서 "만세!" 하는 고함과 함께 박수 소리가 들렸다. 이어서 사업부장과 디렉터, 사원들이 일제히 이렇게 환호하는 목소리가 귀를 파고들었다.

"끝났어! 사장을 이겼다고!"

아마도 사장이 이미 멀리 갔을 것이라 생각했던 모양이다.

이런 사건을 통해 사에구사는 비즈니스 플랜 시스템이 직원들에게 상당한 중압감을 준다는 사실을 알았다. 그러나 디렉터들이 아무리 힘들어해도 사에구사는 이 제도를 유지했고 지도를 계속했다. 덕분에 간부들의 역량은 눈에 띄게 높아졌다. 간부와 사원들은 벽을 하나씩 돌파할 때마다 성장했다. 논리적인 사고에 서툰 사람들 중에는 낙오자도 생겨났다. 어쩔 수 없는 일이었다. 대신에 더 많은 사람들이 전략적인 사고방식을 익혔고 개인적 역량과 함께 리더십을 점차 키워나갔다. 그 결과 회사는 더 높은 단계로 훌쩍 올라설 수 있었다.

몇 년 후 사에구사는 사업 전략을 직접 지도하는 것을 그만뒀다. 이제 임원들이 그 역할을 충분히 다할 수 있는 조직이 되었다고 생각했기 때문이다. 이따금 사업 전략 심의를 '방청'하러 가기는 했지만, 나중에는 그것마저 그만두고 모든 심의와 지도를 경영 간부들에게 맡겼다.

물론 차세대 부문장이나 사업 디렉터가 정말로 전략 사고를 확실히 계승했는지 의심스러운 장면도 이따금 목격했다. 그러나 어미 거북이 새끼 거북을 단련하고, 새끼 거북이 또다시 자신의 새끼를 단련하는 연쇄의 고리는 이미 자신의 손을 떠났다고 생각했다. 그 연쇄를 이어나갈 것인지, 아니면 도중에 끊어버리고 평범한 회사에서 멈출 것인지는 차세대 경영진이 선택할 문제다.

**보고서 속에서
예비 경영자 찾기**
　　사에구사는 사장으로 취임한 직후부터 사원들의 전략 사고를 강화하는 시스템으로 '경영 포럼'을 시작했다. 매달 1회 간부와 사원들을 직급별로 모아서 진행했으며, 이 역시 처음에는 사에구사가 전부 주관을 했다. 회사 내부의 어려운 프로젝트나 경영 과제가 있을 때면 사장이나 간부가 프레젠테이션을 하고 다 함께 토론을 했다. 참가한 부문장은 보고서나 감상문을 제출할 의무가 있었는데 이때 수강자 자신의 반성, 즉 '첫 번째 페이지'를 담아야 했다.

　사에구사는 제출된 보고서와 감상문을 전부 살펴봤고 처음에는 전부 피드백을 했다. 그러다 일이 바빠진 뒤에는 관심이 가는 내용의 보고서에만 피드백을 하게 되었다. 토요일 아침 일찍 작업을 시작했는데 다 끝나니 일요일 밤이었던 적도 있다.

　많은 사원들은 사장의 마음에 들도록 이른바 '모범 답안'을 적어 냈다. 사장의 비위를 거스르는 내용은 쓰기 어려웠으리라. 사에구사는 어떤 내용이라도 좋으니 일단 쓰도록 독려했다. 작성하는 행위를 통해 본인의 머릿속에서 조금이라도 생각을 곱씹고 정착시켜 나간다면 그것으로 충분하다고 생각했다. 재미있는 감상문을 제출한 사원을 불러서 이야기를 나눈 적도 있다. 보통은 직접 만날 일이 거의 없는 신입 사원들도 불렀다. 예비 경영자가 어디에 숨어 있는지 알 수 없기 때문이다.

　전체 사원을 모아놓고 공개 토론을 하기도 했다. 약 두 시간 동안 젊은 사원들이 사장에게 어떤 주제에 관해서든 물어보면 사장이 대답하는 형식이었다. 정해진 틀은 없었다. 사에구사는 공개 토론을 연 2회의 빈도로 실시했다. 최근에는 후임 사장이나 기업체 사장들이 주관자가 되어서 직급별, 조직별 포럼을 각각의 조직 단위로 실시하고 있다.

또한 사에구사는 3~4개월에 한 번씩 사원들에게 이메일을 보냈다. 이메일의 제목은 〈경영의 사고방식〉이었고 '미스미 경영 간부들의 공통 언어가 양산되길 바라며'라는 부제가 달려 있었다. 전략의 사고방식이나 실적 관리의 바람직한 모습, 사업 전략에 몰두하는 방법, 임원들 보수의 바람직한 형태, 사원의 복장 등 주제는 다양했다.

CEO가 보내는 비밀 편지 'KJKJ'

사장으로 취임한 지 1년 정도가 지났을 때부터 사에구사는 경영자로 키워보고 싶은 몇 안 되는 간부들에게 남들 몰래 '사적 조언'을 이메일로 보내기 시작했다. 당사자 이외에는 볼 수 없는 일대일 커뮤니케이션인 셈이다.

'저 친구 자질이 있어 보이는군', '이것만큼은 지금 말해두는 편이 좋겠어'라는 생각이 들 때 조언을 써서 보냈는데 그 이메일에 'KJKJ'라는 이름을 붙였다. KJKJ의 의미는 사내에서도 아는 사람이 거의 없었다. 이것은 곧 '경영(K) 인재(J) 교육(K) 정보(J)'의 약자다. KJKJ는 수신자가 '경영 인재로서 크게 키우고 싶은 사람'이라는 것을 전제로 한다. 그렇기에 내용이 혹독하더라도 수신자들은 질책이라기보다 개인적인 조언으로 받아들일 수 있으리라 생각했다.

KJKJ 제1호는 사장 취임 이듬해, 중국 사업 설립 과정에서 힘들어하던 가가미에게 보낸 것이었다. 그 후 12년 동안 약 200통의 KJKJ를 보냈다. 평일 늦은 밤이나 이른 아침, 혹은 주말에 자택에서 혼자 조용한 시간을 보낼 때 메일을 작성했다. 받은 당사자가 말하지 않는 한, 누구에게 KJKJ를 보냈는지는 비밀이다. 다만 간부끼리 술을 마시는 자리에서 "나는 못 받았는데. 대상이 아닌가 보군……." 하는 대화를 서로 나누었다고 한다. 그러니 미스미의 상위 직급들 가운데 알 만한 사람은 다 알고 있었을 것이다.

해외에 현지 사장으로 부임한 간부들과 '경영 상념'이라는 제목의 개인 메일을 한 달에 한 번씩 교환한 적도 있다. 한 나라의 지사를 경영하는 최고 책임자가 되기에는 아직 역량이 부족하다 싶었기에, 어떻게든 그들의 경영 시야를 넓혀주고 싶다는 의도였다.

| 인재개발실을 설치하다

미스미의 조직 개혁에서 빼놓을 수 없는 또 한 가지는 '인재개발실'을 설치한 일이다. 한때 미스미에서 사라졌던 인사부의 부활을 꾀한 것이다.

● 미즈타 유키(水田由希)의 이야기
—— 인재개발실장, 당시 37세, 이후 진로 변경을 희망해 현지 법인 사장에 도전함

저는 원래 인재 컨설턴트였어요. 제가 미스미에 지원했을 때 사장님이 면접

을 보셨는데, 그때 이런 질문을 하셨습니다.

"지금 미스미의 사업 리스크는 무엇이라고 생각합니까?"

생각지 못한 질문이었어요. 보통 회사에서는 인사 부문에 지원한 사람에게 그런 질문은 안 하거든요. 사업에 대해서는 별로 예습을 하지 않았기 때문에 당황하면서 이렇게 대답했어요.

"팀제를 채용해서 작은 조직을 많이 만들면 결속이 어려워지기 때문에, 이것이 사업 리스크를 낳을 위험성이 있다고 생각합니다."

사업 이야기를 조직 문제로 슬쩍 바꿔서 대답한 것이죠. 그런데 사에구사 사장님은 "바로 그겁니다"라며 〈미스미 조직 원론 1〉이라는 차트를 가져와 제게 보여주셨어요. 인재 컨설턴트로 일할 때 많은 기업 경영자를 만나봤지만, 전략의 일부로 '조직론'을 이야기하는 경영자는 처음 봤기에 강렬한 인상을 받았습니다.

그리고 이건 조금 다른 이야기인데요, 그로부터 3년 정도 지나서 제가 인재개발실장으로 있을 때였어요. 당시 사장님을 거의 매일 같이 뵀는데, 어느 날 제게 이렇게 물으시더군요.

"자네, 혹시 사업 하고 싶지 않나? 잘할 것 같은데."

내심 놀랐습니다. 사실은 언젠가 사업 부문으로 옮기고 싶다고 생각하던 중이었거든요. 그래도 제 딴에는 내색하지 않으려 했는데 제 속을 꿰뚫어 보셨더라고요. 그래서 바로 대답했습니다. "네, 하고 싶습니다"라고요.

마흔이 다 될 때까지 인사 부문에서만 일했던 사람이 사업부장이나 해외 현지 법인의 사장이 된다는 건, 본인이 아무리 원한다 해도 좀처럼 이룰 수 없는 꿈일 거예요. 그런데 사장님이 그걸 이뤄주신 거죠.

'기업 내의 기업'을 만들다

사에구사가 사장으로 취임한 뒤 미스미는 급속히 성장하기 시작했고, 그에 맞춰 조직을 확대해야 했다. 언제나 인재 부족에 시달리는 상황이었다. 조직은 사에구사의 '조직 디자인'에 따라 활발한 '셀 분열'을 시작했다. 예를 들어 나가오가 사업부장으로 있던 FA 사업부는 사에구사가 사장으로 취임했을 당시 사업팀 두 개가 전부였으나 4년 후에는 11개 팀으로 늘어났다. 회사 전체로 보면 신임 사장 체제 4년 만에 사업팀이 20개에서 38개로, 거의 두 배가 되었다. 그리고 이듬해에는 세계 시장을 포함해 약 세 배인 57개 팀으로 급증했다.

사장에 취임하고 4년 동안 매출액은 연평균 19퍼센트 증가해 1,000억 엔(약 1조 원)을 돌파했다. 미스미가 창업하고 매출액 500억 엔을 달성하기까지 40년이 걸렸는데, 여기에 500억 엔을 더 얹기까지 겨우 4년이 소요된 것이다. 누가 뭐래도 비즈니스 플랜 시스템이 만들어낸 성과였다.

미스미는 그 후에도 성장을 지속해, 세계 불황이 찾아오기 직전인 6년차에는 매출액 1,266억 엔(약 1조 2,660억 원)을 기록했다. 사에구사의 취임 이후 6년 동안 매출액은 2.5배가 되었으며 그 사이의 연평균 성장률은 16퍼센트였다. 이러한 고성장과 보조를 맞춰 조직도 끊임없이 팽창했는데, 임원과 관리직의 공급이 그 속도를 따라잡지 못했다. 때문에 한 명이 여러 직무를 겸하면서 글로벌 전략을 추진해야 하는 힘든 시기가 이어졌다.

사장에게 직접 보고서를 제출하는 임원이나 부문장은 사에구사가 취임했을 당시 일곱 명이었다. 그는 경험적으로 열 명 전후까지는 충분히 개인적으로 지도할 수 있다고 생각했다(GE의 잭 웰치는 13명까지라고 말한 바 있다). 그런데 조직이 계속 확대되면서 그 인원수는 취임 4년 만에 20명으로 늘었다.

사에구사의 일정은 언제나 빽빽해서 이들을 만날 틈을 마련하는 것도 쉬운 일이 아니었다. 그런 상황을 이용해 3개월이나 보고를 하러 오지 않은 사람도 있었다. 이래서는 곤란하다는 생각이 들었다. 그는 지금이 '미스미 조직 모델'에 새로운 개념을 추가할 때라고 느꼈다. 미스미가 급성장하지 않았더라면 몇 년 후로 미뤄도 되었을 일이지만, 지금은 하나의 성공이 만들어낸 또 다른 벽에 부딪힌 상황이었다.

사에구사는 조직의 계층을 하나 더 늘리는 방안을 구상했다. 이런 경우 일반적인 발상은 사업부장 위에 사업본부장을 두는 것이지만, 지붕 위에 지붕을 또 씌워봤자 큰 의미가 없다고 판단했다. 그래서 '기업 내에 기업을 만드는' 방식을 떠올렸다. 흔히 말하는 '컴퍼니 제도'와도 비슷하지만, 이 시스템을 처음 시작한 소니를 흉내 내고 싶지는 않았다.

취임 4년차로 접어든 8월, 사에구사는 도쿄 도내의 호텔에 임원들을 소집하고 합숙을 하며 새로운 조직 콘셉트를 검토했다. 그리고 이 자리에서 기업 내 기업을 '기업체'로 명명했다. 사에구사는 기업체의 장에게 '기업체 사장'이라는 직함을 주는 것을 고집

했다. 가급적 젊을 때 사장의 위치를 경험하는 것이 중요하다고 생각했기 때문이다. 기업체 사장 밑에는 임원을 몇 명 배치하고, 기업체별로 매니지먼트 팀을 편성하도록 설계했다.

이렇게 해서 조직의 설계도는 완성되었다. 그러나 이 제도를 실시하는 것은 1년 뒤로 미루기로 했다. 당시 간부들의 역량이 도토리 키 재기였던 까닭에 당장 기업체 사장을 뽑는 것은 섣부른 결과를 낳을 수 있다고 판단한 것이다. 결국 기업체 조직은 이듬해 7월에 발족했다. 이것은 미스미가 창업 이래 지속한 '사장 직할 조직'에서 '사업 분권형 조직'으로 방향을 튼 역사적인 전환이었다. 그 후 셀 분열의 개념은 사업팀뿐만이 아니라 그 위의 사업부, 나아가 그 위의 기업체 조직에도 적용되었다.

현재는 기업체 조직이 준이사회를 보유하는 등 자율성이 더욱 확대되고 있다. 기업체 사장들이 이 자율성을 살려 자기 방식의 경영을 해낼 수 있는가는, 모두 저마다의 능력에 달린 일이리라.

| **변화하는 조직에** **활기가 있다** 조직 형태를 장기적으로 고정하는 것은 기업의 활력을 고양하는 데 도움이 되지 않는다. 조직의 모양을 바꾼다는 것이 언뜻 생각하기에는 기존의 조직 이념에 역행하는 것 같지만, 한편으로는 전략에 가장 부합하는 변화가 될 수도 있다.

〈미스미 조직 원론1, 2〉는 처음부터 '동태론'을 포함한다. 그래서 회사의 변화에 맞춰 그때그때 조직을 변화시켜 나가는 것을 원

칙으로 한다. 그렇기에 '미스미 조직 모델'이 항상 역동성을 유지할 수 있는 것이다. 최근 14년 사이에 미스미는 조직에 세 가지 큰 변화를 이뤘다. '창업 사장의 조직론(자기 책임에 기반한 팀제)'을 수정하는 것부터 시작해 '사에구사의 조직론(활력이 넘치는 말단+전략적 묶음)'을 도입했고, 다음으로 '분업화'를 정착시켰다. 그리고 지금 사에구사의 뒤를 이어 등장한 다음 세대 사장은 미래를 향한 그 나름의 새로운 조직론을 실행하기 시작했다.

앞으로도 미스미의 조직은 지속적으로 변화할 것이다. 활기찬 사업, 활기찬 회사를 유지하기 위한 키워드는 바로 '끊임없는 변화'다.

📝 독자에게 내는 숙제

'회사 개조'를 통해 '개혁의 연쇄'를 거듭함으로써 글로벌 경쟁력을 높은 수준으로 끌어올린 기업들은 다음으로 커다란 과제를 떠안는다. 즉, 일단 획득한 조직의 활력을 지속적으로 유지하는 것이다. 〈미스미 조직 원론1, 2〉의 차트는 넓은 의미로 파악하면 어떤 회사에나 적용할 수 있는 보편성을 띤다. 여기에 비추어 생각했을 때 여러분 회사의 현재 조직은 지금 어떤 단계라고 할 수 있는가? 만약 여러분이 사내의 조직에 새로운 문제를 발견했다면 그것을 타개하기 위한 방법은 무엇인가?

사에구사에게 이것은 그저 연습이 아니라, 경영 현장에서 답을 찾아내기 위한 절박한 과제였다.

내 자리보다 작은 스케일로 일하고 있지는 않은가?

미스미의 사내에 내가 보급한 개념으로, 간부들의 공통 언어가 된 것 중에 '포지션 왜소화'라는 말이 있다. 미스미처럼 조직이 급속히 팽창하는 성장 기업에서는 이 포지션 왜소화가 항상 심각한 문제가 된다. 가령 어떤 간부가 10년 전에 자신이 했던 업무를, 현재 그 포지션에 있는 젊은 사원에게 지시한다고 해보자. 아마도 업무는 질적, 양적인 면에서 규모가 상당히 축소될 것이다. 반대로 현재 이 간부는 10년 전 그 위치에 있었던 선배에 비해 업무의 스케일이 훨씬 작을 가능성이 크다.

조직의 관료화나 샐러리맨화가 진행된 회사에서는 반드시 이런 현상이 나타난다. 이렇게 말하면 조직의 문제인 것처럼 들리겠지만, 각각의 사례를 분해해서 들여다보면 '승진한 당사자가 회사의 의도에 반하여 만들어내는, 개인적 현상의 집합'으로 이해할 수 있다.

'포지션 왜소화'는 사내 사원들에게만 해당하는 이야기가 아니다. 외부에서 이직해온 사람이 예전 회사의 포지션보다 상당히 높은 직위에 올랐을 때도 이런 현상이 나타난다. 기껏 크게 '점프'할 기회를 얻었는데도 실력이나 마음의 준비가 부족한 경우에는 새로운 포지션에 걸맞은 의식이나 행동을 보이지 못한다. 그런 사람은 자신이 직전까지 유지했던 '하위 역할의 감각'을 '새로운 상위 역할'에 그대로 적용한다. 새로 맡은 업무 본연의 역할을 스스로 축소해버리는 것이다.

이것이 '왜소화'의 의미다. 이렇게 되면 회사가 발탁 인사를 감행해도 그 의미가 상당히 희석되어 버린다. 또한 성장하는 회사에서 이런 인사가 많아질수록 조직 전체가 '작게작게 병'에 걸릴 확률이 높아진다. 일단 '포지션 왜소화' 현상에 빠지면 위에서 혹독한 지도를 꾸준히 하지 않는 한 벗어나기가 쉽지 않다. 본인도, 주변 사람들도 그 왜소화된 방식을 당연하다고 믿기 때문이다

만약 여러분의 회사가 현재 빠르게 성장하는 중이고, 동시에 과거에 비해 현저히 샐러리맨화되었다면 오랜 시간에 걸쳐 조금씩 포지션 왜소화가 진행되었을 가능성이 높다.

능력을 인정받아 승진하는 사람들은 현재 소속된 곳에서 '내가 없어도 상관없는 상태'를 빨리 만들어낸다. 후계자를 신속하게 육성하거나, 혹은 부서 외부에서 데려오기도 한다. 반대로 '이 부서는 내가 없으면 돌아가지가 않아', '나는 이곳에 없어서는 안 될 존재야'라고 믿는 사람들은 보통 승진이 늦어진다. 위에서도 그 사람을 딱히 이동시킬 이유를 찾지 못하기 때문이다.

자신의 부족함을 회사 탓으로 돌리지 않는가?

재미있게도 포지션 왜소화에 빠진 사람 중에는 자신의 능력이 부족하다는 사실을 외면하는 경우가 많다. 오히려 "고작 이런 일을 하기에는 내 능력이 아까워", '회사가 나를 제대로 써먹지 못하고 있어." 같은 소리를 늘어놓는다. 회사를 탓할 것이 아니라, 일의 규모를 자꾸 작게 만드는 자신을 탓할 일이지만 그런 의식 자체가 없다. 부하

직원이나 동료들은 이런 사람을 흔히 평가하기를 '자기 역할이나 제대로 해줬으면 좋겠는데, 그것도 아니면서 자존심만 세다'라고 한다. 그래서 '같이 일하기 힘든 사람'으로 취급하기 쉽다.

이런 사람은 승진을 했다 해도 얼마 후 이직을 희망하는 경우가 흔하다. 상사로서는 큰마음 먹고 승진을 시켜줬는데 자기 역할을 스스로 축소한 것도 모자라, 불만을 품고 자리를 이탈하는 것이다. 상사 입장에서는 조직원을 잃는 이중고의 상황에 처하게 된다. 차라리 급하게 승진시키지 말고 그전의 직위에 머물게 하는 편이 훨씬 나았던 셈이다. 고성장 회사에서는 인재가 부족해 전반적으로 승진이 빨라지기 때문에 이런 사례가 꽤 자주 발생한다.

포지션 왜소화를 일으킨 사람이 퇴직하면 사내에서는 "그만둘 때도 깔끔하지 못하네", "많이 도와줬는데 너무하네." 하고 뒷말이 나온다. 맡은 임무를 제대로 수행하지 못했으므로 그 사람은 한마디로 '중퇴자'다. 회사에서는 퇴직을 만류하지 않거나, 하더라도 그리 적극적이지 않을 것이다.

바깥의 사람들은 그 회사의 내부 사정을 들여다보지 못하므로 누가 포지션 왜소화를 일으키는 인물인지 알 수 없다. 그래서 누군가가 "고작 이런 일을 하기에는 내 능력이 아까워"라고 말하면 정말 실력이 뛰어난 사람이라고 믿기 쉽다. 특히 회사의 대외적인 이미지가 좋을 경우에는 당사자의 능력이 더욱 과장되기 때문에, 그는 이직하면서 자기 실력을 넘어서는 높은 직위나 급여를 보장받기도 한다. 그러나 실력은 정직한 것이기 때문에, 자신을 과대 포장했던 사람은 얼마

가지 않아 본모습이 들통나고 만다. 좋을 때는 이직한 그 순간뿐이며, 그 뒤에는 다시 포지션 왜소화를 일으킨다.

이직한 회사가 적응하는 데 시간을 줄 만큼 관용적이리라는 보장은 없다. 그는 아마도 새로운 회사에서 능력을 지적받을 것이고, 그러면서도 허세를 멈추지 않을 것이다. 자기가 스스로를 괴롭히는 꼴이다. 이 사람은 또 다시 "이 회사는 나하고 맞지 않아." 같은 핑계를 대며 이직을 할 가능성이 크다. 이런 패턴이 두세 번 반복되면 주변 사람들도 문제는 회사가 아니라 그 사람임을 깨닫게 된다. 이런 경우 아무리 여러 번 이직을 시도하더라도, 인생의 후반에는 그저 그런 포지션만 맴돌게 된다. 첫 회사를 도약대 삼아 다음 회사에서 획득했던 포지션이 아마도 그 사람으로서는 커리어의 정점으로 남을 것이다. 그 순간에는 성공한 것처럼 보였겠지만 몇 년만 지나면 "저 사람은 이제 잘해야 현상 유지고, 아니면 점점 내리막길을 걷게 될 거야." 같은 말을 들을 수도 있다.

역량이 부족한데도 '프로 경영자'라는 칭찬에 익숙해지고 스스로도 그렇게 믿게 되면 이후가 상당히 괴로워진다. 설령 사장이라 하더라도 한 회사만 경험해서는 '프로 경영자'라고 불릴 만한 수준에 이르지 못한다. 마쓰시타 고노스케(松下幸之助) 같은 천재가 아닌 이상, 경영 기량의 '범용화'가 부족할 수밖에 없기 때문이다.

경영자의 기량은 과거에 경험한 '죽음의 계곡' 횟수에 비례한다. 젊은 인재들은 더 높은 곳을 지향하며 도전을 계속해야 한다. 아직 한참 부족한 이들을 완성된 프로 경영자처럼 대우하는 풍조는, 그 자체로 낮은 경영 리터러시를 드러내는 것이다. 세계에 통용되는 강력한 경영자를 배출하는 데도 방해가 될 뿐이다.

나는 중퇴자인가, 졸업자인가?

한편, 퇴사를 하더라도 '중퇴자'가 아닌 그 회사의 '졸업자'로서 나오는 사람이 있다. 그들에게는 '더 높은 곳을 향해 나아가는 인생'이 기다린다. 회사의 '졸업자'란, 맡은 역할에 최선을 다해 적어도 몇 년간은 꾸준히 노력을 기울인 사람을 가리킨다. 이들은 회사에서 요구한 아웃풋을 100퍼센트, 혹은 그 이상 달성하고자 노력하며 주변 사람들에게 의지할 대상이 된다. 나이와 직책에 상관없이 그런 기개 있는 인재는 어느 조직에나 많든 적든 존재한다.

이들이 어떤 이유로 회사를 그만두게 되면 "그동안 큰 도움을 줘서 감사했습니다", "회사에 공헌한 바를 잊지 않겠습니다." 하는 치하의 말과 함께 진정한 '졸업자'로 대우받는다. 모두가 그 사람을 진심으로 송별해준다. 그만둔 뒤에도 옛 상사나 부하 직원에게서 때때로 연락이 오며 인간관계가 지속된다. 이것이 '졸업자'로서 조직을 떠난 사람에게 수여되는 훈장일 것이다. 과거에 그 회사에 몸담았다고 당당하게 말할 수 있는 사람들이다.

미스미에서는 그런 사람들이 재입사해 돌아오는 경우도 많다. "나가 봤는데 역시 미스미가 최고더라." 하는 말도 잊지 않는다. 미스미는 그런 사람들을 기꺼이 맞이한다. 한 번 그만둔 적이 있다는 사실이 사내 인사에서 핸디캡으로 작용하는 일은 없다. 시간이 지나면 다들 그 사실조차 잊어버린다. 이 책이 발간된 시점에만 해도 그런 사례에 해당하는 사원들이 20명이 넘는다. 개중에는 승진해서 부문장이나 해외 현지 법인 사장이 된 사람도 있다.

'중퇴자' 중에는 이전에 다니던 회사나 상사의 험담을 하는 사람들이 특히 많다. 자신이 왜소화를 일으켜 중퇴자가 되었다는 사실을 자각하는 경우는 적으며, 설사 인지하더라도 누구에게 말하지 않는다. 이전 회사 사람들과 개인적으로 연락을 하는 경우는 있지만 옛 상사는 절대 찾지 않으며 근처에도 가지 않는다. 주로 예전의 동료나 부하 직원하고만 만나 거들먹거린다. 그것도 뒤에서 몰래 만나는 분위기를 풍길 때가 많다.

한편 '졸업자'는 대부분 예전 회사의 경력을 자랑스럽게 여긴다. 힘든 때도 있었지만 인생의 버팀목이 되는 경험이었다고 생각한다. 그 경험을 발판 삼아 인생의 다음 기회를 얻은 것에 감사하는 마음이 강하다. 이전 회사를 찾아갈 때도 자신을 단련시켜준 옛 상사에게 꼭 들러 근황을 전한다.

나는 미스미의 사원들에게 "어려운 임무에 스스로 다가가 점프할 때 배움이 극대화된다"고 말해왔다. 실제로 내 인생 자체가 괴로운 점프의 연속이었다. 조금 불안하더라도 자신이 경험한 범위를 넘어, 스스로 감당할 수 있을 만한 최대한도를 향해 점프해야 한다. 이것을 나는 '자기 키에 맞는 점프'라고 부른다. 상한선을 잘못 판단해 그 이상 뛰어오르면 '무모한 점프'가 되고 만다. 만약 무모한 점프가 될 것 같다는 공포를 느낀다면, 단숨에 오르려 하지 말고 단계를 거치는 편이 현명하다.

현재의 회사에서든 앞으로 이직할 회사에서든 크게 점프할 기회가 주어진다면, 이를 받아들이기 전에 먼저 겸허한 자세로 판단해보아야 한다. 새로운 직위와 자기 기량의 간극을 어떻게 메울 수 있을지 냉정하게 고민할 필요가 있다.

'점프'의 간극을 메우기 위해 노력했는가?

내가 때때로 '난폭한 인사'를 단행하면 본인도 주변도 놀라곤 한다. 하지만 내 시각에서 그 인사는 '이 사람이라면 할 수 있는' 최대한도를 노린 것이다. 인재를 육성할 때는 그런 '스트레칭의 한계'를 판단하는 것이 중요하다. 우수한 인재는 '난폭한 인사'의 대상이 되었을 때, 그것이 설령 상당히 높은 점프라 해도 첫날부터 임하는 자세가 다르다. 망설이지 않는다. 무엇보다 각오가 단단하다. 이 책에 등장한 인물 가운데 당시 43세였던 니시보리 요헤이가 그랬다. 스루가세이끼의 개혁이 정체되고 리더십이 방치된 상태였을 때, 그는 "생산에 관해서는 하나도 모릅니다"라고 말하면서도 사장으로 부임해 결연한 자세로 뛰어들었다. 그리고 결국 회사의 체질을 놀라울 만큼 빠르게 전환하는 데 성공했다.

고객센터의 개혁이 두 번째 좌절에 빠졌을 때 그곳으로 파견되었던 36세의 다케다 요시아키도 마찬가지다. 자기는 그 분야에 문외한이라면서도 출구를 잃어버린 조직에 새로운 전략을 제시하고 사내의 저항에 당당히 맞섰다.

그들은 자신이 짊어진 새로운 임무를 정확히 인식했고, 자신의 어떤 부분이 부족한지 자각했다. 그러고는 시작부터 그 차이를 메우기 위한 행동에 나섰다. 이것이 바로 '각오'다. 어려운 상황 속에서 그들은 겸허하게 궁리하는 자세로 각오를 다져나갔다. 높은 경영 리터러시와 프레임워크가 필요한 일이었다. 두 사람은 이 과정을 정면 돌파하며 명쾌한 스토리를 만들어냈다. 그리고 그 스토리가 주변 사람 모두를 열정적으로 따르게 만들었다.

어떤 점프를 했든 포지션 왜소화를 빠르게 해소하고, 자기 포지션 이상의 역할을 발휘할 수 있어야 한다. 그런 뒤에는 다음 점프에 대비해야 한다. 그런 이들은 '착실하게 앞을 향해 나아간다'라고 평가받는다. '현상 유지 아니면 점점 내리막길'인 사람과는 달리, 가만히 있어도 다음 단계의 무거운 책임이 자연스럽게 찾아온다. 물론 '중퇴자'로 회사를 그만둔 사람들 역시 현실을 깨닫고 겸허한 자세로 다음 벽을 뛰어넘고자 노력한다면, 지금보다 더 나은 일을 만날 기회는 언제든 있을 것이다.

한때 경영 인재로서 미스미와 함께했던 사람들은 부디 그때의 경험을 살려 스스로 만족할 수 있는 인생을 실현하기 바란다. 그들 한 사람 한 사람의 얼굴을 떠올릴 때마다 나는 한 기업의 경영자라기보다, 오히려 학생을 떠나보낸 선생님 같은 감회에 젖는다.

독자 여러분도 부디 최선을 다해 앞으로 나아가길 바란다.

건투를 빈다.

인재는 '전략'과 '열정'으로 자란다

내일의 경영자를 꿈꾸는 자, 모두 모여라

'회사 개조'를 향한 도전의 이야기도 슬슬 마무리할 때가 되었다. 이제 일인칭 '나'로 돌아와 이야기를 끝맺으려 한다.

지금까지 미스미의 각 부문이 추진한 글로벌 전략과 생산 혁신, 오퍼레이션 개혁 등의 과정을 상세히 소개했다. 각각의 개혁 주제는 모두 '시간 전략'의 개념을 담고 있다. 이 개혁 주제들이 서로 연결됨에 따라 '미스미 사업 모델'이 단계적으로 발전했고, 미국과 유럽에서 출발한 '사업 혁신의 메가트렌드'에 맞설 수 있었다. 그리고 12년 사이 미스미는 과거에 상상도 못했던 회사로 변신했다.

CEO로 재임한 12년 동안 내가 끊임없이 고민한 또 한 가지 과

466

제는 바로 '경영 리더의 육성'이었다. 사장으로 취임한 지 3개월 뒤, 나는 중앙 일간지에 5단짜리 인재 모집 광고를 냈다.

"내일의 경영자를 꿈꾸는 자, 입후보하라."

"정면 승부를 원하는 인재들은 이곳으로."

물론 샐러리맨으로서 안정된 인생을 추구하는 것 또한 한 가지 삶의 방식이다. 그러나 승부사의 피가 끓는 사람, 지금의 위치에 만족하지 못하는 사람, 경영자가 되겠다는 야심이 있는 사람들은 미스미로 오라는 메시지였다.

'몇 년 후가 될지는 모르지만 내가 은퇴할 때는 미스미를 40대의 경영진에게 맡기고서 떠나고 싶다'고 늘 생각했다. 나는 그럴 수 있는 조직을 만들기 위해 노력했고, 실제로 이루었다.

그전까지 나는 많은 경영자들을 만나서 이렇게 조언했다. 새로운 직위에 오르는 순간, 자신의 후계자를 세 명 점찍어 놓으라고 말이다. 그런데 막상 미스미에 왔을 때 나는 후임 사장 후보 세 명을 도저히 고를 수가 없었다. 사실 그 상태에서 세 명은커녕 한 명을 선택하는 것조차 위험하다는 생각이 들었다. 그러나 독재적인 경영자가 되어서 늙을 때까지 회사에 눌러앉아 있는 모습은 '경영 리더 육성'이라는 나의 경영 이념과 모순된다. 그래서 후계자가 성장하면 그때 물러난다는 것을 전제로 삼았다.

혼자서 계산도 해봤다. 나는 대략 몇 년 후에 사장을 은퇴하게 될까? 만약 그때 40대의 후계자를 지명한다면, 그 대상이 될 사람은 현재 나이가 어느 정도일까? 곰곰이 따져본 결과, 당시 나이로

36~44세 전후인 사원들이 대상이라는 계산이 나왔다. 미스미의 기존 사원들, 그리고 외부에서 채용할 사람들 가운데 이 연령층의 인재에게 집중적으로 도전적인 포지션을 부여하고 후계자 후보로서 단련해나가기로 했다.

내가 미스미에 부임한 뒤 구입한 자동차는 아주 상징적인 번호판을 달고 있다. 번호판의 숫자는, 내가 사장으로 취임한 연도와 그때의 나이를 조합한 것이다. 나는 매일 그 번호판을 보고 사장으로 취임한 지 몇 년이 경과했는지 자각했다. 번호판이 재임 햇수를 알리는 타이머였던 셈이다.

회사와 인재 사이의 숨 가쁜 술래잡기

그러나 얼마 후 '나의 방침이 너무 앞서 나간 건가?' 하는 의심이 들기 시작했다. 내가 설정한 연령대의 사원들 가운데, 기질이 강인해 보이고 장래성도 엿보이는 인재들을 과감히 높은 직급에 기용했는데, 뭔가 숨 가빠 보였다. 마치 팽팽하게 부풀어 오른 풍선 위에 앉아 아등바등 애쓰는 것 같은 느낌이었다. 다들 밝고 성실하며 열의도 왕성했지만, 경영자로서 성장은 빠르지 않았다.

나는 40대가 되었을 때 이미 전략 컨설턴트로서 경험을 다졌고, 벤처캐피털 한 곳을 포함한 세 회사의 사장이라는 경력을 쌓았다. 너무 조숙했던 수십 년 전의 내 커리어로 현재의 인재를 평가한다는 것이 그리 적절한 기준은 아니라 생각하지만, 그래도 실망스러운 것은 어쩔 수 없었다. 40세 전후의 직원들을 모아놓고 보니 예상보다도 경영 기량이 현저히 떨어짐을 실감했다.

나는 그들이 이전의 조직에 그대로 있었더라면 10년, 혹은 20년이 지나도 오르지 못했을 직위를 부여했다. 그들로서는 커다란 신발을 발에 맞춰야 하는 상황이었을 것이다. 물론 스스로 그것을 원하고 미스미로 모여든 지원자들이었으며, 내 딴에도 그 연령대에서는 상당히 특출한 인재들이라고 자부했다. 그러나 대부분은 부하 직원의 위에 서는 데 익숙하지 않았고, 숫자에 대한 감각도 떨어졌으며, 이익을 올리고자 하는 집념도 약했다. 이론은 청산유수인데 전략을 세우는 데는 서툴렀다.

특히 전략의 실행 단계에 이르자, 리더십에서 연약한 모습을 보이는 사람들이 많았다. 흔들림 없는 자세로 조직을 결속시키는 리더십이 필요할 때였다.

그래서 그들의 몸에 스며든 샐러리맨의 습성을 벗겨내기 위해 기초적인 지도를 시작했다. 나는 여기에 많은 에너지와 시간을 할애했다. 한편으로는 예상치 못한 상황이 이들을 압박해왔다. 미스미의 실적이나 조직, 글로벌 전개가 급속히 확대되기 시작한 것이다. 지금의 자리에 오른 것만으로도 이미 자신이 뛰어오를 수 있는 한계치에 도달한 상황에서, 사업은 하루가 다르게 복잡해졌다. 나로서는 개혁의 효과가 예상을 웃도는 속도로 나타난 것이기에 즐거운 비명을 질렀지만, 다른 간부와 사원들은 큰 스트레스를 받을 수밖에 없었다. 특히 글로벌 전략은 거의 제로 상태에서 시작된 터라, 본사 간부 누구에게나 커다란 도전이었다.

요컨대 그들의 경영 기량이 조금씩 성장하는 정도로는 회사의 성장을 따라잡지 못하는, 벅찬 술래잡기가 벌어진 것이다.

인재를 키울 것인가, 현실과 타협할 것인가

내가 잠재성을 인정하고 높은 포지션에 임명한 인재라면, 누가 봐도 미숙한 행동을 하더라도 일단 기다려주었다. 어지간히 심각한 사태에 몰리지 않는 한, 2~4년은 지도를 거듭하면서 계속 도전하게끔 지원했다. 물론 누군가를 가르치거나 질책하는 것은 내게도 피곤한 일이다. 시간의 측면에서도 부담이 상당하다. 거칠게 표현하자면, 예비 경영자들이 다니는 초등학교의 교장 선생님이 된 기분도 들었다.

또 나는 훈련하는 것이라 생각하지만 지도를 받은 당사자는 불쾌하게 여기는 경우도 더러 있었다. 자존심이 세고 자신이 얼마나 어설픈지 자각하지 못하는 사람들은, 특히 인내심을 가지고 엄격히 지도했다. 그런데도 끝까지 현실을 자각하지 못하는 이들도 물론 있었다.

미스미가 급성장을 시작했기 때문에 나는 쉬지 않고 일했다. 처음에는 1년에 두 번씩 꼭 챙겼던 휴가도 언제부터인가 가지 않게 되었다. 많은 보수를 받는 임원일수록 그 보수에 걸맞은 성적을 내야 한다고, 그러지 못하면 직원들을 볼 면목이 없다고 생각했다. 30대에 처음으로 경영자가 되었을 때부터 줄곧 유지했던 마음가짐이었다.

그러나 과로는 금물이다. 최고경영자가 건전한 판단 능력을 유지하기 위해서는 마음과 체력이 모두 여유가 있어야 한다. 인재의 공급이나 육성이 회사의 성장을 따라잡지 못하는 상태가 지속되어 모두가 몇 가지 직무를 겸임하는 상태였다. CEO인 내가 부문장의 업무를 겸한 시기도 있었다. 나뿐만 아니라 모두가 죽을힘을 다해 일했고 상당히 피곤에 지쳐 있었다.

솔직히 고백하건대 '경영 리더 육성'이라는 내가 내세운 간판에 조금은 회의를 품은 적도 있다. '지금은 능력이 부족해도 꾸준히 이끌어서 성장하도록 만든다'라는 방식을 포기하고, 가능성을 신속히 판단해서 안 되겠다 싶은 친구는 열외로 치는 편이 낫지 않을까? 그것이 이 고통에서 벗어날 지름길인지도 모른다는 생각을 수없이 했다.

그런데 만약 내가 급속히 성장하는 사업에 대응하기 위해 '젊은 인재를 모아서 키운다'는 신념을 버렸다면, 그 대신 어떤 방법을 택했을까? 답은 명백하다. 그보다 윗세대, 즉 당시 50대의 '완성된 경험자들'을 영입했을 것이다. 그렇게 하면 당장의 급한 상황에 대처하기도 한결 편했을 것이다.

물론 50대 인재를 모은다고 해서 그중에 유능한 사람이 많다는 보장은 없다. 그때까지의 채용 경험에 비춰봐도 상당히 의심스러운 부분이다. 구인 시장에 나오는 그 세대 사람들은 보통 '일은 전부 부하 직원들에게 시키고 자신은 위에서 기다리기만 하는' 샐러리맨 관리직의 분위기가 농후했다.

나는 긴급한 상황에서 인재 육성 방침을 희생할 것인지, 밀고 나갈 것인지 끊임없이 고민했다. 결론을 말하자면 결국 꾹 참고 방침을 고수했다. 이것을 바꾸게 되면 이미 고용한 젊은 연령대의 사원들이 최고경영진에 오르는 시기가 10년 가까이 늦어진다. 외부에서 영입한 더 노련한 사람들이 앞줄로 끼어들 것이고, 기껏 "여기 모여라." 하고 외쳐가며 불러 모은 젊은 인재들은 실망할 것이 틀림없었다.

무엇보다 '내가 은퇴할 때는 40대의 경영진에 미래를 맡긴다' 라는 꿈도 허물어진다. 미스미는 그저 평범한 일본 기업이 될 것이다. 그 영향은 미스미 사내의 30대와 20대 사원들에게도 파급될 것이 분명했다. 그렇게 나는 힘겨운 고민을 정리했다. 그때 겪은 갈등은 지금까지 누구에게도 털어놓은 적이 없다. 말 그대로 외로운 싸움이었다.

현재 미스미의 경영진은 40대, 혹은 그보다 나이가 조금 더 많은 사람들이 중심을 이루고 있다. 도쿄증권거래소 1부 상장 기업이자, 매출액 2,000억 엔이 넘는 규모의 기업에서는 보기 드물게 젊은 경영진이다. 만약 내가 그때 현실에 굴복해 마음을 바꿨더라면 지금의 구조는 결코 실현하지 못했을 것이다.

비즈니스 최전선에서 싸우는 인재들

내가 부여한 '점프'의 기회를 자신의 것으로 만들지 못하고 회사를 떠난 사람도 적지 않다. 그러나 마음 든든하게도, 그보다 더 많은 인재가 미스미에 남아서 그 한계를 넘고자 노력하며 성장해왔다. 이 책의 각 장에는 각기 다른 개혁의 과정에서 정체나 좌절을 타파하고 큰 성공을 만들어낸 강력한 리더들이 등장한다. 모두 정면으로 승부하여 목표를 이뤄낸 승리자들이다. 설령 그들이 장래에 미스미를 떠난다 해도 그들은 분명 훌륭한 '졸업자'다.

결국 나는 처음에 뜻했던 '경영 리더 육성'에 성공한 것일까? 미스미를 일본 경영의 새로운 '실험장'으로 삼고자 했는데, 그 시도는 성공한 것일까?

CEO로 재임한 12년 동안 나는 줄곧 인재 육성의 어려움을 느꼈다. 결과적으로 여기에는 10년이 넘는 기간이 필요했다. 그래도 다른 기업이라면 20년이 걸렸을 일을 10년 만에, 혹은 남들은 10년이 걸렸을 일을 5년 만에, 요컨대 인재를 '2배속'으로 육성하려 노력했다.

그리고 내가 은퇴할 때는 40대의 최고경영진에게 경영을 넘긴다는 목표를 달성할 수 있었다. 그러나 내가 미스미에서 인재 육성에 성공했는가 하는 진정한 답은 앞으로 10년 정도가 더 지나야 알수 있을 것이다. 어미 거북이 새끼 거북을 단련시키고, 새끼 거북이 또다시 자신의 새끼를 단련하는 연쇄 작용이 실제로 일어나느냐가 관건이기 때문이다. 지금의 부문장이나 디렉터 중에서 경영자가 얼마나 배출될지, 혹은 지금의 30대나 20대 사원 중에서 나라의 미래를 짊어질 경영 인재가 얼마나 싹을 틔울지 지켜봐야 한다.

내가 생각하기에 미스미에는 뜻이 높은 사람들이 다른 기업보다 더 높은 밀도로 모여 있는 듯하다. 그러나 그들이 진정으로 경영 기량을 높여 비즈니스 최전선에서 빛을 발하려면 더 많은 경험을 쌓아야 한다. 그리고 그 경험에는 온갖 곤경과 아수라장이 포함된다.

회사는 '생물'이다

나는 사장으로 12년을 재임한 뒤 미스미를 떠났다. 매출액이 네 배로 상승하고 세계 각지의 지사를 합쳐 전체 사원이 1만 명을 바라보게 되었을 때, 개인적으로는 아직 기운이 넘쳤지만 내 역할을 마치기로 했다. 지금은 집행상의 책임을 지지 않는 이사회 의장을 맡고 있다.

회사는 사람과 마찬가지로 '생물'이며, 회사의 운명을 결정하는 것은 그때그때 그곳에 있는 사람들이다. 앞으로 미스미가 더욱 성장할지, 그저 현재의 상태를 유지하는 데 급급한 평범한 회사가 될지, 아니면 점차 기울어져갈지, 운명은 전부 그 시대에 그 회사를 경영하는 CEO와 경영 간부들이 쥐고 있다.

'회사는 누구의 것인가?'라는 질문에 사람들은 저마다 다른 의견을 내놓는다. 나는 '회사는 주주를 위해 존재한다'라는 주장에는 전혀 동의하지 않는다. 회사의 운명은 사업에 끝없는 열정을 쏟는 기업가와, 그 열정에 호응하는 경영 리더들이 결정해나간다. 이 점만큼은 부정할 수 없는 사실일 것이다. 그리고 이때 요구되는 것이 '전략'과 '적극적인 자세'다.

나는 미스미의 경영을 이어받을 때 과거의 경영 방식 중에서 깨뜨려야 한다고 생각한 부분은 사정없이 깨뜨리며 회사를 크게 바꿔나갔다. 이에 대해 창업자인 다구치 사장은 단 한마디도 원망하지 않았다. 기업은 그 순간에 지휘를 맡은 경영자를 따르는 생물임을 알고 있었던 것이리라. 그래서 나는 내 방식대로 자유롭게 경영을 할 수 있었다. 마찬가지로 나 또한 다음의 경영진에게 말했다. '과거의 시대를 부정하든 무너뜨리든 내 알 바 아니니, 자네들이 원하는 회사를 만들라'고.

이 책을 읽는 독자 여러분 중에는 경영 인재로서 높은 곳을 바라보며, 언젠가 프로 경영자의 영역에 도달하고자 하는 사람도 많을 것이다. 이 책을 계기로 삶의 자세를 되돌아보는 이들, 회사의 경영과 전략을 재고하는 사람들도 아마 있을 것이다.

글로벌 경쟁 속에서 살아남기 위해 새로운 삶의 자세를 모색하는 비즈니스맨들에게 이 책이 하나의 힌트가 되었으면 하는 바람이다.

옮긴이 김정환

건국대학교 토목공학과를 졸업하고 일본외국어전문학교 일한통번역과를 수료했다. 21세기가 시작되던 해에 우연히 서점에서 발견한 책 한 권에 흥미를 느끼고 번역의 세계를 발을 들여, 현재 번역 에이전시 엔터스코리아 출판기획 및 일본어 전문 번역가로 활동하고 있다.

경력이 쌓일수록 번역의 오묘함과 어려움을 느끼면서 항상 다음 책에서는 더 나은 번역, 자신에게 부끄럽지 않은 번역을 할 수 있도록 노력 중이다. 공대 출신의 번역가로서 공대의 특징인 논리성을 살리면서 번역에 필요한 문과의 감성을 접목하는 것이 목표다. 야구를 좋아해 한때 imbcsports.com에서 일본 야구 칼럼을 연재하기도 했다.

주요 역서로는 『경영전략 논쟁사』, 『회사는 어떻게 강해지는가』, 『구글을 움직이는 10가지 황금률』, 『경영에 불가능은 없다』 등이 있다.

회사개조

초판 1쇄 발행 2019년 8월 26일
초판 2쇄 발행 2019년 9월 20일

지은이 사에쿠사 타다시
펴낸이 정덕식, 김재현
펴낸곳 (주)센시오

출판등록 2009년 10월 14일 제300-2009-126호
주소 서울 은평구 진흥로67(역촌동, 5층)
전화 02-734-0981
팩스 02-333-0081
메일 nagori2@gmail.com

편집 임성은
경영지원 염진희
디자인 Design IF

ISBN 979-11-967271-7-8 03320